ULUSLARARASI İLİŞKİLERDE GÜVENLİK KURAMLARI VE SORUNLARINA TEMEL YAKLAŞIMLAR

Editörler:

Sibel TURAN ve Nergiz ÖZKURAL KÖROĞLU

ULUSLARARASI İLİŞKİLERDE GÜVENLİK KURAMLARI VE SORUNLARINA TEMEL YAKLAŞIMLAR

Editörler:

Sibel TURAN ve Nergiz ÖZKURAL KÖROĞLU

TRANSNATIONAL PRESS LONDON

2017

Uluslararası İlişkilerde Güvenlik Kuramları ve Sorunlarına Temel Yaklaşımlar
Editörler: Sibel TURAN ve Nergiz ÖZKURAL KÖROĞLU

First Published in 2017 by TRANSNATIONAL PRESS LONDON in the United Kingdom, 12 Ridgeway Gardens, London, N6 5XR, UK.

www.tplondon.com

Paperback

ISBN: 978-1-910781-69-2

Cover Design: Gizem Çakır

www.tplondon.com

İçindekiler

Editörler ve Yazarlar Hakkında

SİBEL TURAN (Trakya Üniversitesi)

Prof. Dr. Sibel TURAN, Gaziantep doğumludur. Marmara Üniversitesi Siyasal Bilgiler Fakültesi Uluslararası İlişkiler Bölümü'nden 1982 yılında mezun olmuştur. Aynı üniversitenin Siyaset Bilimi Anabilim Dalı'nda yüksek lisans eğitimini tamamlayan Turan, İstanbul Üniversitesi İktisat Fakültesi Uluslararası İlişkiler Anabilim Dalı'nda doktora derecesini tamamlamıştır. 1994 yılında yardımcı doçent doktor unvanıyla Trakya Üniversitesi'nde görev alan Sibel Turan, doçentliğini 2000 yılında Siyasi Tarih alanında almış ve 2006 yılında Trakya Üniversitesi İktisadi ve İdari Bilimler Fakültesi Uluslararası İlişkiler Bölümü'ne profesör olarak atanmıştır. 1994 yılından bugüne aynı üniversitede Uluslararası İlişkiler Bölüm Başkanı olarak görevini sürdürmektedir. Turan'ın çok sayıda uluslararası hakemli dergilerde yayınlanan makalesi, uluslararası bilimsel toplantılarda sunulan ve bildiri kitabında basılan bildirileri, ulusal hakemli dergilerde yayınlanan makaleleri, ulusal bilimsel toplantılarda sunulan ve bildiri kitabında basılan bildirileri, ulusal ve uluslararası hakemli dergilerde editörlük ve bilim kurulu üyeliği bulunmaktadır. Turan'ın bir uluslararası kitabı ve ulusal kitaplarda editörlüğü ve kitap bölümleri bulunmaktadır. Turan, Uluslararası İlişkiler ile birlikte Balkanlar, Avrasya, Avrupa Birliği, Orta Doğu ve Siyasi Tarih alanlarında çalışmalarını sürdürmektedir. Ancak her minvalde kendisini bir Türk Dış Politikası çalışanı olarak addetmektedir.

NERGİZ ÖZKURAL KÖROĞLU (Trakya Üniversitesi)

1979'da Ankara'da doğmuştur. Lisans derecesini Ege Üniversitesi İletişim Fakültesi'nden 2001 yılında, Yükseklisans derecesini ise İzmir Ekonomi Üniversitesi'nde Avrupa Çalışmaları bölümünden 2004 yılında almıştır. Yükseklisans tezini danışmanı Prof. Dr. Alfred Reisch ile "Poland's Post-Cold War Eastern Foreign and Security Policy in The Framework of its European Integration and Democratization Process" başlığı ile yazmıştır. Doktora derecesini Marmara Üniversitesi AB Enstitüsü'nden 2010 yılında Prof. Dr. Beril Dedeoğlu danışmanlığında yazdığı "European Neighbourhood Policy: Constructivist and Neorealist Approaches" başlıklı tez ile almıştır. İlk yardımcı doçentlik ünvanını 2010 yılında Beykent Üniversitesi'nde almış, 2011'den 2017 yılına kadar Trakya Üniversitesi Uluslararası İlişkiler Bölümü'nde yardımcı doçent olarak çalışmış. Mart 2017'de ise Uluslararası İlişkiler alanında doçentlik ünvanına hak kazanmıştır. İlgi alanları; AB Dış Politikası, Avrupa Komşuluk Politikası, AB-Türkiye İlişkileri, Uluslararası İlişkiler Teorileri ve Post-komünist çalışmalar üzerinedir.

ARMAĞAN ÖRKİ (Trakya Üniversitesi)

Armağan Örki 1988 İzmir doğumlu olup ilk ve orta öğrenimini İzmir'de tamamladıktan sonra KKTC'de tam burslu Siyaset Bilimi (İngilizce) eğitimini tamamladı. Yüksek lisans eğitimini Uluslararası Politik Ekonomi Bölümü'nde yaptıktan sonra Trakya Üniversitesi'nde Uluslararası İlişkiler Anabilim Dalı'nda doktora eğitimine başlamış olup hâlen buradaki eğitimine devam etmektedir.

AYBARS KARCI (İstanbul Medeniyet Üniversitesi)

Lisansını Gazi Üniversitesi Uluslararası İlişkiler bölümünde tamamlamıştır. Yüksek Lisans derecesini ise MEB burslusu olarak İngiltere'nin Warwick Üniversitesi'nden almıştır. Kendisi halen İstanbul Üniversitesi İktisat Fakültesi Siyaset Bilimi ve Uluslararası İlişkiler bölümünde doktora çalışmalarını sürdürmektedir. Araştırma alanları arasında Türk Dış Politikası, Orta Doğu Siyaseti ve Liberal Teoriler bulunmaktadır.

DEMET ŞENBAŞ (Trakya Üniversitesi)

1983 yılında İzmir'de doğmuştur. Ortaokul ve Liseyi İzmir Özel Türk Koleji'nde okumuş, lisans eğitimini ise Dokuz Eylül Üniversitesi Fransızca Öğretmenliği Bölümü'nde tamamlamıştır. Yüksek Lisans eğitimini Yeditepe Üniversitesi Siyaset Bilimi ve Uluslararası İlişkiler Bölümünde okumuştur. Doktora eğitimini Trakya Üniversitesi Uluslararası İlişkiler Bölümü'nde yapmaktadır. Çok iyi derecede Fransızca ve İngilizce bilgisine sahiptir. Evli ve 1 çocuk sahibidir.

EMİRHAN KAYA (Trakya Üniversitesi)

Bilkent Üniversitesi Uluslararası İlişkiler Bölümü'nden 2012 yılında mezun olduktan sonra Aralık 2013'te Trakya Üniversitesi Uluslararası İlişkiler Bölümü'nde Araştırma Görevlisi olarak çalışmaya başlamıştır. Aynı bölümde doktora öğrenimini sürdüren yazar, Türk Dış Politikası ve Avrupa Birliği Siyaseti konularına ilgi duymaktadır.

HULUSİ EKBER KAYA (Trakya Üniversitesi)

1985 yılında Elazığ'da doğmuştur. Ortaöğrenimimi Edirne Özel Beykent Koleji'nde, lise öğrenimini Edirne Anadolu Lisesinde bitirmiştir. Lisans eğitimini Trakya Üniversitesi kamu yönetimi bölümünde, yüksek lisans eğitimini de yine Trakya Üniversitesi uluslararası ilişkiler bölümünde tamamlamıştır. "Kitle İmha Silahları Bağlamında Ortadoğu: Sorunlar ve Beklentiler" başlıklı yüksek lisans tezini TÜBAP projesi kapsamında bitirdikten sonra doktora eğitimine yine Trakya üniversitesi uluslararası ilişkiler bölümünde devam etmiş ve tez aşamasında "Karşılıklı Bağımlılık ve Asimetrik Bağımlılık Bağlamında Avrasya Ekonomik Topluluğu: Karşılaştırmalı Bir Analiz" başlıklı doktora tezini hazırlamaktadır. Halen Trakya üniversitesi Keşan Yusuf Çapraz Uygulamalı Bilimler Yüksekokulu uluslararası ticaret bölümünde öğretim görevlisi olarak görev yapmakta ve yüksekokulun müdür yardımcılığı görevini yürütmüştür.

İLKER ARAL GÜNGÖR (Trakya Üniversitesi)

İstanbul'da doğan İlker Aral Güngör, orta öğrenimini Tekirdağ Namık Kemal Lisesinde tamamladıktan sonra 1994 yılında Bilkent Üniversitesi, İktisadi, İdari ve Sosyal Bilimler Fakültesi, Uluslararası İlişkiler Bölümü'nden mezun oldu. 1998 yılında Amerika Birleşik Devletleri Rhode Island Johnson & Wales

Üniversitesinde Uluslararası İşletme dalında İşletme Yüksek Lisans (MBA in International Business) derecesini alan Güngör, 1999 – 2011 yılları arasında çeşitli şirketlerde orta ve üst düzey yöneticilik görevlerinde bulundu. 2013 yılından beri Trakya Üniversitesi, Sosyal Bilimler Enstitüsü, Uluslararası İlişkiler Anabilim Dalı'nda Doktora eğitimine devam etmekte olan Güngör'ün ilgi alanları arasında Uluslararası İlişkiler Teorileri, Siyasi Düşünceler Tarihi, ABD Dış Politikası, Türk Dış Politikası ve Orta Doğu yer almaktadır.

İSMAİL ERMAĞAN (İstanbul Medeniyet Üniversitesi)

Lisansını Bilkent Üniversitesi Siyaset Bilimi ve Kamu Yönetimi'nde, yüksek lisansını Hamburg Üniversitesi Sosyoloji ve Siyaset Bilimi Bölümlerinde yapan Ermağan, doktorasını Erfurt Üniversitesinin Max Weber Yüksek Araştırmalar Merkezi'nde gerçekleştirmiştir. Başlıca çalışma alanları; Avrupa Birliği entegrasyonu, Avrupa devletleri Uluslararası İlişkiler, Türkiye-AB ilişkileri, küresel-bölgesel siyaset okumaları ve Almanya'daki Türklerdir. Yurt içinde ve yurt dışında 40'ın üzerinde makalesi ve kitap bölümü olan yazarın sekiz kitabı yayımlanmıştır: Integrations und Segregationsneigungen von Deutsch türken. Versuch der Eingliederung in gesellschaftliche Bereiche, Die Euro-päische Union und der Beitritt der Türkei. Positionen türkischer Parteien und der Parteien im Europäischen Parlament, Türkei in die Europäische Union? EU-Skeptizismus in der Türkei, Positionen türkischer Zivilgesellschaft gegenüber der Europäischen Union, Dünya Siyasetinde Afrika 1 (2014), Dünya Siyasetinde Afrika 2 (2015), Dünya Siyasetinde Doğu Asya (2016) ve Dünya Siyasetinde Afrika 3 (2016). Avrupa Birliği Entegrasyonu: Süreç ve Sonuçlar, Türkiye-Avrupa Birliği İlişkileri, Dünya Siyasetinde Orta Doğu, Dünya Siyasetinde Orta Asya ve Kafkaslar, Siyasi Tarih, Uluslararası İlişkilere Giriş, Günümüz Afrika Siyasetine Giriş, Uluslararası Bağlamda Din ve Milliyetçilik, Uluslararası Bağlamda Milliyetçilik ve Etnik Sorunlar, Uluslararası İlişkilerde Güncel Sorunlar, Uluslararası Siyaset ve Medya derslerini vermektedir.

KADER ÖZLEM (Trakya Üniversitesi)

Trakya Üniversitesi Balkan Araştırma Enstitüsü'nde çalışmaktadır. Lisans ve Yüksek Lisans eğitimlerini Uludağ Üniversitesi Uluslararası İlişkiler Bölümü'nde almıştır. Doktora eğitimini Trakya Üniversitesi Sosyal Bilimler Enstitüsü Uluslararası İlişkiler Anabilim Dalı'nda "Türkiye'nin Balkan Türkleri Politikası (1991-2014)" başlıklı teziyle tamamlamıştır. Lisans ve yüksek lisans düzeyinde Balkanlar'ın Siyasi Yapısı, Türkiye-Bulgaristan İlişkileri, Dünya Çatışma Bölgeleri, Uluslararası Örgütler derslerini vermektedir. Özlem, İngilizce ve Bulgarca bilmektedir.

LATİF PINAR (Karabük Üniversitesi)

1983 yılında Karabük'te doğdu. İlkokul, Ortaokul ve Lise eğitimi Karabük'te tamamladı. 2006 yılında İnönü Üniversitesi İktisadi ve İdari Bilimler Fakültesi Kamu Yönetimi Bölümünden mezun oldu. 2008 yılında Ufuk Üniversitesi Sosyal Bilimler Enstitüsü Uluslararası İlişkiler Anabilim Dalında yüksek lisans ve 2014 yılında Trakya Üniversitesi Sosyal Bilimler Enstitüsü Uluslararası İlişkiler Anabilim Dalında doktora öğrenimini tamamladı. 2014 yılı içerisinde Karabük Üniversitesi İktisadi ve İdari Bilimler Fakültesi Uluslararası İlişkiler Bölümüne Yardımcı Doçent Doktor kadrosuna atandı. Halen aynı üniversitede görev yapmaktadır.

SERDAR YILMAZ (Muğla Sıtkı Koçman Üniversitesi)

Süleyman Demirel Üniversitesi Kamu yönetimi bölümü mezunu olan Serdar Yılmaz, Yüksek Lisans eğitimini 2008-2010 yılları arasında İngiltere'nin başkenti Londra'da bulunan The University of Westminster'da Uluslararası İlişkiler alanında; Doktora eğitimini ise 2011-2016 arasında Trakya Üniversitesi Uluslararası İlişkiler anabilim dalında tamamlamıştır. Kazakistan'ın Türkiye Politikası adlı bir kitabı bulunan Yılmaz, ulusal ve uluslararası birçok makale ve projeye de imza atmıştır. Akademik çalışmalarını Orta Asya Türk devletlerinin bağımsızlıkları sonrası iç ve dış politikaları üzerine yürüten Yılmaz, dış politika analizi, bölgeselcilik ve bölgesel örgütlenmeler, Orta Asya enerji kaynakları ve Liderlik konulu çalışmalar yapmaktadır. Muğla Sıtkı Koçman Üniversitesi Siyaset Bilimi ve Uluslararası İlişkiler bölümünde Öğretim Üyesi (Yrd. Doç. Dr.) olarak çalışan, İngilizce, Kazakça ve Kırgızca bilen Yılmaz, evli ve bir çocuk babasıdır.

SİNEM YÜKSEL ÇENDEK (İstanbul Rumeli Üniversitesi)

Lisans derecesini Kocaeli Üniversitesi, İktisadi ve İdari Bilimler Fakültesi, Uluslararası İlişkiler Bölümünden 2007 yılında aldı. Aynı yıl Kocaeli Üniversitesi, İktisadi ve İdari Bilimler Fakültesi, Siyaset Bilimi ve Kamu Yönetimi Bölümünü de çift anadal yaparak tamamladı. Yüksek Lisans derecesini, Marmara Üniversitesi, Avrupa Birliği Enstitüsü, Avrupa Birliği Siyaseti ve Uluslararası İlişkiler ana bilim dalından 2013 yılında aldı. Trakya Üniversitesi Sosyal Bilimler Enstitüsü Uluslararası İlişkiler ana bilim dalında tez aşamasında doktora öğrencisidir. Prof. Dr. Sibel TURAN danışmanlığında "Avrupa Birliği Ortak Dış ve Güvenlik Politikasının Feminist Açıdan Analizi" başlığıyla tez çalışmasını yürütmektedir. 2016 yılından beri İstanbul Rumeli Üniversitesi İktisadi İdari ve Sosyal Bilimler Fakültesi Uluslararası İlişkiler Bölümünde Araştırma Görevlisi olarak çalışmaktadır. İlgi alanları, AB-Türkiye İlişkileri, AB Dış Politikası, Uluslararası İlişkiler Teorileri ve göçtür.

TURAL BAHADIR

Tural Bahadır, Lisans ve Yüksek Lisans derecesini Siyasal Bilimler alanında Hannover Üniversitesi'nde tamamlamıştır. Yüksek Lisans tez konusu: "Alman dış politikası: Muhafazakâr bakış açısı" (1992-1998). Doktora derecesini ise Trakya Üniversitesi Uluslararası İlişkiler bölümünde tamamlamıştır. Doktora tez Konusu: "Ortaklıktan Krize: Kemalist elitler ve Soğuk Savaş sonrası Türkiye-ABD İlişkileri" (2012-2016). Doktora çalışması, Astana Yayınları tarafından kitap olarak yayınlanmıştır.

Önsöz

Uluslararası İlişkilerdeki güvenlik kuramları konjonktürel değişimlerle birlikte sürekli gelişmekte ve zenginleşmektedir. Teorik yaklaşımlarla ilgili güncel tartışmalar, disiplinin daha iyi anlaşılabilmesi için önem arz ederken güvenlik yaklaşımlarının ve algılamalarının değişiminin de hesaba katılarak bu yaklaşımların ortaya konulması ve vaka analizleri üzerinden uygulaması önemlidir. Aslında uluslararası İlişkiler disiplinini zenginleştiren de farklı bakış açılarıdır. Bu bakış açıları ancak farklı teorik gözlükler takılarak edinilebilir. Böylelikle sosyal bilimlerde "tek bir doğrunun olabileceği" kanısı da ortadan kaldırılarak daha çoğulcu ve bütüncül bir yaklaşım ileri sürülebilir. Bu kitapla farklı bakış açıları ile yaklaşılan "güvenlik çalışmaları", uluslararası ilişkilerdeki güncel olaylar/ sorunlar üzerinden ele alınmıştır. Tüm yazarlarımızın büyük emek harcayarak ortaya çıkardığı makaleleri uzun bir editörlük aşamasından geçirdikten sonra el birliği ile ortaya bu ürünü çıkarttık. İşbirliğimiz sonucunda ortaya çıkan derleme kitabımız ile Türkçe literatüre katkı sunmayı ümit ediyoruz. Bu çalışma gibi daha farklı çalışmaların da yayınlanması isteğini içimizde taşıyoruz.

Belirtmek isteriz ki; bu kitabımızın farklı yönü uzun bir süreçte biten bu çalışma ile birkaç yazarımız hariç çoğunluğu Trakya Üniversitesi Uluslararası İlişkiler bölümünde eğitim almış ya da Trakya Üniversitesi'nde çalışmış kişilerden oluşmasıdır. Bu bağlamda Trakya Üniversitesi'nin çalışmalarını da uluslararası ilişkiler disiplini içerisinde öne çıkarma ümidi ile de böyle bir kitap ortaya çıkarttık.

Bu noktada kitap çalışmamıza doğrudan değerli görüşlerini bizlerle paylaşarak katkıda bulunan yazarlarımıza teşekkürlerimizi sunuyoruz. Bununla birlikte kitabın editörlük ve redaksiyon aşamasında Trakya Üniversitesi İktisadi ve İdari Bilimler Fakültesi Uluslararası İlişkiler Bölümü öğretim elemanlarımız, çalışma arkadaşlarımız sevgili araştırma görevlilerimizden Tolga ERDEM, Emirhan KAYA ve Emre KALAY'a da özverili çalışmaları ve editörlük aşamasında bize olan yardımları için çok teşekkür ederiz. Onların desteği bizler için çok önemli ve değerli olmuştur.

Ayrıca kitabın basım aşamasında sponsor olup katkıda bulunan ŞENBAŞ GRUP'a sonsuz teşekkürler ederiz. Onların katkısı ile uluslararası düzeyde bir kitap yayımlayabildik. Ayrıca manevi olarak destek olan yazarımız Yrd. Doç. Dr. Deniz Eroğlu Utku'nun da adını bu süreçte anmadan geçemeyiz.

Kitap içinde yer alan çalışmalardaki fikir, ifade ve alıntılardan yazarların kendileri sorumludur. Bu anlamda yazının hukukî sorumlulukları yazarına aittir ve editörleri bağlamaz. Literatüre mütevazi bir katkı sunma amacında olan kitabımızdaki ortaya çıkabilecek editöryal nitelikteki hatalar elbetteki tarafımıza aittir.

Prof. Dr. Sibel TURAN

Doç. Dr. Nergiz ÖZKURAL KÖROĞLU

Edirne, 2017

Giriş

Sibel TURAN ve Nergiz ÖZKURAL KÖROĞLU

Uluslararası ilişkilerin temel kavramlarından biri olan "güvenlik" uluslararası ilişkiler disiplinindeki tartışmalar ve yeni kuramsal gelişmelerle farklı boyutlar kazanmıştır. Günümüzde "güvenlik" kavramı uluslararası ilişkiler disiplini içerisinde çevre veya toplumsal güvenlik ya da cinsiyet gibi farklı güvenlik boyutları ile analiz edilmeye başlanmıştır. Bu kitabın temel hedeflerinden bir tanesi farklı bakış açılarını yansıtan kuramsal çerçevelerle "güvenlik" kavramına bakabilmektir. Bu noktada iki kitap olarak planlanmış bu eserde ilk olarak uluslararası ilişkilerde temel güvenlik yaklaşımları üzerine çalışmaları bir araya getiriyoruz. İkinci ciltte ise güncel güvenlik tartışmalarına odaklanan çalışmaları sunacağız.

Kitabımız uluslararası ilişkiler kuramlarının güvenlik yaklaşımlarını salt kuramsal açıdan ele almamaktadır. Bizim kitabımızda bu kuramsal bakış açısı çeşitli örnek olaylar üzerinden değerlendirilmiştir. Kitabımızın akademik alana en büyük katkısı; Türkçe literatürde yetersiz sayıda olan Uluslararası İlişkiler kuramlarının uygulanmasına dair eserlerin sayıca eksikliğinin giderilecek olmasıdır. Daha önce editörlüğünü yaptığımız "Uluslararası İlişkilerde Teoriden Pratiğe Güncel Yaklaşımlar" isimli kitapta yine aynı hedefi gütmüştük. Fakat bu kitapta Uluslararası İlişkiler kuramlarının "güvenlik" konusuna bakış açıları çerçevesinde incelemeler yapmayı hedefledik. Ayrıca ilk kitabımızda değinmediğimiz ve literatürde de bu konuda çok fazla çalışma olmayan "Oyun Teorisi" konusunda bölümlere de kitabımızın üçüncü kısımda yer verdik.

Bu kitaptaki bölümler, teorilere göre kategorize edilmiş ve makalelerin her bir teorinin güvenlik perspektifi bağlamında örnek olayları incelemesine çalışılmıştır. Bu birinci kitabın içerisinde dört kısımda on bir makale bulunmaktadır. Makaleler teori ve pratiğin değişik oranlarda uygulandığı çalışmalar olmuştur. Ama genel olarak yazarların hem teori hem de uygulamayı beraberce kullanmaları konusuna dikkat edilmiştir.

Buradaki amaç, özellikle lisansüstü öğrencilere vakaların nasıl belli bir teori çerçevesinde ele alındığına dair örnekler verirken bir yandan da teoriye ilişkin bilgilerin de verilmesidir. Ayrıca makaleler, öğrencilerin yanısıra akademisyenlerin ve alandaki uzmanların da ilgisini çekebilecek niteliktedir.

İlk teorik bölüm "neorealizm" olarak belirlenmiştir ve buradaki ilk makale Latif PINAR'ın "Neorealizm Bağlamında Türk Dış Politikası (1945-1965)" isimli makalesidir. Pınar çalışmasında, Kenneth Waltz tarafından ortaya konulan Neorealist yaklaşımın uluslararası sistemin temel özelliklerine ilişkin varsayımları bağlamında, 1945-1965 yılları arasında Türk dış politikasının temel parametrelerini incelemeyi amaçlamaktadır. Buna göre İkinci Dünya Savaşı'nın hemen ardından ortaya çıkan iki kutuplu sistemin, Türk dış politikası üzerinde belirleyici bir etkisinin bulunup bulunmadığı sorusuna cevap aranmaktadır. Çalışmada öncelikle Neorealist kuramın uluslararası sistemin temel özelliklerine ilişkin varsayımları incelenmektedir. Daha sonra Neorealist yaklaşımın iki kutuplu sistemin işlevsel özelliklerine yönelik varsayımları değerlendirilmektedir. Son olarak bahsi geçen varsayımlar ışığında, iki kutuplu sistemin 1945-1965 yılları arasında Türk dış politikası üzerindeki belirleyici etkisi örnek olaylar çerçevesinde analiz edilmektedir.

İkinci makale Hulusi Ekber KAYA'nın yazdığı "Neorealist Kuram Çerçevesinde Uluslararası Nükleer Güvenlik" başlıklı makaledir ve çalışmasında teorik bir perspektiften incelenen nükleer güvenlik konusu neorealist kuram çerçevesinde ele alınmıştır. Kaya, günümüzde nükleer teknolojide gelinen noktanın hiç kuşkusuz bir hayli ileri seviyeye ulaştığını ve gerek nükleer enerjiye duyulan ihtiyacın artması, gerekse ülkelerin nükleer güç olma yolunda izledikleri politikaların uluslararası güvenlik sistemini şekillendirdiğini söylemektedir. Çalışmasında nükleer güvenliğin uluslararası ilişkiler kapsamında önem arz ettiğinin altını çizmiştir. Kaya, uluslararası terörizmin hızla tırmandığı ve terör eylemlerinin dünyanın her yerinde gerçekleşmeye devam ettiği çağımızda bir de nükleer silahların ve nükleer teknolojinin terörist grupların eline geçebileceği olasılığı düşünüldüğünde nükleer güvenlik konusunun oldukça önemli bir konu olduğunu ifade etmektedir.

Üçüncü makale ise Demet ŞENBAŞ'ın "Neorealizm ve İran Dış Politikası" isimli makalesidir. Şenbaş, neorealizmin sistem odaklı bir analiz sunduğunu ve neorealist anlamda anarşizmin, yasaları zorlayıcı üstün bir küresel otoritenin ya da örgütün yokluğu olduğunu çalışmasında ifade etmektedir. Böylesi bir anarşik yapının güvenlik bağlamında üç önemli sonucu vardır; anarşik yapı nedeniyle her devlet kendi güvenliğini öncelikli olarak kendisi sağlamak zorundadır. Her devlet böyle düşüneceği için silahlanacak ve bu durum güvenlik ikilemi yaratacaktır. Herhangi bir üstün otorite olmadığı için güçlü devletlerin saldırgan bir politika izleyebilmelerinin önü açıktır. Şenbaş, uluslararası örgütlerin zorlayıcı bir güce sahip olmadıkları için inandırıcı olmadığını ifade etmektedir. Makalede; İran'ın içinde yer aldığı bölgenin karışık ve büyük güçler tarafından söylenen askeri yolla rejim değişikliği iddiaları ve İran silahlı kuvvetlerinin yetersizliği dikkate alındığında dış saldırganlığın hem inanılır hem de korkutucu olduğunun görülmekte olduğu ileri sürülmektedir. Dolayısıyla makale uluslararası güvenlik ya da bunun eksikliğinin İran'ın uluslararası tecrübesinde son derece önemli bir faktör olduğunu vurgulamaktadır. Şenbaş, İran'ın güvenlik algısının çok kesin olduğunu ve Neorealizmin onun politikalarını anlamak için kullanışlı bir araç olabileceğini söylemektedir.

İkinci teorik bölüm liberalizmdir. Bu bölümün ilk makalesi Armağan ÖRKİ'nin "21. Yüzyıl İsrail – Türkiye İlişkilerinin Liberal Güvenlik Yorumu" başlıklı makalesidir. Bu çalışmada liberalizmin genel olarak güvenliğe yaklaşımı açıklanmıştır. Sonrasındaysa iki devlet arasındaki ilişkilere kronolojik olarak değinilmiş ve bu ilişkilerin belirleyicileri tespit edilmiştir. İki devlet arasındaki ekonomik ilişkiler ayrı bir bölümde ele alınmış ve eldeki veriler ışığında liberalizme dayalı bir değerlendirme yapılmıştır.

İkinci makale Serdar YILMAZ'ın "Doğal Kaynak Milliyetçiliği Bağlamında Rusya-Avrupa Birliği İlişkilerinde Bir Dış Politika Aracı Olarak Enerji" başlıklı makalesidir. Bu çalışma ile birlikte Rusya'nın Avrupa Birliği (AB) ile olan ilişkilerindeki hassasiyetler enerji temelli politikalar çerçevesinde ele alınmakta ve ilişkilerin günümüzde geldiği noktaya vurgu yapılmaktadır. Çalışmanın büyük bir kısmı AB ve Rusya arasındaki enerji işbirliğine ayrılmakta ve istatistikî birtakım bilgiler sunularak AB'nin hangi oranlarda Rusya'ya bağımlı olduğu ve Rusya'nın hangi önemli stratejiyi uygulayarak AB'yi yalnızlaştırmaya ve enerji alanında kendisine bağımlı kılmaya çalıştığı tartışılmaktadır. Yılmaz, Rusya gibi enerji zengini bir ülkenin kendi çıkarlarını AB ülkeleri gibi enerji ithal eden ülkelere karşı bir pazarlık aracı ya da tehdit unsuru olarak gördüğü ve enerji kaynaklarını dış politika amaçlarını gerçekleştirmek için bir araç olarak kullandığı vurgulamaktadır. Yazar çalışmanın temel hipotezini şu şekilde belirtir: Rusya, sahip olduğu doğal gaz ve petrolü, fiyat, miktar, tarihi ve jeopolitik avantajlarını devreye sokarak özellikle Orta Asya ve Hazar kaynaklarını kendi iç piyasasında kullanıp, kendi gaz ve petrolünü ise Avrupa pazarına ulaştırarak AB ülkelerinin kendi boru hatları dışında başka projelere erişmelerini engelleyerek AB'yi Rusya'ya olan enerji bağımlılığı konusunda yalnızlaştırmasıdır.

Üçüncü makale ise İsmail ERMAĞAN ve Aybars KARCI'nın beraber ele aldığı "Neorealizm ve Neoliberalizm Kuramlarının Güvenlik Yaklaşımları ve Arap Devrimleri'nde Suriye Politikaları" başlıklı çalışmasıdır. Bu çalışma, Neorealizm ve Neoliberalizm teorilerinin güvenlik konusuna bakış açılarını odak alarak, Arap Baharı döneminde Suriye'ye dair küresel ve bölgesel aktörlerin politikalarını analiz etmeyi amaçlamıştır. Bu bağlamda ilk olarak, güvenlik kavramı açıklanmış ve söz konusu iki uluslararası ilişkiler teorisinin güvenlik anlayışları ortaya konmuştur. Çalışmanın teorik altyapısı verildikten sonra Suriye İç Savaşı'nda rol oynayan Amerika Birleşik Devletleri, Rusya Federasyonu, Avrupa Birliği, Kuzey Atlantik Antlaşması Örgütü, İran, Suudi Arabistan – Körfez ülkeleri ve Türkiye gibi aktörlerin politikaları ana hatlarıyla açıklanmıştır. Son bölümde ise Vaka İncelemesi yapılarak; Neorealist ve Neoliberal güvenlik kabullerinin söz konusu aktörlerin politikalarında ne derece etkili olduğu incelenmiştir. Çalışma Suriye'de yaşanan süreci analiz etmede, Neorealist kuramın güvenlik ile ilgili varsayımlarının (anarşi, menfaatler, varlığını sürdürme), Neoliberal kuramın varsayımlarına göre (barış, uluslararası hukuk, uluslararası kurumlar) daha açıklayıcı olduğu sonucuna varmıştır. Bu durum yine de Neoliberal kabulleri tamamen geçersiz kılmamakta; gerek karşılıklı bağımlılık ilişkileri, gerekse Birleşmiş Milletler rejimi gibi olgular ele alınan konuda açıklayıcı olabilmektedir.

Kitaptaki üçüncü teorik bölüm oyun teorisidir. Bu bölümün ilk makalesi Emirhan KAYA'nın "Oyun Kuramı Çerçevesinde Suriyeli Mülteci Krizi" isimli makalesidir. Bu çalışma temel olarak, Suriye krizinin tetiklediği mülteci akınının yoğunlaşmasıyla birlikte Türkiye'nin Avrupa Birliği ile "geri kabul, vize serbestisi ve Suriyeli mülteciler" konularının birlikte ele alındığı bir müzakere sürecine girmesini konu almaktadır. Bu çalışmada, Türkiye ile AB'nin –18 Mart 2016'da üzerinde anlaşmaya varılan koşullar dâhilinde– Suriyeli mülteci krizinin çözümü konusunda işbirliğine gitme kararı oyun kuramı çerçevesinde analiz edilmektedir.

Bu çerçevede, tarafların bu konuda işbirliğine gitme ya da işbirliğinden kaçınmaya yönelik karar almaları durumunda karşılaşacakları senaryolar ve bunlar arasındaki muhtemel tercih sıralamaları dikkate alınmıştır. Böylece, Suriyeli mülteciler konusunda varılan anlaşmanın her iki tarafın da en yüksek getiriyi elde ettiği sonucu oluşturduğu savunulmakta ve -"geyik avı" olarak adlandırılan oyun teorisi modeliyle örtüştüğü gözlenen bu durumda- taraflar arasında işbirliği olasılığının yüksek olduğu ortaya konmaktadır.

Bu bölümdeki bir diğer makale ise Tural BAHADIR'ın "Pasifik Yüzyılına Girerken ABD-Çin İlişkileri: Çin Denizi'nin Isınan Suları ve Bölgede Güvenlik Sorunu" başlıklı makalesidir. Bahadır, Deng Xiaoping'in 1978'de başlattığı reformlarla birlikte modern dünya tarihinin en hızlı ve en etkili ekonomik gelişimini sağlayan Çin'in, 21. yüzyılın başlarında ekonomik etkisini daha belirgin bir şekilde hissettirmeye başladığını söylemektedir. Ayrıca yazar Çin'in, bu süreçte adım adım yeni bir süper güç olma yolunda ilerlemiş ve ABD'nin en zorlu rakibi olma konumuna yükseldiğinin altını çizmiştir. Bu çerçevede Çin'in, 18. yüzyılın başlarından itibaren küresel ekonomik güç konumuna sahip olan İngiliz dilli güçlere karşı (18. ve 19. yüzyılda İngiltere, 20. yüzyılda ABD) ilk defa ciddi bir rakip olarak ortaya çıktığı belirtilmiştir. Bahadır'a göre özellikle 2010'lu yıllarda ABD'nin küresel güç konumunu sarsmaya başladığı gözlemlenen Çin'in, elde ettiği ekonomik gücünü askeri alana yansıtarak ordusunu en ileri düzeyde modernleştirme stratejisini benimsemesi, Washington'u ciddi şekilde endişelendirmiş ve ABD yönetimini 2011 yılından itibaren küresel politikasının ağırlık merkezini Avrupa ve Ortadoğu'dan Pasifik bölgesine kaydırma stratejisini benimsemesine yol açmıştır. Bahadır çalışmasında; ABD ile Çin arasında 21. yüzyılın başlarından itibaren belirgin bir şekilde kendini gösteren ekonomik, politik ve askeri rekabeti, önemli oyun kuramlarından biri olan "Tavuk Oyunu" çerçevesinde ele alarak dört farklı olasılık bağlamında incelemiştir.

Kitabın dördüncü teorik bölümü konstrüktivizm olarak belirlenmiştir. Kader ÖZLEM'in "Sosyal İnşacılığın Temel Varsayımları İtibarıyla Güvenlik Yaklaşımı ve Avrupa Birliği'nin Balkanlar Genişlemesi" isimli makalesi bu teorik bölümün ilk makalesidir. Genç kuşak Uluslararası İlişkiler kuramlarından biri olan Sosyal İnşacılık, disipline getirdiği yeni bakış açısıyla oldukça popüler hale gelmiştir. Sosyal İnşacı yaklaşım düşünce, inanç, normlar, kurumsallaşma, özne-yapı ve karşılıklı etkileşim gibi temel parametrelere sahip olmasının yanında, söylem ve kimlik kavramlarına ayrı bir önem atfetmektedir. Özlem, Avrupa Birliği (AB)'nin Soğuk Savaş döneminin sona ermesinin ardından ve özellikle 2000'li yıllarla birlikte Balkanlar'a yönelik genişleme eğiliminin söylem ve eylem noktasında doğrudan kendisini gösterdiğini ve bu durumun AB'nin kimlik tanımıyla uyum içerisinde bir görüntü taşımakta olduğunu vurgulamaktadır. Buna koşut olarak söz konusu genişlemenin, yaklaşımın diğer hususlarını da bünyesinde barındırdığının görüldüğünü ifade etmektedir. Özlem çalışmasının amacını, Sosyal İnşacılığın güvenlik yaklaşımını tanımlayarak

AB'nin Balkanlar genişlemesi örneklemini incelemek olarak ifade etmektedir.

Bu bölümdeki ikinci makale İlker Aral GÜNGÖR'ün "Konstrüktivizm Bağlamında ABD'nin Küba Politikası" isimli makalesidir. Güngör'e göre Soğuk Savaş'ın sona ermesi ile SSCB ve komünizm tehdidi ortadan kalkmış, ideolojik ve askeri açılardan ABD için tehlike olmaktan çıkan ekonomik sıkıntılar içindeki Küba ABD tarafından tehdit olarak algılanmaya devam etmiş, ABD'nin Küba'yı yalnızlaştırma politikası Obama dönemindeki angajman politikası ile gelen normalleşme sürecine kadar sürmüştür. Güngör, Obama'nın yeni sona eren başkanlık döneminin ardından normalleşme sürecinin geleceğinin belirsiz olduğunu vurgulamıştır. Bunun en büyük nedeninin de ABD'nin Küba politikasını etkileyen "Amerikan İstisnailiği" inancına dayanan Amerikan kimliği ve farklı dönemlerde Küba'dan ABD'ye göç eden Kübalı Amerikalılar olduğunu söylemiştir. Farklı kimliklere sahip ABD ve Küba arasındaki düşmanlık ve karşılıklı güvensizlik geçmişteki yaşanmışlıklara dayanmakta olup uyuşmayan kimliklerin bir ürünü olan algılar ve anlamlandırmalar normal ilişkilerin kurulmasına engel olmaktadır. Bu nedenle ABD'nin dış politika davranışlarını ve güvenlik algısını daha iyi anlayabilmek için öncelikle Amerikan kimliğine odaklanılması faydalı olacaktır. Soğuk Savaş sonrasında uluslararası sistemde meydana gelen yapısal değişiklikler nedeniyle ABD-Küba ilişkileri gibi karmaşık ilişkilerin analizinde kimlik, normlar, inançlar, değerler ve fikirler gibi ana akım rasyonalist teorilerin göz ardı ettiği düşünsel faktörlerin de analizlere dâhil edilmesi gerekli hale gelmiştir. Kimliğin ulusal çıkarlar, güvenlik algısı ve dış politika davranışları üzerindeki belirleyiciliğinin analizinde düşünsel faktörlere ve değişime vurgu yapan, neden-sonuç ilişkileri yerine sosyal inşa süreçlerine odaklanarak "bu nasıl mümkün oldu?" sorusunun yanıtını vermeye çalışan konstrüktivizm yaklaşımının perspektifi tercih edilmelidir.

Bölümün bir diğer makalesi ise Sinem Yüksel ÇENDEK'in "Avrupa'da İslam'ın Güvenlikleştirilmesi" isimli çalışmadır. Bu çalışmada, Kopenhag Okulunun güvenlikleştirme yaklaşımı çerçevesinde Avrupa'da İslam'ın nasıl güvenlikleştirildiği ve bunun politik bir karar olup olmadığı incelenmiştir. Öncelikle geleneksel güvenlik anlayışına değinilmiş, daha sonra güvenliğin uluslararası konjonktürde meydana gelen gelişmelerle birlikte çok boyutlu bir hal aldığı ifade edilmiştir. Çendek, güvenliğin alanının genişlemesiyle birlikte, Kopenhag okulunun güvenlikleştirme ve çok sektörlü güvenlik yaklaşımları ile söz eylemin rolü üzerinde durmuştur. Bu bağlamda din ve kimlikle ilgili konuları içeren toplumsal güvenlik alanına yer vermiş, toplumsal güvenliğe tehdit olarak algılanan unsurlara değinmiştir. Avrupalı devlet adamları ve siyasetçilerin yani yönetici elitlerin söylemleri çerçevesinde İslam'ın nasıl bir tehdit unsuru olarak gösterildiği, bunun Avrupalı halk tarafından nasıl kabul gördüğü ve söz konusu güvelikleştirme bağlamında alınan olağanüstü önlemler ortaya konulmuştur. Yazar, çalışmasında İslam'ın bir tehdit unsuru olduğuna dair söylemlerin yani söz eylemlerin özellikle seçim dönemlerinde siyasi elitlerce kullanılarak Avrupa'da İslam'ın güvenlikleştirilmesinin aslında politik bir karar olduğu sonucuna ulaşılmıştır.

KURAMSAL ÇERÇEVE: ULUSLARARASI İLİŞKİLERDE GÜVENLİK

Sibel TURAN, Nergiz ÖZKURAL KÖROĞLU, İlker Aral GÜNGÖR

Giriş

Güvenlik yaşamın tüm evrelerinde karşımıza çıkan bir kavramdır. Herkesin ve her şeyin güven altında olmaya ihtiyacı olduğuna göre hayatımızın büyük bir bölümünün sahip olduğumuz değerleri korumakla geçtiği söylenebilir. Arnold Wolfers'in klasikleşmiş kavramlaştırmasına göre güvenlik, daha önceden elde edilmiş değerlerin korunmasıdır. Objektif anlamda eldeki değerlere yönelik görünen ya da fiili bir tehlikenin olmaması durumu iken sübjektif olarak tehlike şüphesinin olmadığı bir durumu ifade eder.[1] Önem ve işlevi göz önünde bulundurulduğunda kapsamlı bir şekilde kavramsallaştırılması zor ve tartışmalı[2] olan güvenlik, zamanın ve mekanın şartlarına göre farklı şekillerde yorumlanabilen, kişisel, toplumsal ve ülkesel niteliklere göre değişim gösterip tarihsel yaşanmışlıklarla şekillenmenin yanında kişi ve toplumların siyasi görüşlerinden bağımsız olmayan, türetilmiş bir kavramdır.[3] Bu nedenle Uluslararası İlişkiler teorilerinin birbirlerinden farklı güvenlik yaklaşımları üretmiş olmaları doğal bir durumdur.[4]

---

[1] Arnold Wolfers, "National Security as an Ambiguous Symbol", Political Science Quarterly, Cilt 67, Sayı 4, 1952, s.484-485.

[2] Paul D. Williams, "Security Studies: An Introduction", in Security Studies An Introduction, Paul D. Williams (ed.), 2nd Edition, Routledge, London, 2013, s. 1; John Baylis, "International and Global Security", in The Globalization of World Politics: An Introduction to International Relations, (Ed.) John Baylis, Steve Smith ve Patricia Owens, Fifth Edition, Oxford University Press, Oxford, 2014, s. 233; Ken Booth, Theory Of World Security, Cambridge, 2007, s. 99-100.

[3] Ken Booth, A.e., s.101; Pınar Bilgin, "Güvenlik Çalışmalarında Yeni Açılımlar: Yeni Güvenlik Çalışmaları", Stratejik Araştırmalar Dergisi, Cilt 8, Sayı 14, Ocak 2010, s.76-77;

[4] Tuncay Kardaş, "Güvenlik: Kimin Güvenliği ve Nasıl?", Uluslararası Politikayı Anlamak: 'Ulus-Devlet'ten Küreselleşmeye, Der: Zeynep Dağı, Alfa, İstanbul, 2007, s. 125-126.

Birinci Dünya Savaşı'nı takip eden dönemde devletlerarasındaki savaşları önlemek ve barışı sağlamak amacıyla gerçekleştirilen bilimsel çalışmalarla temelleri atılan Uluslararası İlişkiler disiplini kendi meşruiyetini sağlamak amacıyla güvenlik konusuna büyük önem vermiş[5], disiplindeki güvenlik çalışmaları "Kimin güvenliği?", "Güvenliği kim sağlar?" ve "Kime karşı güvenlik?" sorularını cevaplamaya yoğunlaşmıştır.[6] Güvenlik kavramının temel değerlere yönelik tehditlerin olmaması şeklinde yapılan tanımı konusunda disiplinde bir uzlaşma olsa da analiz düzeyleri konusunda (bireysel, ulusal, uluslararası) disiplin içerisinde farklı görüşler ortaya çıkmış; ulusal güvenlik ve uluslararası güvenlik[7] arasında sürekli bir çekişme olduğu görülmüştür.[8] Disiplinin geçmişi incelendiğinde, temel iki yaklaşım olan realist ve liberal yaklaşımlar arasında barış ve savaş kavramları üzerinde yoğunlaşan fikir ayrılıkları disiplinin izleyeceği yolu belirlerken aynı zamanda "geleneksel güvenlik anlayışını" da ortaya çıkarmıştır.[9]

İki dünya savaşı arasında Uluslararası İlişkiler disiplinine liberal yaklaşımlar hâkim olmuştur. İdealizm çatısı altındaki liberal yaklaşımlar, uluslararası hukukun kurumsallaştırılması ve uluslararası örgütler vasıtasıyla devletlerarası çatışma ve savaş tehditlerinin önlenerek barışın sağlanmasına odaklanmışlar ancak liberal prensiplerle kurulan Milletler Cemiyeti'nin II. Dünya Savaşı'nı önleyememesi sonucu disiplindeki etkinliklerini diğer ana teori olan realizme kaptırmışlardır.[10] Soğuk Savaş'ın iki kutuplu sisteminin durağan yapısına ve hegemonik karakterine uygun olan klasik realizmin varsayımları doğrultusunda geliştirilen, çatışmaya dayalı, materyalist, devlet merkezli ve askeri güç ile tanımlanan ulusal güvenlik odaklı "geleneksel güvenlik yaklaşımı" uzun bir süre disipline hâkim olmuştur.[11] Realist güvenlik yaklaşımını yansıtan gele-

---

[5] Oktay F. Tanrısever, "Güvenlik", in Devlet: Uluslararası İlişkilerde Temel Kavramlar, Atilla Eralp (ed.), 5. Baskı, İletişim, İstanbul, s. 108.

[6] Bilal Karabulut, Güvenlik: Küreselleşme Sürecinde Güvenliği Yeniden Düşünmek, Barış Kitap, Ankara, 2011, s. 48.

[7] Ulusal güvenlik bir devletin ulusal egemenliğine vurgu yapar; devletin tüm unsurları ile bölünmez bir bütün olarak kendi sınırları içerisinde tek egemen olduğunu belirtir; tek amaç ulusal sınırlar içerisinde güvenliğin sağlanmasıdır. Uluslararası güvenlik ise uluslararası sistemin savaş tehdidinden uzak olması ve küresel çatışmaların olmamasıdır. Devletlerin, aralarında çıkabilecek çatışmalara fırsat vermeyip güven ve barışı sağlayacak önlemleri almış olmalarıdır. Bilal Karabulut, A.e., s. 21-22 ve 25-26.

[8] John Baylis, Aynı yer.

[9] Gökhan Koçer, "Savaş ve Barış: Temel Seçenekler", Uluslararası Politikayı Anlamak: 'Ulus-Devlet'ten Küreselleşmeye, Der: Zeynep Dağı, Alfa, İstanbul, 2007, s. 91-93.

[10] A.e., s. 97.

[11] Atilla Sandıklı ve Bilgehan Emeklier, "Güvenlik Yaklaşımlarında Değişim ve Dönüşüm", Teoriler Işığında Güvenlik, Savaş, Barış ve Çatışma Çözümleri, Atilla Sandıklı (ed.), Bilgesam, İstanbul, 2012, s. 5.

neksel güvenlik anlayışının temel konuları güç dengesi, ittifak, savaş, güvenlik ikilemi, self-help, silahlanma ve savunma harcamaları olarak şekillenmiş; devlet bekası, devlet güvenliği, çıkar ve ulusal egemenlik gibi kavramları devletin siyasi amaçlarına hizmet edecek şekilde öncelemenin yanında bireyin güvenliğini devlet güvenliği ile eş anlamlı tutarak uluslararası ilişkileri askeri güç üzerinden okuyan, sadece devletin sınırları içerisinde güvenliği sağlayıp devlet dışından kaynaklanan tehditleri ilgi alanına almayan indirgemeci ve dar bir güvenlik perspektifi ortaya koymuştur. Ulusal güvenlik odaklı olarak devleti hem güvenlik öznesi hem de güvenliği sağlayan aktör olarak almış, devlet merkezli analizler yapmanın yanında askeri tehdit ve tehlikeler karşısında askeri güç ile karşılık verilmesi ve devletlerin güvende olabilmek için güç maksimizasyonuna gitmesi gerektiği prensiplerini benimsemiştir.[12] Bu dönemde nükleer silah kullanma tehdidinin ortaya çıkmasıyla, "caydırıcılık[13]" stratejisi geleneksel güvenlik çalışmalarının ilgi odağı haline gelmiş, caydırıcılık çalışmalarında en çok kullanılan analiz yöntemi ise "Oyun Teorisi[14]" olmuştur. Sosyal olayların matematiksel değerler ile ortaya konulabileceği ve oyunu oynayan oyuncuların önceliklerine göre rasyonel seçimler yapabileceği varsayımlarından hareket eden oyun teorisi caydırıcılık, savaş ve karar almaya uyarlanmıştır.

Güvenliğin realist perspektiften analiz edilmesine getirilen eleştirilerin çeşitlenmeye başladığı 1980'lerin başında Kenneth Waltz[15] tarafından formüle edilen neorealizm ortaya çıkmış; sistemik ve pozitivist tarzda bir teori ortaya koyma çabasında olan Waltz, klasik realizmin de içinde bulunduğu, sistemi aktör davranışları ya da karakterleri üzerinden düşünen, içten dışa, indirgemeci teorilerin devlet üstü düzeydeki davranışları açıklayamayacağını belirterek sistemi oluşturan birimlerdense sistemin kendisine odaklanıp devlet davranışlarını sistemin yapısıyla açıklamıştır. Devletlerin davranışlarının, özünde kötü, egoist, kıskanç ve şüpheci olan insanın davranışları ile özdeşleştirilmesine, dış politika davranışlarının ve dolayısıyla güvenlik tehditlerinin kaynağının devlet iradesi ile açıklanmasına karşı çıkarak devlet davranışlarını sistem düzeyinde ele almış, devlet davranışlarını belirleyen şeyin devletin iradesinden ziyade anarşik sistemin zorlaması olduğunu savunup geleneksel güvenlik yaklaşımından ayrılmasının yanında güvenliğin sadece

---

[12] Bilal Karabulut, a.g.e., s. 55-60.
[13] A.e., s. 14-15.
[14] Oyun Teorisi ile ilgili bknz. Frank C. Zagare, "Game Theory", in Security Studies An Introduction, Paul D. Williams (ed.), 2nd Edition, Routledge, London, 2013, ss. 48-62.
[15] Bknz. Kenneth N. Waltz, Theory of International Politics, Addison-Wesley, Reading, MA, 1979.

askeri boyut ile değil ekonomi politik üzerinden de düşünülmesini sağlamıştır.[16] Neorealizm içerisinde devletlerin uluslararası sistemde ne kadar güç isteyeceği konusunda uzlaşamayan iki yaklaşım vardır: "Savunmacı Realizm" ve "Saldırgan Realizm". Kenneth Waltz ve Stephan Walt'ın temsil ettiği savunmacı realizme göre, devletlerin anarşik sistemdeki temel kaygıları güç maksimizasyonu değil güvenliktir. Güç, hayatta kalabilmek için bir araçtır ve asıl dengelenmek istenen güç değil, tehdittir. Devletler güçlerini yeteri kadar artırıp daha dikkatli davranarak ittifaklar ve dengeleme siyasetleriyle kendilerini güvence altına almaya çalışacaklardır.[17] John Mearsheimer'in başını çektiği saldırgan realizm ise gücün devletler için bir amaç olduğunu ve anarşik sistemin büyük güçleri dengeye değil saldırganlığa ve güç maksimizasyonuna yönlendireceğini savunur.[18] Soğuk Savaş'ın neden sona erdiğini ve sonrasında oluşan yeni dünya düzenini açıklamakta zorlanarak eski popülaritesini kaybeden Neorealizm, günümüzde de özellikle ABD'de en etkin Uluslararası İlişkiler teorisi olarak kabul edilse de küreselleşen dünyanın karmaşık güvenlik sorunlarını açıklamakta yetersiz kaldığı aşikardır. Bu durum, post-pozitivist teoriler olarak da adlandırılan ve hâkim ana akım teorilerin, özellikle realizmin, eleştirisini yapan eleştirel teorilerin disiplinde giderek etkinliklerini artırmalarına yol açmıştır.

Disiplinin diğer ana akımı liberal yaklaşımlar incelendiğinde uluslararası ilişkilerin başat aktörünün devlet olduğunu ve uluslararası sistemdeki anarşiyi kabul etmelerine rağmen anarşinin aşılabileceğine, genel olarak devletlerarası sorunların çözümünde devlet dışı aktörlerin ve uluslararası örgütlerin etkin rolüne, devletlerarası işbirliğinin ve ticaretin geliş-tirilmesine, çevresel ve sosyokültürel sorunların güvenlik çalışmalarına dahil edilmesinin gerekliliğine, demokratik kurumların ve değerlerin yaygınlaştırılmasına ve realistlerin aksine ulusal çıkarların askeri yönden ziyade ekonomik ve çevreci perspektiften değerlendirilmesine vurgu yaptıkları görülmektedir. Soğuk Savaş döneminde realist yaklaşımların hakimiyetinin etkisinde kalmış olsalar da 1950'lerde itibaren ve özellikle 1970'lerdeki yumuşama döneminde devletin tek aktörlükten çıkması ve askeri güvenliğin öneminin azalması gibi konulara odaklanarak dev-letlerarasındaki ekonomik bağların bir sonucu olan karşılıklı bağımlılığın, bireyler ve toplumlar arası artan iletişimin, devletlerarası iş birliği,

---

[16] Bilal Karabulut, a.g.e., s. 60-64.
[17] Eyüp Ersoy, "Realizm", Uluslararası İlişkiler Teorileri, Ramazan Gözen (der.), İletişim, İstanbul, 2014, s.176-177.
[18] John J. Mearsheimer, The Tragedy of Great Power Politics, W. W. Norton & Company, New York, 2001, s. 2-5.

kurumlar, entegrasyon ve rejimlerin barışı sağlamadaki önemi gibi unsurları vurgulamışlardır.[19] 1980'lerde ortaya çıkan neolibearalizm ya da liberal kurumsalcılık, devleti uluslararası ilişkilerin temel aktörü kabul ederek neorealizmden fazla uzaklaşmamış ve fark sınırlı görüş ayrılıklarına indirgenmiş[20] olsa da uluslararası örgütlerin istikrar ve iş birliğini sağlamadaki rolü ve devlet dışı aktörlerin uluslararası ilişkilerdeki önemi konularında fikir ayrılıkları devam etmekte olup[21] neoliberalizmin meydan okuması günümüzde de bu unsurlar etrafında şekillenmektedir.

Güvenlik gündeminin genişletilmesi amacıyla geleneksel güvenlik anlayışının askeri güç kullanımı ve denetimi ile sınırlandırılmış yapısının sorgulanması konusundaki çabalar Soğuk Savaş'ın yumuşama dönemine girdiği 1960'lı yılların sonlarında başlamış, bu dönemde geleneksel güvenlik anlayışının en etkili eleştirisi "Barış Çalışmaları[22]" tarafından yapılmıştır. Analizlerinin merkezinde bireyin güvenliği olan ve kuvvet kullanımının tamamen ortadan kaldırılmasını savunan barış araştırmaları geleneksel güvenlik anlayışından farklılaşmıştır. Ana öznesi yapısal şiddete uğrayan insanlar olan barış çalışmaları, güvenliği barışın doğal sonucu olarak görüp sürekli barışa nasıl ulaşılabileceğine odaklanmıştır. Soğuk Savaş'ın ardından nükleer gerilimin sona ermesiyle nüfus artışı, yoksulluk, ekonomik sorunlar, salgın hastalıklar, uyuşturucu kaçakçılığı, göç gibi askeri nitelik taşımayan tehditlerin önem kazanmasının yanında terörizm, yerel etnik ve dinsel çatışmalar ve iç savaş gibi karmaşık ve devletlerin iş birliği yapmadan tek başlarına salt askeri temelli geleneksel güvenlik anlayışıyla çözemeyecekleri sorunların ortaya çıktığı düşünülürse, güvenlik kavramının genişletilmesi kaçınılmaz olmuştur. Bunun yanında yeni tehditlerden etkilenen aktörler de çeşitlenmiş, güvenliğin bireylerden uluslararası sisteme kadar derinleştirilmesi de zorunlu hale gelmiştir. Bu amaçla 1990'lı yıllarda geleneksel güvenlik anlayışının eleştirisini yapan farklı güvenlik yaklaşımları ortaya çıkmış ve bu eleştirel yaklaşımlar güvenlik alanında çeşitlilik dönemini başlatarak "yeni güvenlik anlayışının" önünü açmışlardır.

---

[19] Fulya Akgül Durakçay, "Uluslararası İlişkilerde Liberal Yaklaşımlar ve Güvenlik Anlayışı", in Uluslararası İlişkilerde Güvenlik: Teorik Değerlendirmeler, Emre Çıtak ve Osman Şen (eds.), Uluslararası İlişkiler Kütüphanesi, İstanbul, 2014, s. 8-13.

[20] Joseph S. Nye ve David A. Welch, Küresel Çatışmaları ve İşbirliğini Anlamak, Çeviren: Renan Akman, 2. Baskı, Türkiye İş Bankası Kültür Yayınları, 2011, s. 10.

[21] John Baylis, a.g.e., s. 237.

[22] Barış Çalışmaları için bknz. Barry Buzan ve Lene Hensen, The Evolution of International Security Studies, Cambridge University Press, Cambridge, 2009, s. 36-37; Peter Lawler, "Peace Studies", in Security Studies An Introduction, Paul D. Williams (ed.), 2nd Edition, Routledge, London, 2013, ss. 77-92.

Güvenliğe eleştirel bir bakış getirerek yeniden düşünülmesi ve kavramsallaştırılmasının öncülerinden olan Kopenhag Okulu[23], güvenlik kavramını evrensel ve çok boyutlu hale getirmek amacıyla geleneksel güvenlik anlayışının devlet merkezliliğini, askeri güvenliğe odaklı karakterini ve disiplinlerarası etkileşime kapalı yapısını eleştirmiş ve "yeni güvenlik anlayışının" ortaya çıkmasına katkı sağlamıştır. Ole Waever ve Barry Buzan'ın başını çektiği Okul, disipline üç ana kavram ile katkıda bulunmuştur: "Güvenlik Sektörleri", "Güvenlikleştirme" ve "Bölgesel Güvenlik Kompleksi". Güvenlik sektörleri kavramı ile güvenliğin kapsamı bireyler, devlet dışı oluşumlar ve grupları da içine alacak şekilde genişletilmiştir. Kopenhag Okulu, güvenliği genişletmek ve derinleştirmek amacıyla üç düzeyli ve beş sektörlü bir güvenlik kurgusu oluşturmuştur. Güvenlik düzeyleri bireysel, ulusal ve uluslararası güvenlik; güvenlik sektörleri ise askeri, siyasi, ekonomik, toplumsal ve çevresel güvenliktir.[24]

Alexander Wendt'in [25] benimsediği postpozitivist ontoloji ve pozitif bilimlerin varsayımlarını reddetmeyen pozitivist epistemoloji ile popülaritesini artırarak pozitivist ana akım teorileri ile post-pozitivist eleştirel teoriler grubu arasında orta yol bulan bir yaklaşım [26] haline gelen konstrüktivizm, ana yaklaşımlarda eksik olan sosyal boyuta vurgu yaparak maddi unsurlar yerine kimlik, kültür, fikirler, normlar, kültür gibi düşünsel unsurlara odaklanmış; sosyal inşa süreçleri ve değişimi vurgulamıştır. [27] Konstrüktivizmin güvenlik yaklaşımı disiplinin temel yaklaşımlarının tamamlayıcısı olarak onların açıklamakta zorlandığı konuların anlaşılması için farklı bakış açıları sunup katkı sağlamanın yanında faydalı eleştiriler getirmek suretiyle[28] güvenlik analizlerinde en çok başvurulan yaklaşımlardan biri haline gelmiştir. Konstrüktivizme göre güvenlik sosyal bir oluşumdur. Farklılıkların şekillendirdiği kimlik, ben/öteki arasındaki sosyal etkileşim üzerine kurulması ve değişime açık olması nedeniyle tehdit/çıkar ve dost/düşman algılarını değiştirebildiği

---

[23] Kopenhag Okulu için bknz. Matt McDonald, "Constructivisms", in Security Studies An Introduction, Paul D. Williams (ed.), 2nd Edition, Routledge, London, 2013, ss. 71-75.
[24] Barry Buzan ve Lene Hensen a.g.e., s.212-213.
[25] Bknz. Alexander Wendt, Social Theory of International Relations, Cambridge University Press, Cambridge 1999, s. 6.
[26] A.e., s. 39.
[27] K. M. Fierke, "Constructivism", International Relations Theory: Discipline and Diversity, Tim Dunne, Milla Kurki ve Steve Smith (ed.), (3'rd Ed.), Oxford University Press, Oxford, 2013, s.188-189.
[28] Joseph S. Nye ve David A. Welch, a.g.e., s. 12-13 ve 92-94.

için güvenlik algısı ile etkileşim halindedir.[29] Kimliği analizlerinin merkezine koyan konstrüktivizmin güvenlik anlayışı, açıklamaktan ziyade "bu nasıl mümkün oldu" sorusu aracılığıyla devlet davranışlarını olası kılan anlamlandırmaları ve bir olayın hangi anlamlandırmalardan geçerek ulusal çıkarlar için tehdit olarak algılandığını ortaya koymak suretiyle kimlik temeline dayanmaktadır.[30]

Ken Booth'un başını çektiği ve Frankfurt Okulu'nun eleştirel teorisinden ilham alan Aberystwyth Okulu'nun Eleştirel Güvenlik Çalışmaları [31] geleneksel güvenlik anlayışına karşı belki de en etkili ve kapsamlı eleştirileri ortaya koymuştur. Bu yaklaşıma göre, devlet güvenliğin öznesi değil aracı olmalıdır ve güvenliğin anlam kazanması için bireye odaklanması gereklidir. Dünyadaki tehditler öncelikli olarak bireyleri etkilemekte olup devlet bireylerin güvenlik sorunlarına çare bulamamanın yanında onları güvensiz duruma düşürmekte ve özgürlüklerini kısıtlayan bir baskı aracı haline gelmektedir. Günümüzde bireylerin karşılaştıkları güvenlik sorunları savaş tehdidinden ziyade çevresel, ekonomik ve gıda ile ilgili sorunlar olduğuna göre öncelikli olarak onları istediklerini özgürce yapmaktan alıkoyan fiziki ve insani engellerden kurtararak özgürleşmelerini sağlamak gerekmektedir.

Eleştirel bir Uİ teorisi olan feminizm [32], devlet merkezli geleneksel güvenlik yaklaşımının erkek hâkimiyetini meşrulaştırdığını, cinsiyet temelinde kurulan devletin kadınları ulusal ve uluslararası siyasetten dışladığını belirtmektedir. Savaş olgusuna odaklanan feminist yaklaşımlar, askeri kapasitenin güvenliği sağlayan bir unsurdan ziyade bireyselliğe tehdit olduğunu ve kadını göz ardı ederek erkeğin korumasına muhtaç bir konuma yerleştirdiğini, maskülenitenin ürünü olan savaşlar sırasında ve sonrasında en çok kadınların zarar gördüğünü vurgulamaktadırlar. Bu nedenle güvenlik tanımı çok boyutlu ve çok düzeyli olarak geleneksel yaklaşımın göz ardı ettiği toplumsal cinsiyeti de içeren birey, aile, toplum kaynaklı özel alana ait sorunları kapsayacak şekilde

---

[29] Fulya Ereker. Dış Politika ve Kimlik: İnşacı Perspektiften Türk Dış Politikasının Analizi, (Ankara Üniversitesi, Sosyal Bilimler Üniversitesi, Uluslararası İlişkiler Anabilim Dalı, Basılmamış Doktora Tezi), Ankara, 2010, s. 59

[30] Bahar Rumelili, "İnşacılık/Konstrüktivizm" in Küresel Siyasete Giriş: Uluslararası İlişkilerde Kavramlar, Teoriler, Süreçler, Evren Balta (Ed.), İletişim, İstanbul, 2014, s. 171.

[31] Eleştirel Güvenlik Çalışmaları için bknz. Barry Buzan ve Lene Hensen a.g.e., s.205-208; Pınar Bilgin, "Critical Theory", in Security Studies An Introduction, Paul D. Williams (ed.), 2nd Edition, Routledge, London, 2013, ss. 93-106.

[32] J. Ann Tickner ve Laura Sjöberg, "Feminism", in International Relations Theory: Discipline and Diversity (3'rd Ed), Tim Dunne, Milla Kurki ve Steve Smith (ed.), Oxford University Press, Oxford, 2013, ss. 205-222.

genişletilmeli; savaşlarda yaşanan fiziki şiddetin yanında kültürel, ekonomik ve hukuki ayrımcılık temeline dayanan ve en çok kadınları etkileyen yapısal şiddetin varlığı kabul edilmelidir.

Diğer bir eleştirel Uİ teorisi olan yeşil teorinin[33] güvenlik yaklaşımı ise diğer eleştirel yaklaşımlardan farklı olarak insan merkezli olmayıp tüm yaşam biçimlerine uygun olacak şekilde ekoloji merkezlidir. Geleneksel güvenlik yaklaşımının devlet merkezliliğinin ötesinde küresel çevre değişimine yeni bir normatif anlayış getirmeyi amaçlayan yeşil teori dünyayı daha yaşanılır bir yer haline getirmek amacıyla ekolojik dengenin korunması için çalışmaktadır. Güvenlik özneleri bireylerden başlayarak dünya gezegenin tamamını kapsayacak şekilde çeşitlilik arz eden yeşil teorinin, çevre ile ilişkili olmak koşuluyla, içerdiği başlıca güvenlik konuları arasında enerji güvenliği, iklim değişikliği, kuraklık, ormanların yok olması, açlık, ozon tabakasının delinmesi ve küresel ısınma, canlı türlerinin soylarının tükenmesi, kaynakların güvenliği, kaynak ve hammadde savaşları, göçler sayılabilir.

Sonuç olarak, Soğuk Savaş'ın ertesinde değişim yaşamaya başlayan güvenlik anlayışı, özellikle 11 Eylül saldırılarından sonra aynı zamanda dönüşmeye de başlamıştır. Küreselleşen dünyada tehditler de küreselleşmiş, çeşitlenmiş ve fiziksel güvenliğe yönelik tehdit olmaktan çıkarak karmaşık bir nitelik kazanmıştır. Günümüzün tehditleri toplumların farklı kesim ve seviyelerinden gelebilmekte, ulusal ve uluslararası nitelikte ortaya çıkabilmektedir. Temel (geleneksel) güvenlik anlayışının güvenliği siyasileştiren, askeri gücü önceleyen, devlet merkezli ve dar yaklaşımı, dünyadaki değişim ve dönüşümü açıklamakta zorlanmış, eleştirel güvenlik yaklaşımlarının ortaya çıkmasıyla güvenlik kavramı genişlemiş ve derinleşmiştir. Devlet odaklı güvenlikten sıyrılarak insan, toplum ve hatta tüm dünya gezegenini kapsayacak şekilde genişleyip derinleşerek dönüşüm sürecine giren yeni güvenlik anlayışı gelecek konusunda umut vadetmektedir.

KAYNAKÇA

Baylis, John, "International and Global Security", The Globalization of World Politics: An Introduction to International Relations, (Ed.) John Baylis, Steve Smith ve Patricia Owens, Fifth Edition, Oxford University Press, Oxford, 2014, ss. 230-245.

---

[33] Yeşil Teori için bknz., Serhan Ünal, "Yeşil Teori ve Güvenlik", in Uluslararası İlişkilerde Güvenlik: Teorik Değerlendirmeler, Emre Çıtak ve Osman Şen (eds.), Uluslararası İlişkiler Kütüphanesi, İstanbul, 2014, ss. 193-206; Robyn Eckersley, "Green Theory", in International Relations Theory: Discipline and Diversity (3'rd Ed), Tim Dunne, Milla Kurki ve Steve Smith (ed.), Oxford University Press, Oxford, 2013, ss. 266-286.

Bilgin, Pınar, "Critical Theory", Security Studies An Introduction, Paul D. Williams (ed.), 2nd Edition, Routledge, London, 2013, ss. 93-106.

Bilgin, Pınar, "Güvenlik Çalışmalarında Yeni Açılımlar: Yeni Güvenlik Çalışmaları", Stratejik Araştırmalar Dergisi, Cilt 8, Sayı 14, 2010, s.69-96

Booth, Ken, Theory Of World Security, Cambridge, 2007.

Buzan, Barry; Hensen, Lene, The Evolution of International Security Studies, Cambridge University Press, Cambridge, 2009.

Durakçay, Fulya Akgül, "Uluslararası İlişkilerde Liberal Yaklaşımlar ve Güvenlik Anlayışı", Uluslararası İlişkilerde Güvenlik: Teorik Değerlendirmeler, Emre Çıtak ve Osman Şen (eds.), Uluslararası İlişkiler Kütüphanesi, İstanbul, 2014, s. 7-21.

Eckersley, Robyn, "Green Theory", International Relations Theory: Discipline and Diversity (3'rd Ed), Tim Dunne, Milla Kurki ve Steve Smith (ed.), Oxford University Press, Oxford, 2013, ss. 266-286.

Ereker, Fulya, Dış Politika ve Kimlik: İnşacı Perspektiften Türk Dış Politikasının Analizi, (Ankara Üniversitesi, Sosyal Bilimler Üniversitesi, Uluslararası İlişkiler Anabilim Dalı, Basılmamış Doktora Tezi), Ankara, 2010.

Ersoy, Eyüp, "Realizm", Uluslararası İlişkiler Teorileri, Ramazan Gözen (der.), İletişim, İstanbul, 2014, s.159-187.

Fierke, K. M., "Constructivism", International Relations Theory: Discipline and Diversity, Tim Dunne, Milla Kurki ve Steve Smith (ed.), (3'rd Ed.), Oxford University Press, Oxford, 2013, ss.187-204.

Karabulut, Bilal, Güvenlik: Küreselleşme Sürecinde Güvenliği Yeniden Düşünmek, Barış Kitap, Ankara, 2011.

Kardaş, Tuncay, "Güvenlik: Kimin Güvenliği ve Nasıl?", Uluslararası Politikayı Anlamak: 'Ulus-Devlet'ten Küreselleşmeye, Der: Zeynep Dağı, Alfa, İstanbul, 2007, s. 125-152.

Koçer, Gökhan, "Savaş ve Barış: Temel Seçenekler", Uluslararası Politikayı Anlamak: 'Ulus-Devlet'ten Küreselleşmeye, Der: Zeynep Dağı, Alfa, İstanbul, 2007, s. 78-124.

Lawler, Peter, "Peace Studies", Security Studies An Introduction, Paul D. Williams (ed.), 2nd Edition, Routledge, London, 2013, ss. 77-92.

McDonald, Matt, "Constructivisms", Security Studies An Introduction, Paul D. Williams (ed.), 2nd Edition, Routledge, London, 2013, ss. 63-76.

Mearsheimer, John J., The Tragedy of Great Power Politics, W. W. Norton & Company, New York, 2001, s. 2-5.

Nye, Joseph S; Welch, David A., Küresel Çatışmaları ve İşbirliğini Anlamak, Çeviren: Renan Akman, 2. Baskı, Türkiye İş Bankası Kültür Yayınları, 2011.

Rumelili, Bahar, "İnşacılık/Konstrüktivizm", Küresel Siyasete Giriş: Uluslararası İlişkilerde Kavramlar, Teoriler, Süreçler, Evren Balta (Ed.), İletişim, İstanbul, 2014, ss. 151-173.

Sandıklı, Atilla; Emekler, Bilgehan, "Güvenlik Yaklaşımlarında Değişim ve Dönüşüm", Teoriler Işığında Güvenlik, Savaş, Barış ve Çatışma Çözümleri, Atilla Sandıklı (ed.), Bilgesam, İstanbul, 2012, s. 3-67.

Tanrısever, Oktay F., "Güvenlik", Devlet: Uluslararası İlişkilerde Temel Kavramlar, Atilla Eralp (ed.), 5. Baskı, İletişim, İstanbul, ss. 107-123.

Tickner, J. Ann; Sjöberg, Laura, "Feminism", International Relations Theory: Discipline and Diversity (3'rd Ed), Tim Dunne, Milla Kurki ve Steve Smith (eds.), Oxford University Press, Oxford, 2013, ss. 205-222.

Ünal, Serhan, "Yeşil Teori ve Güvenlik", Uluslararası İlişkilerde Güvenlik: Teorik Değerlendirmeler, Emre Çıtak ve Osman Şen (eds.), Uluslararası İlişkiler Kütüphanesi, İstanbul, 2014, ss. 193-206.

Waltz, Kenneth N., Theory of International Politics, Addison-Wesley, Reading, 1979.

Wendt, Alexander, Social Theory of International Relations, Cambridge Press, Cambridge 1999.

Williams, Paul D., "Security Studies: An Introduction", Security Studies An Introduction, Paul D. Williams (ed.), 2nd Edition, Routledge, London, 2013, ss. 1-12.

Wolfers, Arnold, "National Security as an Ambiguous Symbol", Political Science Quarterly, Cilt 67, Sayı 4, 1952, s.481-502.

Zagare, Frank C., "Game Theory", Security Studies An Introduction, Paul D. Williams (ed.), 2nd Edition, Routledge, London, 2013, ss. 48-62.

BİRİNCİ KISIM
NEOREALİZM VE GÜVENLİK

NEOREALİZM BAĞLAMINDA TÜRK DIŞ POLİTİKASI (1945-1965)

Latif PINAR

Giriş

Bu çalışma, Kenneth Waltz tarafından ortaya konulan Neorealist yaklaşımın uluslararası sistemin temel özelliklerine ilişkin varsayımları bağlamında, 1945-1965 yılları arasında Türk dış politikasının temel parametrelerini incelemeyi amaçlamaktadır. Çalışmada, İkinci Dünya Savaşı'nın hemen ardından ortaya çıkan iki kutuplu sistemin, Türk dış politikası üzerinde belirleyici bir etkisinin bulunup bulunmadığı sorusuna cevap aranmaktadır. Çalışmanın hipotezi şu şekilde formüle edilmiştir: Kenneth Waltz tarafından geliştirilmiş olan Neorealist yaklaşımın uluslararası sistemin temel özelliklerine ilişkin varsayımları dikkate alındığında, iki kutuplu sistem, bilhassa 1945-1965 yılları arasında Türk dış politikası üzerinde belirleyici bir etkide bulunmuştur.

Çalışmada öncelikle Neorealist kuramın uluslararası sistemin temel özelliklerine ilişkin varsayımları incelenmektedir. Daha sonra Neorealist yaklaşımın iki kutuplu sistemin işlevsel özelliklerine yönelik varsayımları değerlendirilmektedir. Son olarak bahsi geçen varsayımlar ışığında, iki kutuplu sistemin 1945-1965 yılları arasında Türk dış politikası üzerindeki belirleyici etkisi örnek olaylar çerçevesinde analiz edilmektedir.

Neorealist Yaklaşımın Uluslararası Sistemin Temel Özelliklerine İlişkin Varsayımları

Devletler arasında meydana gelen olayları sistemik bir bakış açısıyla açıklamaya çalışan Neorealist yaklaşım, uluslararası sistemi, bir yapı ve birbirleriyle karşılıklı olarak etkileşim halinde bulunan devletlerden oluşan kapsamlı bir bütün olarak tanımlamaktadır.[1] Devletlerin tutum ve davranışlarının içerisinde bulundukları uluslararası sistemin ortaya çıkardığı koşullar tarafından belirlenmekte olduğu iddiasında olan [2] Neorealist yaklaşıma göre, soyut bir kavram olan ve görünmez bir el gibi işleyerek devletlerin benzer davranışlar sergilemesine sebep olan uluslararası sistem anarşik bir yapı arz etmektedir.[3] Uluslararası sistem içerisinde yönlendirici düzeyde etkiye sahip olan üstün bir siyasal karar biriminin ya da diğer bir ifadeyle üstün bir otoritenin bulunmamasından kaynaklanan anarşik yapı, devletler arasında sürdürülebilir bir uyumun sağlanamamasına neden olmaktadır.[4] Uluslararası ilişkilerin en önemli aktörleri olan devletlerin [5] arasında sürdürülebilir bir uyumun sağlanamaması ise, uluslararası ilişkilerde çatışmaların ve savaşların yaşanmasına sebep olmaktadır.[6]

Neorealist yaklaşıma göre, devletlerin sürekli bir biçimde ulusal çıkarlarını gerçekleştirme arzusuyla hareket ettiği[7] ve güç kullanma kararını tek başına verdiği anarşik bir uluslararası sistemde[8] savaşların meydana gelmesi kaçınılmaz bir gerçekliktir.[9] Bu gerçeklik, kimi zaman taraflardan birinin ya da bir kaçının uluslararası sistem içerisindeki varlığının sona ermesine neden olabilmektedir. Uluslararası sistem içerisindeki varlıklarının sona ermesi, devletlerin hiç bir surette karşılaşmak istemeyecekleri bir durumdur. Devletlerin böylesine tehlikeli bir durumla

---

[1] Kenneth N. Waltz *Uluslararası Politika Teorisi*, Ankara, Phoenix Yayınları, çev. Osman S. Binatlı, 2015, s. 101-112.

[2] Burak Ülman, Evren Balta-Paker ve Muhammet A. Ağcan, ""Uluslararası" Fikri, Epistemolojik Yanılgı ve Eleştirel Gerçekliğin İmkanları", *Uluslararası İlişkiler*, Cilt 8, Sayı 30, Yaz 2011, s. 18-19.

[3] Faruk Yalvaç, "Uluslararası İlişkiler Kuramında Yapısalcı Yaklaşımlar", *Devlet, Sistem ve Kimlik*, İhsan D. Dağı, Atilla Eralp ve diğerleri (ed), 12. Baskı, İstanbul, İletişim Yayınları, 2010, s. 153-154.

[4] Kenneth N. Waltz *Uluslararası Politika Teorisi*, s. 129-131. Devletlerin egemenlik haklarını koruyan üstün bir siyasal karar alma biriminin olmadığı uluslararası sistem anarşik olarak nitelendirilir. Bkz., Paul R. Viotti ve Mark V. Kauppi, *Uluslararası İlişkiler ve Dünya Siyaseti*, çev. Ayşe Özbay Erozan, Ankara, Nobel, 2014, s. 298.; Neorealist yaklaşıma göre, uluslararası sistem içerisinde yer alan devletler, ulusal çıkarlarına hizmet edeceğini düşündükleri araçları kullanmaktan yoksun bırakacağı endişesiyle üstün bir siyasal karar biriminin ya da diğer bir ifadeyle üstün bir otoritenin varlığını kabul etmezler. Bkz., Kenneth N. Waltz *Uluslararası Politika Teorisi*, s. 149.

[5] Marysia Zalewski ve Cynthia Enloe, "Uluslararası İlişkilerde Kimlik Hakkında Sorular", *Uluslararası İlişkiler Kuramları*, Kenn Booth ve Steve Smith (ed.), çev. Muhammed Aydın, İstanbul, Uluslararası İlişkiler Kütüphanesi, 2015, s. 295.

[6] Kenneth N. Waltz, *İnsan, Devlet ve Savaş: Teorik Bir Analiz*, Ankara, Asil Yayın Dağıtım, Çev: Enver Bozkurt, Selim Kanat ve Serhan Yalçıner, 2009, s.154.

[7] Howard Williams, Moorhead Wright ve Tony Evans, *Uluslararası İlişkiler ve Siyaset Teorisi Üzerine Bir Derleme*, çev. Asena Günalp, Ankara, Siyasal Yayınevi, 2007, s. 326.

[8] Kenneth N. Waltz, *Man, the State, and War: A Theoretical Anlysis*, New York, Columbia University Press, 2001, s. 160.

[9] John Baylis, "Uluslararası İlişkilerde Güvenlik Kavramı", *Uluslararası İlişkiler*, Cilt 5, Sayı 18, Yaz 2008, s. 72.

karşılaşmamalarının en temel yolu ise askeri kapasitelerini mümkün olduğunca arttırmaktır.[10] Nitekim anarşik bir yapıya sahip olan uluslararası sistem, sürekli bir biçimde devletlere sahip oldukları askeri kapasite düzeyini arttırmalarını empoze etmektedir.[11]

Ancak çeşitli sebeplerden ötürü kapasitesini arttıramamış ya da diğerlerine oranla yetersiz düzeyde arttırmış olan devletler, uluslararası sistem içerisindeki varlıklarını tehdit eden ciddi bir güvenlik sorunu ile karşılaştıklarında ne tür bir davranış sergilemektedirler? Neorealist yaklaşıma göre, böylesi bir durumla karşılan devletler, kendilerine güvenlik tehdidi oluşturan devletin gücünü dengelemek amacıyla onun gücüne yakın olan ve onunla rekabet halinde bulunan bir başka devletle ya da devletler topluluğuyla ittifak yapmaktadırlar.[12]

Bir başka ifadeyle kapasitelerini arttıramayan ya da diğerlerine oranla yetersiz düzeyde arttıran devletler, uluslararası sistem içerisindeki varlıklarını tehdit eden ciddi bir ulusal güvenlik sorunuyla karşılaştıklarında, kendilerine bu güvenlik sorunu yaşatan devletin gücünü dengeleyebilecek düzeyde yüksek bir kapasiteye sahip olan ve o devletle kıyasıya bir rekabet içerisinde bulunan bir başka devletle ya da devletler grubuyla ittifak gerçekleştirmektedirler.[13] Kapasite açısından zayıf olan devletlerin, uluslararası sitem içerisindeki varlıklarını tehdit eden güvenlik sorunlarını çözmek amacıyla kapasite düzeyi yüksek olan bir devletle ya da devletler topluluğuyla ittifak oluşturmaları, bilinçli olarak

---

[10] Chris Brown ve Kırsten Ainley, *Uluslararası İlişkileri Anlamak*, İstanbul, Sümer Kitabeci, Çev: Mehtap Gün Ayral, 2013, s. 57. ; Neorealist yaklaşıma göre, kapasitesini arttırmayan ya da diğerlerine oranla yetersiz düzeyde arttıran devletler acı çekmek zorunda kalacaklardır. Bkz., *Kenneth N. Waltz, Uluslararası Politika Teorisi*, s. 149.

[11] Faruk Yalvaç, "Uluslararası İlişkiler Kuramında Anarşi Söylemi", *Uluslararası İlişkiler*, Cilt 8, Sayı 29, Bahar 2011, s.77. Neorealist yaklaşıma göre güç, uluslararası politikada ulusal güvenliğin sağlanılmasında kullanılan bir araçtır. Bkz., Kenneth N. Waltz, *Uluslararası Politika Teorisi*, s. 158. ; Dolayısıyla Neorealist yaklaşıma göre, güvenlik olgusu güç olgusundan daima önde gelir. Bkz., Sibel Turan, "Neorealist Kuram Bağlamında Ukrayna Krizinin Değerlendirilmesi," *Uluslararası İlişkilerde Teoriden Pratiğe Güncel Yaklaşımlar*, Sibel Turan ve Nergiz Özkural Köroğlu (ed.), Bursa, Dora Basın-Yayın, 2015, s. 22. Ayrıca bkz, Kenneth N. Waltz, *Uluslararası Politika Teorisi*, s.158.

[12] Neorealist yaklaşıma göre, devletler uluslararası sistemin anarşik yapısının etkisiyle kendilerini tehdit eden devletin peşine takılmak yerine ("*bandwagoning*"), onu dengelemeyi ("*balancing*") tercih ederler. Bkz., Ayşegül Sever, *Türkiye'nin Ortadoğu İlişkileri: Kavramsal ve Olgusal Bir Analiz*, İstanbul, Der'in Yayınları 2012, s. 10-11.

[13] Kenneth N. Waltz, *Uluslararası Politika Teorisi*, s. 149. ; Neorealist yaklaşıma göre güç dengesi, bir veya daha fazla devletin gücünün bir başka devletin ya da devletler topluluğunun gücünü dengelemek amacıyla kullanması anlamına gelmektedir. Bununla birlikte güç dengesi, herhangi bir devletin herhangi bir bölgeyi ele geçirmesini engellemek için tekrar tekrar oluşturulan karşı dengeleme koalisyonlarının oluşum sürecini ifade etmektedir. Bkz, Joshua S. Goldstein ve Jon C.Pevehouse, *Uluslararası İlişkiler*, çev. Haluk Özdemir, Ankara, BB101 Yayınları, 2015, s. 95.

yaptıkları bir faaliyet değildir. Uluslararası sistemin anarşik yapısı onları ittifak yapmaya teşvik etmektedir[14].

Neorealist yaklaşıma göre, sahip oldukları kapasite açısından eşit olmayan devletler arasında gerçekleştirilen ittifaklarda, zayıf olanların ittifaka yaptıkları katkı kısıtlı ve önemsizdir.[15] Bu nedenle ittifak içerisinde yer alan zayıf devletlerin sadakatsizliği ihtimali, ittifakın lideri konumunda bulunan güçlü devletleri çok fazla kaygılandırmaz, zira onların kendilerini takip etmekten başka bir seçeneği yoktur.[16] Söz konusu ittifaklarda, kapasite düzeyi yüksek olan lider devletlerin zayıf olan devletlere yönelik tutum ve davranışları da bu bakış açısı çerçevesinde şekillenmektedir. Nitekim ittifak içerisinde yer alan lider devletler, zayıf devletlerden, ortak düşmanla mücadele edilmesi sürecinde kendilerinin istediği tutum ve davranışları sergilemelerini beklemektedir ve bu beklentileri zayıf devletler tarafından önemli ölçüde karşılanmaktadır.

Ancak zayıf devletler, ittifakın lideri konumunda bulunan büyük devletlerin beklediği tutum ve davranışları sergilerken bir takım problemlerle karşılaşabilmektedirler. Özellikle zayıf devletlerin dış politikalarını ittifakın lideri konumunda bulunan devletlerin dış politikasına eklemlemeleri ve bu durumu doğal bir süreç olarak algılayarak uluslararası alanda tamamen onların istediği şekilde hareket etmeleri, uluslararası sistem içerisinde yer alan diğer devletlerle olan ilişkilerine[17] ve uluslararası politikadaki imajlarına zarar verebilmektedir.

Neorealist yaklaşıma göre, uluslararası sistemin parçası olan tüm devletler, fonksiyonel olarak birbirlerinin aynısıdırlar ancak sahip oldukları kapasiteler açısından birbirlerinden farklılaşırlar.[18] Bu çerçevede devletler, kapasitelerine göre büyük orta ve küçük devletler olmak üzere

---

[14] Neorealist yaklaşıma göre, uluslararası sistemin anarşik yapısı, devletleri, kendilerine tehdit oluşturan devlet ya da devletler grubunun peşine takılmayı değil o devletle ya da devletler grubuyla rekabet halinde bulunan devlet ya da devletler topluluğuyla ittifak yapılmasına teşvik eder. Bkz., Jack Donnelly, "Realizm", *Uluslararası İlişkiler Teorileri*, Scott Burchill, Andrew Linklater ve Diğerleri, çev. Ali Aslan ve Muhammed Ali Ağcan, İstanbul, Küre Yayınları, 2012, s. 57.

[15] Kenneth N. Waltz, "Yeni Gerçekçilik Kuramına Göre Savaşın Kökeni", *Uluslararası İlişkilerde Anahtar Metinler*, Esra Diri (ed.), İstanbul, Uluslararası İlişkiler Kütüphanesi, 2013, s. 449.

[16] *Aynı yerde.*

[17] Ayşegül Sever, *Türkiye'nin Ortadoğu İlişkileri: Kavramsal ve Olgusal Bir Analiz*, s. 12-16.

[18] Mustafa Aydın, "Uluslararası İlişkilerin "Gerçekçi" Teorisi: Kökeni, Kapsamı, Kritiği" *Uluslararası İlişkiler*, Cilt 1, Sayı 1, Bahar 2004, s.49. ; Neorealist yaklaşıma göre, devletler günlük rutin işlerini yerine getirmeleri anlamında birbirlerinin aynısıdır. Ancak bu işleri yerine getirme becerileri noktasında kapasiteleri çerçevesinde birbirlerinden ayrılırlar. Bkz., Klevis Kolasi, "Soğuk Savaşın Barışçıl Olarak Sona Ermesi Ve Uluslararası İlişkiler Teorileri", *Ankara Üniversitesi SBF Dergisi*, Cilt 68, No: 2, 2013, s. 162.

kategorize edilebilirler.[19] Fonksiyonel olarak aynı olan, fakat kapasiteleri oranında birbirlerinden farklılaşan devletlerin dış politik davranışları da uluslararası sistem içerisinde aynı etkiyi oluşturmaz.[20] Yani anarşik uluslararası sistemde sahip oldukları kapasite çerçevesinde büyük olarak kabul edilen devletlerin davranışları, diğer devletlerin davranışlarına oranla daha fazla etki oluşturmaktadır.[21] Dolayısıyla anarşik bir yapıyı nüvesinde bulunduran uluslararası sistemde, büyük devletlerin dış politik tutum ve davranışları, orta ve küçük ölçekli olan devletlerin dış politik tutum ve davranışlarından çok daha fazla önemlidir.[22] Bu bağlamda uluslararası ilişkilerde meydana gelen olayların açıklanmasında büyük devletlerin tutum ve davranışlarına daha fazla önem verilmelidir. [23]

Neorealist Yaklaşımın İki Kutuplu Sistemin İşlevsel Özelliklerine Yönelik Varsayımları

Neorealist yaklaşıma göre, farklı alanlarda birbirleriyle kıyasıya bir mücadele içerisinde bulunan iki büyük gücün var olduğu iki kutuplu sistemde,[24] büyük güçlerden birinin kaybı diğerinin aynı oranda kazancı anlamına gelmektedir.[25] Bu durum, iki büyük gücün, rakibin kendisine karşı avantaj sağlayacağı endişesiyle dünya üzerinde meydana gelen bütün olaylara müdahil olmaları sonucunu beraberinde getirmektedir.[26] Dolayısıyla iki kutuplu sistemde, dünya üzerinde çevre olarak nitelendirilebilecek herhangi bir alan bulunmamaktadır. [27] Bir başka ifadeyle iki kutuplu sistemde dünyanın her yeri, dikkatlerini tamamen birbirlerinin üzerinde yoğunlaştıran ve birbirlerinin niyetlerinden şüphe ederek savunma amacıyla aldıkları önlemlere dahi saldırgan mahiyetler yükleyen[28] büyük güçlerin mücadele alanıdır.

---

[19] *Aynı eser.*, s. 163. ; Neorealist yaklaşıma göre, uluslararası sistem içerisinde yer alan devletler göreceli kapasiteleri bağlamında çeşitlilik göstermektedirler. Bkz., Torbjorn L. Knutsen, *Uluslararası İlişkiler Teorisi Tarihi*, çev. Mehmet Özay, İstanbul, Açılım Kitap, 2006, s. 358.

[20] Ayşegül Sever, *Türkiye'nin Ortadoğu İlişkileri: Kavramsal ve Olgusal Bir Analiz*, s. 11.

[21] *Aynı yerde.*

[22] *Aynı yerde.*

[23] Atilla Eralp, "Sistem", *Devlet ve Ötesi*, Atilla Eralp (der.), 6. Baskı, İstanbul, İletişim Yayınları, 2011, s. 141.

[24] Kenneth N. Waltz, "Uluslararası Politikanın Değişen Yapısı", *Uluslararası İlişkiler*, Cilt 5, Sayı 17, Bahar 2008, s. 5.

[25] Michael G. Roskin ve Nicholas O. Berry, *Uluslararası İlişkiler: Uİ'nin Yeni Dünyası*, çev. Özlem Şimşek, Ankara, Adress Yayınları, 2014, s. 34-35.

[26] Ayşegül Sever, *Türkiye'nin Ortadoğu İlişkileri: Kavramsal ve Olgusal Bir Analiz*, s. 12.

[27] *Aynı yerde.*

[28] Kenneth N. Waltz, "Uluslararası Politikanın Değişen Yapısı", s. 5.

Neorealist yaklaşıma göre, "*Ulusal güvenliğin temel, askeri gücün başat, büyük güçlerin en önemli aktörler olduğu iki kutuplu sistem*",[29] çok kutuplu sisteme oranla daha barışçı[30] ve daha dengeli[31] bir sistemdir. İki büyük gücün, diğerinin kendisini yok edebilecek bir şekilde karşılık verebileceği endişesiyle, birbirlerine karşı nükleer silahlara dayalı bir saldırıdan kaçınması[32] iki kutuplu sistemin çok kutuplu sisteme oranla daha barışçı ve daha dengeli bir sistem olmasına neden olmaktadır. Ancak nükleer silahların varlığı sebebiyle büyük güçlerin arasında kapsamlı bir savaşın yaşanmaması,[33] iki kutuplu sistemin savaşa meyilli olmayan bir uluslararası düzen oluşturduğu anlamına gelmemektedir. Nitekim çok kutuplu sistemde olduğu gibi iki kutuplu sistemde de büyük güçlerin doğrudan karşı karşıya gelmediği ancak içerisine dahil oldukları irili ufaklı savaşlar[34] meydana gelebilmektedir.

Neorelialist yaklaşıma göre, iki kutuplu sistemde, gerçekleştirilen ittifaklara liderlik eden büyük güçler tarafından oluşturulan stratejiler kendi çıkarlarını gözetmeye ve gerçek düşmanı olan diğer ittifakın lideriyle mücadele etmeye dayalıdır.[35] Dolayısıyla ittifak liderleri bir dış politik faaliyette bulunurken ittifaka üye olan diğer devletlerin onayını almak zorunda değildirler.[36] Bu durum, ittifaklara üye olan öteki devletlerin uluslararası politikada daima ikinci planda kalmalarına neden olmaktadır.

Neorealist Yaklaşım Bağlamında 1945-1965 Yılları Arasında Türk Dış Politikası

İkinci Dünya Savaşının sonunda Amerika Birleşik Devletleri ve Sovyetler Birliği'nin büyük güçler olarak ortaya çıkmaları ve savaşın hemen ardın-

---

[29]Ayşegül Sever, *Türkiye'nin Ortadoğu İlişkileri: Kavramsal ve Olgusal Bir Analiz*, s. 13.
[30]Andrew Heywood, *Küresel Siyaset*, çev. Nasuh Uslu ve Haluk Özdemir, 3. Baskı, Ankara, Adres Yayınları, 2011, s. 93.
[31]Andrew Linklater, "Kuramda ve Pratikte Neorealizm", *Uluslararası İlişkiler Kuramları*, Kenn Booth ve Steve Smith (ed.), çev. Muhammed Aydın, İstanbul, Uluslararası İlişkiler Kütüphanesi, 2015, s. 246.
[32]Dehşet Dengesinin tanımı için bkz, Ülke Arıboğan, Gülden Ayman ve Beril Dedeoğlu, *Uluslararası İlişkiler Sözlüğü*, 4. Baskı, Faruk Sönmezoğlu (der.), İstanbul, Der Yayınları, 2010, s.217.
[33]John J. Mearsheimer, "Yapısal Realizm", *Uluslararası İlişkiler Teorileri*, Tim Dunne, Milja Kurki ve Steve Smith (ed.), çev. Özge Kelekçi, Sakarya, Sakarya Üniversitesi Kültür Yayınları, 2016. s. 93. ; İki büyük gücün dünyayı bir kaç kez yok edebilecek sayıda nükleer başlığa sahip olduğu bilinen bir gerçektir. Bkz, Davut Ateş, *Uluslararası Politika Nedir?*, Bursa, Dora Yayınevi, 2013, s. 270.
[34]Kore ve Vietnam savaşları gibi.
[35]Kenneth N. Waltz, *Theory of International Politics*, Addison-Wesley Publishing Company, 1979, s. 170.
[36]Kenneth N. Waltz",Yeni Gerçekçilik Kuramına Göre Savaşın Kökeni", s. 449.

dan uluslararası politikaya tek başına hakim olabilmek amacıyla birbirleriyle mücadele etmeye başlamaları, uluslararası sistemin iki kutuplu bir nitelik kazanmasına neden olmuştur.[37] Savaştan çok büyük bir yıkıma uğrayarak çıkan Avrupalı devletlerin, büyük güçlerin etrafında kümelenerek sürdürdükleri mücadelenin içerisine dahil olmaları ise, iki kutuplu sistemde bir denge durumunun oluşmasına sebebiyet vermiştir.[38] Soğuk Savaş olarak adlandırılan ve yaklaşık yirmi yıl boyunca uluslararası politikada kesin çizgilerle etkisini sürdürmüş olan bu yeni denge durumu,[39] uluslararası ilişkilerin seyrinde geniş kapsamlı değişikliklerin meydana gelmesine yol açmıştır.

İkinci Dünya Savaşının sonrasında ortaya çıkan ve Soğuk Savaş olarak adlandırılan bu denge durumunun beraberinde getirdiği değişikliklerden en çok etkilenen ülkelerden biri de Türkiye olmuştur. İkinci Dünya Savaşı öncesi dönemde, oluşum halinde bulunan uluslararası ittifaklardan mümkün olduğunca uzak durulması ve bu ittifaklara bağlayıcı taahhütlerde bulunulmamasına yönelik bir dış politika izleyen Türkiye,[40] savaşın sona ermesinin ardından söz konusu dış politik tutumunu terk ederek Amerika Birleşik Devletleri liderliğindeki Batı ittifakının içerisine dahil olmuştur.

Türkiye'nin dış politik tutumunda meydana gelen değişime,[41] Amerika Birleşik Devletleri'yle sürdürdüğü Soğuk Savaş mücadelesinde avantaj sağlamak isteyen Sovyetler Birliği'nin, Türk-Sovyet doğu sınırında değişiklik yapılması, boğazlarda kendisine üs verilmesi ve Montrö sözleşmesinin aleyhine olan maddelerinin gözden geçirilmesi gibi ülkenin ulusal güvenliğini ve toprak bütünlüğünü tehdit eden talepleri zemin hazırlamıştır.[42] Nitekim hiç beklemediği bir anda Sovyetler Birliği'nin tehditkar talepleriyle karşılaşan Türkiye, kendisini, bu ülkenin gücüne yakın bir kapasiteye sahip olan ve onunla rekabet halinde bulunan Amerika Birleşik Devletleri'yle ve onun liderlik ettiği Batılı ülkeler topluluğuyla ittifak yapmak zorunda hissetmiştir.

---

[37] Oral Sander, *Siyasi Tarih 1918-1994*, 20. Baskı, Ankara, İmge Kitabevi, 2011, s. 201.

[38] *Aynı eser*, s. 202.

[39] *Aynı yerde.*

[40] Mehmet Seyfettin Erol ve Şafak Oğuz, "Soğuk Savaş Döneminde Türkiye Coğrafyasının Türkiye'nin Dış Politikasına Olan Etkisi", *Türk Dış Politikasında Güvenlik Arayışları*, Mehmet Seyfettin Erol ve Ertan Efegil (ed.), Ankara/İstanbul, Barış Kitap, 2012, s. 12-14.

[41] Bkz, Oral Sander, *Türkiye'nin Ortadoğu Politikası*, Melek Fırat (der.) 4. Baskı, Ankara, İmge Kitabevi, 2013, s. 82.

[42] Oral Sander, *Siyasi Tarih 1918-1994*, s. 253.

Türkiye'nin söz konusu dış politik tutumunu terk ederek ulusal güvenliğini sağlamak amacıyla uluslararası alanda yeni bir dış politika anlayışı çerçevesinde hareket etmeye başlaması, bilinçli olarak yapmış olduğu bir faaliyet değildir. Bir başka ifadeyle Sovyetler Birliği ile mücadele edebilecek bir kapasiteye sahip olmayan Türkiye'nin, bu ülkenin gücünü dengelemek amacıyla yüksek bir kapasite düzeyine sahip olan ve onunla rekabet halinde bulunan Amerika Birleşik Devletleri'nin liderliğini yaptığı Batı ittifakının içerisine dahil olması, önceden tasarlayarak gerçekleştirdiği bir eylem değildir. Uluslararası sistemin anarşik yapısı görünmez bir el gibi işleyerek Türkiye'yi, Amerika Birleşik Devletleri'nin başını çektiği Batı ittifakına katılmaya itmiştir. Türkiye de tamamen uluslararası sistemin anarşik yapısının kendisini teşvik ettiği şekilde davranarak Batı ittifakının içerisine girmiştir.

Sovyetler Birliği'nin tehditkar talepleri neticesinde dış politikayı ulusal güvenliğe dayalı bir alan olarak algılamaya başlayan Türkiye, Batı ittifakı içerisine dahil olduktan sonra uluslararası politikaya bu ittifakın penceresinden bakmaya başlamıştır.[43] Türkiye'nin uluslararası politikaya Batı ittifakının penceresinden bakması, uluslararası alanda Amerika Birleşik Devletleri'nin başını çektiği söz konusu ittifakla birlikte hareket etmeyi doğal bir süreç olarak görmesine yol açmıştır.[44] Türkiye'nin uluslararası alanda Amerika Birleşik Devletleri ve diğer Batılı ülkelerle birlikte hareket etmeyi doğal bir süreç olarak görmesi, dış politikasını tamamen Amerika birleşik devletleri liderliğindeki Batı ittifakının dış politikasına eklemlemesine[45] ve uluslararası alanda bu oluşumun ve özellikle Amerika Birleşik Devletleri'nin beklediği tutum ve davranışları sergilemesine neden olmuştur. Türkiye'nin dış politikasını, Amerika Birleşik Devletleri'nin liderlik ettiği Batı ittifakının dış politikasına eklemleyerek uluslararası alanda tamamen bu ittifakın ve bilhassa bu büyük gücün istediği tutum ve davranışları sergilemesi ise, uluslararası sistem içerisinde yer alan bazı ülkelerle olan ilişkilerinin bozulmasına ve uluslararası politik imajının zarar görmesine sebebiyet vermiştir.

Örneğin 1955 yılında Türkiye'nin öncülüğünde kurulan Bağdat Paktı, Türk dış politikasının tamamen Battı ittifakının dış politikasına eklemlediğini ve uluslararası alanda Batı ittifakının kendisinden beklediği tutum ve davranışları sergilediğini gösteren önemli bir mihenk taşıdır. İki kutuplu sistemde kapasite düzeyleri çok yüksek olan büyük güçlerden birinin

---

[43] Ayşegül Sever, *Türkiye'nin Ortadoğu İlişkileri: Kavramsal ve Olgusal Bir Analiz*, s. 13.
[44] *Aynı yerde.*
[45] *Aynı yerde.*

kaybı diğerinin aynı oranda kazancı anlamına geldiğinden, gerek Amerika Birleşik Devletleri gerekse Sovyetler Birliği, birbirlerinin hareket alanını kısıtlamak amacıyla uluslararası politikadaki etkinlik düzeylerini arttırmak istemişler ve bu doğrultuda jeopolitik ve jeostratejik açıdan çok büyük bir öneme sahip olan Ortadoğu bölgesine yönelmişlerdir. Bu durum iki kutuplu sistemin başat aktörleri konumunda bulunan Amerika Birleşik Devletleri ve Sovyetler Birliği'nin Ortadoğu bölgesinde birbirleriyle kıyasıya bir mücadelenin içerisine girmelerine neden olmuştur. Ortadoğu'nun güvenliği ile Batı Avrupa'nın savunması arasında doğrudan bir bağlantı olduğunu düşünen[46] Amerika Birleşik Devletleri ile Ortadoğu bölgesi üzerinde kontrol sağlaması durumunda Batı Avrupa'nın iplerini eline geçireceğine inanan Sovyetler Birliği arasında cereyan eden bu mücadele, Türkiye'nin bölge yönelik dış politikasını önemli ölçüde etkilemiştir.

Amerika Birleşik Devletleri, Sovyetler Birliği'ni güney sınırlarında hapsetmek amacıyla Ortadoğu bölgesinde bir savunma zinciri oluşturmayı planlamış[47] ancak yaptığı araştırmaların neticesinde, bu zinciri oluşturacak birliği kendisinin kurması halinde ciddi sorunlarla yüzleşmek zorunda kalacağını fark etmiştir.[48] Bunun üzerine Amerika Birleşik Devletleri, liderliğini yaptığı Batı ittifakı içerisinde yer alan Türkiye'den, Ortadoğu bölgesinde Sovyetler Birliği'nin yayılmacı politikalarına karşı faaliyette bulunacak ve Batılı ülkeler tarafından da etkin bir biçimde desteklenecek bir savunma örgütünün kurulmasına öncülük etmesini talep etmiştir.[49] Bu talebi kabul eden Türkiye'nin girişimleri neticesinde 1955 yılında bölgesel bir savunma girişimi olan Bağdat Paktı[50] kurulmuştur. Ancak Bağdat Paktı'nın kurulması Ortadoğu bölgesinde yer alan devletlerce hoş karşılanmamıştır.[51] Hatta bazı Ortadoğulu ülkeler, paktın kurulmasına öncülük eden Türkiye'ye çok açık bir şekilde tepki göstermiştir.[52] Buna rağmen Türkiye, Amerika Birleşik Devletleri'nin isteği doğrultusunda paktı genişletme çalışmalarına devam etmiştir. Ni-

---

[46] Hüseyin Bağcı, *Türk Dış Politikasında 1950'li Yıllar*, 4. Basım, Ankara, ODTÜ Yayıncılık, 2014. s.70.

[47] William Hale, *Türk Dış Politikası 1774-2000*, çev. Petek Demir, İstanbul, Arkeoloji ve Sanat Yayınları, 2003, s. 126.

[48] Nasuh Uslu, *Türk Amerikan İlişkileri*, Ankara, 21. Yüzyıl Yayınları, 2000, s. 112.

[49] Melek Fırat ve Ömer Kürküçoğlu, "Ortadoğu'yla İlişkiler", *Türk Dış Politikası 1919-1980*, Baskın Oran (ed.), 18. Baskı, İstanbul, İletişim Yayınları, 2013, s. 620.

[50] Bağdat Paktı ile ilgili ayrıntılı bilgi için bkz, Mehmet Şahin, "Ortadoğu ile İlişkiler", *Türk Dış Politikası 1919-2008*, Haydar Çakmak (ed.) Ankara, Platin Yayınları, 2008, s. 486-488

[51] Mustafa Bostancı, "Türk Arap İlişkilerine Etkisi Bakımından Bağdat Paktı", *Gazi Akademik Bakış*, Cilt 7, Sayı 13, Kış 2013, s.177-180.

[52] Sabit Duman, "Ortadoğu Krizleri ve Türkiye", *Ankara Üniversitesi Türk İnkılap Tarihi Enstitüsü Atatürk Yolu Dergisi*, Sayı 35-36, Mayıs-Kasım 2005, s. 318.

hayetinde bu savunma girişimi, teşvik edicisi ve destekleyici olan Amerika Birleşik Devletleri'nin pakta resmi olarak katılmaması, pakt üyesi ülkelerde yaşanan beklenmedik siyasi gelişmeler ve bölgesel konjonktürde meydana gelen değişiklikler gibi sebeplerden ötürü örgüt amacına ulaşamamış ve daha sonra işlevini kaybederek dağılmıştır.[53]

Bağdat Paktı, Türkiye'nin Ortadoğu bölgesinde Batı ittifakının amaçlarına uygun bir biçimde hareket eden[54] ve Batılı ülkelerin çıkarlarını savunan bir ülke olduğu düşüncesinin oluşmasına sebebiyet vererek[55] Arap halkları gözündeki imajını zedelemiş ve Arap dünyasında Türkiye karşıtı duyguların kuvvetlenmesine[56] neden olmuştur. Bu çerçevede Bağdat Paktı, Ortadoğu politikasını Amerika Birleşik Devletleri liderliğindeki Batı ittifakının Ortadoğu bölgesine yönelik dış politikasına eklemleyerek, söz konusu bölgede tamamen Batı ittifakının ve özellikle Amerika Birleşik Devletleri'nin istediği şekilde hareket etmenin olumsuz sonuçlar doğurabileceğini çok açık bir biçimde Türkiye'ye göstermiştir.

İki kutuplu sistemde birbirleriyle kıyasıya bir mücadelenin içerisinde bulunan Amerika Birleşik Devletleri ve Sovyetler Birliği'nin dış politika alanında oluşturdukları stratejiler, ulusal çıkarlarını savunmaya ve rakip gücün hareket alanını daraltmaya dayalı olmuştur. Bu nedenle söz konusu iki büyük güç, dış politikaya ilişkin karar alırken veya bir dış politik faaliyette bulunurken, liderliğini yaptıkları ittifaka üye olan devletlerin onayını almamışlardır. Özellikle hayati çıkarlarının söz konusu olduğu durumlarda iki büyük güç, liderlik ettikleri diğer devletlerin ulusal çıkarlarını ve içerisinde bulundukları dış politik koşulları hesaba katmaksızın ve onların onayını beklemeksizin karar vermişlerdir. Örneğin 1962 yılında cereyan eden Küba Füze Krizi, Amerika Birleşik Devletleri'nin, Türkiye'nin yaşamakta olduğu ulusal güvenlik sorunlarını göz önünde bulundurmaksızın ve onay vermesini beklemeksizin, kendi çıkarına yönelik tek yanlı kararlar alabildiğini gösteren önemli bir gelişmedir.

Küba Füze Krizi, Ekim 1962'de Amerikan U-2 casus uçaklarının Küba toprakları üzerinde Sovyetler Birliği yapımı orta menzilli nükleer füzelerin konuşlandırıldığını tespit etmesi ve hemen ardından Amerika Birleşik Devletleri'nin Küba'yı savaş gemileriyle abluka altına alması üze-

---

[53] Ayrıntılı bilgi için bkz. Nasuh Uslu, *Türk Amerikan İlişkileri*, s. 122-123.
[54] Kemal Karpat, *Türk Dış Politikası Tarihi*, İstanbul, Timaş Yayınları, 2012, s. 210.
[55] Ali Balcı, *Türkiye Dış Politikası İlkeler Aktörler, Uygulamalar*, İstanbul, Etkileşim Yayınları, 2013, s. 96-97.
[56] Nasuh Uslu, *Türk Amerikan İlişkileri*, s.120-121.

rine patlak veren bir olaydır. Soğuk Savaş mücadelesi sürecinde, Sovyetler Birliği'nin füze teknolojisi konusunda kaydettiği ilerlemeyi dengelemek isteyen Amerika Birleşik Devletleri, Türkiye'ye nükleer başlık taşıyan Jüpiter füzelerini konuşlandırmak istemiş ve bu isteğini Türk yetkililere iletmiştir.[57] Türk yetkililerin bu talebe, ülkenin ulusal güvenliğine katkı yapacağı düşüncesiyle olumlu karşılık vermesi neticesinde söz konusu füzeler yapılan bir ikili anlaşma çerçevesinde Türkiye'ye konuşlandırılmıştır. Ancak Jüpiter füzelerinin Türk topraklarına konuşlandırması, Sovyetler Birliği'ni aşırı derecede rahatsız etmiştir. Nitekim Sovyetler Birliği Amerika Birleşik Devletleri'nin bu hamlesine, müttefiki olan Küba'nın topraklarına nükleer başlık taşıyan füzeler konuşlandırarak karşılık vermiştir.

İlerleyen süreçte Sovyetler Birliği'nin Küba topraklarına nükleer füze konuşlandırdığını saptayan Amerika Birleşik Devletleri'nin, vakit kaybetmeden Küba'yı savaş gemileriyle abluka altına alması, Amerika Birleşik Devletleri ve Sovyetler Birliği arasında yaşanan gerilimin tırmanışa geçmesine ve bu bağlamda iki ülkenin nükleer bir savaşın eşiğine gelmesine sebep olmuştur. Ancak nükleer silahların sahip olduğu yıkı güç, tarafların mevcut sorunu barışçı bir şekilde çözümlemesini gerekli kılmıştır. Bu doğrultuda Amerika Birleşik Devletleri ve Sovyetler Birliği, gizlice gerçekleştirdikleri görüşmeler sonucunda Türkiye ve Küba'nın toprak bütünlüklerine ve egemenlik haklarına saygı göstereceklerini beyan ederek nükleer füzelerin karşılıklı olarak çekilmesi konusunda anlaşmışlardır.[58] Nihayetinde iki büyük güç, nükleer başlık taşıyan füzelerini, yaptıkları anlaşmaya uygun bir biçimde geri çekerek krizi sona erdirmişlerdir.

Soğuk Savaş döneminin en ciddi krizlerinden biri olan ve süper güçleri nükleer bir savaşın eşiğine getiren bu olayda, [59] Amerika Birleşik Devletleri, Türkiye'nin hassasiyetlerini dikkate almaksızın nükleer füzelerin karşılıklı olarak çekilmesi hususunda Sovyetler Birliği ile gizlice görüşmüş ve anlaşmıştır. Amerika Birleşik Devletleri'nin ittifak ilişkilerini hiçe sayan

---

[57] Amerika Birleşik Devletleri, Jüpiter füzelerini Türkiye'nin yanı sıra değil Batı ittifakı içerisinde yer alan diğer Avrupalı devletlere de konuşlandırmak istemiş ve konuyu 1957 yılında Paris'te gerçekleştirilen NATO toplantısında gündemine getirmiştir. Ancak Amerika Birleşik Devletleri''nin bu talebine yalnızca İngiltere, İtalya ve Türkiye olumlu karşılık vermiştir. NATO üyesi olan öteki ülkeler Amerika Birleşik Devletlerinin bu talebine ya olumsuz cevap vermiş ya da tepkisiz kalmışlardır. Bkz. Ayşegül Sever, "Küba Bunalımı ve Jüpiter Füzeleri Sorunu", *Türk Dış Politikası 1919-2008*, Haydar Çakmak (ed.) Ankara, Platin Yayınları, 2008, s. 659-664.

[58] Çağrı Erhan, "ABD ve NATO'yla İlişkiler", *Türk Dış Politikası 1919-1980*, Baskın Oran (ed.), 18. Baskı, İstanbul, İletişim Yayınları, 2013, s. 683.

[59] M. Nail Alkan, "Küba Krizi", *Türk Dış Politikasında 41 Kriz 1924-2014*, Haydar Çakmak (ed.) 2. Baskı, Ankara, Kripto Yayınları, 2013, s. 95.

bu tavrı, Türkiye'ye, müttefiki konumunda bulunan büyük gücün yalnızca ulusal çıkarlarına odaklanarak hareket ettiğini, belirlediği stratejilerin müttefiklerinin güvenliğini sağlamaktan çok rakibini yıpratmaya dayalı olduğunu ve gerektiğinde onay vermesini beklemeksizin tek yanlı kararlar alabileceğini çok açık bir biçimde göstermiştir.

İki kutuplu sistemde Amerika Birleşik Devletleri ve Sovyetler Birliği, liderlik ettikleri ittifak içerisinde yer alan devletlerin sadakatsizliği ihtimalini çok fazla önemsememişlerdir. Zira onlara göre, ittifaklarına üye olan devletlerin uluslararası politikada kendilerini takip etmekten başka bir seçeneği bulunmamaktadır. Örneğin 1964 tarihli Johnson Mektubu, Sovyetler Birliğine karşı yürüttüğü mücadelede, Türkiye'nin Amerika Birleşik Devletleri'ni takip etmekten başka bir seçeneğinin bulunmadığını gösteren bir dönüm noktasıdır.

Batı ittifakına üye olan Türkiye ile Yunanistan arasında 1950'lerde ortaya çıkan ve bir türlü çözüme kavuşturulamayan Kıbrıs sorunu,[60] Kıbrıslı Rumların adadaki Türklere karşı şiddet içeren eylemler gerçekleştirmeleri neticesinde[61] 1960'larda çok ciddi bir krize dönüşmüştür.[62] Krizin çözümüne yönelik girişimlerin Kıbrıs adasında yaşayan Türklerin güvenliklerinin sağlanmasına olumlu katkı yapmaması[63] ve Amerika Birleşik Devletlerinin bu konuda hareketsiz kalması,[64] Türkiye'nin Kıbrıs'taki Türk toplumuna karşı gerçekleştirilen şiddet eylemlerinin derhal durdurulmaması halinde Kıbrıs adasına askeri müdahalede bulunacağını beyan etmesine yol açmıştır.[65] Ancak Amerika Birleşik Devletleri, Sovyetler Birliği'ne karşı yürüttüğü Soğuk Savaş mücadelesini zaafa uğratacağı gerekçesiyle Türkiye'nin Kıbrıs'a askeri müdahalede bulunmasını istememiştir.

Nitekim 1964 tarihinde Amerikan başkanı Lyndon B. Johnson Türkiye'nin Kıbrıs'a asker çıkarmasını engellemek amacıyla bir mektup ka-

---

[60] İsmail Şahin, "Kamuoyu ve Dış Politika Bağlamında Peyami Safa'nın Yazılarında Kıbrıs Meselesi" *Mehmet Akif Ersoy Üniversitesi Sosyal Bilimler Enstitüsü Dergisi"*, Cilt 7, Sayı 13, Aralık 2015, ,s. 392-396

[61] İsmail Şahin ve Selma Parlakay Topbaş, "Türkiye'nin Kıbrıs'ta Statüko'yu Koruma Çabaları ve Makarios'un Ankara Ziyareti", *Uluslararası Sosyal Araştırmalar Dergisi*, Cilt 9, Sayı 42, Şubat 2016, s. 783.

[62] Faruk Sönmezoğlu, *II. Dünya Savaşından Günümüze Türk Dış Politikası*, İstanbul, Der Yayınları, 2006, s. 134.

[63] Burcu Bostanoğlu, *Türkiye-ABD İlişkilerinin Politikası*, 2. Baskı, Ankara, İmge Kitabevi, 2008, s. 476-479.

[64] Çağrı Erhan, "ABD ve NATO'yla İlişkiler", s. 685.

[65] Umut Arık, "Johnson Mektubu ve Kıbrıs Krizi", *Türk Dış Politikasında 41 Kriz 1924-2014*, Haydar Çakmak (ed.) 2. Baskı, Ankara, Kripto Yayınları, 2013, s. 104.

leme alarak Başbakan İsmet İnönü'ye göndermiştir. Sert bir üslupla yazılan bu mektupta Johnson, Türkiye'nin düşmanının hangi ülkeler olacağına Amerikan liderlerinin karar verebileceğini, Türkiye'nin Amerika Birleşik Devletleri'nden aldığı silahları ancak Amerikan hükümetin izin verdiği yerlerde kullanabileceğini ve Kıbrıs sorunu nedeniyle Türkiye'nin Sovyetler Birliği'nin saldırısına uğraması durumunda Amerika Birleşik Devletleri ve NATO'nun hiçbir suretle Türkiye'ye yardım etmeyeceğini[66] çok net bir şekilde ifade etmiştir. Ülkenin egemenlik haklarını hiçe sayan bu mektup sonrasında Türkiye, Kıbrıs adasına askeri müdahalede bulunamamıştır.

Johnson mektubu, Soğuk Savaş döneminde Sovyetler Birliği'nin yoğun baskısını üzerinde hisseden ve bu büyük güce karşı kendisini tek başına savunabilecek bir kapasiteye sahip olmayan Türkiye'nin, Amerika Birleşik Devletleri'ni takip etmek başka bir seçeneği olmadığını ve Amerika Birleşik Devletleri'yle sürdürülen ittifak ilişkisinin yalnızca bu devletin lehine olmak üzere tek taraflı olarak işlediğini[67] Türk hükümetine açık bir biçimde göstermiştir.

Sonuç

İkinci Dünya Savaşı sonrasında ortaya çıkan iki kutuplu sistem, Türkiye'nin dış politik tutum ve davranışlarında çok ciddi değişikliklerin meydana gelmesine sebep olmuştur. Savaş öncesi dönemde, uluslararası ittifaklardan uzak durulması ve bu ittifaklara bağlayıcı taahhütlerde bulunulmamasına yönelik bir dış politika izleyen Türkiye, savaşın hemen ardından söz konusu dış politik tutumunu terk ederek Amerika Birleşik Devletleri'nin liderliğindeki Batı ittifakına katılmıştır.

Türkiye'nin dış politikasında meydana gelen bu değişime zemin hazırlayan en önemli unsur, iki kutuplu sistem içerisinde Amerika Birleşik Devleriyle mücadele eden Sovyetler Birliği'nin, ülkenin güvenliğini ve toprak bütünlüğünü tehdit eden talepleri olmuştur. Nitekim hiç beklemediği bir anda, sahip olduğu kapasite çerçevesinde uluslararası sistem içerisinde süper güç konumunda bulunan Sovyetler Birliği'nin tehditkar talepleriyle karşılaşan Türkiye, bu süper gücün sahip olduğu kapasite düzeyine yakın bir güce sahip olan ve onunla rekabet halinde bulunan Amerika Birleşik Devletleri'nin liderlik ettiği Batı ittifakının içerisine katılmıştır. Neorealist yaklaşıma göre, Türkiye'nin Amerika Birleşik

---

[66] Nasuh Uslu, "Türkiye-ABD İlişkileri", *Türk Dış Politikası 1919-2008*, Haydar Çakmak (ed.) Ankara, Platin Yayınları, 2008, s. 690.
[67] *Aynı yerde.*

Devletleri liderliğindeki batı ittifakına üye olması, bilinçli olarak yaptığı bir eylem değildir. Uluslararası sistemin anarşik yapısı görünmez bir el gibi işleyerek, Türkiye'yi Amerika Birleşik Devletleri'nin liderliğini yaptığı Batı ittifakına katılmaya itmiştir. Türkiye'de bu yapının kendisini teşvik ettiği şekilde bir davranış sergileyerek söz konusu büyük gücün liderlik ettiği Batı ittifakının içerisine dahil olmuştur. Bu çerçevede, Neorealist yaklaşımın uluslararası sistemin temel özelliklerine ilişkin varsayımları göz önünde bulundurulduğunda, iki büyük gücün kıyasıya bir mücadele içerisinde bulunduğu iki kutuplu sistem, Türk dış politikası üzerinde belirleyici bir etkide bulunmuştur.

Türkiye'nin Batı ittifakına üye olması, uluslararası politikaya Batı ittifakının penceresinden bakmasına sebep olmuştur. Türkiye'nin uluslararası politikaya Batı ittifakının penceresinden bakması, dış politikasını söz konusu ittifakın dış politikasına eklemlemesine sebebiyet vermiştir. Türkiye'nin dış politikasını Batı ittifakının dış politikasına eklemlemesi ise, bu ittifakla birlikte hareket etmeyi doğal bir süreç olarak algılayarak uluslararası alanda özellikle bahsi geçen ittifaka liderlik eden Amerika Birleşik Devletleri'nin kendisinden istediği tutum ve davranışları sergilemesine yol açmıştır. Türkiye'nin, Ortadoğu bölgesi içerisinde yer alan bazı devletlerle ilişkilerinin bozulacağını ve politik imajının zarar göreceğini anlamasına rağmen, Amerika Birleşik Devletleri'nin isteği üzerine kuruculuğunu üstlendiği Bağdat Paktı Örgütü'nün genişlemesine yönelik girişimlerine devam etmesi, Küba Füze Krizi sürecinde Amerika Birleşik Devletleri'nin, ülkenin ulusal güvenlik hassasiyetlerini göz önünde bulundurmadan ve Türk hükümetinin onayını beklemeden Jüpiter füzelerini gizlice yürüttüğü görüşmeler neticesinde geri çekme kararı vermesi ve bu karar karşısında Türkiye'nin hiç bir şey yapamaması ve ülkenin egemenlik haklarını hiçe sayan ve sürdürülen ittifak ilişkisinin Amerika Birleşik Devletleri lehine tek taraflı işlediğini beyan eden Johnson Mektubu üzerine Kıbrıs adasına askeri müdahalede bulunamaması, iki kutuplu sistemin özellikle 1945-1965 yılları arasında Türk Dış Politikası üzerinde belirleyici bir etkide bulunduğunu açık bir şekilde kanıtlamaktadır.

KAYNAKÇA

Alkan, M. Nail, "Küba Krizi", *Türk Dış Politikasında 41 Kriz 1924-2014*, Haydar Çakmak (ed.) 2. Baskı, Ankara, Kripto Yayınları, 2013.

Armaoğlu, Fahir, *20. Yüzyıl Siyasi Tarihi*, 17. Baskı, Ankara, Alkım Yayınevi, 2010.

Arı, Tayyar, *Uluslararası İlişkiler ve Dış Politika*, 10. Baskı, Bursa, MKM Yayıncılık, 2013.

Arıboğan, Ülke, Gülden Ayman ve Beril Dedeoğlu, *Uluslararası İlişkiler Sözlüğü*, 4. Baskı, Faruk Sönmezoğlu (der.), İstanbul, Der Yayınları, 2010.

Arık, "Umut, Johnson Mektubu ve Kıbrıs Krizi", *Türk Dış Politikasında 41 Kriz 1924-2014*, Haydar Çakmak (ed.) 2. Baskı, Ankara, Kripto Yayınları, 2013.

Ateş, Davut, *Uluslararası Politika Nedir?*, Bursa, Dora Yayınevi, 2013.

Aydın,Mustafa, "Uluslararası İlişkilerin "Gerçekçi" Teorisi: Kökeni, Kapsamı, Kritiği" *Uluslararası İlişkiler*, Cilt 1, Sayı 1, Bahar 2004, 33-60.

Bağcı,Hüseyin, Türk *Dış Politikasında 1950'li Yıllar*, 4. Basım, Ankara, ODTÜ Yayıncılık, 2014.

Balcı, Ali, *Türkiye Dış Politikası İlkeler Aktörler, Uygulamalar*, İstanbul, Etkileşim Yayınları, 2013.

Baylis, John, "Uluslararası İlişkilerde Güvenlik Kavramı", *Uluslararası İlişkiler*, Cilt 5, Sayı 18, Yaz 2008, s. 68-85.

Best, Antony, Jussi M. Hanhimaki, Joseph A. Maiolo ve Kırsten E. Schulze, *20. Yüzyılın Uluslararası Tarihi*, çev. Tacisen Ulaş Belge, Ankara, Siyasal Kitabevi, 2012.

Bostancı, Mustafa, "Türk Arap İlişkilerine Etkisi Bakımından Bağdat Paktı", *Gazi Akademik Bakış*, Cilt 7, Sayı 13, Kış 2013, s.171-184.

Bostanoğlu, Burcu, *Türkiye-ABD İlişkilerinin Politikası*, 2. Baskı, Ankara, İmge Kitabevi, 2008.

Brown, Chris, ve Kırsten Ainley, *Uluslararası İlişkileri Anlamak*, İstanbul, Sümer Kitabeci, Çev: Mehtap Gün Ayral, 2013.

Donnelly, Jack, "Realizm", *Uluslararası İlişkiler Teorileri*, Scott Burchill, Andrew Linklater ve Diğerleri, çev. Ali Aslan ve Muhammed Ali Ağcan, İstanbul, Küre Yayınları, 2012.

Sabit Duman, "Ortadoğu Krizleri ve Türkiye", *Ankara Üniversitesi Türk İnkılap Tarihi Enstitüsü Atatürk Yolu Dergisi*, Sayı 35-36, Mayıs-Kasım 2005, s.313-332.

Eralp, Atilla, "Sistem", *Devlet ve Ötesi*, Atilla Eralp (der), 6. Baskı, İstanbul, İletişim Yayınları, 2011.

Erhan, Çağrı, "ABD ve NATO'yla İlişkiler, *Türk Dış Politikası 1919-1980*, Baskın Oran (ed.), 18. Baskı, İstanbul, İletişim Yayınları, 2013.

Erol, Mehmet Seyfettin ve Şafak Oğuz, "Soğuk Savaş Döneminde Türkiye Coğrafyasının Türkiye'nin Dış Politikasına Olan Etkisi", *Türk Dış Politikasında Güvenlik Arayışları*, Mehmet Seyfettin Erol ve Ertan Efegil (ed.), Ankara/İstanbul, Barış Kitap, 2012.,

Fırat, Melek ve Ömer Kürkçüoğlu, "Ortadoğu'yla İlişkiler", *Türk Dış Politikası 1919-1980*, Baskın Oran (ed.), 18. Baskı, İstanbul, İletişim Yayınları, 2013.

Goldstein, Joshua S. ve Jon C.Pevehouse, *Uluslararası İlişkiler*, çev. Haluk Özdemir, Ankara, BB101 Yayınları, 2015.

Hale, William, *Türk Dış Politikası 1774-2000*, çev. Petek Demir, İstanbul, Arkeoloji ve Sanat Yayınları, 2003.

Heywood, Andrew, *Küresel Siyaset*, çev. Nasuh Uslu ve Haluk Özdemir, Ankara, 3. Baskı, Adres Yayınları, 2011.

Karpat, Kemal, *Türk Dış Politikası Tarihi*, İstanbul, Timaş Yayınları, 2012.

Kolasi, Klevis, "Soğuk Savaşın Barışçıl Olarak Sona Ermesi Ve Uluslararası İlişkiler Teorileri", *Ankara Üniversitesi SBF Dergisi*, Cilt 68, No: 2, 2013, s. 179-179.

Knutsen, Torbjorn L. *Uluslararası İlişkiler Teorisi Tarihi*, çev. Mehmet Özay, İstanbul, Açılım Kitap, 2006.

Linklater,Andrew, "Kuramda ve Pratikte Neorealizm", *Uluslararası İlişkiler Kuramları*, Kenn Booth ve Steve Smith (ed.), çev. Muhammed Aydın, İstanbul, Uluslararası İlişkiler Kütüphanesi, 2015.

Mearsheimer, John J., "Yapısal Realizm", *Uluslararası İlişkiler Teorileri*, Tim Dunne, Milja Kurki ve Steve Smith (ed.), çev. Özge Kelekçi, Sakarya, Sakarya Üniversitesi Kültür Yayınları, 2016.

Sever, Ayşegül, "Küba Bunalımı ve Jüpiter Füzeleri Sorunu", *Türk Dış Politikası 1919-2008*, Haydar Çakmak (ed.) Ankara, Platin Yayınları, 2008.

Sever, Ayşegül, *Türkiye'nin Ortadoğu İlişkileri Kavramsal ve Olgusal Bir Analiz*, İstanbul, Der'in Yayınları, 2012.

Sönemzoğlu, Faruk, *Uluslararası Politika ve Dış Politika Analizi*, 6. Baskı, İstanbul, Der Yayınları, 2014.

Sönmezoğlu, Faruk, *II. Dünya Savaşından Günümüze Türk Dış Politikası*, İstanbul, Der Yayınları, 2006.

Roskin, Michael G. ve Nicholas O. Berry, *Uluslararası İlişkiler: Uİ'nin Yeni Dünyası*, çev. Özlem Şimşek, Ankara, Adress Yayınları, 2014.

Sander, Oral, *Siyasi Tarih 1918-1994*, 20. Baskı, Ankara, İmge Kitabevi, 2011.

Sander, Oral, *Türkiye'nin Ortadoğu Politikası*, Melek Fırat (der.) 4. Baskı, Ankara, İmge Kitabevi, 2013.

Şahin, İsmail ve Selma Parlakay Topbaş, "Kamuoyu ve Dış Politika Bağlamında Peyami Safa'nın Yazılarında Kıbrıs Meselesi" *Mehmet Akif Ersoy Üniversitesi Sosyal Bilimler Enstitüsü Dergisi*", Cilt 7, Sayı 13, Aralık 2015, s. 389-412.

Şahin, İsmail, ve Selma Parlakay Topbaş, "Türkiye'nin Kıbrıs'ta Statüko'yu Koruma Çabaları ve Makarios'un Ankara Ziyareti", *Uluslararası Sosyal Araştırmalar Dergisi*, Cilt 9, Sayı 42, Şubat 2016, s. 779-796.

Şahin, Mehmet, "Ortadoğu ile İlişkiler", *Türk Dış Politikası 1919-2008*, Haydar Çakmak (ed.) Ankara, Platin Yayınları, 2008.

Turan,Sibel, "Neorealist Kuram Bağlamında Ukrayna Krizinin Değerlendirilmesi," *Uluslararası İlişkilerde Teoriden Pratiğe Güncel Yaklaşımlar*, Sibel Turan ve Nergiz Özkural Köroğlu (ed), Bursa, Dora Basın-Yayın, 2015.

Uslu, Nasuh, *Türk Amerikan İlişkileri*, Ankara, 21. Yüzyıl Yayınları, 2000.

Uslu, Nasuh, "Türkiye-ABD İlişkileri", *Türk Dış Politikası 1919-2008*, Haydar Çakmak (ed.) Ankara, Platin Yayınları, .2008

Ülman, Burak, Evren Balta-Paker ve Muhammet A. Ağcan, ""Uluslararası" Fikri, Epistemolojik Yanılgı ve Eleştirel Gerçekliğin İmkanları", *Uluslararası İlişkiler*, Cilt 8, Sayı 30, Yaz 2011, s. 15-41.

Viotti, Paul R. ve Mark V. Kauppi, *Uluslararası İlişkiler ve Dünya Siyaseti*, çev. Ayşe Özbay Erozan, Ankara, Nobel Yayınları, 2014.

Waltz, Kenneth N., *İnsan, Devlet ve Savaş: Teorik Bir Analiz*, Ankara, Asil Yayın Dağıtım, Çev: Enver Bozkurt, Selim Kanat ve Serhan Yalçıner, 2009.

Waltz, Kenneth N., *Man, the State and War: A Theoretical Analysıs*, New York, Columbia University Press, 2001.

Waltz, Kenneth N., *Theory of International Politics*, Addison-Wesley Publishing Company, 1979.

Waltz, Kenneth N., *Uluslararası Politika Teorisi*, Ankara, Phoenix Yayınları, Çev: Osman S. Binatlı, 2015.

Waltz, Kenneth N., "Uluslararası Politikanın Değişen Yapısı", *Uluslararası İlişkiler*, Cilt 5, Sayı 17, Bahar 2008, s. 3-44.

Waltz,Kenneth N., "Yeni Gerçekçilik Kuramına Göre Savaşın Kökeni", *Uluslararası İlişkilerde Anahtar Metinler*, Esra Diri (ed.), İstanbul, Uluslararası İlişkiler Kütüphanesi, 2013.

Williams, Howard, Moorhead Wright ve Tony Evans, *Uluslararası İlişkiler ve Siyaset Teorisi Üzerine Bir Derleme*, çev. Asena Günalp, Ankara, Siyasal Yayınevi, 2007.

Yalvaç, Faruk, "Devlet", *Devlet ve Ötesi*, Atilla Eralp (der), 6. Baskı, İstanbul, İletişim Yayınları, 2011.

Yalvaç, Faruk, "Uluslararası İlişkiler Kuramında Yapısalcı Yaklaşımlar", *Devlet, Sistem ve Kimlik*, İhsan D. Dağı, Atilla Eralp ve diğerleri (ed), 12. Baskı, İstanbul, İletişim Yayınları, 2010, s. 153.

Yalvaç, Faruk, "Uluslararası İlişkiler Kuramında Anarşi Söylemi", *Uluslararası İlişkiler*, Cilt 8, Sayı 29, Bahar 2011, 71-99.

Zalewski, Marysia ve Cynthia Enloe, "Uluslararası İlişkilerde Kimlik Hakkında Sorular", *Uluslararası İlişkiler Kuramları*, Kenn Booth ve Steve Smith (ed.), çev. Muhammed Aydın, İstanbul, Uluslararası İlişkiler Kütüphanesi, 2015.

NEOREALİST KURAM ÇERÇEVESİNDE ULUSLARARASI NÜKLEER GÜVENLİK

Hulusi Ekber KAYA

Giriş

Uluslararası ilişkilerin en temel kavramlarından bir tanesi de güvenliktir. Günümüzde güvenlik kavramının net bir tanımlaması olmamakla birlikte ülkelerin kendi çıkarları doğrultusunda yaptıkları tanımlar disiplin içinde yerini almıştır. Devletlerin varlıklarını sürdürmeleri için güvenliğin elzem bir unsur olduğu kabul görmüş bir gerçektir. Uluslararası ilişkilerin dinamik yapısı ile devletlerin güvenlik algıları ve buna bağlı olarak güvenliklerini sağlamak için izledikleri yöntemler değişiklik göstermektedir. Kimi zaman başarılı diplomatik ilişkilerle, kimi zaman da etkili silahlanma ile güvenlik sağlanmaya çalışılmaktadır. Günümüzde gelişen teknolojinin itici gücü ve ülkelere sağladığı saygınlık ile caydırıcılığı yüksek ve kitle imha silahları içinde tahrip gücü en fazla olan nükleer silahlar dikkat çekmektedir.Bu durum ise uluslararası nükleer güvenlik sorununu meydana getirmektedir.Tarihte dünya nükleer silahların dehşet verici etkisine sadece bir defa ABD tarafından Japonya'ya karşı 1945 yılında kullanıldığında şahit olmuştur. O tarihten sonra nükleer silahlar bir daha kullanılmamış fakat ülkeler nükleer silahlanma yolundan da vazgeçmemişlerdir.Özellikle İki kutuplu düzenin hakim olduğu Soğuk Savaş yıllarında nükleer tehdit zirve noktasına ulaşmış ve dünya nükleer felaketin eşiğinden dönmüştür.

Günümüzde nükleer teknolojide gelinen nokta göz önüne alındığında olası bir nükleer saldırının etkileri tahmin edilemez durumdadır.

Bu çalışmada uluslararası nükleer güvenlik kuramsal açıdan incelenecektir. Bunun için de neorealist kuramdan ve onun kurucusu olan Kenneth Waltz'un görüşlerinden yararlanılacaktır. Konu ele alınırken önce teorinin genel çerçevesi çizilerek güvenlik yaklaşımına bakışı ele alınacak ve bu bağlamda nükleer güvenlik neorealist kuram açısından açıklanacaktır. Bunların yanında nükleer silahların uluslararası güvenlik bağlamında aslında savaşı körükleyen bir unsur olmadığı, ülkeler arasında dengeleyici bir karaktere sahip olduğu ve barış ortamını sağlayıcı etkisinin olduğu vurgusuna dikkat çekilecektir.

Neorealist Çerçeveyi Çizmek

Neorealizm: Uluslararası güç dağılımının ve sistemin yapısının devlet davranışları üzerindeki etkisine dikkat çeken realist teorinin bir koludur. Neorealizm uluslararası olayların örüntülerini, tek tek devletlerin iç yapılarından ziyade uluslararası güç dağılımıyla yani sistemin yapısıyla açıklar.[1] Neorealizm yaklaşımını belirleyen üç temel varsayım bulunmaktadır. Bunlardan ilki anarşi, ikincisi devletleri birbirine benzer kılan güvenlik öncelikli davranış biçimi, üçüncüsü ise sistemdeki aktörlerin pozisyonlarını belirleyen güç dağılımıdır. Neorealizm devletlerin tek başlarına girdikleri bir rasyonel karar verme süreciyle hareket etmediğini, uluslararası siyasetin ve güvenlik arayışının, devletlerin sistem içinde işgal ettiği pozisyonlar tarafından üretildiğini iddia eder. Yani aktörler rakiplerinin ne kazandığı ile de ilgilenirler. Neorealizmde insan doğası uluslararası siyasete ilişkin bir açıklama kaynağı olmaktan çıkar ve yerini anarşik sistemin belirleyiciliğine bırakır. Uluslararası sistemde devletten farklı olarak bir üst otoritenin söz konusu olmaması ve devletin işleyişinden farklı olarak dünyada kuralları yaşama geçirebilecek ve devletleri bu kurallara uymaya zorlayabilecek bir polis gücünün yokluğu Neorealizm için uluslararası sistemin anarşik olmamasının nedenlerindendir. Büyük güçleri uluslararası sistemin temel aktörleri olarak ele alan Neorealizm, bu güçlerin dağılımının ve sayısının uluslararası sisteme karakteristik özelliğini verdiğini ileri sürer.[2]

Neorealizmin günümüzdeki önde gelen temsilcilerinden Kenneth Waltz klasik realizmin eksikliklerini incelemiş ve klasik realizmin genelde uluslararası politikanın temel aktörleri olan devletler üzerinde yoğunlaşmasına eleştiri getirmiştir. Kenneth Waltz'a göre herhangi bir uluslararası ilişkiler teorisi sadece devletler üzerinde değil aynı zamanda sistem üzerinde de durmalıdır.[3] Neorealizm insan doğasının kötü özelliklerinin yanında iyi özelliklerinin de var olduğunu vurgulamaktadır.

---

[1] Joshua S. Goldstein, Jon C. Pevehouse, *Uluslararası İlişkiler*, BB101 Yayınları, Ankara, 2015, ss. 99.
[2] Ali Balcı, Tuncay Kardaş, "Realizm", (ed.) Şaban Kardaş, Ali Balcı, *Uluslararası İlişkilere Giriş*, Küre Yayınları, İstanbul, 2014, ss. 91-93.
[3] Yücel Bozdağlıoğlu, "Neorealizm", (ed.) Haydar Çakmak, *Uluslararası İlişkiler: Giriş, Kavramlar ve Teoriler*, Doğu Kitabevi, İstanbul, 2014, ss.121.

Waltz'a göre, uluslararası sistemde gerçekleşen kötü olayları insan doğasındaki kötülüğe bağlamak kolaya kaçmaktır ve dünyadaki tüm savaşları insan doğasının kötü olduğuna bağlamak geçerli sayılamaz.[4] Klasik realizmin birey düzeyindeki açıklamalarına yapının etkisi eklendiği takdirde uluslararası politika doğru olarak anlaşılabilmektedir. Neorealizm, yapının eylemleri ve sonuçları nasıl etkilediğini vurgularken, insan doğasının bitmek bilmeyen güç iştahının savaşların meydana gelmesine sebep olduğu varsayımını reddetmektedir.[5] Neo-realizme göre güç, devletlerin güvenliklerini sağlamaları, sistem içinde eylemlerini gerçekleştirebilmeleri, baskı altında kendilerine manevra alanı yaratabilmeleri, egemenliklerini devam ettirebilmeleri, uluslararası arenadaki çıkarlarına ulaşmaları ve olası saldırıları caydırmaları bakımından oldukça önemlidir. Neorealizme göre güç, askeri unsurlara sahip olma kapasitesinden ve bunları sistemdeki diğer devletler üzerinde baskı kurmak ve onları kontrol etme kabiliyetinden daha fazla anlam ifade etmektedir. Bu anlamda güç, bir devletin tüm kapasitesinin birleşimi olarak düşünülmektedir.[6] Neorealizm, devletlerin içinde bulunduğu uluslararası sistemin yapısının kısıtlayıcı etkisini ortaya çıkarmak için uluslararası ilişkilerin aktörlerin birbiriyle etkileşimlerinin doğasına veya aktörlerin karakterlerine dayanan özelliklerini değerlendirme dışında bırakmayı amaçlar. Waltz'a göre siyasal yapılar düzenleyici ilke, işlevlerin farklılaşması ve kapasite dağılımı tarafından tanımlanır.[7] Bunlardan birincisi devletlerin diğer bir devlet ile ilişkiye girmesine yarayan düzenleyici ilkedir. Devletlerarası düzen anarşik bir sistemdir. Waltz'a göre bu ilke devletler arasında bir işbirliğinin gerçekleşmesini önemli ölçüde daraltmaktadır.[8] Waltz, anarşik uluslararası sistemde devletler hayatta kalma amacıyla hareket edeceklerinden gücün maksimizasyonunun bu amaca yönelik temel politika olacağını savunurken, işbirliğinin sadece hegemonyanın söz konusu olduğu durumlarda mümkün olacağını iddia etmekteydi.[9] Anarşi zaman içinde değişiklik

---

[4] Kenneth N. Waltz, Man, The State and War: A Theorical Analysis, Colombia University Press, New York, 2001, ss.27-28.

[5] Kenneth N. Waltz, "The Origins of War in Neorealist Theory", (ed.) Robert I. Rotberg, Theodore K. Robb, The Origin and Prevention of Major Wars, Cambridge University Press, Cambridge, 1989, ss.41.

[6] Emre Çıtak, "Yeni Gerçekçilik ve Güvenlik", (der.) Emre Çıtak, Osman Şen, Uluslararası İlişkilerde Güvenlik Teorik Değerlendirmeler, Uluslararası İlişkiler Kütüphanesi, İstanbul, 2014, ss.36.

[7] Jack Donnelly, "Realizm", Uluslararası İlişkiler Teorileri, Küre Yayınları, İstanbul, 2012, ss.56.

[8] Martin Griffiths, Steven C. Roach, M. Scott Salamon, Uluslararası İlişkilerde Temel Düşünürler ve Teoriler, Nobel Yayıncılık, Ankara, 2011, ss.60.

[9] Tayyar Arı, "Uluslararası İlişkilerde Büyük Tartışmalar ve Post-Modern Teoriler", (der.) Tayyar Arı, Postmodern Uluslararası İlişkiler Teorileri 2, Dora Yayınları, Bursa, 2014, ss.9.

göstermezken, yapının ikinci kriteri olan yeteneklerin dağılımı devlet-lerarasında farklılık göstermektedir. Devletler kendilerine yüklenen görevler bakımından benzerlik gösterse de, söz konusu görevleri yerine getirme kabiliyetleri hususunda birbirinden ayrılmaktadırlar.[10] Devletler arasındaki kabiliyetlerin dağılımını belirli ve geçerli bir biçimde ortaya koyabilmek için öncelikle tanımlanması gereken devlet kabiliyetlerinin ne olduğudur. Waltz'a göre devletlerin uluslararası sistemdeki konu-munu belirleyen kabiliyetleri, arazinin ve nüfusun büyüklüğü, ekonomik imkan, kaynaklar, askeri güç, siyasi istikrar ve siyasi ehliyettir.[11] Son olarak Waltz yapıyı sistemdeki devletlerin sahip oldukları kapasitelerin dağılımı bakımından tanımlamaktadır. Devletler sistem içinde yerine getirmekle sorumlu oldukları görevler bakımından değil bu görevleri yerine getirebilme kabiliyetleri bakımından farklılık gösterirler. Dola-yısıyla sistemdeki aktörler arasındaki kapasitelerin dağılımındaki deği-şmelere bağlı olarak sistemin yapısı da değişecektir. Sistemdeki büyük güçlerin sayısındaki değişim, sistemsel değişimi de beraberinde geti-recektir. Eğer sistem içinde tek büyük güç varsa tek kutuplu, iki büyük güç varsa iki kutuplu, ikiden fazla güç varsa çok kutuplu sistem söz konusu olacaktır.[12] Neorealistler ve realistler için güç dengesi kavramı farklılık göstermektedir.

Neorealistler dengenin anarşik sistem içinde olduğunu savunurken, re-alistler için denge, tehditlerin algılanması ile ilgilidir. Neorealizm de aynı realizm gibi işbirliğinin devletlerarasında akılcı olmadığını söyler; ama eğer bir işbirliği söz konusu ise burada baskın bir ülkenin varlığından söz edilebileceğinden bahseder. Bu bağlamda neorealizme göre bir devletin liderliği, işbirliğinin de garantisidir.[13] Neorealistler güç dengesini, ulus-lararası sistemin yapısal dinamiklerinin ve özellikle devletler arası güç dağılımının bir sonucu olarak görür. Güç dengesi ve dolayısıyla savaş ve barış ihtimalini etkileyen temel etmen, uluslararası sistem içinde fa-aliyette bulunan büyük güçlerin miktarıdır. Neorealistlerin, uluslararası sistemde dengeye yönelik genel bir eğilim olduğuna inanmasına rağ-men, dünya düzenini belirleyen şey, büyük güçlerin değişkenlik gös-teren kaderleridir. Kutupluluk konusundaki vurgu bunu yansıtmaktadır.

---

[10] Griffiths, Roach, Salamon, a.g.e., ss.60.
[11] Eyüp Ersoy, "Realizm", (der.) Ramazan Gözen, Uluslararası İlişkiler Teorileri, İletişim Yayınları, İstanbul, 2014, ss.176.
[12] Bozdağlıoğlu, a.g.e., ss.123.
[13] Sibel Turan, "Neorealist Kuram Bağlamında Ukrayna Krizi'nin Değerlendirilmesi", (ed.) Sibel Turan, Nergiz Özkural Köroğlu, Uluslararası İlişkilerde Teoriden Pratiğe Güncel Yaklaşımlar, Dora Yayınları, Bursa, 2015, ss.22.

Neorealistler, iki kutuplu düzeni genellikle istikrar ve azalan savaş ihtimali ile, çok kutupluluğu ise istikrarsızlık ve daha büyük savaş ihtimali ile bağdaştırılır. Bu durum neorealistleri, Soğuk Savaş'ın iki kutuplu düzenini uzun barış olarak değerlendirmeye ve Soğuk Savaş sonrası dönemde yükselen çok kutupluluğa karşı uyarılarda bulunmaya yönlendirmiştir.[14] Neorealistler, iki büyük devletin güç dengesini yaratması sonucu sistemde istikrar olacağını belirtirler. Zayıf devletler büyük devletlere bağlıdırlar. Çok kutuplu sistem, daha öngörülemez ve değişkendir. Bu bağlamda çok kutuplu sistem ülkeler için daha tehlikelidir.[15]

Uluslararası politikaların ögeleri olan olayları ve birbirleriyle olan ilişkilerinin incelenmesi, uluslararası sonuçları açıklamak ve anlamak için yeterli görülmektedir. Bu sebepten dolayı realizm tümevarımcı, neorealizm ise sistemin yapısının anlaşılmasıyla devletlerin eylemlerinin sebebinin çözümlenebileceği görüşüyle hareket ettiği için tümdengelimcidir. Uluslararası politik düzeni bir bütün olarak tarif ederek yapısalcı ve birim seviyeleriyle birlikte neorealizm, uluslararası politikaların önemli bir gücünü oluşturmakta ve yapı üzerine kurulu bir teorinin oluşabileceğinin kanıtını ortaya koymaktadır.[16] Neorealizmde, uluslararası sistemin yapısının birimlerinin eylemleri ve ilişkileri soyutlanarak yapılmakta ve yapının herhangi bir etkenden bağımsız şekilde düşünülmesi gerektiği ifade edilmektedir.[17] Sistemi meydana getiren öğelerin birbirleri ile ve bütünün kendisi ile olan ilişkileri, etkileşim, iletişim, karşılıklı işlevsel bağımlılık ve tamamlama temelinde gerçekleşir. Sistem, etrafında yer alan çevreden soyut bir tekil öğe şeklinde ayrılabilme ve söz konusu çevreden etkilenme, ve ayrıca çevreye etkide bulunma özelliğine sahiptir. Uluslararası sistemi meydana getiren birimler de aynı zamanda sistemdir. Bu bağlamda sistem, içeriden ve dışarıdan gelen haberleri değerlendirerek karar alan ve temel görevi sistemin varlığını devam ettirmeyi sağlamak olan merkezi bir yürütme organına sahiptir ki bu organ hükümettir. Dünya politikası ise bu tekil merkezci sistemin dışında, genel çevreyi oluşturan sistemdir. Dünya politikası, kapalı olmayan nitelikte, merkezi anlamda örgütlü bir yürütme organına sahip

---

[14] Andrew Heywood, *Küresel Siyaset*, Adres Yayınları, Ankara, 2014, ss.93.

[15] Kenneth N. Waltz, "Structural Realism After the Cold War", *International Security*, Cilt 25, No 1, 2000, s.27.

[16] Kenneth N. Waltz, "Realist Thought and Neorealist Theory", *Journal of International Affairs*, Cilt 44, Sayı 1, 1990, ss.29-34.

[17] Kenneth N. Waltz, *Theory of International Politics*, Addison-Wesley Publishing Company, Massachusetts, 1979, ss.79.

olmayan bir sistemdir.[18] Uluslararası siyasi sistemler, kendilerine has özellikleri barındıran birimlerin birbirleri ile olan etkileşimleri sayesinde oluşmaktadırlar. Sistemlerin yapıları da o dönemin temel siyasi birimleri tarafından belirlenmektedir. Tıpkı şehir devletleri, imparatorluklar, ulus devletlerde olduğu gibi. Günümüzde hiçbir devlet, kendisinin kısıtlandırılacağı bir yapının parçası olmaya meyilli değildir. Neorealistlere göre devletlerin egemen olması, iç ve dış sıkıntıları ile nasıl mücadele edeceğini kendisinin belirlemesi, karşılaşacağı bir tehdide karşı diğer devletlerden yardım alıp almaması, önüne çıkan imkanları nasıl fırsata çevirmesi gerektiği gibi konuları kapsamaktadır.[19] Waltz'ın ilkelerini kısaca özetleyecek olursak; devletlerin çıkarları onları harekete geçirir, uluslararası arenada rekabet kurallarının düzenlenmemiş olması, politikalara duyulan gereksinimi ortaya çıkarır, bundan kaynaklanan gereksinimler üzerinde yapılan hesaplara göre devletler kendi çıkarlarına en akılcı politikalar üretirler, son olarak politikaların başarılı olup olmadığı onların uygulanması sonucunda ortaya çıkan sonuca göre belirlenmektedir. Bu sonucun başarısı ise devletlerin kendi varlıklarını devam ettirmeye ve daha fazla güç elde etmeye hizmet etmektedir.[20] Waltz gibi bir başka neorealist olan Robert Giplin ise teoriye şöyle yaklaşmıştır; grup çatışmaları siyasi ve sosyal işlerin temel öğesidir, devletler sadece kendi ulusal çıkarları doğrultusunda harekete geçer ve güç ilişkileri uluslararası ilişkilerin temel özelliğidir.[21]

Sonuç olarak, klasik realizmin temellerini sarsacak seviyeye ulaşan eleştiriler sonucu neorealistler, bir taraftan uluslararası ekonomi politiğin kaygılarıyla ilgilenirken, diğer taraftan da devlet ve askeri politik meselelerin önceliğini tekrar kurmaya çalışmakta ve artan karşılıklı bağımlılığı ve ekonomik sorunların dünya politikasındaki önemini kabul etmektedirler, ama aynı zamanda her devletin farklı politikalarının, göreceli gücünü maksimuma ulaştırma isteği tarafından belirlendiğini de ile sürerler.[22]

---

[18] Efe Çaman, "Uluslararası İlişkilerde (Neo)Realist Paradigmanın Almanya'daki Gelişimi ve Evrimi: Kindermann ve Münih Okulu", *Review of International Law and Politics*, Cilt 2, Sayı 8, 2006, ss.44.
[19] Waltz, *Theory of International Politics*, ss.91-96.
[20] Jack Donnelly, *Realism and International Relations,* Cambridge University Press, Cambridge, 2000, ss.7.
[21] Robert Giplin, "No One Loves a Political Realist", *Security Studies*, Volume 5, No 3, 1996, ss.7-8.
[22] Mustafa Aydın, "Uluslararası İlişkilerin "Gerçekçi" Teorisi: Kökeni, Kapsamı, Kritiği, Cilt 1, Sayı 1, 2004, ss.47-49.

Neorealizmin Güvenlik Yaklaşımı

20. yüzyıla şöyle bir baktığımızda, tarihin en karanlık ve kanlı yüzyıllarından bir tanesi olma özelliğini barındırdığını görmekteyiz. Milyonlarca insanın I. ve II Dünya Savaşlarında hayatlarını kaybetmesi, Japonya'nın Hiroşima ve Nagazaki kentlerine yapılan atom bombalı saldırılarda milyonlarca sivilin ölmesi ve gelecek nesillerin de tehdit altında olması, Soğuk Savaşı'ın yarattığı psikolojik etkiler 20. yüzyılın kısa bir özetini gözler önüne sermektedir. Tüm bunların yanında küresel ekonomik-politik krizler, katı ideolojik-jeopolitik kutuplaşma 20. yüzyılın çetin ve bunalımlı bir yüzyıl olarak literatürde yer almasına neden olmuştur.[23] Tarih boyunca genellikle güvenliğin fiziksel boyutu ile ilgilenilmiş ve devletlerin sınırlarını başka devletlerin saldırı ve tehditlerinden uzak tutmak, devletlerin güvenlik anlayışlarının en önemli unsuru olarak belirmiştir. Güvenliğin psikolojik boyutu bir saldırı gibi somut olan tehditleri içermemektedir. Bir devletin kendini güven içinde hissetmesi aynı zamanda soyut tarafları olan ve farklı algılamalardan kaynaklanan bir olgudur.[24]

Güvenliğin tartışmalı bir kavram olduğu hususunda birçok yazar geleneksel olarak aynı görüştedir. Güvenliğin temel değerlere yönelik tehditlerden bağımsız olması anlamına geldiği hususunda çoğu yazar aynı paydada buluşsalar da analizlerinin temel odağının "bireysel", "ulusal" yada "uluslararası" güvenlik mi olması gerektiği konusunda farklılık göstermektedirler. Çoğunlukla askeri anlamda tanımlanan ulusal güvenlik tarihsel olarak literatüre hakim olmuştur. Temel ilgi alanı ise devletlerin kendilerine yönelecek tehditlerle mücadele etmek için geliştirmeleri gereken askeri imkan ve kabiliyetlerdir. Barry Buzan, siyasi, ekonomik, sosyal, çevresel ve askeri boyutları analizine dahil ederek güvenliği daha kapsamlı bir uluslararası çerçevede tanımlamıştır. Bu, devletlerin sadece kendilerini referans alarak geliştirdikleri güvenlik politikalarını terk etmelerini ve komşularının güvenlik çıkarlarını da dikkate almalarını içerir.[25] Bir ülkenin dış politika amaçlarından söz edildiğinde klasik anlamda var olmaya ilişkin amaçlardan sonra güvenlik

---

[23] Atilla Sandıklı, Bilgehan Emeklier, "Güvenlik Yaklaşımlarında Değişim ve Dönüşüm", (ed.), Atilla Sandıklı *Teoriler Işığında Güvenlik, Savaş, Barış ve Çatışma Çözümleri*, Bilgesam Yayınları, İstanbul, 2012, ss.3.

[24] Çağrı Erhan, "Uluslararası Güvenlik Sorunları ve Türkiye", (der.), Refet Yinanç, Hakan Taşdemir, *Soğuk Savaş Sonrası ABD'nin Güvenlik Algılamaları*, Seçkin Yayıncılık, Ankara, 2002, s.58.

[25] John Baylis, "Uluslararası İlişkilerde Güvenlik Kuramı", (der.), Mustafa Aydın, Hans Günter Brauch, Mitat Çelikpala, Ursula Oswald Spring, Necati Polat, *Uluslararası İlişkilerde Çatışmadan Güvenliğe*, İstanbul Bilgi Üniversitesi Yayınları, İstanbul, 2012, ss.156.

ve hayati çıkarlar gibi amaçların geldiğini görmekteyiz. Fakat günümüzde küreselleşmenin ve teknolojik gelişmelerin de itici gücüyle ülkeler arasındaki sınırların coğrafi olarak olmasa da özellikle siyasal ve ekonomik açılardan netliğini yitirdiğini göz önüne aldığımızda, güvenlik denilince akıllara sadece sınırların korunmasının gelmeyeceği de açıkça görülmektedir. [26] Güvenlik kavramının doğru ele alınması için kimin güvenliğinin sağlandığı sorunsalının detaylı olarak cevaplanması gerekir. Bu cevap bazen devlet, bazen birey, bazen de birey ve/veya devletlerden oluşan bir sistem olabilir. Bu cevap değiştikçe yeni bir güvenlik algısı arayışına gidilecektir. Güvenliği sağlanacak olan özne değiştikçe güvenlik algısı ve arayışı da onunla aynı oranda değişiklik gösterecektir. Klasik güvenlik anlayışında esas özne devlettir ve devlet güvenliğin sağlanması, askeri güç, silahların kontrolü, diplomasi, kriz yönetimi gibi hususlarla gerçekleştirilmektedir. [27] Güvenlik kelimesini en basit şekliyle; tehditler, endişeler ve tehlikelerden uzak olma hissi şeklinde tanımlayabiliriz. Böylelikle güvenlik, bireyin diğerlerinin verebileceği zararlardan uzak olduğunu hissettiği bir ruh halini ifade etmektedir. Uluslararası ilişkiler disiplininde güvenliği kavramsal bağlamda ele alan Arnold Wolfers'a göre; kazanılan mevcut değerlere yönelik bir tehdidin bulunmaması halidir. 1990'lı yıllarda güvenlik kavramına yeni bir perspektif getiren Barry Buzan, güvenliği devletlerin ve toplumların rakip güçlere karşı bağımsız kimliklerini ve işlevsel bütünlüklerini muhafaza etme yetenekleri ve tehditlerden sıyrılma arayışları olarak tanımlar. Richard Ullman ise farklı bir bakış açısı ile güvenliği devlet tarafından bir ülkenin vatandaşlarının hayat standardı ve hayat kalitesinin güvence altına alınması olarak tanımlar. Güvenlik kavramsal olarak hem saldırı ve tehdit unsurlarını hem de önlem, caydırıcılık ve savunma öğelerini içerir. Bu saydıklarımız aynı zamanda güvenliğin temel parametrelerini oluşturmaktadır. [28]

Güvenlik her ne şekilde tanımlanırsa tanımlansın, devlet bünyesinde politika belirleyenler ya da uluslararası örgütler veya sivil toplum örgütlerinde çalışan uygulamacılar uluslararası güvenliğin korunması veya

---

[26] Özgün Erler Bayır, "Soğuk Savaş Sonrasında Güvenliğe Yönelik Teorik Tartışmalar", (ed.), Hasret Çomak, Caner Sancaktar, *Uluslararası İlişkilerde Teorik Tartışmalar*, Beta Yayınları, İstanbul, 2013, ss.174.

[27] Sami Sezai Ural, Aigerim Shılıbekova, "Uluslararası Güvenlik ve Yönetişim", (ed.), Hasret Çomak, Caner Sancaktar, Sertif Demir, *Uluslararası Güvenlik Yeni Politikalar, Stratejiler ve Yaklaşımlar*, Beta Yayınları, İstanbul, 2016, ss.6-7.

[28] Nihal Ergül, "Yeni Güvenlik Anlayışı Kapsamında Birleşmiş Milletler'in Rolü ve Uygulamaları", (ed.), Atilla Sandıklı *Teoriler Işığında Güvenlik, Savaş, Barış ve Çatışma Çözümleri*, Bilgesam Yayınları, İstanbul, 2012, ss.166-167.

sağlanmasında etkin rol oynarlar.[29] Günümüzde artık tek bir güvenlik kavramından söz etmek mümkün değildir. Bugün, bireysel, ulusal, bölgesel, uluslararası, küresel güvenlik ile askeri, siyasi, toplumsal, çevresel, ekonomik, insani güvenlik kavramları bir arada bulunmaktadır. Sonuç olarak alanın temel kavramı güvenliktir. Güvenlik kavramının tanımlanmasında belirleyici olan kıstaslar güvenliğin özneleri ve tehditleridir.[30]

Kenneth Waltz'un önderliğinde şekillenen neorealizmde güç odaklılıktan ziyade güvenlik odaklılık ön plana çıkmaktadır. Bu teoride devlet uluslararası ilişkilerin merkezi süjesi konumunda yer almakta, rasyonel bir aktör olarak kabul edilmekte ve ulusal ve ulusaşırı çıkarlardan bağımsız bir veri olarak incelenmektedir.[31] Waltz ve John Mearsheimer gibi neorealist yazarlara göre, güvenlik ve güvensizlik, büyük ölçüde uluslararası sistemin yapısının bir sonucudur ve anarşik yapının büyük ölçüde sürekli olduğu kabul edilmiştir. Bunun anlamı; uluslararası politikanın gelecekte de geçmişte olduğu gibi şiddete eğilimli olacağıdır. Mearsheimer gibi neorealistlere göre, uluslararası politika, savaşın meydana gelmesinin, yağmurun yağması gibi her zaman olası olduğu acımasız bir rekabet sürecini içermektedir.[32] Uluslararası güvenliğe yönelik neorealist teorinin temel özelliklerinden biri, uluslararası kurumların savaşların önlenmesinde oldukça önemsiz bir rol oynadığı inanışıdır. Kurumlar, devlet çıkarlarının ve uluslararası sistemin dayattığı sınırlamaların ürünü olarak görülmektedir. İşbirliği mi yapılacağı yoksa rekabet içinde mi olunacağı hususundaki kararları belirleyen, devletlerin üye oldukları kurumlardan ziyade, bu çıkar ve sınırlamalardır.[33] Devletlerin sistem içindeki en önemli amacı güvenliklerini sağlamak ve hayatta kalmak olduğu için, öncelikle güvenliklerini arttırmaya yönelik önlemler almaya yöneleceklerdir. Fakat, anarşik sistemde devletler arasında güvensizlik olduğu için, herhangi bir devletin kendi güvenliğini arttırmaya yönelik aldığı önlemler, diğer devletler tarafından şüpheyle karşılanacak ve onların da aynı önlemleri almaya başlamasına neden olacaktır. Güvenlik ikilemi olarak adlandırılan bu

---

[29] Paul R. Viotti, Mark V. Kauppi, *Uluslararası İlişkiler ve Dünya Siyaseti*, Nobel Akademik Yayıncılık, Ankara, 2014, ss.17.
[30] Sinem Akgül Açıkmeşe, "Güvenlik, Güvenlik Çalışmaları ve Güvenlikleştirme", (ed.), Evren Balta, *Küresel Siyasete Giriş Uluslararası İlişkilerde Kavramlar, Teoriler, Süreçler*, İletişim Yayınları, İstanbul, 2014, ss.244.
[31] Burcu Bostanoğlu, *Türkiye-ABD İlişkilerinin Politikası*, İmge Kitabevi Yayınları, Ankara, 2008, ss.96.
[32] John Baylis, "Uluslararası İlişkilerde Güvenlik Kavramı", *Uluslararası İlişkiler Dergisi*, Cilt 5, Sayı 18, 2008, ss.72.
[33] *Aynı Eser*, s.77-78.

durum, neorealistlere göre silahlanmanın ana sebeplerinden birini o-luşturmaktadır. Waltz'a göre devletler, mevcudiyetlerini devam ettirmek amacıyla ya kendi kapasitelerini kullanacaklar ya da sistemdeki diğer aktörlerle birleşerek güçlerini artıracaklardır.[34] Neorealizm barışın sağlanmasının önündeki en büyük engeli uluslararası sistemin anarşik olmasına bağlamaktadır. Uluslararası karşılıklı bağımlılığın sağlanması ve işbirliği, devletleri güvenlik ikilemi algısıyla varlığını sürdürme mücadelesine sevk eden anarşik düzende olanaklı görülmemektedir.[35]

Neorealizme göre güç edinme arzusu insan doğasından değil, uluslararası sistemin yapısından kaynaklanmakta ve söz konusu güce ulaşmak bir amaç değil sadece gerektiğinde başvurulabilecek bir araçtır. Waltz devletlerin amacını sistemde var olmaya devam etmek şeklide tanımlamaktadır. Devletler olağanüstü durumlar söz konusu olduğunda güçlerinden çok güvenliklerinden kaygılanmaktadırlar. Buradan hareketle askeri gücün ulusal gücün en önemli unsuru olduğunu söylemek mümkün görünmektedir.[36] Bu yüzden neorealistler uluslararası güvenlik konularına daha fazla önem vermişler ve bunu "Yüksek Politika" olarak adlandırmışlardır. Bu varsayımdan hareketle ekonomik gücün, sadece askeri güce dönüştürülebileceği oranda önemli olacağını söylemek yanlış olmaz.[37]

Waltz gibi güvenliği güçten önde tutan defansif neorealistler, devletlerin öncelikli amacının güç elde etmek değil, varlıklarını devam ettirmek olduğunu iddia etmektedirler. Defansif neorealist teorisyenlere göre daha az güvenliğe yani güvensizliğe daha çok güç neden olmakta ve uluslararası sistem, statükoyu koruyan devletleri ödüllendirmektedir, hükmetmek isteyen devletleri değil. Defansif neorealistlere göre her devlet, statükocu bir yaklaşımla sistemdeki konumunu devam ettirebilir ve bu sürecin sonunda uluslararası sistemde ortaya çıkan güç dengesi ile güvenliğini sağlayabilir.[38] Ofansif neorealizmin özü ise nisbi gücün maksimum seviyeye çıkarılmasıdır. Klasik realizmden temel farkı anarşik bir uluslararası sistemden kaynaklanan güvenlik meselesidir. Her bir devlet diğerine zarar verecek seviyede güce sahipse diğerlerinin saldırısından korunmak için onlardan daha fazla

[34] Bozdağlıoğlu, a.g.e., ss.124-125.
[35] Atilla Sandıklı, Erdem Kaya, "Uluslararası İlişkiler Teorileri ve Barış", (ed.), Atilla Sandıklı *Teoriler Işığında Güvenlik, Savaş, Barış ve Çatışma Çözümleri*, Bilgesam Yayınları, İstanbul, 2012, ss.146.
[36] Yücel Bozdağlıoğlu, Çınar Özen, "Liberalizmden Neoliberalizme Güç olgusu ve Sistematik Bağımlılık", *Uluslararası İlişkiler Dergisi*, Cilt 1, Sayı 4, 2004, ss.62-63.
[37] *Aynı Eser*, s.63.
[38] Sandıklı-Emeklier, a.g.e., s.10.

güce sahip olmak gerekmektedir. Söz konusu bu güvenlik merkezli yaklaşımı John Mearsheimer'ı Waltz'a yaklaştırmaktadır. Waltz'dan farkı ise Mearsheimer'ın güç konusunda devletleri doyumsuz bir güce yöneltmesidir. Mearsheimer'a göre anarşik bir uluslararası sistemde devletler için güvenliğe ulaşmanın tek yolu diğer devletlerden daha fazla güç elde etmektir. En iyi savunma ise saldırgan politika izlemektir.[39]

Nükleer Güvenlik İkilemi

Kitle imha silahları (KİS), konvansiyonel silahların birçok kez kullanılması sonucu ortaya çıkan insan kaybını yalnız bir defa kullanılmaları neticesinde meydana getirebilen ve bunun yanında KİS dışında diğer silahların oluşturamadığı saldırı sonrası olumsuz etkileri de devam eden silahlar olarak tanımlanabilir.[40] BM'in yaptığı KİS tanımı ise günümüze kadar yapılan bilimsel alandaki çalışmalara temel oluşturmaktadır. Bu tanıma göre "Kitle imha silahları, radyoaktif madde silahları, zehirli kimyasal ve biyolojik silahlar, atom patlayıcı silahları ve yıkıcı etkileri bakımından gelecekte geliştirilecek bu silahlarla benzer özelliklere sahip silahlardır."[41] Kitle imha silahlarının geçmişine baktığımızda, çok eski zamanlara dayandığını görmemiz mümkündür. İnsanlar dünya üzerinde var olduğundan beri, birbirleri ile sürekli savaş halinde olmuşlar ve savaşlarda galip gelebilmek için çeşitli savaş silahları geliştirmişler ve kullanmışlardır. İlk ilkel düzeyde geliştirilen kitle imha silahları MÖ. 600-400 yıllarında geliştirilmiş ve kullanılmış olduğu tahmin edilmektedir.[42] Kitle imha silahları; nükleer, kimyasal ve biyolojik silahlar olarak sınıflandırılmıştır. Hem içerikleri hem yapım araçları ve kullanım yöntemleri, hem de etkileri bakımından bu silahlar birbirlerinden oldukça farklıdırlar. Fakat hepsinin ortak özelliği konvansiyonel olmayan silah kategorisinde yer almalarıdır.[43]

Soğuk Savaş'ın sona ermesi ile birlikte stratejik önceliğini kaybeden kitle imha silahları ve tabi ki nükleer silahlar, 11 Eylül sonrası süreç içinde

---

[39] Tayyar Arı, *Uluslararası İlişkilere Giriş*, MKM Yayınları, Bursa, 2013, ss.29-30.
[40] A. Serdar Durmaz, *Ortadoğu'daki Kitle İmha Silahları, Silahların Kontrolü ve Türkiye*, Ümit Yayıncılık, Ankara, 2003, ss.27.
[41] Erdem Denk, "Bir Kitle İmha Silahı Olarak Nükleer Silahların Yasaklanmasına Yönelik Çabalar", *Ankara Üniversitesi SBF Dergisi*, Cilt 66, Sayı 3, 2011, s.96.
[42] Ramazan Özey, *Küresel Silahlanma Dünyanın Silah Depoları*, Aktif Yayınevi, Ankara, 2007, ss.83-84.
[43] Mustafa Kibaroğlu, "Kitle İmha Silahlarının Gelişim Süreci, Yayılmasının Önlenmesine İlişkin Yapılan Çalışmalar ve Geleceğin Güvenlik Tehditleri.", http://www.mustafakibaroglu.com/sitebuildercontent/sitebuilderfiles/2023DergisiSoylesiMetni.pdf, (17.10.2016).

terör ile ilişkilendirilerek tekrar uluslararası ilişkilerin öncelikli konularından bir tanesi haline gelmiştir. Nükleer silahlar Soğuk Savaş boyunca hiç kullanılmamalarına karşın çok konuşulmuş ve iki süper güç olan ABD ve SSCB arasında korkuya dayanan, görece istikrarlı bir düzenin ortaya çıkmasına neden olmuşlardır. Nükleer silahlar günümüzde siyasi müzakerelerde eli kuvvetlendiren ideolojik ve psikolojik bir baskı aracı haline gelmiş durumdadırlar.[44] Soğuk Savaş sonrası dönemde nükleer silahların ve çatışma/savaş tehdidinin ortadan kalktığı iddia edilmese de en azından niteliğinin değiştiği söylenebilir. Günümüzde kitle imha silahlarının yaygınlaşması, radikal hareketler ya da terör gibi konular sisteme yönelik birincil tehditler olarak sayılmaktadır.[45] Nükleer silahları elinde bulunduran ülkelerin aslında bu silahı kullanmayı düşünmemeleri sebebiyle nükleer yayılmacılığın konvansiyonel silahlanmadan farklı bir tarafı vardır. Nükleer silahların yıkım kapasitesi nedeniyle ortaya çıkan bu isteksizliğe rağmen bu silahlara sahip olmak caydırıcı bir etki yaptığından uluslararası arenada politik bir prestij sağlamaktadır. Bu prestije uluslararası literatürde "nükleer kulüp" adı verilmektedir. Uluslararası alanda nükleer güce sahip olan ve bu alanda çalışmalar yapan ülkelerin başında uluslararası barışı korumak için tesis edilmiş olan Birleşmiş Milletler'in beş daimi üyesi bulunmaktadır.[46] Üç model çerçevesinde devletlerin nükleer silahlara elde etme çabalarını açıklamak mümkündür. İlk model olan iç politika modelinde nükleer silahlar, bürokratik çıkarlar ve iç politik kaygılar bağlamında elde edilmek istenen bir siyasal araç olarak değerlendirilmektedir. İkinci model olan güvenlik modelinde ise devletlerin nükleer silaha sahip olma çabaları direk olarak ulusal güvenliği dış tehditlere karşı arttırma güdüsüyle açıklanmaktadır. Son model olan normlar modelinde ise nükleer silahların, bir devletin kimliği ve modernliği bakımından önemli bir sembol olduğu vurgulanmakta ve bu faktör nükleer silah programlarının geliştirilmesinde ön planda tutulmaktadır.[47] Bazı ülkelerin nükleer silahları ellerinde bulundurma gerekçeleri, en az o silahların yayılmasını engellemeye çalışan ülkelerin gerekçeleri kadar haklı nedenlere dayanmaktadır. ABD ve Rusya, günümüzün en fazla nükleer savaş başlığına sahip ülkeleridir. Daha küçük ve daha yeni nükleer güçler de

---

[44] Talha Köse, *İran Nükleer Programı ve Orta Doğu Siyaseti, Güç Dengesi ve Diplomasinin İmkanları*, SETA Yayınları, Ankara, 2008, s.13-14.
[45] Bayır, *a.g.e.*, s.175.
[46] Fikret Birdişli, *Teori ve Pratikte Uluslararası Güvenlik Kavram-Teori- Uygulama*, Seçkin Yayıncılık, Ankara, 2016, ss.169.
[47] Scot D. Sagan, "Why Do States Build Nuclear Weapons?: Three Models in Search of a Bomb", *International Security*, Cilt 21, Sayı 3, 1996-1997,ss.55.

yayılmanın önüne geçmenin kendilerine çıkar sağlayacağının farkındadırlar. Komşu ülkelerin nükleer silah edinmeleri, kendi nükleer avantajlarını ortadan kaldıracaktır. 1968 yılında imzalanan Nükleer Silahların Yayılmasını Önleme Antlaşması (NPT) ve diğer silahsızlandırmadan daha düşük hedefli, silah sistemlerini sınırlayan anlaşmaların olumlu yönde dört özelliği bulunmaktadır: Bunlar; 1) İşbirliğini arttırarak tehditleri azaltırlar, 2) Caydırıcılığı arttırırlar, 3) Masrafları düşürürler, 4) Gücün yayılmasını stabilize ederler.[48]

Çok kutuplu düzen yerine iki kutuplu düzenin üstünlüğünü savunan Waltz'in "Uluslararası Politikanın Teorisi" adlı eseri bu alanda en çok başvurulan bir eser haline gelmiştir. Soğuk Savaş sonrası tek kutuplu düzen üzerine çalışan Waltz nükleer caydırıcılık ve çok kutuplu düzende nükleer silahların yayılmasının kontrolü üzerine çalışmalar yapmıştır.[49] Waltz, çift kutuplu sistemi iki aktörün diğer aktörlerden stratejik becerileri bakımından üstünlüğü olarak tanımlar. Nükleer silahlar başta olmak üzere askeri ve ekonomik gücün belirleyici olduğu bu tanıma göre iki süper güç olan ABD ve SSCB kaçınılmaz bir şekilde birbirlerini dengelemeye çalışırken, süper güç yeteneklerine sahip olmayan diğer devletler de mevcudiyetlerini korumak ve çıkarlarını savunup geliştirmek için bunlardan birinin peşine takılmaktadırlar.[50] Neorealistler nükleer silahların yayılmasını önlemek için anlaşmalar imzalamak yerine bu silahların uluslararası sistemde belli başlı devletlere kontrollü bir şekilde verilmesini savunurlar. Bu öneri söz konusu silahların ölümcül özelliklerinden dolayı caydırıcı olacağını ve devletlerin karşılıklı olarak birbirlerini frenleyici bir barış ortamına çekeceği varsayımına dayanır.[51] Waltz nükleer silahların yayılmasının uluslararası politikadaki sonuçlarıyla ilgili oldukça iyimser bir tavır içindedir. 1980'lerin başında, Waltz nükleer caydırıcılığın uluslararası ilişkilerde istikrar için bir güç olduğunu, devletlerin bir nükleer çatışma tehlikesi olmadan hedeflerinin peşinde ilerlemeye devam edeceklerini savunmuştur. Bu görüşe günümüzde de sahip olan Waltz, "kontrol altında yayılan" nükleer silahların, nükleer caydırıcılığın faydalarını çok kutuplu dünyada tekrarlanabileceğine ve nükleer silahların tabiatı gereği tehlikeleri bertaraf

---

[48] Michael G. Roskin - Nıcholas O. Berry, *Uluslararası İlişkiler Ui'nin Yeni Dünyası*, Adres Yayınları, Ankara, 2014, ss.303-304.
[49] *Aynı Eser,* s.38.
[50] Mehmet Ali Tuğtan, "Güç, Anarşi ve Realizm", (ed.), Evren Balta, *Küresel Siyasete Giriş Uluslararası İlişkilerde Kavramlar, Teoriler, Süreçler*, İletişim Yayınları, İstanbul, 2014, ss.125.
[51] Balcı, Kardaş, *a.g.e.*, ss.93.

edeceğine inanmaktadır.[52] Waltz'a göre devletlerin kendi nükleer gücünü geliştirmesi sonuç olarak ancak başka bir devleti caydırılabilir. Bu bağlamda Waltz, nükleer silahlara sahip olmayan devletlerin geleneksel anlamda savaştan kaçınmayacaklarını fakat nükleer silahlara sahip olanların ise caydırıcılıklarından dolayı savaşmayacaklarını ileri sürmüştür. Waltz'a göre bu sebepten dolayı 65 yıldır nükleer savaş veya büyük bir tür dünya savaşı yaşanmamıştır.[53]

Sovyetler Birliği'nin dağılmasıyla birlikte nükleer yayılmacılıkla ilgili en büyük görev Soğuk Savaş sonrası dönemin tek süper gücü olarak kalan ABD'ye düşmüştür. ABD'nin bu husus ile ilgili en somut girişimi ise yönetim şekilleri bakımından yeterli olmayan ve güvenilmez bulduğu devletleri "haydut devletler" olarak adlandırmak olmuştur. Batıya göre bu devletler yapısal sorunları nedeniyle içeride ve dışarıda güvenlik telkin etmekte başarısız olmaktadır. ABD'nin kitle imha silahları ile ilgili tutumu sonucu Irak'a yapmış olduğu işgalin devletler hukuku bakımından ahlaki temellerinin bulunmadığı görülmekte ve benzeri yaklaşımı İran ve Kuzey Kore için de göstermektedir. Bu ülkelerin nükleer faaliyetleri ve nükleer silah edinme gayretleri hakkında daha güvenilir ve elle tutulur bilgiler bulunmasına karşın nükleer silah geliştirdiği bilinen İsrail'e tanınan ayrıcalık nükleer silahların yayılmasını önleme konusunda ABD ve diğer batılı devletlerin tutarlılığını gölgelemektedir.[54] Bulunamayan kitle imha silahları, ABD'nin Irak işgalinin görünen sebebi olurken, İran'ın uzun zamandır takip ettiği nükleer program ise, sadece Ortadoğu'nun değil tüm dünyanın en hassas meselelerinden birisi olmaya devam etmektedir. İsrail'in askeri silah stoklarının nükleer başlıklı füzelere de yer vermesi bu problemi daha da derinleştirmektedir. Nükleer gücün suiistimali konusunda yaşanan tartışmalar, kitle imha silahlarının istenmeyen ülkelerin eline geçmesini engellemeye ya da Kuzey Kore örneğinde olduğu gibi bazı ülkeleri bu silahlardan vazgeçirmeye odaklanmış gözükmektedir. 11 Eylül 2001 terör saldırılarının ardından daha da güçlenen bu argümana, devlet dışı aktörlerin de nükleer güce ulaşmak isteyebilecekleri olasılığı da eklenmiştir.[55]

---

[52] Griffiths, Roach, Salamon, a.g.e., ss.62-63.
[53] Tuğçe Varol Sevim, "Mearsheimer ve Waltz'ın Realist Bakışı", (ed.), Hasret Çomak, Caner sancaktar, Uluslararası İlişkilerde Teorik Tartışmalar, Beta Yayınları, İstanbul, 2013, ss.46.
[54] Birdişli, a.g.e., s.172.
[55] Ömer Ersoy, "Uluslararası Politikada Nükleer Güç Etkisi ve Güncel Sorunlar", http://www.sde.org.tr/tr/newsdetail/uluslararasi-politikada-nukleer-guc-etkisi-ve-guncel-sorunlar/1516, (12.11.2016).

Literatürde teröristler tarafından nükleer silahlara ulaşılması veya nükleer birmlere saldırı düzenlenmesi risklerine dikkat çekilmektedir. Özellikle, 11 Eylül 2001'de ABD'de gerçekleştirilen saldırılara vurgu yapılarak, günümüzde nükleer silah kullanma potansiyelinin, devletlerden öte, teröristler tarafından nükleer bir saldırıda kullanılması daha olası görülmektedir. Nükleer terörizmin veya tehdidin önüne geçebilmek ancak nükleer silahlardan veya malzemelerden arındırılmış bir dünyada mümkün olabilir. Gerçek bir uluslararası işbirliği ile söz konusu nükleer terörizm önlenebilir. Bunun mümkün olması ise bilgi paylaşımı ve ulusal politikaların uluslararası gayretlerle koordineli yürütülmesi ve bağlayıcı hukuki düzenlemeler temelinde sağlanabilir. [56] Soğuk savaş öncesi dönemde terörizmin tanımı genel olarak "Milyonları korkutmak için bir kişiyi öldürerek yapılan sembolik bir eylem" şeklinde yapılmaktaydı. 11 Eylül 2001'de gerçekleştirilen terör saldırıları sonrasında gerçekleştirilen terörist faaliyetlerin karakteri insanların toplu halde öldürülmesi yönünde gelişmeye başlamıştır. Teröristlerin, gerçekleştirmeyi planladıkları eylemleri için kitle imha silahları kullanma tehdidinde bulunmaları ya da nükleer terörizmin ortaya çıkması bunun en büyük sebebi olarak görülmektedir. Nükleer terörizm kişilerin veya terörist örgütlerin siyasi ve/veya ekonomik çıkarları için nükleer silahları insanları kitleler halinde öldürmek, psikolojik etki yaratmak ve ekolojik zarar vermek için kullanması veya kullanma tehdidi içeren eylemleri gerçekleştirmesidir. Nükleer silahların teröristler tarafından çalınması ve terör eylemlerinde kullanılma tehdidi içermesi devletler için en büyük tehlikelerden biridir. [57]

Güvenlikle ilgili konularda İran'ın nükleer faaliyetleri ABD'nin Irak'ı işgalinden sonra gündemin ilk sırasında bulunmaktaydı. İran, ilk nükleer faaliyetlerine Şah döneminde ABD ile ilişkileri iyi düzeydeyken başlamıştı ve bunu ABD'nin desteği ile gerçekleştirmişti. Nükleer faaliyetlere İslam Devrimi ile ara verilmiş, İran-Irak Savaşı sonrasında nükleer program tekrar gündeme gelmiştir ve nükleer programa Ahmedinejad dönemi ile birlikte de hız kazandırılmıştır. Uluslararası güvenlik için devrim öncesi dönemde tehdit oluşturmayan İran, devrim sonrası dönemde ABD ile ters düşmesinden dolayı bir anda uluslararası güvenliği

[56] Said Vakkas Gözlügöl, "Nükleer Korku Gölgesinde Uluslararası Barış ve Güvenlik", http://www.ankarabarosu.org.tr/siteler/ankarabarosu/tekmakale/2013-2/2013-2-7.pdf, (12.11.2016).
[57] Saadat Rüstemova Demirci, "Nükleer Terörizm", http://www.tasam.org/tr-TR/Icerik/1014/nukleer_terorizm_tehdidi, (12.11.2016).

tehdit eden ülkeler arasında yer alan bir hale gelmiştir.[58] İran'ın nükleer silah ürettiği konusunda elde somut bir kanıt olmamakla beraber, bu olasılığın varlığı bile bölgede İsrail açısından yaşamsal bir tehdit olarak algılanmaktadır. Bunun sebebi İran'ın İsrail'e atacağı iki atom bombasının İsrail'i yok edebileceği gerçeğidir. Diğer açıdan bakacak olursak İran, muhtemel bir ABD ya da İsrail saldırısını ya da tehdidini etkisiz kılmak için birkaç nükleer silaha sahip olmayı muhtemelen yeterli görmektedir. Diğer yandan, nükleer silahlanmayı bölgesel liderlik rekabetinin ayrılmaz bir parçası olarak gören İran'ın bu anlamda eli kuvvetlenmiş olacaktır.[59] İran'ın mevcut durumda nükleer silah ürettiği yolunda somut herhangi bir kanıt bulunmamakla birlikte gelecekte nükleer silah üretecek kapasiteye ulaşacağı yolunda pek çok tahmin yürütülmektedir. Uluslararası sistemde baskın güce sahip olan ABD'nin İran'ı şer ekseni içerisinden tanımlaması Nükleer Silahların Yayılmasını Önleme Antlaşması'na taraf olan İran'ın nükleer faaliyetlerinden kaygı duyulması ile doğrudan alakalıdır. İran her ne kadar nükleer silah üretme arzusunda olmadığını iddia etse de yeraltı kaynakları bakımından zengin olan İran'ın sadece nükleer enerji peşinde olduğuna inanmak pek akla yatkın gelmemektedir. Etkili bir bölgesel güç olma yolunda emin adımlarla ilerleyen İran için nükleer silahlara sahip olmak hem güvenlik bakımından hem de sağlayacağı prestij bakımından vazgeçilmez görünmektedir.[60]

Waltz, kendisine yöneltilen "İran'ın nükleer silah sahibi olması durumunda daha sorumlu bir devlet olacağını düşünmek doğru mudur ? " sorusu üzerine " her yeni nükleer silah sahibi ülkenin eskisi ile aynı davranışı göstereceğini söylemek zordur ama en azından her nükleer devletin bir kelime ile nasıl davrandığı tanımlanabilir: sorumluluk" yanıtını vererek İran'ın nükleer programının barışı ve dengeyi sağlamak adına olumlu bir adım olduğunu düşündürmüştür. Örnek olarak Pakistan ve Hindistan'ın ikisinin beraber nükleer silah sahibi olması aralarındaki riskleri azaltmıştır. Waltz'a göre belki Pakistan ve Hindistan arasındaki çatışmalar az da olsa sürmektedir fakat savaş çıkarma riskleri azalmıştır.[61] İsrail ve batı dünyasının İran'ın nükleer silah sahibi olmasını dünyanın başına gelebilecek en kötü senaryo olarak görmesine karşın Waltz, bu durumun Ortadoğu'ya sonunda istikrar getirebileceğini iddia

---

[58] Kadir Sancak, "21. Yüzyılda Güvenlik Sorunları: Bir Tehdit Unsuru Olarak Nükleer Silahlar", http://www.jasstudies.com/Makaleler/348881056_25SancakKadir-499-510.pdf, (12.11.2016).
[59] Ersoy, *a.g.m.*,s.5.
[60] Sancak, *a.g.m*, s.504-505.
[61] Sevim, *a.g.m.*, s.47.

etmiştir. Bu bağlamda son kırk yılda İsrail'in sahip olduğu nükleer silahlar Ortadoğu'da istikrarın sağlanamamasının en büyük sebebi olmuştur.[62]

Sonuç

Güvenlik kavramı Soğuk Savaş ve 11 Eylül saldırılarının ardından kırılma yaşamıştır. Özellikle Soğuk Savaş döneminde nükleer silahlanma yarışının hızla tırmanması ve buna bağlı olarak nükleer güvenlik sorununun, dünya siyasetinde önemli bir yer edinmesine neden olmuştur. 11 Eylül saldırıları sonrası ise kitle imha silahları ve söz konusu silahlar ile mücadele gündeme gelmiştir. Günümüzde nükleer silahların teknolojik gelişmelerin de etkisi ile geldiği nokta değerlendirildiğinde II. Dünya Savaşı'nda iki kez kullanılan atom bombalarının meydana getirdiği sonuçlarından kaç kat daha etkili olabileceğini bu silahları elinde bulunduran ülkelerin gerçekleştirdikleri denemelerde görmekteyiz. Bu denemelerin yapılmasındaki amacın da tüm dünyaya mesaj vermek olduğunu söylemek mümkündür.

Nükleer silahların caydırıcılığı ve tehditkar karakterleri ülkelere göz dağı vermekte ve söz konusu silahı elinde bulunduran ülkeye karşı düşman politikalar izleyen diğer ülkelerin de kendilerine bir çeki düzen vermelerini sağlamakta ve böylece krizlerin tırmanarak savaşa dönüşmesine ve buna bağlı olarak nükleer silahların kullanılma tehdidinin gündeme gelmesine de engel olmaktadır. Baktığımızda aslında neorealist görüşün de değindiği gibi bu silahlar dengeleyici unsurları da barındırdıklarından barışa da hizmet etmektedir. Bu görüşü destelemek için de tarihte sadece iki defa kullanıldığını ve bir daha tekrarının olmadığını söyleyebiliriz. Aksi durumda nükleer silahların kullanılması dünyayı bir nükleer felakete götürebilir. Ülkelerin ellerinde bulundurdukları balistik füze envanterlerine baktığımızda ve bu füzelerin çoğunun da nükleer başlık uyumluluğu dikkate alındığında menzilleri içinde bir çok ülke tehdit altındadır.

Ortadoğu coğrafyasında İsrail'in nükleer silahlara sahip olduğu bilinmektedir, fakat bakıldığında kurulduğu günden beri bölge ülkelerinin tepkisini çeken ve kendisine düşman bir coğrafyada var olmaya çalıştığını belirten İsrail hiçbir zaman bu nükleer silahları kullanmamıştır. Elinde bulundurduğu nükleer silahları kullanmayarak aslında bölgede kendi güvenlik dengesini oluşturmuştur. İsrail karşıtı politikalar izleyen İran da geçmişten günümüze İsrail ile yaşadığı herhangi bir krizde elinde

---

[62] *Aynı Eser*, s.47.

bulundurduğu uzun menzilli ve nükleer teknolojiye uyumlu balistik füzeleri kullanmamış ve keza İran da böylece kendi güvenlik dengesini oluşturmuştur. Nükleer silahlar her ne kadar dünya güvenliğini tehdit eden unsurlar olarak görülseler de çalışmamızın teorik perspektifi açısından aslında dengeleyici karakterleri ile barışçıl amaca da hizmet etmektedir. Etkili denetim yollarının izlenmesi, aşırı nükleer silah-lanmanın sınırlandırılması ve uluslararası arenada nükleer silahlanma ile nükleer teknoloji geliştirmede uygulanan çifte standardın önüne ge-çilmesi ne kadar sağlanırsa uluslararası güvenlik ve barış da o kadar sağlanmış olacaktır.

KAYNAKÇA

Açıkmeşe, Sinem Akgül, "Güvenlik, Güvenlik Çalışmaları ve Güvenlikleştirme", (ed.), Evren Balta, *Küresel Siyasete Giriş Uluslararası İlişkilerde Kavramlar, Teoriler, Süreçler*, İletişim Yayınları, İstanbul, 2014.

Arı, Tayyar, "Uluslararası İlişkilerde Büyük Tartışmalar ve Post-Modern Teoriler", (der.) Tayyar Arı, *Postmodern Uluslararası İlişkiler Teorileri 2*, Dora Yayınları, Bursa, 2014.Arı, Tayyar, *Uluslararası İlişkilere Giriş*, MKM Yayınları, Bursa, 2013.

Aydın, Mustafa, "Uluslararası İlişkilerin "Gerçekçi" Teorisi: Kökeni, Kapsamı, Kritiği, Cilt 1, Sayı 1, 2004.

Balcı, Ali, Kardaş, Tuncay, "Realizm", (ed.) Şaban Kardaş, Ali Balcı, *Uluslararası İlişkilere Giriş*, Küre Yayınları, İstanbul, 2014.

Bayır, Özgün Erler, "Soğuk Savaş Sonrasında Güvenliğe Yönelik Teorik Tartışmalar", (ed.), Hasret Çomak, Caner Sancaktar, *Uluslararası İlişkilerde Teorik Tartışmalar*, Beta Yayınları, İstanbul, 2013.

Baylıs, John, "Uluslararası İlişkilerde Güvenlik Kuramı", (der.), Mustafa Aydın, Hans Günter Brauch, Mitat Çelikpala, Ursula Oswald Spring, Necati Polat, *Uluslararası İlişkilerde Çatışmadan Güvenliğe*, İstanbul Bilgi Üniversitesi Yayınları, İstanbul, 2012.

Baylis, John, "Uluslararası İlişkilerde Güvenlik Kavramı", *Uluslararası İlişkiler Dergisi*, Cilt 5, Sayı 18, 2008.

Birdişli, Fikret, *Teori ve Pratikte Uluslararası Güvenlik Kavram-Teori- Uygulama*, Seçkin Yayıncılık, Ankara, 2016.

Bostanoğlu, Burcu, *Türkiye-ABD İlişkilerinin Politikası*, İmge Kitabevi Yayınları, Ankara, 2008.

Bozdağlıoğlu, Yücel, "Neorealizm", (ed.) Haydar Çakmak, *Uluslararası İlişkiler: Giriş, Kavramlar ve Teoriler*, Doğu Kitabevi, İstanbul, 2014.

Bozdağlıoğlu, Yücel, Özen, Çınar, "Liberalizmden Neoliberalizme Güç olgusu ve Sistematik Bağımlılık", *Uluslararası İlişkiler Dergisi*, Cilt 1, Sayı 4, 2004.

Çaman, Efe, "Uluslararası İlişkilerde (Neo)Realist Paradigmanın Almanya'daki Gelişimi ve Evrimi: Kindermann ve Münih Okulu", *Review of International Law and Politics*, Cilt 2, Sayı 8, 2006.

Çıtak, Emre, "Yeni Gerçekçilik ve Güvenlik", (der.) Emre Çıtak, Osman Şen, *Uluslararası İlişkilerde Güvenlik Teorik Değerlendirmeler*, Uluslararası İlişkiler Kütüphanesi, İstanbul, 2014, ss.36.

Demirci, Saadat Rüstemova, "Nükleer Terörizm", http://www.tasam.org/tr-TR/Icerik/1014/nukleer_terorizm_tehdidi, (12.11.2016).

Denk, Erdem, "Bir Kitle İmha Silahı Olarak Nükleer Silahların Yasaklanmasına Yönelik Çabalar", *Ankara Üniversitesi SBF Dergisi*, Cilt 66, Sayı 3, 2011.

Donellyn, Jack, "Realizm", *Uluslararası İlişkiler Teorileri*, Küre Yayınları, İstanbul, 2012.

Donnelly, Jack, *Realism and International Relations*, Cambridge University Press, Cambridge, 2000.

Durmaz, A. Serdar, *Ortadoğu'daki Kitle İmha Silahları, Silahların Kontrolü ve Türkiye*, Ümit Yayıncılık, Ankara, 2003.

Ergül, Nihal, "Yeni Güvenlik Anlayışı Kapsamında Birleşmiş Milletler'in Rolü ve Uygulamaları", (ed.), Atilla Sandıklı *Teoriler Işığında Güvenlik, Savaş, Barış ve Çatışma Çözümleri*, Bilgesam Yayınları, İstanbul, 2012.

Erhan, Çağrı, "Uluslararası Güvenlik Sorunları ve Türkiye", (der.), Refet Yinanç, Hakan Taşdemir, *Soğuk Savaş Sonrası ABD'nin Güvenlik Algılamaları*, Seçkin Yayıncılık, Ankara, 2002.

Ersoy, Eyüp, "Realizm", (der.) Ramazan Gözen, *Uluslararası İlişkiler Teorileri*, İletişim Yayınları, İstanbul, 2014.

Ersoy, Ömer, "Uluslararası Politikada Nükleer Güç Etkisi ve Güncel Sorunlar", http://www.sde.org.tr/tr/newsdetail/uluslararasi-politikada-nukleer-guc-etkisi-ve-guncel-sorunlar/1516, (12.11.2016).

Giplin, Robert, "No One Loves a Political Realist", *Security Studies*, Volume 5, No 3, 1996.

Goldstein, Joshua S., Pevehouse, Jon C., *Uluslararası İlişkiler*, BB101 Yayınları, Ankara, 2015.

Gözlügöl, Said Vakkas, "Nükleer Korku Gölgesinde Uluslararası Barış ve Güvenlik", http://www.ankarabarosu.org.tr/siteler/ankarabarosu/tekmakale/2013-2/2013-2-7.pdf, (12.11.2016).

Griffiths, Martin, Roach, Steven C., Salamon, M. Scott, *Uluslararası İlişkilerde Temel Düşünürler ve Teoriler*, Nobel Yayıncılık, Ankara, 2011.

Heywood, Andrew, *Küresel Siyaset*, Adres Yayınları, Ankara, 2014.Kibaroğlu, Mustafa, "Kitle İmha Silahlarının Gelişim Süreci, Yayılmasının Önlenmesine İlişkin Yapılan Çalışmalar ve Geleceğin Güvenlik Tehditleri.", http://www.mustafakibaroglu.com/sitebuildercontent/sitebuilderfiles/2023DergisiSoylesiMetni.pdf, (17.10.2016).

Köse, Talha, *İran Nükleer Programı ve Orta Doğu Siyaseti, Güç Dengesi ve Diplomasinin İmkanları*, SETA Yayınları, Ankara, 2008.

Özey, Ramazan, *Küresel Silahlanma Dünyanın Silah Depoları*, Aktif Yayınevi, Ankara, 2007.

Roskin, Mıchael G.,Berry, Nıcholas O., *Uluslararası İlişkiler Ui'nin Yeni Dünyası*, Adres Yayınları, Ankara, 2014.

Sagan, Scot D., "Why Do States Build Nuclear Weapons?: Three Models in Search of a Bomb", *International Security*, Cilt 21, Sayı 3, 1996-1997.

Sancak, Kadir, "21. Yüzyılda Güvenlik Sorunları: Bir Tehdit Unsuru Olarak Nükleer Silahlar", http://www.jasstudies.com/Makaleler/348881056_25SancakKadir-499-510.pdf, (12.11.2016).

Sandıklı, Atilla, Emeklier, Bilgehan, "Güvenlik Yaklaşımlarında Değişim ve Dönüşüm", (ed.), Atilla Sandıklı *Teoriler Işığında Güvenlik, Savaş, Barış ve Çatışma Çözümleri*, Bilgesam Yayınları, İstanbul, 2012.

Sandıklı, Atilla, Kaya, Erdem, "Uluslararası İlişkiler Teorileri ve Barış", (ed.), Atilla Sandıklı *Teoriler Işığında Güvenlik, Savaş, Barış ve Çatışma Çözümleri*, Bilgesam Yayınları, İstanbul, 2012.

Sevim, Tuğçe Varol, "Mearsheimer ve Waltz'ın Realist Bakışı", (ed.), Hasret Çomak, Caner Sancaktar,*Uluslararası İlişkilerde Teorik Tartışmalar,* Beta Yayınları, İstanbul, 2013.

Tuğtan, Mehmet Ali, "Güç, Anarşi ve Realizm", (ed.), Evren Balta, *Küresel Siyasete Giriş Uluslararası İlişkilerde Kavramlar, Teoriler, Süreçler,* İletişim Yayınları, İstanbul, 2014.

Turan, Sibel, "Neorealist Kuram Bağlamında Ukrayna Krizi'nin Değerlendirilmesi", (ed.) Sibel Turan, Nergiz Özkural Köroğlu, *Uluslararası İlişkilerde Teoriden Pratiğe Güncel Yaklaşımlar,* Dora Yayınları, Bursa, 2015.

Ural, Sami Sezai, Shılıbekova, Aigerim, "Uluslararası Güvenlik ve Yönetişim", (ed.), Hasret Çomak, Caner Sancaktar, Sertif Demir, *Uluslararası Güvenlik Yeni Politikalar, Stratejiler ve Yaklaşımlar,* Beta Yayınları, İstanbul, 2016.

Viotti, Paul R., Kauppi, Mark V., *Uluslararası İlişkiler ve Dünya Siyaseti,* Nobel Akademik Yayıncılık, Ankara, 2014.

Waltz, Kenneth N., "Realist Thought and Neorealist Theory", *Journal of International Affairs,* Cilt 44, Sayı 1, 1990.

Waltz, Kenneth N., "Structural Realism After the Cold War", *International Security,* Cilt 25, No 1, 2000.

Waltz, Kenneth N., "The Origins of War in Neorealist Theory", (ed.) Robert I. Rotberg, Theodore K. Robb, *The Origin and Prevention of Major Wars,* Cambridge University Press, Cambridge, 1989.

Waltz, Kenneth N., Man, The State and War: A Theorical Analysis, Colombia University Press, New York, 2001.

Waltz, Kenneth N., *Theory of International Politics,* Addison-Wesley Publishing Company, Massachusetts, 1979.

NEOREALİZM VE İRAN DIŞ POLİTİKASI

Demet ŞENBAŞ

Giriş

Bu teori ulus devletlerin ilişkileri ve devlet ilişkilerini yöneten neorealist teori tarafından tanımlanan dominant faktörlerle ilgilidir. Savaş, barış ve uluslararası rekabete yönelik özel kaygıların ortaya çıkması nedeniyle Neorealist teori, üzerinde entelektüel seviyede bir çalışma yapmak amacıyla uluslararası politika alanını diğerlerinden ayırmıştır.[1]

İran'ın dış politikasında gerek bölge, gerekse dünya politikasında ve özellikle silahlanma konusunda neorealist güvenlik esaslarını gözlemlemek mümkündür. Bu makalede Neorealist kuram açıklanacak ve ardından İran'ın dış siyasetindeki Neorealist esaslar incelenecektir.

Neorealist Güvenlik

1990'larda Realizmin çökmesi, yeni yaklaşımların ortaya çıkmasına neden oldu. Sovyetler Birliği'nin ortadan kalkması, Sovyet-Amerikan çekişmesinin yokluğunu Avrupa Birliği'nin doldurması, eski Sovyet ülkelerinin demokratikleşme ve ekonomilerini liberalleştirme hareketleri, Doğu Avrupa ve gelişmekte olan ülkelerin ilerleyişi klasik realizmin açıklamakta zorlandığı konulardı ve gözden düşmesine neden oldu. Bu yeni durumda liberal ve konstrüktivist yaklaşımlar daha açıklayıcı görülmeye başlandı. Ancak 9/11 olayları arkasından oluşan yeni ortamda realizm tekrar gözden geçirilmeye başlandı.[2]

Neorealizmin temel prensipleri, Kenneth Waltz'un 1979 yılında yayınlanan "Uluslararası Politika Teorisi (Theory of International Politics)"

---

[1] Kenneth Waltz, "The Origins of War in Neorealist Theory", *Journal of Interdisciplinary History*, Volume 18, Issue 4, Spring 1988, s.615.

[2] Colin Elman, "Realism", in (ed) Paul D. Williams, *Security Studies : An Introduction*, New York, 2008, s.20.

adlı eserinde ortaya konmuştur. Waltz klasik realizmin eksikleri üzerinde durmuş ve daha çok uluslararası politikanın temel aktörleri olan devletler üzerinde yoğunlaştırmasını eleştirmiştir. Waltz'a göre herhangi bir uluslararası ilişkiler teorisi sadece devletler değil aynı zamanda sistem üzerinde de yoğunlaşmalıdır. Kısacası klasik realizm, içinde yaşadığımız dünyayı, belirsiz ve tehlikeli bir ortamda karar vermek zorunda kalan devlet adamları açısından açıklamaya çalışırken, neorealizm daha çok uluslararası sistemin anarşik yapısı üzerinde durmakta ve bu durumun devletlerin davranışlarını nasıl belirlediğini anlamaya çalışmaktadır.[3]

Waltzian Neorealizm bir 'Sistem Teorisi'dir. Waltz bize, yapısal realizmin, düzenlenme tarzına göre uluslararası politika bileşenlerinin resmedildiği sistemsel bir portre çizmeye çalıştığını söylemektedir.[4] Başka bir deyişle Neorealizm, birim seviyedeki aktörlerin (ulus devletler) uluslararası politikanın şekillenmesini nasıl etkilediklerini incelemez. Uluslararası alandaki sonuçları devlet merkezli faktörlerle açıklamak yerine uluslararası sisteme ait yapının devletlerinin birbirleriyle olan ilişkilerine etki eden rolüne odaklanır. Waltz'ın Neorealizm teorisi, onun siyasal bilim alanına yaptığı en temel katkıdır.[5] Waltz'ın Neorealizm teorisi (ya da onun tanımıyla yapısal realizm) sıklıkla, uluslararası sisteme ait faktörlerin seçeneklerini sınırlamak suretiyle devletler üzerinde baskı oluşturduğu önermesini ileri süren bir teori olarak tanımlanmaktadır.[6] Uluslararası ilişkiler kuramına yapılan bu "sistem" yaklaşımı, birimlerin (ulus devletler) kuruluş aşamasında (anarşik uluslararası sistem) ilişkiye girdikleri varsayımına dayandığından, tek başına birim düzeyine (ulus devletler) ilişkin yapılan açıklamaların yanlış yönlere görüteceğini savunmaktadır.[7]

Böyle bir iddianın varlığı Waltzian Realizminin sahip olduğu kısıtlılıkların ilanı anlamına gelmektedir. O, sistem içindeki birimlerin rollerine sağlam şekilde odaklandığından birim seviyesindeki çeşitliliği (devletler arasındaki farklılıkları) ihmal etmektedir. Waltz, her iki seviyede de analiz yapma gerekliliğini uluslararası politikanın 'uluslararası yapının etkilerinin yalnızca ulus devletlerin birim seviyesindeki davranışlarına eklenmesiyle anlaşılabileceğini' ileri sürerek açıklamaktadır. O, devlet-

---

[3] Torbjon L. Knutsen, *Uluslararası İlişkiler Teorisi Tarihi*, (çev) Mehmet Özay, Açılım Kitap, İstanbul, Mayıs 2006, s.357.
[4] Aynı yerde.
[5] Waltz, a.g.e., s.618.
[6] Aynı yerde.
[7] Waltz, a.g.e., s.617.

lerin sistem içindeki rolü üzerine sağlam bir odaklanma yaparak, birçok belirli birim seviye değişkenini (devletler arasındaki farklar) görmezden gelmektedir. Waltz, uluslararası siyasetin "yalnızca yapısal etkilerin devlet davranışının birim düzeydeki açıklamalarına eklenmesi durumunda" anlaşılabileceği iddiasında bulunan her iki analiz seviyesine ihtiyaç duyulduğunu kabul etmektedir.[8]

Neorealizm realizmden, uluslararası sistemde meydana gelen çatışmaların kaynağına ilişkin yaklaşımıyla ayrılmaktadır. Realizme göre çatışmaların kökeninde insan doğasının bencil, güç tutkunu ve rekabetçi yapısı yatmaktadır. Neorealizme göreyse uluslararası ortamda ortaya çıkan çatışmaların temel sebebi sistemin anarşik yapısıdır. Buzan'a göre neorealizmin uluslararası sistemin anarşik yapıya sahip olduğu varsayımı güvenlik kavramını ele alış biçimine yansımıştır. Buna göre, öncelikle devletler güvenliğin temel objeleridir. Devletler güvenliğin temel objeleri olduğu için ulusal güvenlik oldukça önemlidir. Ulusal güvenlik anlayışı iç güvenlikten ziyade dış güvenlik odaklıdır. Uluslararası sistemin anarşik bir yapıya sahip olmasının doğal sonucu olarak göreceli bir güvenlikten bahsedilebilir. Mutlak güvenlikten söz etmek ise mümkün değildir.[9]

Kenneth Waltz'un neorealizmini klasik realizmden ayıran en önemli özelliği, uluslararası politikanın yapısalcı-sistemci analizidir. Waltz bunu uluslararası politikanın temel öğesi olarak gördüğü uluslararası sistemle ilişkilendirmiştir. Onun için yapı kavramı içindeki en önemli öğelerden biri sistemdeki güç dağılımı ve bu dağılım sonucunda ortaya çıkan güç dengesidir. Güç devletin sahip olduğu kapasiteyi ifade ederken güç dağılımı sistemin yapısal özelliklerini gösterir.[10]

Uluslararası güvenlik tanımlamaları uzun yıllar uluslararası ortamın anarşik bir yapıya sahip olduğu ön kabulü ile yapılmıştır. Neorealist anlamda anarşizm, merkezi bir yönetimin olmadığı uluslararası sistem anlamına gelir.[11] Burada kullanılan anarşiden anlaşılması gereken; topyekun bir savaş hali ya da düzensizlik veya işbirliğinin yokluğu ya da uluslararası norm ve kuralların olmaması durumu değildir. Anarşi yasaları zorlayıcı üstün bir küresel otoritenin ya da örgütün yokluğudur. Böylesi bir anarşik yapının güvenlik bağlamında üç önemli sonucu vardır; anarşik yapı nedeniyle her devlet kendi güvenliğini öncelikli olarak

[8] Waltz, a.g.e., s.618.
[9] Barry, Buzan, *People, States and Fear: An Agenda for International Security Studies in the Post-Cold War Era*, Harvester Wheatsheaf, New York, 1991, s. 22-23.
[10] Faruk Sönmezoğlu, *Uluslararası Politika ve Dış Politika Analizi*, DER Yayınları, İstanbul, 2012, s. 135.
[11] Buzan, a.g.e., s. 21.

kendisi sağlamak zorundadır. Her devlet böyle düşüneceği için silahlanacak ve bu durum güvenlik ikilemi yaratacaktır. Herhangi bir üstün otorite olmadığı için güçlü devletlerin saldırgan bir politika izleyebilmelerinin önü açıktır. Uluslararası örgütler zorlayıcı bir güce sahip olmadıkları için inandırıcı değildir. [12]

Uluslararası sistemin anarşik bir yapıya sahip olmasının uluslararası politika açısından en önemli sonucu devletler arasındaki işbirliği olasılığını azaltmasıdır. Böyle bir sistemde devletler sadece kendilerine güvenmek zorundadır. (self-help system). Waltz'a göre bu durumun esas nedeni devletlerin herhangi bir işbirliği durumunda mutlak kazançlarını değil, göreceli kazançlarını ön plana çıkarmalarıdır. Yani devletin işbirliğine girişmeden önce kendilerinin ne kadar kazanacağını değil, karşı tarafın ne kadar kazanacağını düşünmeleridir. Devletler, işbirliğinden göreceli olarak daha kazançlı çıkacak devletin, artan kapasitesini, gelecekte nasıl kullanacağını hiçbir zaman bilemezler. Dolayısıyla devletler amaçlarına ulaşmak ve güvenliklerini sağlamak için ancak kendi yarattıkları kaynaklara güvenmek ve kendi kendilerine yeterli olmak zorundadırlar. Devletlerin sistemdeki en önemli amacı güvenliklerini sağlamak ve hayatta kalmak olduğu için öncelikle güvenliklerini arttırmaya yönelik tedbirler almaya yöneleceklerdir.[13]

Waltz'a göre sistemin anarşik bir yapıya sahip olması sonucu sistemde bir savaş hali söz konusudur. Bu bahsedilen savaş hali sistemde devamlı savaşların olduğu anlamına gelmez. Ancak her zaman savaş çıkma olasılığı vardır. Uluslararası sistemi devletlerin kendi iç sisteminden ayıran en önemli özellik, şiddetin ya da devamlı şiddet olasılığının var olması değil, böyle bir durumun ortaya çıkması halinde uluslararası sistemde buna müdahale edebilecek bir otoritenin olmamasıdır. Realizmin güvenliği yalnız askeri açıdan ele alması neorealizm ile değişmeye başlamıştır. Neorealizmle beraber ekonomi-politik de güvenlik çalışmalarına dahil edilerek güvenlik çalışmalarının alanı genişletilmiştir.[14]

Neorealizmin en önemli temsilcilerinden Robert Keohane, uluslararası rejimlerin değişimi ile ilgili yapısalcı modellerinde yeni gerçekçiliği savunur. Ancak, ilk çalışmalarında daha eleştireldir ve neoliberal okula

---

[12] Bilal, Karabulut, *Güvenlik, Küreselleşme Sürecinde Güvenliği Yeniden Düşünmek*, Barış Kitabevi, Ankara, 2011, s. 62.
[13] Yücel, Bozdağlıoğlu, "Neorealizm" (ed.) Haydar Çakmak), *Uluslararası İlişkiler: Giriş, Kavram ve Teoriler*, Ankara, Platin Yayınları, 2007, s. 147-148.
[14] Bozdağlıoğlu, a.g.e., s. 147.

daha yakın gözükmektedir. Bir sonraki çalışmalarındaysa neorealizme yakınlaşmıştır.[15]

Neorealistler için güvenlik önemli bir konudur. Neorealistlere göre güvenlik bir devletin sahip olabileceği en önemli amaçtır. Waltz'dan sonra neorealist gelenek içinde güvenlik alanında çalışmalar yapan en önemli düşünür Barry Buzan olmuştur.

Güvenlik kavramının yeniden düşünülmesi ve kavramsallaştırılması yolundaki en önemli adımı Buzan öncülüğündeki Kopenhag Okulu atmıştır. Kopenhag Okulu uluslararası göç, ulusötesi suç, devletdışı birimlerin çatışması, birey güvenliği, çevre güvenliği vb. konuları güvenlik çalışmalarına dahil etmiştir.[16]

Kopenhag Okulu güvenlik kavramını evrensel ve çok düzeyli bir çerçeve içine oturtmaya çalışmıştır. Buzan: "Güvenlik herhangi bir düzeyde ele alınmak üzere izole edilemez" diyerek geleneksel güvenlik anlayışının devlet merkezli bakış açısını eleştirmekte ve Kopenhag Okulu'nun güvenlik yaklaşımının özünü ortaya koymaktadır. Kopenhag Okulu'nun geleneksel güvenlik anlayışına yönelik bir diğer eleştirisi fazla Batılı bir yaklaşım olması noktasındadır. Güvenlik tanımlamalarının Westfalya sisteminin etkisiyle hep Batı merkezli tanımlamalar olmasına karşı çıkmışlar ve güvenlik çalışmalarının temel inceleme birimleri olan devlet, toplum ve kimlik gibi olgulara yönelik Avrupa-Amerika merkezli bakış açısını kırmaya çalışmışlardır.[17]

Kopenhag Okulu özellikle 3 kavram üzerinden geleneksel güvenlik anlayışını değiştirmeye ve yeni bir güvenlik anlayışı geliştirmeye çalışmıştır.[18] Bu kavramlardan ilki Ole Weaver tarafından ortaya konan "Güvenlikleştirme" kavramıdır.[19] İkinci kavram, Buzan'ın ortaya koyduğu "Toplumsal Güvenlik" kavramıdır.[20] Üçüncü ve en güncel kavram ise "Bölgesel Güvenlik"tir.[21]

Güvenlikleştirme: bu yaklaşıma göre güvenliğin olması için tehdit olmalıdır. Bu nedenle kimi zaman söylemler aracılığıyla suni tehditler yaratılmaktadır. Diğer bir anlatımla güvenlik alanına girmeyen bir olay

---

[15] Sönmezoğlu, a.g.e., s.138.
[16] Karabulut, a.g.e., s. 63-64.
[17] Karabulut, a.g.e., s. 64-65.
[18] Sinem Akgül-Açıkmeşe, "Algı mı, Söylem mi? Kopenhag Okulu ve Yeni Klasik Gerçekçilikte Güvenlik Tehditleri", *Uluslararası İlişkiler*, Cilt 8, Sayı 30, s. 61.
[19] Ole Wæver, *Concepts of Security*, University of Copenhagen Press, Kopenhag, 1997, s. 48.
[20] Akgül, a.g.e., s. 65.
[21] Karabulut, a.g.e., s. 65.

olgu ya da durum güvenlikleştirilmektedir. Böylesi bir davranış politik gereklilikler sonucu ortaya çıkar. Bu tarz güvenlikleştirme girişimleri kimi zaman başarıyla kimi zaman da başarısızlıklar sonuçlanmaktadır. Buzan'a göre devletlerin varlık sebeplerinden biri vatandaşlarını tehditlere karşı korumak yani güvenliklerini sağlamaktır. Bu nedenle devletler kimi konuları "güvenlikleştirerek" suni tehditler yaratabilmektedir. Böylesine bir durum gerçek tehdit ve suni tehdit arasında ayrım yapılması gerekliliğini ortaya çıkarmaktadır.

Toplumsal güvenlik: Buzan'a göre toplumsal güvenlik, sürdürülebilir ve kabul edilebilir ölçülerde toplumun geleneklerinin, dilinin, dininin ve ulusal kimliğinin korunabilmesidir. Toplumsal güvenlik kavramının özünü ise kimlik güvenliği oluşturmaktadır. Toplumlar kimliklerine yönelik tehditleri diğer tüm tehditlerin önüne koyabilmektedir. Geleneksel olarak kimlik denince "ulusal kimlik" anlaşılmaktaydı. Günümüzde ise etnik, dinsel ya da bölgesel kimlikleri ön plana çıkmaya başladı. kimlik güvenliği olgusu günümüzde belki de en önemli tehdit unsurlarından biri haline gelmiştir. Özellikle Batılı ülkelerin belirli grupların kimlik güvenliklerini korumak için uyguladığı politikalar, diğer bir ülke için önemli bir güvenlik zafiyeti doğurmaktadır. Bu konuda Türkiye iyi bir örnek olarak verilebilir.

Bölgesel Güvenlik: Buzan ve Richard Little'a göre uluslararası ilişkiler disiplini ve bu bağlamda geleneksel güvenlik çalışmaları "Westfalya Deli Gömleği"ni (Straitjacket) giymiştir. Kopenhag Okulu'nun temel amacı genelde uluslararsı ilişkiler disiplinini özelde de güvenlik çalışmalarını bu deli gömleğinden kurtarmaktır. Westfalya fenomeninin deli gömleği olarak adlandırılmasının öncelikli sebebi yalnızca Avrupa merkezli bir bakış açısı olmasıdır. Bu durum güvenlik çalışmalarının dünyanın diğer bölgelerini analiz edememelerine yol açmıştır. İşte bu noktada Kopenhag Okulu, anahtar kavramlarından biri olan "bölgesel güvenlik" kavramını alternatif olarak sunmaktadır. [22]

Buzan'ın 1980'lerin başında yayınlamış olduğu *People, State and Fear* adlı çalışmasında güvenliğin dar çerçevesinden kurtulması gerektiğini savunmaktadır. Buzan'a göre, güvenlik kavramı uluslararası ilişkiler analizleri için "güç" ve "barış" kavramlarından daha elverişli, açıklayıcı ve kullanışlı, temel sorunları anlamayı sağlayıcı bilgi ve bakış açısını daha kapsamlı şekilde bünyesinde barındıran bir kavramdır. Güvenliğin mer-

---

[22] Karabulut, a.g.e., s. 65-67.

keze konulduğu bir yaklaşımla güç ve barışı bütünleştirmek mümkün olacaktır.[23]

Buzan'a göre geleneksel güvenlik anlayışlarının görüşlerinin tersine devletlerin iç yapıları ve sosyo-kültürel gelişmeleri de uluslararası güvenliği yakından etkilemektedir.[24] Bu nedenle realizmin etkisindeki geleneksel güvenlik anlayışının devletlerin benzer birimler olduğu ön kabulüyle yapmış olduğu ulusal güvenlik tanımlamaları kabul edilemez. Ulusal güvenlik kavramı her devletin kendi koşulları içinde değerlendirilmelidir.[25] Buzan'a göre; realistlerin güvenlik ve güç arasında doğrusal bir ilişki olduğu varsayımı yanlıştır.[26] Ayrıca çoğu eski sömürgelerden oluşan gelişmekte olan ülkelerin güçsüz ülkeler oldukları için güvenlik sorunu yaşadıkları sonucuna ulaşılmamalıdır. Bu devletlerin karşı karşıya kaldıkları güvenlik sorunlarının en önemli kaynağı Batılı ülkelerin çizdikleri yanlış sınırlardır. Bir diğer sebep bu devletlerin sahip olduğu doğal kaynaklardır. Diğer bir sebep de bu devletlerin büyük bir kısmı göreceli yeni devletler oldukları için yapılanmalarını henüz sağlam temellere oturtamamalarıdır. Bu durum iç istikrarsızlıktan iç savaşa kadar pek çok iç güvenlik sorunu yaşamalarını beraberinde getirmiştir.[27]

Buzan'a göre geleneksel güvenlik anlayışının en önemli eksikliği "devlet" ve "askeri güvenlik" merkezli bir yaklaşımı benimsemesidir. Buzan'a göre güvenlik 3 düzeyi ve 5 ana sektörü içine alacak şekilde genişletilmeli ve derinleştirilmelidir. Herhangi bir güvenlik sorununda bu sektörler iç içe geçebilir, önceliği herhangi biri alabilir. Düzeyler şunlardır: birey güvenliği, ulusal güvenlik, uluslararası güvenlik; sektörler ise şunlardır: askeri güvenlik, politik güvenlik, toplumsal güvenlik, ekonomik güvenlik, çevresel güvenlik.[28]

Buzan'a göre güvenlik devletlerin ve toplumların uluslararası sistemde kendi bağımsız kimliklerini ve fonksiyonel birlikteliklerini sürdürebilme kabiliyetleri ile ilgilidir[29] ve devletlerin güvenliğine yönelik tehditler üç farklı şekilde ortaya çıkar. Bunlar; devletin fikri yapısına yönelik tehditler, devletin fiziksel yapısına yönelik tehditler, devletin kurumsal yapısına yönelik tehditlerdir. Buzan bu tehditleri beş sektör anlayışı

---

[23] Karabulut, a.g.e., s. 67-68.
[24] Buzan, a.g.e., s. 60.
[25] Buzan, a.g.e., s. 96-97.
[26] Buzan, a.g.e., s. 98.
[27] Buzan, a.g.e., s. 98-100.
[28] Buzan, a.g.e., s. 363.
[29] Karabulut, a.g.e., s. 70.

çerçevesinde tasnif etmiştir. Buzan'a göre bu tehdit türleri şu şekilde sınıflandırılabilir: askeri tehditler, politik tehditler, ekonomik tehditler, toplumsal tehditler ve çevresel/ekonomik tehditler.[30] Bu tehditlerin özellikleri şunlardır:

Bu tehditlerin hepsinin kendine göre çok yıkıcı etkileri vardır ve bu nedenle aralarında bir önem sıralamasına girmek mümkün değildir. Bu tehditler ancak karşılaşılan tehditlerin boyutlarına ve niteliğine göre göreceli öncelik kazanabilir.

Bu tehditler tarihsel süreç içinde sürekli değişkenliği bünyesinde barındırır. Diğer bir ifadeyle bugün yoğun olarak hissedilen bir tehdit ilerleyen zamanlarda önemsiz bir tehdit haline dönüşebilir ya da tam tersi bugün önemsiz gibi görünen bir tehdit gelecekte önemli bir tehdit haline gelebilir.

Bu tehditlerin boyutları, tahrip etkileri, ne zaman ortaya çıkacakları veya sona erebilecekleri konusunda çoğu zaman kesin hükümlere varılamaz. Diğer bir anlatımla, bu tehditler "belirsizlik" ve "öngörülemezlik" gibi iki önemli özelliği bünyesinde barındırır.[31]

"Uluslararası Güvenlik Mümkün mü?" başlıklı makalesinde Buzan, uluslararası sistemin en temel özelliği anarşik bir yapıya sahip olması olduğunu belirtmektedir. Buradaki anarşi merkezi bir hükümetin yokluğudur yani anarşik yapı kendinden başka üstün bir gücün egemenliğini kabul etmeyen ulus-devlet sisteminin bir sonucudur. Uluslararası sistemdeki bu anarşik yapının en önemli sonucu, mutlak güvenliğin asla mümkün olmayacağı ve bu nedenle ancak göreceli bir güvenlikten söz edilebileceğidir.[32] Mutlak güvenlikten söz edilememesinin bir diğer sebebi küreselleşme süreciyle sertleşen kapitalist ekonomidir. Kapitalizmin rekabetçi mantığının hızla yıkıcı bir rekabete dönüşmesi mutlak güvenliği imkansız hale getirmektedir. Ayrıca bazı güvenlik sorunlarının önüne geçilememesi de mutlak güvenliği imkansızlaştırır. Nükleer kazalar, iç savaşlar, etnik ve dini çatışmalar, çevresel sorunlar vb. gerçekler her dönem karşılaşılabilecek türden güvenlik sorunlarıdır. Fakat uluslararası güvenlik nispeten olarak korunabilir. Uluslararası sistemin anarşik yapısı güvenlik sorunlarının kay-

[30] Buzan, a.g.e., s. 116-134.
[31] Karabulut, a.g.e., s. 70.
[32] Barry, Buzan, "Is International Security Possible?", (ed) Ken Booth, *New Thinking About Strategy and International Security*, Harpercollins Academic, London, 1991, s. 31-32.

nağı olarak değil, bu sorunlara çözüm bulunabilecek bir çerçeve olarak görülmeye başlandıkça uluslararası güvenlik sorunları da azalacaktır.[33]

Kurucu birimlerin içinde faaliyet gösterdiği sistemin nitelikleri

Anarşi:

Neorealizm uluslararası sistemin temel düzeninin 'anarşi' durumu olduğunu ileri sürmektedir. Bunun anlamı; kurallara davranışlara uymaya zorlayacak meşru ve merkezi bir gücün bulunmamasıdır. Bu, uluslarası sistemin kurucu birimlerinin (ulus devlet) sistem içinde düzen ürettiği anlamına gelmektedir. [34] Bu, çok uluslu kuruluşların varlığını inkar sonucunu doğurmayacağı gibi, bu kuruluşların varlığının da tek başına Waltzcı düşüncenin, uluslararası ilişkilerdeki devlet merkezli yaklaşımını çürütmeyeceği açıktır.

Neorealizm'e göre, böyle kurallar ve örgütler var olabilirler. Bunlar ulusal güçlerin uzlaşısı veya zorlamasıyla kurulup desteklenirler ve devletler arası bir yapıya sahiptirler. Waltzian bakış açısına göre, böyle bir destek olmadan, bu kural veya örgütler ulus devletler üzerinde empoze yetkisine sahip olamazlar.

Kendi Kendine Yeterlilik:

Yukarıda belirtildiği gibi Waltzian Neorealizmi, devletlerin kendi kendilerine yeterli olmalarının en önemli yolunun, kendi güvenliğini sağlayabilir duruma gelmeleri olduğunu savunmaktadır.[35] Uluslararası sistemde anarşi olduğu varsayımına dayanan ve devletlerin hayatta kalmayı istedikleri inancı üzerine kurulu olan neorealist teori, kendi kendine yeterliliğin anarşik bir düzen içinde faaliyet gösteren devletler açıdından 'rasyonel' bir prensip olduğunu varsaymaktadır. Başka bir deyişle, devletler güvenliğe ihtiyaç duymaları ve devletlerin sağ kalmasını garanti edebilecek devlet üstü etkili bir gücün olmaması nedeniyle, devletler kendi çabalarıyla güvenliklerini sağlamak zorundadırlar.[36]

Devletin kendi kendine yeterlik ilkesi sınırları içinde hareket edip etmediğini tespit etmek çok zordur. Bu tespiti yapmak için, hatalı veri kullanan aktörlerin, buna ilişkin gerekçelerini analiz etmek için de onlar gibi hatalı veriler kullanmak gerekmektedir. Bununla birlikte, doğrudan

---

[33] Buzan, a.g.e., s. 40-53.
[34] Aynı yerde.
[35] Waltz, a.g.e., s.621.
[36] Aynı yerde.

askeri güvenlik çıkarlarını ilgilendiren bir durum ortaya çıktığında kendi kendine yeterlilik ilkesinin önemi artmaktadır. Kendi kendine yeterlilik ilkesinin tek başına tüm devlet eylemlerini yönlendirdiğini varsayamayız, ancak doğrudan güvenlik çıkarları tehlikeye girdiğinde bu ilke güvenilir bir hayatta kalma sigortasına dönüşür.

Neorealizm'in Fikri Kökleri:

Waltzian Neorealizm, daha önceki uluslararası ilişkiler teorileri üzerine inşa edilen bir teoridir. Waltz ile onun klasik realist meslektaşları arasındaki en büyük fark, güç elde etme konusundaki devlet motivasyonunun açıklanma şeklidir. Hem Waltz hem de klasik realist meslektaşları, ulus devletlerin uluslararası politikada güç toplaması konusunda aynı yaklaşıma sahiptirler. Waltz, güç toplamanın ulusal stratejik düşünce ve eylemler üzerinde etki oluşturduğunu kabul etmektedir. Buna rağmen Waltz, klasik realistlerin bu güç toplama eyleminin kökünün devlete dayandığı ve bunun kesin nitelikte olduğu yönündeki görüşleri yerine, 'sistem seviyesi' ne odaklanarak, devletlerin güç toplama davranışlarının uluslararası sistem içinde gerçekleştiğini ileri sürmektedir. Waltz devletlerin öncelikli olarak, algılanan güvensizliği gidermek için güç elde ettiklerini ileri sürmektedir.

Waltzian neorealizmine göre, 'mantıksız' olan devletler, güvenlik çıkarları pahasına güç (veya bu amaçla farklı hedefler) takip edebilirler. Bu durum, yanlış hesaplamadan kaynaklanmaktadır. Ancak bunun hiç gerçekleşmediğini veya kasten yapılmayacağını varsaymayı gerektiren bir neden yoktur. Waltz, yalnızca çok güvenli güçlerin hayatta kalma şansını ciddi ölçüde tehlikeye atarak ve güvenlik çıkarlarını dikkate almaksızın megalomanya (veya başka davranışsal takıntı) gibi davranışlara yönelebileceğini savunur.[37]

Waltz'ın güvenlik ve devlet davranışı arasındaki ilişkiyi anlamlandırması, Waltzian Neorealizm ile Klasik Realist teorilerin arasındaki temel farkı ortaya koyar. Yıllar boyunca pek çok "realist" düşünürün insanda doğuştan gelen ve sınırsız arzularına ya da en azından siyasetçinin iktidarını genişletmeye yönelik tutumlarına yaptıkları göndermeleri dikkate alan Waltz'a göre, 'bazen uluslararası alandaki çok şiddetli bir rekabetin parçası olsa da, insanın iktidar için, doğuştan gelen bir tutkusunun varlığını kabul etmek gerekmediğini' ileri sürmektedir.[38]

---

[37] http://conversations.berkeley.edu/content/kenneth-waltz, (23.12.2016).
[38] Waltz, a.g.e., s.619-20.

Klasik Realistlerden faklı olarak Neorealist teori, bazı devletlerin güce aç olmalarının uluslararası sistemde çatışma için gerekli bir önkoşul olmadığını savunmaktadır. Bu bakış açısı geçerli Klasik Realist kuramlardan büyük ölçüde ayrılır. Ancak, daha erken dönemlerdeki realist kuramlarda Waltzian Neorealizminin derin köklerine rastlanmaktadır. Örneğin, Morgenthau, realist gelenekte uluslararası sistemdeki kıtlık ile anarşi arasındaki ilişkinin ana hatlarını belirleyerek "ürünlerin kıt olması ve kimsenin hakem olmaması durumunda rakipler arasında bir güç mücadelesinin ortaya çıkacağını"[39] ve bu husus dikkate alınarak, iktidar için yapılan güç mücadelesinin, insanlarda doğuştan var olan bir kötülükten kaynaklanmadığını belirtmiştir. Neorealizm bu bakış açısına dayanarak, uluslararası politikanın bir arena olduğunu ve bu arenadaki güvenlik kaynağının çok kıt bulunan bir eşya olduğunu ileri sürmektedir. Dolayısıyla, Klasik Realizmin geleneksel olarak rekabete yönelik yapısal açıklamalardan uzaklaşmasının nedeni ("yalnızca tek yönlü hareket ederek, bireylerin ve devletin etkileşimlerinin ürettiği bireyler ve devletler") neorealist kuramda bunun Yapısal süreçlerin ana etkeni olarak görülmesidir.

Yapıların eylem ve sonuçlarını nasıl etkilediğini vurgulayarak; Neorealizm, insanın doğuştan getirdiği güç tutkusunun, diğer faktörlerin yokluğunda, tek başına, savaş için yeterli bir neden oluşturduğu varsayımını reddeder.[40]

Güvenlik terimi:

Öncelikle güvenliğin doğası gereğince mutlak güvenlik yoktur. Güvenlik ancak güvensizlik oluşturan tehdit algılarının yokluğu durumunda var olur. Uluslararası ilişkiler alanında algılanan 'tehdit' terimi temel olarak güvenlik yokluğunu ifade eder. Neorealist uluslararası ilişkiler teorisyenleri güvensizlik terimini 'başkaları' tarafından uygulanma potansiyeli olan toplu şiddet şeklinde kendini gösteren askeri güvensizlik olarak tanımlarlar. Neorealizm, askeri alandaki uluslararası politikaların anarşik yapısının ulus devletleri çok sayıda tehdite veya tehdit algısına maruz bıraktığını ileri sürer. Waltz'a göre; kendi kendine yeterlilik prensibi doğrultusunda devletlerin kendilerini ölümden veya zarardan korumak için kendi güvenliklerini sağlamaları zorunludur.

---

[39] Waltz, a.g.e., s.616.
[40] Aynı yerde.

Güvenlik ikilemi:

Yukarıda vurgulandığı gibi, Waltz güvenliği çok sınırlı bir kaynak olarak görmektedir. Bunun nedeni, başka devletlerden gelen bu tür tehditlere karşı, şimdiye kadar ortaya konulan en kalıcı yöntemin, silahlanma ve caydırıcılıktır. Bunu gözlemleyen Waltz 'bir devletin güvenliğini artıran tedbirlerin diğer devletlerin güvenliğini azalttığı sonucuna varmıştır. Waltz, bu geleneksel güvensizliğin seviyesinin, aktörlerin birbirlerine ne kadar şüphe ile yaklaştıkları ve ne kadar düşmanlık gösterdikleriyle ilgili olduğunu ileri sürmektedir. Waltz, bu tür filler sonucunda bir devletin kendi güvenliğini artırma teşebbüsünün diğer devlette bir güvenlik endişesi oluşturacağını düşünmektedir. Waltz'a göre bu durum, rakip devletlerin güç kıyaslamasına girdikleri bir 'Güvenlik İkilemi' sürecini doğurmaktadır. Bu süreçte taraflar birbirlerinin silahlarının miktarı ile niteliğine, stratejilerinin uygulanabilirliğine, toplumlarının ve ekonomilerinin esnekliğine ve liderlerinin yeteneklerine bakarak ne kadar güvende veya ne kadar tehdit altında olduklarını ölçerler. [41] Waltz'a göre bu 'bir devletin kendi savunması amacıyla bile olsa, sahip olduğu savaş gücünü artırmasının, diğer devlet tarafından karşı pozisyon almayı gerektiren bir tehdit olarak algılanması' sonucunu doğurmaktadır. [42] Waltz, ulus devletlerin tehditleri algılaması ve karşılık vermesi şeklinde gelişen bu kaygı sürecinin bir süre sonra yaşam tarzı haline geleceğini beirtmektedir. Neorealizm, toplu halde silahlanma ve müttefik kazanma yarışına neden olan bu ikilemin; düzensizliğin ve çatışmanın temel kaynağını oluşturduğunu ileri sürmektedir. Bu nedenle, Waltzian görüşe göre, geleneksel silahların yer bulduğu uluslararası siyasetin yapısı (anarşi), devletleri silahlanma yarışına sokmaktadır. Gözlemlenen bu durum, insanlık tarihi boyunca (hatta ulus-öncesi devletlerde bile) norm haline gelmiş gibi görünmektedir. [43]

Nükleer Silahlar ve güvenlik ikilemi:

Waltzian Neorealizminde nükleer silahlar, güvenlik ikilemi bağlamında konvensiyonel silahlardan oldukça farklı bir konuma sahiptir. Waltz'a göre konvensiyonel silahlarla donanmış bir dünyada devletler, uluslararası bir çatışmayı kazanabileceklerini veya kaybetmeleri durumunda ortaya çıkacak sonuçları da telafi edebileceklerini düşünürlerdi. [44]

---

[41] Waltz, a.g.e., s.627.
[42] Waltz, a.g.e., s. 619.
[43] Aynı yerde.
[44] Waltz, a.g.e., s. 625.

Ancak Birinci ve İkinci Dünya Savaşları bu düşünceyi şüpheli hale getirmiş, atom bombası atılması öncesindeki aşamada dahi bu inanış geçerliliğini kaybetmişti. Yani büyük güçler arasındaki yaygın bir silahlı çatışmanın sonuçları artık öngörülebilir bir durumdur. Henüz devletler arasındaki bir savaşta total bazda kullanılmamış olmalarına rağmen nükleer silahların yukarıdaki düşüncenin yıkılmasına en büyük katkıyı sağladığı açıktır. Waltz bunun karşılıklı kesin imha (KKİ) teorisi ile açıklanabileceğini varsaymaktadır.[45]

Bu, mantıklı bir varsayım gibi gözükmektedir. Bu teori, yıkıcı güce sahip olması ve bu gücü zayıflatacak herhangi bir faktörün bulunmaması nedeniyle nükleer silahların 'göreceli' değil 'mutlak' bir silah olduğunu ileri sürmektedir.[46] Yani yok edici kapasiteli silahlara sahip devletlerden biri nükleer saldırı başlattığında kesine yakın bir ihtimalle diğer tarafın silahlarını imha ederek onu savunmasız bırakacaktır. Böyle bir durumda devletler arasındaki stratejik güçlerin büyüklüğüne ilişkin yapılan kıyaslamalar anlamını kaybetmektedir.

Caydırıcılık açısından 'yeterliliği" sürekli sorgulanan konvansiyonel silahlardan farklı olarak nükleer silahlardaki caydırıcılık açısından 'yeterlilik', ikinci saldırıyı (karşı saldırı) başlatma kapasitesinin varlığı olarak kendini göstermektedir. Waltz'a göre bu yüzden nükleer silahlar (KKİ ve karşı atak unsurlarıyla) zaferi bile göze alınamayacak derecede korkunç hale getirmektedir. Bu durum nükleer silaha sahip devletler arasında kasıtlı ve doğrudan askeri çatışma ihtimalini sıfıra yaklaştırmaktadır.

Waltz, KKİ bağlamının dışında, genel olarak devletler anarşisinde saldırılara yönelik savunma ve caydırma mekanizmalarının geliştirilmesinin barış şansını artırdığını ve geliştirilen silahların ve stratejilerin savunma ve caydırıcılığı kolaylaştırarak savaş ihtimalini azalttığını ileri sürmektedir.[47]

Düşük tahrip kapasiteli kolay taşınabilir bir silah türü bile, özellikle farklı şekillerde kullanılabildiğinde, nükleer silahı olan veya olmayan rakip devletler için caydırıcı bir askeri unsur haline gelebilmektedir. Bu yüzden nükleer silahlar, güvenlik arayışındaki devletler açaından iştah açıcı olabilmektedir. Nükleer silahlar, diğer devletlerin ilk saldırılarının hedefi konumundaki konvansiyonel silah kapasitesini sınırlandırma şansı

---

[45] Aynı yerde.
[46] Waltz, a.g.e., s.626.
[47] Aynı yerde.

vermektedir.[48] Bu durum, caydırma stratejilerinin güvenlik ikilemine indirgenmesi ihtimalini beraberinde getirmektedir. Nükleer silahlar göreceli düşük maliyetleri nedeniyle ayrıca ucuz bir seçenektir de.[49]

Güvenlik ikileminde taklitçilik / yaygınlaşma:

Çatışma beklentisi ve çıkarlarını gözetme gereği göz önüne alındığında, ekonomik kapasiteye ve büyük bir güce sahip herhangi bir devletin, caydırıcılık ve savunma bağlamında diğer güçlere hizmet eden silahlarla, kendini silahlandırmaktan nasıl kaçınabileceği merak konusudur. Neo-realist teori, devletlerin güvenlik arayışı bağlamında birbirlerinin başarılı uygulamalarını taklit edeceklerini öngörmektedir.[50] Özellikle Waltz, devletlerin başarılı askeri silahları ve başkalarının stratejilerini taklit ettiklerini savunmaktadır.[51] Mümkün olmakla birlikte, bir ülkenin sıkı güvenlik tehditleri karşısında bunu yapmamayı seçmesi, yapısal bir anormallik olarak kabul edilir, çünkü böyle bir seçim zorunludur.

Waltzian Yapısal Realizmi, nükleer silahların ve diğer silah biçimlerinin (aynı zamanda askeri olmayan güç ve güvenlik araçlarının) (etkili güvenlik garantisi olarak görüldüğü ölçüde) ulus devletlerde, özellikle de kesin tehdit algılamalarına sahip olanlarda güçlü bir sahip olma isteği uyandırdığını öngörmektedir. Bu durum, caydırıcılığı çok zorlaştır-maktadır çünkü bu tür devletler güvensiz hissettikleri ölçüde daha fazla, ispatlanmış güvenlik enstrümanlarına sahip olmaya çalışacaklardır.

Waltz, bu noktayı modern İran'a yönelik çalışmamızda özel bir öneme sahip olan bir alıntı ile ayrıntılı şekilde ele alıyor;

> "eğer bir ülkenin 'kötülük ekseninin' bir parçası olduğunu ilan edersek ve eğer o ülke zaten tehlikeli derecede zayıf düşmüşse, Kuzey Kore örneğinde olduğu gibi, o ülkenin yöneticisinin ne kadar kötü olduğunu bir tarafa koyarak kendimize o ülkenin lideri olsaydım ne yapardım sorusunu sormalıyız. Örneğin Kim III Sung'un yerinde olsaydık 'aman Tanrım, muhtemelen saldırıya uğrayacağız, zayıfız ve dünyanın en büyük caydırıcı silahı olan

---

[48] Waltz, a.g.e., s.627.
[49] Aynı yerde.
[50] J. Resende-Santos, *Neorealism, States and the Modern Mass Army*, Cambridge University Press, New York,
2007, s. 50.
[51] R. Art, D. Waltz , *The Use of Force: International politics and Foreign Policy*, Rowman & Littlefield, Maryland U.S.A, 1993., s. 66.

nükleer silahlara sahip olmazsak kaybedeceğiz' diye düşünmez miydik."

Waltz ayrıca, "Eğer bir devlet aşırı derecede nükleer silahlara ihtiyaç duyarsa ve bu nedenle de bu silahları aşırı derecede istiyorsa, uzun vadede o ülkenin askeri bir nükleer kapasiteye sahip olmasını engellemek neredeyse imkânsızdır" demektedir.[52] Bu ifadeyi 'uzun vadede' sözü açısından test etmek için çok erken fakat birinci Irak savaşı, güvenlik kaygısı olan devletlerin nükleer silah sahibi olmalarının olumsuz etkisini gözler önüne sermiştir. Irak, nükleer programa sahip olduğu için 1981 yılında İsrail'in saldırısına hedef oldu ve bu programı devam ettirdiği varsayımıyla (yanlış olduğu sonradan anlaşıldı) işgal edildi. Bu duruma bakılınca nükleer silaha sahip olmanın çok tehlikeli bir şey olduğu düşünülebilir veya en azından Irak örneği bu düşünceye neden olabilir. Ancak gerçekte Irak nükleer silaha sahip olmadığı halde onun buna şiddetle ihtiyaç duyduğu varsayımıyla (Saddam Hüseyin'in nükleer tehditte bulunması işgalin en temel gerekçesini oluşturdu) işgal edildi. İronik şekilde eğer Irak nükleer silaha sahip olsaydı işgal edilme ihtimali daha düşük olurdu. Bu sonuçlara bakıldığında bir devlet açısından nükleer silah sahibi olmak kadar yokluğunun neden olduğu dış tehditlere karşı savunmasızlık durumunun da tehlikeli olduğu sonucuna varılabilir.

Kutuplaşma ve güvenlik ikilemi:

Waltz, uluslararası sistemdeki kutuplaşma ve dengeleme davranışları ile ilgili varsayımlarını şu şekilde sıralamaya çalışmaktadır: "doğa boşluk kabul etmediği gibi uluslararası politika da dengesiz gücü kabul etmez".[53] Waltz, "bazı devletlerin dengesiz bir güçle karşı karşıya kalması, onları güçlerini artırmaya, uluslararası güç dağılımını dengeye sokmak için başkaları ile ittifaklar yapmaya yönlendirmektedir "demektedir. Waltzian Neorealism bu nedenle, "büyük savaşlardaki zaferler" gibi güç dengesini dramatik bir şekilde bozan olaylar ile, bir ulusun ekonomik ve / veya sosyal kurumlarının çöküşüyle, bu dengenin "kötü şekilde" bozulduğunu savunur.

Yani, bir tarafın egemen bir koalisyon olarak ortaya çıkması durumunda, "uluslararası denge bozulur" ve teorik olarak onun dengeleyen davranışlar yoluyla "kaçınılmaz şekilde restorasyon"una yol açar. Waltz bu hipotezini 'kimin elinde olursa olsun dengesiz güç diğerleri için tehlikelidir' argümanına dayandırmaktadır. Waltz'a göre, bunun nedeni,

---

[52] Aynı yerde.
[53] Kenneth Waltz, "Structural Realism after the Cold War", *International Security*, Volume 25, Number 1, Summer 2000, s. 28.

kendisinin 'barışı, adaleti ve iyiliği korumak amacıyla bu gücü elinde bulundurduğunu düşünen devletlerin bile bu terimleri 'başkalarının tercihi veya menfatiyle çatıştığında güçlü olmayı sevme' leridir.[54]

Bu teoriler doğrultusunda Waltz, Soğuk Savaş sonrası dönemde yeni bir güç dengesinin ortaya çıkacağını öngörmektedir.[55] Waltz, Sovyetler Birliği'nin çöküşüyle birlikte "Amerikan güvenliğine yönelik ciddi tehditlerin bulunmaması" nedeniyle ve "geniş açıdan bakıldığında" Amerika Birleşik Devletlerinin dış politikada, kendi gücü dengeye ulaşıncaya kadar diğerlerini korkutma politikası güdeceğini ileri sürmektedir.[56] Waltzian görüşüne göre açık ve ciddi bir tehdit olmasa bile sadece dengesiz gücün varlığı bile zayıf devletleri teorik bir güvensizlik durumunda bırakır.[57] Bu durum, potansiyel güçlünün zayıf olanı tehdit etmesi veya daha düşük güvenlik durumunu sokmasıdır. Waltz'a göre zayıf olan taraf bu durumda gücünü artırması gerektiğini düşünür.[58] Waltz'a göre, bu durum, -hatta iyi niyetle yapılması halinde dahi- 'uluslararası politikada güçlü olanı savuşturma ve ona karşı güç dengesi oluşturma çabası olarak kendini gösterir.[59] O, bu konsantre gücün güvensizliğe neden olduğunu çünkü kolayca güvensizlik oluşturabileceğini belirtmiştir.[60]

Bu konuda, Birleşik Devletler, daha zayıf devletlere müdahale etme konusunda güçlü bir tarihsel geleneğe sahiptir ve İran da dahil olmak üzere bazı devletler bu durumu net olarak görmektedirler. Orta ve Güney Amerika, Asya ve Orta Doğu'daki Amerikan davranışları[61], bu algılamanın büyük oranda somut avantajlara dayandığını açık şekilde kanatlamaktadır. Dengeleyici bir gücün olmaması nedeniyle ABD'nin bu şekildeki müdahaleleri sık gerçekleşmiş ve benzersiz bir yıkıma neden olmuştur. Bu nedenle, bu algılar göz önüne alındığında ve uluslararası sistemdeki anarşi varsayımlarına ve uluslararası sistemde rasyonel devletin hayatta kalmayı hedef aldığı düşünüldüğünde, en azından "akılcı düşünen" zayıf aktörler Amerika'nın gücüne karşı bir denge kurmaya çalışacaklardır. Çalışmaya konu edilen İran bu tanıma uyuyor gibi görünmektedir.

---

[54] Aynı yerde.
[55] Waltz, a.g.e., s.29
[56] Aynı yerde.
[57] Waltz, a.g.e., s.13.
[58] Aynı yerde.
[59] Waltz, a.g.e., s. 28.
[60] Aynı yerde.
[61] Waltz, *The Origins of War in Neorealist Theory.*, s. 619.

İran'ın Güvenlik Durumuna Genel Bakış:

Waltz'ın uluslararası sisteme ilişkin gözlemleri doğrultusunda[62] İran için yaptığı gözlem "güvenlik tehditleri bol" şeklindedir. 20. yüzyıl boyunca yabancı devletler tarafından İran'a yönelik olarak, şiddet ve rejimi devirme girişimlerini içeren (ancak bunlarla sınırlı kalmayan) saldırılar olmuştur. Dahası 21. yüzyılda da İran'ın güvenlik durumu bu korkunç halini korumakta ve bu güvensizliğin kısa sürede sona ereceği düşünülmemektedir.

İran'ın içinde yer aldığı bölge karışıktır ve büyük güçler tarafından söylenen askeri yolla rejim değişikliği iddiaları ve İran silahlı kuvvetlerinin yetersizliği dikkate alındığında dış saldırganlığın hem inanılır hem de korkutucu olduğu görülmektedir. Dolayısıyla uluslararası güvenlik ya da bunun eksikliği İran'ın uluslararası tecrübesinde son derece önemli bir faktördür. İran'ın güvenlik algısı çok kesin olduğundan, Neorealizm onun politikalarını anlamak için kullanışlı bir araç olabilir.

Tarih:

20. yüzyılın ilk yarısı boyunca, İran egemenliğini tehdit eden ve kendi şartlarını dikte etmeye çalışan yabancı güçler (büyük ölçüde İngiltere) İran'a derinden nüfuz etti. Bu dönemde İran, bu konuda pek fazla şey yapamadığını gördü ve emperyal güçler tarafından mağdur edildi. 20. yüzyılın ortalarında İran milliyetçiliğinin canlandığı görülmektedir. Bu milliyetçilik, genişlemeci ve üstünlükçü değil, yabancı kontrolüne karşı özgürleşme arzusu üzerine inşa edildiği için oldukça içe dönüktü.

Bu süreç, İran'da hem yaygın görüş hem de seçilmiş temsilciler tarafından desteklendi. Başbakan (Musaddık), İran'ın petrol bölgelerini millileştirmek, ülkesindeki demokratik kurumları derinleştirmek, İran'a yönelik dış etkileri azaltmak ve Şah'ın monarşik güçlerini azaltmak için demokratik bir yöntemle seçildi. Musaddık, İran'da 'Batılı' (ABD tarafından şekillendirilen anti komünist olarak değerlendirilen) denetimini yeniden geçerli kılmak amacıyla dış destekli bir darbe sonucunda görevden alındı.[63] Ardından gelen diktatoryal sistemde Şah, toplumun genel isteğine karşı vahşice şiddet uygulama ve baskılayıcı tutumunu sürdürme konusunda desteklendi.1979'da Şah rejimi şimdi İslam Devrimi olarak bilinen bir süreçle sona erdi. Yönetimi süresince, Şah'a karşı muhalefet, İran'ın siyasi görüşünün pek çok alanında yoğunlaştı. Bu

---

[62] Waltz, a.g.e., s.619
[63] Pınar Arıkan, "İran: Musaddık ve Darbe", Ortadoğu, Cilt 8, Sayı 76, Eylül-Ekim 2016, s. 18-21.

konu kaynama noktasına geldiğinde, Ayetullah Humeyni, Şah'ın Amerikan destekli İran yönetimine karşı direnişin lideri olarak egemen konuma geldi ve diğer tüm direniş gruplarını ya ezdi, ya işbirliği yaptı ya da onlara karşı üstünlük kurdu. Böylece devrim hem Şah'ın yönetimini sona erdirdi hem de devrimin liderini bundan böyle İran İslam Cumhuriyeti olarak bilinen İran'ın başkanlığına getirdi.[64]

Bu hareket güçlü bir anti-Amerikan karakter taşıyordu ve devrim sadece Şah'ın yönetimini değil, Şah'ın İran ve Birleşik Devletler arasındaki ilişki konusundaki yaklaşımını da sona erdiriyordu. ABD, bu değişiklikleri bölgesel çıkarları açısından tehdit olarak görüyordu ve bu durum Tahran'daki ABD Büyükelçiliğindeki Amerikalı diplomatların (İran'da şu aşamada casus olarak anılmaktadırlar) İranlı öğrenciler tarafından rehin alınması ve bir süre rehin tutulması üzerine daha derin bir krize dönüştü. ABD gecikmeden İran'a yaptırımlar uyguladı. Bu yaptırımlar 1979 devriminden bu yana günümüze kadar devam etmektedir.[65]

ABD İran'a karşı, ticaretin yasaklanması, İran'ın uluslararası varlıklarının dondurulması ve İran'ı siyasi ve ekonomik olarak tecrit etmeye ve askeri açıdan zayıf bırakmaya matuf genel bir önleme politikası izledi. ABD yönetimi bu tutumunu sürdürerek İran hükümetini devirmeyi a-maçlamaktaydı.[66] İslam Devrimi'nin hemen sonrasında İran, diplomatik tecrit ile ve yoğun ekonomik sorunlarla karşılaştı. Ayrıca devleti ve orduyu yeniden dizayn etmeye çalışıyordu. Dahası, İran, komşularının birçoğu tarafından İslam devrimi, kendi ulus devletlerinin idaresinin meşruiyetine karşı düşmanca bir meydan okuma olarak görülmüştür. Çünkü İran, yalnızca İran'ın veya Şii inancının meşruiyetini değil, aynı zamanda dini ön planda tutan ve İran teokrasisinin lider olduğu yeni bir bölgesel düzenin meşruiyetini iddia ediyordu. Bu, tıpkı Bolşevizm rejimi gibi bir tehdit olarak algılanmıştı. Bu kendini sadece mevcut lidere karşı değil aynı zamanda devlete karşı gören ulus ötesi bir tehdit olarak görüldü. Diğer devletler hem çağdaş seçkinlere karşı meşruiyet iddia eden bu başarılı alternatif modelden hem de İran'ın görüşlerinin kendi devletlerinde daha fazla sorun yaratmasından korkuyorlardı.

Saddam Hüseyin, zayıf bir hedef olarak gördüğü İran'ı askeri olarak vurma ve işgal etme fırsatı olduğunu düşündü. Bu savaş, İran'ın şimdiye

---

[64] Hasan Onat, "İran İslam Devrimi ve Şiilik", e-Makalat Mezhep Araştırmaları, Cilt 4, Sayı 2, Güz 2013, s. 226.
[65] Ünal, Gündoğan, "Geçmişten Bugüne İran İslam Devrimi", Ortadoğu Analiz, Cilt 3, Sayı 19, s.93-97.
[66] Gündoğan, a.g.e., s. 98-99.

kadar girdiği en yıkıcı askeri çatışma ve dünyanın gördüğü en acımasız şiddet olaylarından biriydi. İran harabeye döndü, ancak görünüşe göre böylesine muazzam kayıplara ve maddi yıkıma dayanabiliyordu. Saymak imkânsız gibi olsa da İran'da 1 milyondan fazla insanın bu savaşta öldüğü tahmin ediliyor. İran durakladı ve geriye gitti. Bu yıkım boyunca ABD ve İran'ın Arap komşuları İran'a yardım etmedi, İran'ın silahlara erişimi engellendi, İran'ın gemilerine ambargo konuldu, buna karşın Saddam Hüseyin'in Irak'ına savaşı sürdürmesi için para ve silah verildi. Bunlar sahte bir tarafsızlık görüntüsü altında yapılıyordu.

Sonuçta, Irak'ın tüm avantajlarına rağmen, İran, rejim yıkılmadan Irak'ın toprak kazancı elde etme şansı olmadığını göstererek savaşı çıkmaza soktu. Saddam Hüseyin, bu savaş için "uluslararası toplum" tarafından sorumlu tutulmadı[67] ve Irak tehdidi, Saddam Hüseyin'in Kuveyt'i işgal etmesi üzerine Batının gazabı bu ülkeyi sakat bırakıncaya kadar devam etti. Bu savaştan sonra İran, dış askeri harekat tehdidi veya rejim değişikliğine yönelik gizli girişimlere maruz kaldı. [68]

Bu tehdit, daha sonra ABD'nin bu kez kendini koruma / intikam alma amacıyla Afganistan'ı işgal etmesiyle devam etti. Bu tehdit algılaması daha sonra İran'ın "şer ekseni"nin (Irak ve Kuzey Kore ile birlikte) bir parçası olması ve (güç hatta nükleer silah kullanımı dahil) tüm seçeneklerin masada olduğu yeni önleyici saldırı doktrini ile biraz daha ileri düzeye taşındı.

Amerika'nın 2003 yılında Irak'ı bombardımanı işgali, karşılaşılan tehdidin ağırlığı konusunda İranlıların zihninde şüphe bırakmamıştır. Tahran'da, Hüseyin'in görevden uzaklaştırılması, İran'da rejim değişikliği yönünde gerçek ve haklı bir korkuya neden oldu.

ABD Dışişleri Bakanlığı Müsteşarı John Bolton'un Irak saldırısından sonra, 'Saddam Hüseyin'in diktatör rejiminin ortadan kaldırılmasının bölgedeki diğer ülkelere önemli bir ders olacağını ümit ediyoruz' şeklindeki sözleri ve bunun daha geniş bir sürecin başlangıcı olduğunu belirtmesi bu yöndeki korkuları pekiştirmiştir. Bu sözleri söyleyen Bolton'un makamının yüksekliği (daha sonra BM'nin büyükelçisi oldu) ve diğer üst düzey yetkililerin yaptıkları açıklamalar (örn. 'rejim değiştirme' politikası, 'şer ekseni' gibi) bu korkuları haklı çıkarmaktaydı. ABD'nin bildirmek istediği şey bu olmasa bile İran'ın yaşanan olaylardan ve söylenen

---

[67] Tayyar Arı, *Geçmişten Günümüze Ortadoğu: Siyaset, Savaş ve Diplomasi*, Dora Yayıncılık, İstanbul, 2007, s. 542-561.
[68] Nasuh Uslu, "Körfez Savaşı ve Amerika Politikaları", *Ankara Üniversitesi SBF Dergisi*, Cilt 54, Sayı 3, s. 167-168.

sözlerden bir ders çıkarmamış olması düşünülemez.[69] Bu makalede tartışılan bu eylemlerin ve müdahalelerin, İran'ın dış politika aktörlerinin düşüncelerinde önemli bir yer tutmasını ve İran'ın dış politikasını Neorealizm varsayımlarına dayandırmasını bekleyebiliriz.

Anarşi:

İran'ın geçmişte ve şu anda içinde bulunduğu uluslararası ortam, Neorealizmin varsayımlarına uygun olarak, nereden bakılırsa bakılsın ya anarşi olarak gözükmektedir ya da anarşidir. Başka bir deyişle, İran'ın sistemi oluşturan ünitelerin (yani ulus devletlerin) ötesinde devletler üstü hiçbir harici garantörü yoktur.

Örneğin; uluslararası kurumlar, büyük güçlerin düşmanlığı karşısında kendilerinini güven vermeyen koruyucular olarak kanıtlamışlardır. Irak'ın 1980 yılından başlayarak 8 yıl süreyle İran'ı işgal etmesine karşı ciddi bir uluslararası eyleme geçilmemiş olması bu duruma çok güzel bir örnek olarak gösterilebilir. Bu çatışma süresince, dünya İran'ın çağrısına kulak vermemiş, uluslararası saldırganlığa ilişkin kurallar ve normların uygulanması büyük güçler tarafından engellenmiş ve uluslararası kurumlar da buna alet olmuştur. Dahası, birçok devlet (Batılı Büyük Güçler ve İran'ın Arap komşuları dahil) savaş süresince Saddam Hüseyin'i desteklemiştir. Bu destek Irak'ın İran karşısında kimyasal silah kullanması halinde bile devam etmiştir. Bu uluslararası tepki, Irak'ın 1990 yılında Kuveyt'i işgal etmesiyle kıyaslandığında, ulusal güçlerin uluslararası norm ve kuralların uygulanması üstündeki etkinliği çok açık bir biçimde görülmektedir. Buna karşın, bu kurumlar İran'a karşı oldukça sert bir tutum sergilemiştir. Bu tutarsızlık, ulus devletler arasındaki algı ve güç farklılığından kaynaklanmaktadır. Bunu daha da açmak gerekirse, ulus devletlerin güç ve istekleri, uluslararası kurumların alacağı kararlar ve uluslararası kanun ve normların uygulamasında en önemli aktör olarak karşımıza çıkmaktadır diyebiliriz. Böylece, anarşi varsayımımız da içerikle örtüşmektedir. Sistemi oluşturan ünitelerin (yani ulus devletlerin) dışında İran'ın uluslararası güvenliğini sağlayabilecek devletler üstü hiçbir harici garantör yoktur.

İran'ın yaşadığı anarşinin karakteri:

İran tarafından baktığımızda bu uluslararası anarşi, devrim sonrasındaki dönemde ve hatta 20. Yüzyılın büyük bir kısmında İran Devleti'nin

---

[69] Akan Malici, Allison L.. Buckner, "Empathizing with Rogue Leaders: Mahmoud Ahmadinejad and Bashar al-Asad", *Journal of Peace Research*, Issue 45, Number 6, November 2008, s.783-795.

haklarına uluslararası sistemde saygı gösterilmemesine ilişkin normlardan oluşmaktadır. İran, ulus devletlerin oluşturduğu bu anarşi içerisinde yalnızlaşmaktadır. Yukarıda bahsedildiği üzere, büyük güçlerin uluslararası kurumlar üzerindeki etkisi bu kurumların İran ile olan ilişkilerinde ciddi bir ikiyüzlülük göstermesine sebep olmuştur. İran'a karşı yapılan suçlamalar, İran ile olan ilişkilerinde diğer devletlerin sürekli olarak ihlal ettiği ve bu ihlallerin hiçbir şekilde cezalandırılmadığı uluslararası kanunlara dayandırılmaktadır. Öte yandan kuvvetli müttefikleri ve uluslararası kurumlarda veto hakkı bulunmayan İran "uluslararası kanun ihlalleri" sebebiyle karşılaştığı oldukça ağır yaptırımların kurbanıdır. Birleşmiş Milletler gibi kurumlar artık tarafsız kurumlar değil, kuvvetli devletlerin yaptırımlarını uygulamak için kullandığı araçlar olarak görülmektedir.

Yabancı destekli darbe girişimleri, kendisine yapılan işgal girişimlerinin uluslararası arenada desteklenmesi, kendisine karşı kimyasal silah kullanılması, kendileri nükleer silahlara sahipken Pakistan ve İran'a nükleer silah barındırdıkları gerekçesiyle hiçbir olumsuzlukla karşılaşmaksızın yaptırım uygulamaları, uluslararası norm ve kanunların niçin İran tarafından şüpheyle karşılandığını güzel bir şekilde ifade eden örneklerdir.

Dahası, bu anarşi içerisinde İran'ın kuvvetli müttefikleri de bulunmamaktadır. Çin ve Rusya İran'a sınırlı ve şartlı destek sağlamaktadır ve çok güvenilir gözükmemektedirler. Ayrıca, İran'a sağlayacağı desteği ne zaman, nerede ve nasıl sağlayacağı konularında seçme özgürlüğüne sahip olan bu güçlere karşı İran, mütekabiliyet esasına göre göreceli olarak zayıf konumdadır. Bunun yanısıra İran, bu aktörlere karşı herhangi bir şart uygulama konusunda da göreceli olarak zayıftır. Bu büyük güçlerin, İran'ın bölgesel güvenlik anlamındaki rakipleriyle ciddi ticari çıkarları olduğu ve bu rakiplerin genellikle İran'dan daha iyi şartlarda ticaret yaptığı düşünüldüğünde İran'ın güvenlik kazanımları yetersiz kalmaktadır. Bu devletlerin hiçbiri, ciddi bir işgal kuvveti karşısında İran'ın güvenliğini savunmaya gönüllü gözükmemektedir.

Fakat İran'ın, devlet olmayan aktörler şeklinde müttefikleri bulunmaktadır. İran bölgede kültürel, siyasi ve askeri hareketler ile bağlarını korumaktadır. Bu grupların olası bir işgal halinde işgalci kuvvetlere karşı ciddi sorun çıkartacağı göz önünde bulundurulsa da bu hareketler İran'ın güvenliğini garantiler nitelikte değildir. Dolayısıyla İran, bu uluslararası anarşi sisteminde yalnızdır.

Kendi kendine yardım:

İran, bu anarşik olan devletler arası ilişki sisteminde oldukça yalnızdır ve karşılaştığı tehditler çok ciddidir. Bu durumda İran'ın güvenliğini sağlayabilmek için uluslararası arenada başvuracağı en makul yöntemin kendi kendine yardım olduğu düşünülebilir. Genel olarak İran zaten halihazırda bu şekilde davranmaktadır. 20. yüzyıl boyunca, İran'ın bağımsızlığını ve güvenliğini sağlamak için yabancı tehditlere karşı savaştığını görüyoruz. 21. yüzyılda ise İran'ın uluslararası arenada güvensizlik ile mücadele ettiğini gösterir bir biçimde davrandığını görmekteyiz. Bazıları bu durumun tam tersine işaret eden ifadeler ve politikaları karşıt görüş oluşturmak için kullanabilir. Fakat genele baktığımızda İran'ın asıl gayesinin kendi güvenliğini sağlamak ve kendisine yapılan saldırıları savuşturmak olduğunu görmekteyiz. Hatta dahası, bu güvenlik tehditlerini savuşturmanın İran için bir "yaşam biçimi" haline geldiğini söyleyebiliriz. İran rejimi, bu şekilde davranmasaydı varlığını sürderemezdi. Dolayısıyla İran'ın genellikle kendi kendine yardım prensibi minvalinde hareket ettiğini söyleyebiliriz.

Geleneksel Silahlanma:

İran'ın ana stratejik rakipleriyle mücadelesini öykünüm politikaları aracılığıyla gerçekleştiremeyebileceğini söyleyebiliriz. Bunun birkaç sebebi vardır. Birincisi, İran'ın bunu maddi olarak karşılayamayacak olmasıdır; ve bunu karşılayabilse bile uluslararası silah pazarına erişimi kısıtlıdır. İran bunun farkındadır ve bu bağlamda Amerikan kuvvetlerini göreceli olarak düşük maliyetli ve basit teknolojilerle savuşturacak asimetrik savunma stratejileri izlemektedir. Örneğin; ABD'nin deniz savaşlarında izlediği "sağlam bir biçimde desteklenen uçak gemileri" stratejisini karşılayamayan İran (ya da benzeri deniz stratejilerine karşı) asimetrik deniz savaşı doktrinini izlemektedir. Bu deniz savaşı doktrini; uygun araçların, yerel bilginin ve düşman kuvvetlerini iyi tanıyarak, ana hedefleri gerçekleştirmek amacıyla düşman kuvvetlerinin zayıflıklarını kullanmayı içeren, daha geniş çerçevedeki stratejik yaklaşımının bir parçasıdır. Böylece, İran donanması büyük ölçekli savaş gemileri yerine çok daha hızlı hareket edebilen birçok ufak gemiden oluşmaktadır. Bu gemiler makineli tüfek, roketatar ve mayın gibi daha basit silahlarla silahlandırılmıştır.[70]

---

[70] H. F. Haghshenass, Iran's Assymetirc Naval Warfare, *Policy Focus #87*, Washington Institute for Near East Policy, September 2008, http://www.scribd.com/doc/5922823/Irans-Asymmetric-Naval-Warfare, (26.12.2016).

Daha büyük gemiler ise kendilerinden daha ufak gemiler ile yaklaşık olarak aynı menzile sahip olan torpidolar ve daha büyük makineli tüfeklerle donatılmış, fakat İran donanmasında büyük olarak tabir edilen gemiler bile rakiplerininkilerle kıyaslandığında oldukça ufak kalmaktadırlar.[71] Bu durum İran'a iki anlamda avantaj sağlamaktadır. Bir yandan, bu botların hareket kabiliyeti izole edilmiştir ve bu durum saldırıya açık düşman gemilerine hızlı bir biçimde saldırmalarına izin vermektedir. Dahası, bu gemiler deniz taşımacılığı gibi ticari çıkar sağlayan faaliyetleri taciz etmek için de çok etkili bir biçimde kullanılabilir. Savaş halinde, İran'ın bölgedeki petrol ticaretini baltalamak ve petrol fiyatlarını yükselterek rakiplerini aciz bırakmak için bu taktiği uygulaması oldukça muhtemeldir. Bu, Amerika'nın kaçınmak isteyeceği bir durumdur fakat bu tehdide karşı savaşmak da oldukça zordur. İkinci olarak, orduların açık bir biçimde yüzleşmesi halinde büyük gemiler ve yer hedefleri ile savaşmak üzere tasarlanmış ağır gemilerin düşük maliyetli fakat etkin bir biçimde silahlanmış yüzlerce gemiyle etkili bir biçimde savaşması da pek mümkün gözükmemektedir. Cruise füzeleri, parça tesirli bombalar ve benzerleri gereğinden fazla hedefin ölümüne sebep olabilirken, hem yüksek maliyetlere sahip, hem de ağır hedefler karşısında yayılımı oldukça zor olan silahlardır. Mayın döşemek gibi diğer yöntemler ise hem ticari hem de askeri gemiler için bir tehdit oluşturabilmektedir. Bu, İran-Irak savaşı sırasında çok etkili bir biçimde gerçekleştirilmiş ve Amerikan gemilerinin "korumak için geldiği gemileri" mayınları temizlemeleri için önden sürmelerine sebep olmuştur. İran ayrıca karadan güdümlü deniz sa-vunma füzelerine, toplara ve mütevazı bir denizaltı oluşumuna ve hava savunmasına sahiptir. Fakat bu kuvvetlerin İran'ın asimetrik savunma politikaları ile olan ilişkisinin açıklanması çok fazla zaman alacağından bu kuvvetler, bu araştırmanın dışarısında tutulmuştur. Bu ufak deniz savaşı doktrininin; İran'ın daha geniş çerçevedeki stratejik yaklaşımının bir parçası olduğunu söylemek yeterli olacaktır. İran'ın öykünüm ile ilgili politikasınınsa faydalı olabilecek noktalarda kullanıldığını, öykünümün yeterli olmayacağı noktalarda ise asimetrinin kullanıldığını söyleyebiliriz. Bu davranış, Neorealist teorinin çerçevesiyle de uyumludur. Durum, güvenlik odaklı yaklaşımla değerlendirildiğinde İran'ın asimetrik yakla-şımının mantığı oldukça açıktır, İran, güvenliğine tehdit oluşturan güçler kadar zengin değildir ve ileri teknoloji silah satın alımı konusunda rakipleriyle yarışamazken rakipleri modern ve ileri teknoloji silah ağına erişim

---

[71] Aynı yerde.

sahibidir. İran'ın hedefi, öncelikli olarak savunmadır ve belirli tehditlere karşı savunma odaklı politika yürütmektedir.

Geleneksel silahlanma alanında İran, yabancı silah piyasalarında erişebildiği ve finanse edebildiği silahları satın alırken belirli savunma stratejileri doğrultusunda ucuz fakat etkili silahlardan oluşan yerel üretimi tercih etmektedir. Bu asimetrik taktikler oldukça ilgi çekici olup daha fazla incelenmeye değerdir.

Nükleer boyut:

Temel olarak, İran'ın güvenlik ikilemi nükleer silahlanmasız gerçekleştirilebilecek bir konumda değildir. İran, maddi sebeplerden dolayı Amerika ve müttefikleri ile silahlanma yarışına girememektedir ve buna maddi gücü yetse bile uluslararası silah pazarına erişimi kısıtlıdır. Nükleer silahlar göreceli olarak ucuzdur ve mutlak bir güvenlik teminatıdır. İran'ın hayatta kalmayı tercih ettiği varsayımı (ki bu oldukça mantıklı bir varsayımdır) ve tehditlerin gerçeklikleri göz önünde bulundurulduğunda İran'ı nükleer savunma stratejisi izlemeye teşvik eden sistemik mecburiyetler olduğu anlaşılmaktadır. Fakat bu durum, İran'ın böylesine bir projeye kalkıştığı şeklinde yorumlanmamalıdır. Bu çalışmada yer alan veriler ile böyle bir çıkarımda veya varsayımda bulunmamız doğru olmaz. Ayrıca, güvenliğini sağlamak amacıyla nükleer savunma yöntemine başvurması oldukça makul olan fakat gene de nükleer silah kullanmayı seçmeyen birçok devletin bulunduğu da göz ardı edilmemelidir. İran, kendisinin böyle bir devlet olduğunu ve nükleer savunmanın hakka ve hukuka uygunluk açısından "İslami olmadığı" görüşünü beyan etmiştir. İran'ın bahsettiği nükleer araştırmalar sadece sivil çıkarlar ve ülke içi yakıt döngüsünün kontrol edilmesi için kullanılmakta olup bunların ikisi de NPT (Treaty on Non-Proliferation of Nuclear Weapon) tarafından meşru çıkarlar olarak kabul edilmektedir. Bu ifadelerle çelişen hiçbir kanıt bulunmamakla birlikte, bunların doğrulanması da oldukça zordur. IAEA (International Atomic Energy Agency) tarafından konuyla ilgili bir analiz yapılmıştır.[72] Fakat İranlılar, nükleer silahların İran'ın savunma kabiliyetini arttıracağının pekala farkındadırlar. Bu anlamda, davranışın ne olacağını kestiremeyecek olsak da çıkarımımız, sistemik kuvvetlerin İran'ı nükleer silah kullanımına ittiği yönündedir. Diğer etkenlerin (güvenlik veya başka sebepler) böylesine bir politikanın uygulamasına ne derece etki edeceğini muhakeme etmek zordur. Neorealist teoriye göre İran'ın nükleer silah kullanımına başvurması halinde bile bunu saldırı

---

[72] Malici, Buckner, a.g.e. s.783-800.

amaçlı kullanması pek olası değildir. Bu nükleer silahların ABD veya başka bir güç tarafından gerçekleştirilecek saldırılara karşı stratejik bir tehdit olarak kullanılması öngörülmekte olup, en azından İran'ın saldırgan bir politika izlemesini gerektirecek bir durum olmadığı ya da saldırı odaklı bir politikanın İran tarafından makul bir açıklaması olmadığı aşikardır.

Denge/Kutuplaşma:

İran'ın bölgedeki Amerikan nüfuzunu dengeleme anlamında sürece etkin bir biçimde katılım gösterdiğini söyleyebiliriz. Bu denge sürecinin, ABD tarafından İran'a karşı oluşturulan tehdit ile doğrudan ilişkili olduğunu söyleyebiliriz. Açıkça gösterilen düşmanca tutum ve İran üstünde baskı oluşturulması için kullanılan devasa askeri, siyasi ve ekonomik araçlar yani Amerika'nın bölgedeki varlığı, İran tarafından yüksek derecede tehdit olarak algılanmaktadır. İran, ABD'nin bölgesel hegemonyasını zayıflatma ve kendi bölgesel güç ve nüfuzunu ise kuvvetlendirme niyetindedir. Bu durumu bölgedeki birçok örnekte görmekteyiz; bölgede Irak, Filistin, Afganistan, Lübnan başta olmak üzere birçok ülkede ABD ve müttefiklerini (özellikle Suudi Arabistan) destekleyen bölgesel aktörlerin güç ve kontrollerinin azalması için çalışan kültürel, siyasi ve hatta askeri aktörleri destekleyen unsurlar bulunmaktadır. İran'ın Amerika'nın bölgedeki varlığını bir güvenlik tehdidi olarak görmeye devam etmesi halinde Neoralist teoriye göre İran'ın bu tehdide karşı dengeleme stratejisini kullanarak varlığını sürdürecek olması tahmin edilebilir. Dünya ve bölgedeki diğer unsurlar bu algıyı paylaştığı sürece İran'ın bu dengeleme yaklaşımının destek bulması da oldukça muhtemeldir.

Güvenlik İkilemi

Bu bağlamda İran'ı değerlendirirken, İran'ın güvenlik ikilemine benzer bir durumda sıkışıp kaldığını görebiliriz. Bu güvenlik ikilemi oldukça ilgi çekicidir; Neorealist bir bakış açısıyla İran'ın güvenlik konusundaki rakipleri (en azından analiz edilen rakipleri) İran tarafından gelebilecek herhangi bir tehdide karşı mütekabiliyet esasına göre oldukça güvenli bir durumdayken İran onlardan gelebilecek tehditlere karşı oldukça emniyetsiz bir durumdadır.

İran tehdit altında mı?

Batı medyasının ve siyasetçilerinin bu çatışmayla ilgili söylemleri İran'ın güvenlik konumunu, gerilimin Tahran tarafından yaratıldığı izlenimiyle çerçevelemektedir. İran'ın yöneticileri ise genellikle ideolojik olarak düşmanca, mantıksız ve herhangi bir uzlaşmaya kapalı olarak gösterilmektedir.

İran'ın güvenlik durumuyla ilgili algısını oluşturan bu yaklaşım tarihsel gerçeklikleri reddetmektedir. İran rejiminin hayatta kalması için sürekli olarak mücadeleler vermesi gerekmekte olup, rejim sürekli ve aleni olarak tehditlerle karşı karşıyadır.

ABD ve müttefiklerinin İran üzerinde oluşturabileceği yok edici etkiler oldukça büyüktür. Hem Irak hem de Afganistan'da bulunan ve oldukça yüksek bir yıkım gücü bulunan ABD kuvvetleri ve Basra Körfezi'ndeki devasa büyüklükteki donanma varlığı; ABD'nin bulundurduğu nükleer cephaneler hesaba katılmadan bile İran'ı olası bir saldırıya karşı oldukça zayıf bir hale getirmektedir. Bu ülkelerin aynı zamanda çok ciddi "istihbarat" teşkilatları da bulunmakta olup birçok gizli operasyon için ciddi eğitimler almış personelleri bulunmaktadır. Geçmişte bu teşkilatların İran rejiminin güvenliğini iç politikaların manipüle edilmesi aracılığıyla ihlal ettiği bilinmektedir. İran'ın kendi çabaları dışında İran'ın güvenliğini garanti eden hiçbir etkin garantör bulunmamaktadır. İran'ın savunması, caydırıcılığı ve karşılık verme yetkinliği ise oldukça sınırlıdır. İran, bu güvenlik tehditlerini kesinlikle belirli bir önem sıralamasına göre sıralamakta ve buna göre harekete geçmektedir. İran devletinin herhangi bir savunma mantığından tamamen uzaklaşması durumunun haricinde gerçekleştirilen sert güç etkinlikleri ya da İran'a karşı "savunma yapılması" veya İran'ın "özgürleştirilmesi" vb. doğrultusunda yapılan tüm etkinlikler İran'ın yaşadığı güvenlik ikilemini güçlendirmektedir. Mevcut konjonktürde Neorealist bir bakış açısıyla İran için silahlanmanın ve yabancı güçlere şüpheyle yaklaşmanın kendisi için faydalı olduğu aşikardır. İran kendisini doğrudan doğruya tehdit altında hissetmektedir ve bu tehdide karşı kendisini savunmak niyetindedir.

Sonuç

İran kendine uygulanan yaptırımlar, Şii kimliği, kutuplaşmalar içindeki yeri, bulunduğu bölge, iç politikasındaki kırılganlıklar, ABD ile olan ilişkisi göz önüne alındığında neorealist bir dış politika izlemesi anlaşılır görülmektedir. Çünkü İran kendini dört bir yandan çevrilmiş hissetmekte ve nükleer gücün caydırıcılığından bu anlamda faydalanmak istemektedir. Bu açıdan bakıldığında neorealist güvenlik kuramının temel yapılarının İran dış politikasında gözlemlendiğini söylemek mümkündür.

KAYNAKÇA

Akgül-Açıkmeşe, Sinem, "Algı mı, Söylem mi? Kopenhag Okulu ve Yeni Klasik Gerçekçilikte Güvenlik Tehditleri", *Uluslararası İlişkiler*, Cilt 8, Sayı 30, Yaz 2011, ss. 43-73.

Arı, Tayyar, *Geçmişten Günümüze Ortadoğu: Siyaset, Savaş ve Diplomasi*, Dora Yayıncılık, İstanbul, 2007.

Arıkan, Pınar, "İran: Musaddık ve Darbe", *Ortadoğu*, Cilt 8, Sayı 76, Eylül-Ekim 2016, s. 18-21.

Art, R., D. Waltz , *The Use of Force: International politics and Foreign Policy, Rowman & Littlefield*, Maryland, U.S.A, 1993.

Bozdağlıoğlu, Yücel, "Neorealizm", (ed) Haydar Çakmak, *Uluslarası İlişkiler "Giriş, Kavram ve Teoriler"*, Platin Yayınları, Ankara, 2007.

Buzan, Barry, *People, States and Fear: An Agenda for International Security Studies in the Post-Cold War Era*, New York, Harvester Wheatsheaf, 1991.

Buzan, Barry, "Is International Security Possible?", (ed) Ken Booth, *New Thinking About Strategy and International Security*, Harpercollins Academic, London, 1991.

Elman, Colin, "Realism", (ed) Paul D. Williams, *Security Studies : An Introduction*, New York, 2008.

Gündoğan, Ünal, "Geçmişten Bugüne İran İslam Devrimi", *Ortadoğu Analiz*, Cilt 3, Sayı 19, ss. 93-99.

Haghshenass, H.F., "Iran's Assymetirc Naval Warfare", *Policy Focus #87*, Washington Institute for Near East Policy, September 2008, http://www.scribd.com/doc/5922823/Irans-Asymmetric-Naval-Warfare, (26.12.2016).

Karabulut, Bilal, *Güvenlik, Küreselleşme Sürecinde Güvenliği Yeniden Düşünmek*, Barış Kitabevi, Ankara, 2011.

Knutsen, Torbjon L., *Uluslararası İlişkiler Teorisi Tarihi*, (cev.) Mehmet Özay, Açılım Kitap, İstanbul, Mayıs 2006.

Malici, Akan, Allison L.. Buckner, "Empathizing with Rogue Leaders: Mahmoud Ahmadinejad and Bashar al-Asad", *Journal of Peace Research*, Cilt 45, Sayı 6, Kasım 2008, ss. 783-800.

Onat, Hasan, "İran İslam Devrimi ve Şiilik", *e-Makalat Mezhep Araştırmaları*, Cilt 4, Sayı 2, Güz 2013, ss. 223-256.

Sönmezoğlu, Faruk, *Uluslararası Politika ve Dış Politika Analizi*, DER Yayınları, İstanbul, 2012.

Uslu, Nasuh, "Körfez Savaşı ve Amerika Politikaları", Ankara Üniversitesi SBF Dergisi, Cilt 54, Sayı 3, ss. 165-199.

Waltz, Kenneth, "The Origins of War in Neorealist Theory", *Journal of Interdisciplinary History*, Volume 18, Issue 4, Spring 1988, ss. 615-628.

Waltz, Kenneth, "Structural Realism After the Cold War", *International Security*, Volume 25, Nuber 1, Summer 2000.

Wæver, Ole, *Concepts of Security*, Kopenhag, University of Copenhagen Press, 1997. http://conversations.berkeley.edu/content/kenneth-waltz, erişim: 23.12.2016.

İKİNCİ KISIM
LİBERALİZM VE GÜVENLİK

21. YÜZYIL İSRAİL-TÜRKİYE İLİŞKİLERİNİN LİBERAL GÜVENLİK YORUMU

Armağan ÖRKİ

Giriş

Bu çalışma, liberal kurama bağlı olarak İsrail ve Türkiye ilişkilerinin 21. yüzyıldaki durumunun değerlendirilmesini amaçlamıştır. Liberal kuramın güvenliğe bakışına dayanarak, iki ülke arasındaki ilişkilerin güvenlik yaklaşımını nasıl şekillendirdiği açıklanmaya çalışılmıştır. Klasik Liberalizmin küresel güvenlik ve barış yorumu, İsrail ile Türkiye arasındaki ilişkilerin tekrar değerlendirilmesinde kullanılmıştır. Kısacası 21. Yüzyıldaki İsrail ve Türkiye güvenlik algısının liberal kurama dayalı yorumlanması sunulmuştur.

Çalışmada öncelikle liberal kuramın temel özellikleri anlatılmıştır. Kuramsal yapı, ticarete bakış açısı, işbirliği ve güvenlik konularının ele alındığı bölümler, liberal kuramın konuyla ilgili olarak anlaşılması için yararlı görülmüştür. Sonrasında İsrail ile Türkiye'nin ikili ilişkileri genel olarak aktarılmış ve sonrasında ilişkileri belirleyen temel unsurlar üstünde durulmuştur. Takip eden bölümde, ticaret ilişkileri verilere dayanılarak açıklanmıştır. Son olarak ise belirleyici unsurlar ve ticaret ilişkilerinden yola çıkılarak iki ülke arasındaki güvenlik algısı üstüne liberal bir değerlendirme yapılmıştır. Bu bağlamda Türkiye açısından bir yaklaşıma ağırlık verilmiş ve liberal güvenlik algısı bu örnekle açıklanmıştır.

Ortadoğu'nun iki önemli figürü olarak ve çalışmada sunulan verilerin de gösterdiği gibi ticari ilişkileri görece iyi olan iki devlet, bölgedeki çatışma ya da savaş ortamından etkilenmektedir. Her iki ülkenin de askeri güç ve kapasitesi yüksek olduğu gibi, bölgedeki rantiye devletler dışındakilerle karşılaştırıldıklarında, ticaret hacimleri de yüksektir. Genel görünümleri itibariyle birbirlerine zıt konumlarda bulunmayan (ikisi de Batı bloğuna yakın) iki devletin 2000'li yıllardaki ilişkileri önce iyi görünmüş olsa da, ardından olumsuz bir izlenim vermeye başlamıştır. Diğer yandan Liberalizmin değer verdiği noktalardaysa ciddi bir sorun görünmemektedir. Çalışmaya konu olarak İsrail ile Türkiye'nin seçilmesindeki neden de budur. Güvenlik başlığı altında farklı kuramların bu iki devletin ilişkilerini yorumlaması her ne kadar farklı olsa da, küreselleşme hızı gün geçtikçe artan yeni yüzyılda liberalizmin yaklaşımı verimli sonuçlar edinilmesine katkı sağlayacaktır.

Liberalizm ve ona eklemlenerek yazında veya siyasal yaşamda kendilerine yer bulan kuram ve yaklaşımlar, Realizmin ele alma gereği duymadığı ekonomi disiplinini de yorumlamıştır. Liberalizmin ekonomik yaşama bakışı, bugünkü uluslararası politik ekonominin de temellerinin atılmasına neden olmuştur. Politikanın ekonomiyle birlikte anılır olmasında ayrı önemleri bulunan kolonileşme, kölelik, milliyetçilik, sanayileşme, denizcilik ve yeni toprakların keşfi ile bir yerde başlayıp etkileri dışa doğru artan etki gösteren gelişmeler, doğrudan ya da dolaylı olarak savaşlara neden olmuş ve egemenlikleri tehdit etmiştir. Birinci ve İkinci Dünya Savaşı sonrasında iki kutuplu uluslararası sistemde cereyan eden Soğuk Savaş, araştırmacıları savaşın tanımı ve kapsamı hakkında tekrar düşünmeye itmiştir. Bu süreçte ayrıca, yalnızca askeri güç ve siyasal otoriterler değil, onları etkileyen diğer unsurların da önemi üstünde durulmuştur. Soğuk Savaş sırasındaki Vietnam, Kore gibi ayrı cephelerde gerçekleşen bölgesel savaşlar da uluslararası güçlerin boy ölçüştüğü alanlar olmuştur. Savaşların insan ölümlerinden ve devlet için sınırları genişletmekten ibaret olmadığı gerçeği, önlenebilmeleri doğrultusunda yeni yorumların yapılmasına yol açmıştır.

Liberalizm, kökeni doğrultusunda tıpkı Realizm gibi yüzyıllar öncesine dayandırılmaktadır; ancak bugünkü uygulama ve yorumlarda anlaşılan liberal kuram, Avrupa'daki derebeyliklerin yıkılmasına müteakip başlayan süreçte vücut bulmuştur. Klasik Liberalizm, dinsel özgürlük çabası ve geleneksel otorite anlayışına bir tepki olarak doğmuştur.[1] Bu tepki, zamanla farklı düşünürlerin katkılarıyla somutlaşmış ve bir kuram hâlini alabilmiştir. Sanayileşme sonrası ortaya çıkan yeni ekonomik sınıflar, önce derebeylik sisteminin çözülmesine, ardından monarşilerin güçlenmesine neden olmuştur. Sosyal ve ekonomik yaşamın başkalaşım geçirdiği bu dönemde John Locke, Charles de Montesquieu, Adam Smith

---

[1] Geraint Williams, *Political Theory in Retrospect*, Edward Elgar, 1991, s. 147.

ve Immanuel Kant gibi düşünürler Liberalizme önemli katkılarda bulunmuştur. Bu dönemin ardından özellikle David Ricardo ve James Mill ekonomi ve ticarete yaklaşımı belirleyici fikirler sunmuştur. Sonraki dönemde liberal yazına katkıda bulunan önemli isimler ise John Stuart Mill, Max Weber, Friedrich Hayek, John Maynard Keynes, Milton Friedman, James Buchanan olmuştur. Görüldüğü üzere, Avrupa'da henüz monarşilerin güç kazandığı dönemden 21. yüzyıla dek geçen süreçte liberal fikirler sürekli işlenerek içinde bulunulan zamana ve koşullara uygun olarak yorumlanabilmiştir. Klasik Liberalizm ile birlikte, temelde ona eklemlenen diğer kavramların[2] da bazı ayırt edici özellikleri bulunmaktadır. Bu bağlamda her ne kadar farklı görüşler olsa da, Liberalizme temel olan ilkeleri bireycilik, piyasa ekonomisi ve sınırlandırılmış devlet olarak kabul etmek mümkündür.

Kuramsal Yapı

Liberalizm, isim kökeninden de anlaşılacağı üzere birey ve onun özgürlüklerine odaklanmış ve özellikle 20. yüzyılda uluslararası sistemle bütünleşik bir yapı ortaya koymuştur. Temel savları (argümanları) değişmemiş; ancak yorumlanması konusunda görüş ayrılıkları yaşanmıştır. Örneğin; devlet, toplum ve birey arasındaki ilişkinin yorumlanması konusunda Hobbes, Locke, Hegel, Rousseau gibi isimler arasında bazı ayrılıklar bulunmaktadır. [3] Özellikle devletin konumu ve yetkisi bakımından yaşanan fikir ayrılıkları, Yeni Liberalleri (Neo-liberaller) Klasik Liberalizmden ayırmıştır. [4] Uluslararası politikada Liberalizmin yorumlanabilmesi için üç temel ilkesini kısaca ele almak yararlı görülmüştür:

Liberalizm, bireyciliği ön planda tutmaktadır ve bireyin üyesi olduğu oluşumun çıkarlarını, bireyinkilerden geri plana itmektedir. Bireye atfedilen yeni durumun korunabilmesi, iki kavrama koşullanmıştır: Ekonomik özgürlük ve özel mülkiyet. [5] Üretim kapasiteleriyle arzın ve yeni pazarlarla talebin artması, ekonomik yaşamda başkalaşımı getirmiş ve birey ile devlet arasındaki ilişkinin tekrar ele alınmasını zorunlu

---

[2] Dönemlere bağlı olarak yorumlamalar, ayrıca liberal kurumsalcılık (neoliberalizm), post-liberal kuram, sosyal liberalizm, ekonomik liberalizm ve benzeri kavramları/kuramları doğurmuştur. Bundan dolayı, "klasik liberalizm" ismi, ayırt edici olması nedeniyle kullanılmaktadır. Klasik liberalizm, herhangi bir kuram veya yaklaşıma eklemlenmemiş; ancak kendisinden farklı fikirlerin doğmasına neden olmuştur.

[3] Geraint Williams, *a.g.e.*, s. 149.

[4] Geraint Williams, *a.g.e.*, s. 157.

[5] Halis Çetin, "Liberalizmin Temel İlkeleri", *C. Ü. İktisadi ve İdari Bilimler Dergisi*, Cilt: 2, Sayı: 1, 2001, s.223.

kılmıştır. Artık birey, toplumu ya da ülkesi için daha fazla önem oluşturmaktadır. Liberal kuramın savunduğu görüş; devlet ve birey arasında benzerliklerin bulunduğu, bireylerin eşit ve doğuştan kimi haklara sahip olduğu, devletin de var olma görevinin bu hakları koruması olduğu şeklindedir. [6] Hayek, bireycilikle ilgili derlediği tanım ve yaklaşımlarda, bunun sürdürülebilirliğini mevcut hükümetin demokratik olması koşuluna bağlamıştır.[7] Bu ilkenin geçerliliğini sürdürebilmesi için, alt başlıklarda hukukun üstünlüğü ve bireylerin herhangi bir ayrım yapılmaksızın eşitliği de liberal düşünürlerin genelinin vurguladığı noktalar olmuştur.

Liberalizmin temel ilkelerinden bir diğeri ise piyasa ekonomisidir. Piyasa ekonomisiyle ilgili görünmez el, serbest girişim, rekabet (rekabetçi düzen) akla gelmektedir. Liberalizme göre devletin görevi; güvenlik ve adalet hizmetlerinin sağlanması olup bunun dışına çıkılması piyasa işleyişine zarar verecektir.[8] Yani doğal düzen bozulacaktır. Örneğin Hayek, piyasa ekonomisinin canlılığını sürdüren rekabet kavramını, ekonomik sistemi uyumlu ve tutarlı kılan, bireyin fırsatları ve olanakları değerlendirmesine izin veren bilginin yayılması süreci olarak görmüştür.[9] Aslında Smith'in ticaret anlayışında kullandığı görünmez el, devletin piyasaya müdahalesiyle görünür olmaktadır. Bu da düzenin tam anlamıyla bozulması demektir. Bu noktada Keynes, önemli bir ayrışmanın yaşanmasına neden olmuştur. Büyük Buhran'dan neoliberal politikaların 1970'li yıllarda tercih edilmesine kadar geçen süreçte, Keynesyen politikalar tercih edilmiş ve önemli ölçüde beklenenin elde edilmesini sağlamıştır. Keynes'in görüşü, "piyasaların kendi başına bırakılamayacağını, devletin ekonomide düzenleyici rol oynaması gerektiğini"[10] açıklamaktadır. Bu durumda, devletin ekonomik yaşamdaki manevra kabiliyeti tekrar sorgulanmış; ancak birçok devlet için bu politikalar kurtarıcı olmuştur. 2008'deki küresel krizde, Amerika Birleşik Devletleri'nin (ABD) eylemi, tam olarak Liberalizme yeni bir soluk katan Keynes'in önermesinden başka şey değildir. Öte yandan buradaki sorun şudur: Eğer her kriz anında hükümetler olaya el koyacaksa, şirketler buna

---

[6] Şeref Çetinkaya, "Güvenlik Algılaması ve Uluslararası İlişkiler Teorilerinin Güvenliğe Bakış Açıları", *21. Yüzyılda Sosyal Bilimler*, Sayı: 2, 2012-2013, s. 254.

[7] Friedrich A. Hayek, "Individualism: True and False", *Individualism and Economic Order*, The University of Chicago Press, Chicago 1980, s. 30.

[8] Hamit Emrah Beriş, "Liberalizmde Devlet ve Güvenlik Sorunu", *21. Yüzyılda Sosyal Bilimler*, Sayı: 24, 2010, s. 91.

[9] Friedrich A. Hayek, "The Meaning of Competition", *Individualism and Economic Order*, The University of Chicago Press, Chicago 1980, s. 106.

[10] Serap Durusoy, "Kriz Sonrası Küresel Kapitalizmin Geleceği", *Alternatif Politika*, Cilt: 1, Sayı: 3, 2009, s. 377.

alışarak verimlerine odaklanmayabilirler mi? Şirketlerde tembellik alış-kanlık hâline gelir mi? Ayrıca birey, toplum ya da devlet açısından "Türkiye'nin ilk yıllarında sürdürülen devletçilik, Keynesyen politikalarla etkileşim hâline sokulabilir mi?" sorgusu da ele alınmalıdır.

Liberalizmin temel ilkelerinden sonuncusu ve özellikle siyasal düzeni de doğrudan etkileyeni, sınırlandırılmış devlettir. Piyasa ekonomisiyle bağdaşan bu ilkeyle ilgili farklı yorumlar da bulunmaktadır. Bunlardan en uç noktada yer alan Neoliberalizm ya da Liberteryenizm olsa da, uygulamalarda bunların tam anlamıyla örnekleri bulunmamaktadır. Liberalizmde devleti temel görevi; egemenliğini dışsal saldırı ve tesir çabalarından korumakla yükümlü olması ve her vatandaşının güvenliğini ve özgürlüğünü garanti altında tutmasıdır.[11] Fikirsel anlamda bu noktaya bireyin özgürlüklerine değinerek açıklamalarda bulunan öncü isimler Hobbes, Locke ve Rousseau olmuştur.[12] Sonrasındaysa zamanla bu durumun açıklaması iyice netleşmiş ve bireysel haklarla birlikte ekonomik yorumlara da yer verilmiştir. Buna göre ekonomik yaşamda devlet yalnızca düzenleyici olabilir; ancak bunun da şartları bulunmaktadır. Liberal çizgideki demokratik ülkelerde genel olarak ismi pek anılmasa da Keynesyen politikalar görülmektedir. Hükümetlerin belli aralıklarla değişmesi, uluslararası ya da bölgesel ekonomik durum, ticaret an-laşmaları gibi değişkenlerden ötürü, isimler kısa veya orta vadede değişiyor olsa da politikalar örtüşmektedir. Özelleştirmelerin sürdü-rüldüğü, vergilerin direkt veya dolaylı olarak alındığı, tekelleşmeye olumlu bakılmayan, ticarete engel olabilecek bariyerlerle mücadele edinilen, yüksek faiz ve düşük maaş sisteminin sürdürüldüğü bir manzara bulunmaktadır. Kısacası para ve maliye politikaları genel olarak ben-zemektedir. Geçiş ekonomilerinden biri olarak Rusya, girişmiş olduğu gümrük ve ticaret atılımlarıyla Batı dünyasının liberal çizgisini yakalayabilmiştir. Bugün Çin, her ne kadar farklı bir rejime sahip olup Hayek'in demokrasi şartını taşımıyor olsa da, uluslararası sistemde en az Rusya, Japonya ya da İngiltere kadar varlığını sürdürmektedir. Ekonomisi pratikte açıktır. Finansal ya da ticari yaşamda hemen her ülkenin benzerliği kabul edilebilecek olsa da, liberal demokrasinin gereklerini taşıyan ülke sayısıyla orantılı değildir.

---

[11] James N. Danziger, *Understanding the Political World,* 7. Baskı, Pearson Education Inc., 2005, s. 115.
[12] Geraint Williams, *a.g.e.,* s. 85.

Liberalizm ve Temel Ticaret Önermeleri

Liberal kuramın bugünkü iç piyasalarda yorumlanması vergilendirmeyle ilgilidir. Bu konu, ayrıca uluslararası sistemde taşınan ürünlerin de tüketicisi için cazibesini etkilemekte ve menşei ülkeden ihracatçı ülkeye, ithalatçı ülkeden transit ülkeye kadar kazançları (ya da refahı) etkilemektedir. Liberal kuramda, vergilerin düşürülmesiyle piyasa canlanabilecek ve doğal düzen sürdürülebilecektir. Bununla ilgili temel çalışma, Chicago Okulu'ndan Friedman'ın kaleme aldığı Pozitif İktisat Denemeleri [13] kabul edilebilir. Ayrıca Friedman, hükümetleri kural koyucu ve hakemlik görevleriyle açıklamış ve böyle bir durumda da mutlak bir özgürlüğün oluşturulamayacağını itiraf etmiştir. [14] Buna karşın, mutlak çıkar ve memnuniyet için bir yasa yapıcı, yasa uygulayıcı şarttır. Bazı düşünürlerin ileri sürdüğü, devletsiz küresel sistemin oluşmayacağı realitesinden yola çıkarak, bireyler, devlet ve üreticiler arasında arabuluculuk ve hakemlik görevi gerekmektedir. Eğer bireyler gerçekten de Keynes'in de eleştirdiği "Homo Economicus" [15] ile örtüşüyorsa, Virginia Okulu'ndan Buchanan'ın anayasal güvence isteği daha rahat anlaşılabilmektedir. Bu bağlamda güvenilmez olarak görünen tüketici sıradan bireyler kadar, vergilendirme ve harcama arasındaki dengeyi doğru şekilde ayarlamamayı tercih eden yasa yapıcılar da görülebilir. [16]

Birbiriyle ticaret yapan her iki devletin ticaret hacmi ve çıkarı birbirinden farklıdır. Birbirleriyle yaptıkları ticaretin kendileri için önemi şahsına münhasır bir durum oluşturmaktadır. Alınan ve/veya satılan ürünlerin ederi, bir başka pazarın değerlendirilebilmesi, teknolojideki yeni gelişmeler, kalemlerin hammadde, ara girdi, son çıktı olup olmaması gibi nedenlerle oluşan bu ayrışma, bu iki özneden birinin elini daha güçlü kılmaktadır. Yani birbirlerine duydukları gereksinim farklıdır; ancak yine de ilişkilerin sürdürülmesine odaklanırlar. [17] Bu durum karşılıklı bağımlılık kuramını oluşturmuştur. Karşılıklı bağımlılık, 1973'te Petrol İhraç Eden Arap Ülkeleri Örgütü (OAPEC) tarafından ABD'nin İsrail'e desteğine tepki

---

[13] Milton Friedman, *Essays in Positive Economics,* The University of Chicago Press, Chicago 1953

[14] Milton Friedman, *Capitalism and Freedom,* The University of Chicago Press, Chicago 2002, s. 25.

[15] Tanım, "ahlak felsefesinde, fayda peşinde koşan egoist ve hedonist varlık anlamına gelmektedir." Hüseyin Akyıldız, "Tartışılan Boyutlarıyla "Homo Economicus"", *Süleyman Demirel Üniversitesi İİBF Dergisi,* Cilt: 13, Sayı: 2, 2008, s. 38.

[16] James M. Buchanan, "Constitutional Restrictions on the Power of Government", *The Theory of Public Choice – II,* Derleyen: James M. Buchanan ve Robert D. Tollison, The University of Michigan Press, Michigan 2009, s. 450.

[17] Muharrem Gürkaynak - Serhan Yalçıner, "Uluslararası Politikada Karşılıklı Bağımlılık ve Küreselleşme Üzerine Bir İnceleme", *Uluslararası İlişkiler,* Cilt: 6, Sayı: 23, 2009, s.75.

olarak alınan ambargo kararına[18] benzetilebilir; ancak bir örnek oluş-turmaz. Kuzey Kıbrıs Türk Cumhuriyeti'nin (KKTC) ekonomik anlamda Türkiye'ye duyduğu gereksinim de bir karşılıklı bağımlılık örneği değildir. Kısacası, bağımlılık ve karşılıklı bağımlılık farklı durumları ifade et-mektedir. Karşılıklı bağımlılık, yeni aktörlerin belirmesiyle daha karmaşık bir şekil almıştır: Karmaşık karşılıklı bağımlılık. Bunun üç temeli ise çok uluslu şirketler ve bankalar gibi hükümet dışı aktörlerin toplumlar arasında köprü kurmasını ifade eden kanalların artması, "uluslararası ilişkiler gündeminin belli bir öncelikler hiyerarşisinden yoksun olması" ve "askeri gücün öneminin ve rolünün geçmişe kıyasla belirgin bir biçimde" ortadan kalkmış olmasıdır.[19] Hükümetlerin, toplumların ekonomik bek-lentilerini karşılayabilmesi için liberal ekonomik sistemden yararlanması kabul edilirse, bu sistemin bir sonucu olan karşılıklı bağımlılık, ABD veya Çin gibi bir aktörün pozisyonundaki değişikliğe rağmen sabit kalacaktır.[20] Ticari ilişkiler, sistemdeki güçlü ve etkin bir aktörün ortadan kalkması veya kapalı ekonomiye geçmesi durumunda bile sürdürülecektir; çünkü bugünkü ticaret ağında, hemen her ülke ekonomisinin yeri doldu-rulabilir. Karşılıklı bağımlılık, bir unsurun çekilmesiyle zarar görebilir; ancak benzer bir etkileşimin kurulması da olasıdır.

Karşılıklı bağımlılığın bir sonucu gibi okunabilecek olan işbirliği ise, ta-rafların kazan-kazan mantığına dayanan eylemlere yöneleceğini açık-lamaktadır. İşbirliği ise, tek taraflı olamayacağı gibi, yalnızca devlet-lerarasında da değildir; çünkü çok uluslu şirketlerden sivil toplum kuruluşlarına kadar geniş bir yelpazede sisteme eklenen aktörler bu-lunmaktadır. Çoğulcu bir yaklaşımla ele alınan ve tarafların kazanmasına yönelik hedeflenen işbirliği, her ne kadar herkes için aynı oranda çıkar sağlamasa da, çatışmanın önleyici ödülü olarak yorumlanabilir.

21. yüzyılda belki karşılıklı bağımlılık kadar güvenlik ve barış konusunun anlaşılmasına katkısı olmasa da, ülkeler arasındaki ticarete dayalı işbirliğinin ifadesi aşamasında Mill'in ortaya koyduğu karşılıklı talep kanunu[21] ve Ricardo'nun Smith'in fikrine karşı ileri sürdüğü karşı-laştırmalı üstünlük kuramı[22] ülkeler arasındaki işbirliğinin sağlana-

---

[18] William L. Clevend, *Modern Ortadoğu Tarihi*, Çeviren: Mehmet Harmancı, Agora Kitaplığı, İstanbul 2008, s. 502.

[19] Muharrem Gürkaynak, Serhan Yalçıner, *a.g.m.,* s. 78-79.

[20] Tayyar Arı, *Uluslararası İlişkiler*, Alfa, 2. Baskı, İstanbul 1997, s. 348-349.

[21] "(...) bir ülkenin, diğerinin malına karşı talebinin şiddetinin derecesi bilinirse, dış ticaret hadlerinin belirlenmesi o derece mümkün olur." Esra Yüksel, Ercan Sarıdoğan, "Uluslararası Ticaret Teorileri ve Paul. R. Krugman'ın Katkıları", Marmara Üniversitesi SBE Öneri Dergisi, Cilt: 9, Sayı: 35, 2011, s. 200.

[22] "Bir ülke, bütün mallarda, diğerine göre daha üstün olsa da, karşılaştırmalı olarak en fazla üstünlüğe sahip olduğu mallarda uzmanlaşıp daha az üstün olduğu malları ithal ederek daha fazla

bilmesine olanak tanımıştır. Bugünkü genel ticaret fikirlerinin, birbirini tamamlayıcı şekilde art arda geliştirilen bu kuram ve yaklaşımlarla oluştuğunu belirtmek doğru olacaktır. İngiltere'nin üretim ve ticaret konularında üstün olduğu ve ilk kez Smith tarafından Merkantilizme tepki olarak[23] ortaya çıkan liberal ticaret kuramları, uluslararası ticaretle refah (erdem) seviyesinin artacağı umudunu barındırmış ve sonrasında uluslararası barış için gerekli görülmüştür.

İşbirliği: Bölgeselleşme veya Küreselleşme

İşbirliğinin sağlanabilmesi için liberal demokrasilerin bulunması bir koşuldur ve bu işbirliği için oluşturulan topluluğa "liberal uluslararası toplum" ifadesi verilmiştir. Liberal uluslararası toplum, iki kavram üstünde, *liberal devletlerin topluluğu* ve *devletlerin liberal topluluğu* olarak açıklanabilir.[24] Hem devletler, hem de kurdukları oluşum aynı özelliği taşımaktadır. Liberal hükümetlerarasıcılık (*liberal intergovernmentalism*), adında "liberal" sözcüğü geçen tek liberal kuramdır ve AB'nin bütünleşmesiyle ilgili olarak ortaya çıkmıştır.[25] Ayrıca Neoliberalizm de, AB gibi kurumların varlığına görece sıcak bakmaktadır. Bu yaklaşım, Liberalizmin işbirliği temasından yola çıkılarak daha rahat anlaşılabilir.

Liberalizmin doğrudan öngörüsü olmasa da, onunla özdeşleşen bir diğer kavram da küreselleşmedir. Hatta Küresel Köy fikri, bugünkü koşullar altında çok daha gerçekçi görünmektedir. Gerek kitle iletişim araçlarının erişilebilirliği, gerek sosyal medya, gerek ülkeler ve diğer aktörler arasındaki enerji başta olmak üzere ticaret konuları etkileşimin hızını ve kapsamını arttırmaktadır. Domino etkisi ve/veya kelebek etkisi, birçok olayda rahatça görülebilir: 2008 krizinin birden fazla ülkeyi sırayla etkilemesi ve bu etkilerin 2015'te bile kimi ülkelerde görülebilmesi (ekonomik), Arap Baharı'nın 2010'un son çeyreğinde Tunus'ta başlayıp hızla yayılması ve 2015 itibariyle Yemen ve Suriye'de şiddetle sürmesi (politik) gibi.

Liberal ekonomiler, geçiş ekonomileri ve diğerleri mutlak surette birbirleriyle etkileşim içinde bulunmaktadır. Uygulanan ambargo veya

---

refaha ulaşabilir." Yusuf Bayraktutan, "Bilgi ve Uluslararası Ticaret Teorileri", *C.Ü. İktisadi ve İdari Bilimler Dergisi*, Cilt: 4, Sayı: 2, 2003, s. 177.

[23] Canan Balkır, *Uluslararası Ekonomik Bütünleşme*, İstanbul Bilgi Üniversitesi Yayınları, İstanbul 2010, s. 46.

[24] Frank Schimmelfennig, "Liberal Theory and European Integration", *After Liberalism?*, Derleyenler: Rebekka Friedman, Kevork Oskanian ve Ramon Pacheco Pardo, Palgrave Macmillan, Londra 2013, s. 260.

[25] Frank Schimmelfennig, *a.g.m.*, s. 253.

ticari kısıtlamaların bile bir şekilde delinebildiği görülmektedir. Etkileşim ekonomik ve politik anlamda oluşmaktadır ve bireyler bilinçli ya da bilinçsiz olarak yeni ya da cazip olanı kabullenmektedir. Buna eleştirel olarak tek tipleşme ya da kültürel değerlerin değişimi gözüyle bakılabilir; ancak politik olarak asıl eleştiri, ulus devletin geleceği konusundadır. Bardağın boş tarafı ulus devletin geleceğinin tehlikede olmasıyken, diğer yandan ulusların refahı için de olumlu bir fikir doğurmaktadır.

Uluslararası politik ekonomi yazınında çok kutuplu bir sistemin endişe kaynağı olabileceği üstünde durulmaktadır. Ticaret anlaşmalarından bütünleşme adımlarına kadar geçen süreçler bölgeselleşmeyi çağrıştırıyor olsa da, liberal kuram açısından küreselleşmenin de inkârı olanaksızdır. Uluslararası aktörlerin birbirleriyle etkileşim hâline girmeleri ve bu bağlamda karşılıklı bağımlılıklarını arttırmaları, her ne kadar bölgeselleşmeyle açıklanabilir olsa da, aslında üçüncü taraflara da doğrudan ya da dolaylı etkilerinden bahsetmek olasıdır.

Barış veya Savaş

Liberalizmin güvenliğe yaklaşımıyla ilgili yazında sıkça geçen ve temel savları itibariyle ayrılan görüşler demokratik barış kuramı, ticari barış kuramı ve kurumsal barış kuramıdır.[26] Bu üç kuram da Liberalizmle açıklanmaktadır ve aralarında rejim ve ticaret gibi kavram ve olguların işleyişiyle ilgili ayrılıklar bulunmaktadır. Çalışmada üç kuram ayrı ayrı ele alınmamıştır. Kısaca bahsetmek gerekirse; demokratik barış kuramı, *"demokratik devletlerinin birbirleriyle ilişkilerinde silahı ve gücü daha az kullandıklarını ifade"*[27] etmektedir. Ticari barış kuramı ise, ticaret ve diğer ekonomik etkinliklerin ülkeler arası barışın sağlanmasını öngörmektedir.[28] Kurumsal barış kuramı kurumsal Liberalizmden çıkmıştır ve çalışma konusuyla ilgili değildir. Çalışmada tercih edilen yöntem, Liberalizmin güvenliği açıklamasındaki en yaygın görüşlerin derlenmesi yönündedir ve bunlar da genel olarak ticaretin serbestliğiyle yönetimlerin liberalliğidir. Üç kuram içinden demokratik barış kuramı ve ticari barış kuramı çalışma konusuna daha uygundur.

Liberalizm, gerek ana savları, gerekse ticarete bakışıyla birey ve ticaretin özgürlüğüne önem vermektedir. Bu bağlamda devlete atfedilen görevler

---

[26] Üç kuramın sırasıyla İngilizce karşılıkları şöyledir: Democratic Peace Theory, Commercial Peace Theory, Institutional Peace Theory.

[27] Faruk Ekmekçi, "Demokratik Barış Teorisi: Bir Değerlendirme", *Uluslararası Hukuk ve Politika*, Cilt: 7, Sayı: 26, 2011, s. 108.

[28] Michael Rolland Sullivan, "`Tear Down These Walls`: Economic Globalisation and the Future of Intersate War", *Mapping Politics*, Cilt: 5, 2013, s.8.

sınırlandırılmıştır. Barışın tesisi (veya savaşın önlenebilmesi) de liberal kuramla açıklanabilmektedir: *"(...) uluslararası barışın küresel düzeyde liberal siyasi ve ekonomik norm ve kuralların tatbikine bağlı olarak gerçekleşebileceğini öne sürmektedir. Liberal siyasi normların yerleşmesiyle liberal demokratik rejimler, liberal ekonomik kuralların uygulanmasıyla da serbest piyasa ekonomisi yaygınlaşacaktır. Böylece uluslararası sistem genelinde devletlerarası etkileşim çatışmacı rekabet ve savaş döngüsünden çıkarak menfaat odaklı işbirliği ağırlık kazanabilecektir."*[29]

Eğer ülkelerin tümü liberal yapılanmaya geçerse, Realizmin öngördüğü tehdit ve riskler tam anlamıyla ortadan kalkabilecektir. Liberalizme göre; liberal demokrasilerde vatandaşların ilgi odakları akla uygun, öngörülebilir ve güvenilir olduğu için liberal ülkeler arasında savaş çıkması olası değildir.[30] Ayrıca uluslararası örgütler, devletlerarasındaki işbirliğini sağlayacak güveni tesis edeceklerinden, anarşik uluslararası sistemdeki belirsizlik giderilip görece istikrar sağlanabilir ve uzun vadeli mutlak kazançlar için savaşlardan kaçınılır.[31] Hatta liberal seçkinler (ileri gelenler) sayesinde, liberal olmayan devlet yöneticilerinin savaşa girme isteği önlenebilir ve yöneticiler, kamuoyunu ikna edebilmek şöyle dursun, savaşa girmeleri durumunda seçimleri kaybedebilme korkusunu taşıyabilir.[32] Liberalizm barışın tesis edilmesinde bireylere de görev atfetmiştir: *"(...) bireysel düzeyde iş birliği ve toleransla zaman içinde halklar ve devletler üzerinde barıştırıcı etkisi görülecek olan demokratik ideallerin yayılmasının hızlandırılacağı inancı."*[33]

Bireysel düzeyde de işbirliğinin sağlanıp hoşgörünün egemen kılınabilmesi, küreselleşen dünyada romantik bir beklenti değildir. Neredeyse küresel ölçekteki medya yayınlarının, gelişen kitle iletişim araçlarıyla en uzak iki noktada bulunan bireyleri birbirleri hakkında anında haberdar edebilmesi, insanların eğitim veya gezi gibi nedenlerle dünyanın dört bir yanına giderek yeni insanlarla empati (eşduyum) kurabilmesi ve benzeri eylemler, bireylerin barıştırıcı gücünün olası olduğuna örnek verilebilir. Savaş karşıtı gösteriler, uluslararası yardım kuruluşlarına yapılan finansal

---

[29] Atilla Sandıklı - Erdem Kaya, "Barış Kavramına Teorik Yaklaşımlar ve Küresel Yönetişim", *İstanbul Ticaret Üniversitesi Sosyal Bilimleri Dergisi*, Sayı: 23, 2013, s. 62.
[30] John M. Owen, "How Liberalism Produces Democratic Peace", *International Security*, Cilt: 19, Sayı: 2, 1994, s. 95.
[31] Metin Gurcan, "Savaşın Evrimi ve Teorik Yaklaşımlar", *Teoriler Işığında Güvenlik, Savaş, Barış ve Çatışma Çözümleri*, Editör: Atilla Sandıklı, Bilgesam Yayınları, İstanbul 2012, s. 82.
[32] John M. Owen, *a.g.m.*, s. 124.
[33] Paul R. Viotti - Mark V. Kauppi, *Uluslararası İlişkiler ve Dünya Siyaseti*, Çeviren: Ayşe Özbay Erozan, Nobel, Ankara 2014, s. 34.

destekler gibi... Bu noktada getirilebilecek olan eleştiri ise, bireyciliğin yol açtığı bencillik olabilir; çünkü hâlen açlıkla mücadele eden ve refah düzeyi (özellikle bebek ölüm hızları dikkate alındığında) çok düşük olan ülkelere karşın zenginlik seviyesi çok yüksek olan kişi veya çok uluslu şirketlerin bulunmasıdır.

Liberalizme göre savaşların çıkma nedenleri dönemsel olarak farklılık gösterdiği gibi, yapısal anlamda (bakış açısına göre) da farklılık göstermiştir: Hükümetlerin doğal düzeni rahatsız edecek şekilde yerel ve uluslararası müdahaleleri, uluslararası politikaların demokratik olmayan doğası ve güç sisteminin dengesi savaş nedenleridir.[34] Öne sürülen bu nedenlerin çözümü Liberalizm tarafından liberal ve demokratik yönetimler olarak gösterilmiştir. Yani doğal düzenin sürdürülebilmesine olanak tanıyan, özellikle serbest piyasaya müdahaleden kaçınan, çoğulcu bir yaklaşımla kazan–kazan amacına yönelik işbirliğini destekleyen tavırlara sahip olan iki devletin savaşmak için bir nedeni bulunmamaktadır.

Barışın tesisi ya da savaşın önlenmesi, liberal kuram sayesinde askeri anlamının dışına çıkartılabilmiştir. Liberalizm askeri gücü tamamen ret etmez; ancak Realizm kadar da önem vermez.[35] Böylece "güvenlik" kavramı, tekrar sorgulanabilmesiyle daha verimli bir çalışma alanı oluşturur. Sınırların genişletilmesi ya da egemenlik hakkının artırılması dışında, çevresel sorunlardan insan kaçakçılığına kadar uzanan bir boyutta güvenlik algısı tartışılmaya başlanmıştır. Kronolojik olarak petrol fiyatlarındaki öngörülemeyen artış, Soğuk Savaş'ın bitmesi, Irak'ın İran'la savaşıp Kuveyt'i işgali, iki kez ABD'yle karşı karşıya gelmesi, Balkanlar'da etnik çatışmalar, Rusya'yla Çin'in yakınlaşması, 11 Eylül 2001 terör olayları, 2008 krizi, Avrupa'da sol partilerin ivme kazanması, Arap Baharı ve ardından oluşan beklenmedik istikrarsız ve yer yer iç savaşların sürdüğü ortam bugünkü güvenlik algısını oluşturan temel noktalar olmuştur. Tüketimin artıp üretimin (ve kaynakların) sınırlılığı ise, bir başka sorunu gündeme getirmiştir: Enerji yollarının güvenliği. Liberalizm, teorik anlamda bu sorunların, endişelerin veya beklenmedik gelişmelerin çözümü için idealist bir tutumdur; ancak kuramın belirttiği şekliyle, tüm aktörlerin liberalleşmemiş olması, ciddi bir sorun oluşturmaktadır. Olumlu durum ise, tüm bunlar cereyan ederken tek etkilenenin devlet olmadığını savunmasıdır; çünkü birey başta olmak

---

[34] Tim Dunne, "Liberalism", *The Globalization of World Politics,* Derleyenler: John Baylis ve Steve Smith, Oxford University Press, New York 2001, s. 164.
[35] Şeref Çetinkaya, *a.g.m.*, s. 253.

üzere, şirketler, kurum ve kuruluşlar da bunlardan etkilenmektedir. Bu da yorumlamaları asker ve/veya ordu tekelinden çıkartıp politik, ekonomik, kültürel, çevresel, teknik ve askeri zemine oturtmuştur.

İsrail-Türkiye İlişkilerine Genel Bakış ve Türkiye Açısından İlişkilerin Belirleyicileri

İki toplum arasındaki ilişkiler, çalışmaya konu olan iki ülkenin kurulmasından daha eskiye dayanmaktadır. Osmanlı döneminde, daha sonra Türkiye vatandaşı olan Yahudiler de olmuştur. İspanya, İtalya ve Rusya gibi farklı yerlerden gelip milliyetçi akımlardan etkilenmemiş ve 1920'li yıllardaki Türkçe konuşmanın yaygınlaşması çalışmalarına seçkinlerince destek olunmuş, Türkiye'nin dostluğuna işaret edilmiştir.[36] İkinci Dünya Savaşı sırasında Paris, Marsilya, Lyon, Atina, Selanik gibi merkezlerde diplomatik ve gayriresmi yollarla hem Türk vatandaşı olan, hem de Türk vatandaşlığı bulunmayan Yahudilere yardım edilmiştir.[37] 1999'daki Marmara'da yaşanan deprem sonrasında da ilk dış yardımlardan biri İsrail tarafından sağlanmış ve buna benzer çeşitli yıkımlarda iki ülke birbirine destek olmuştur. Bireyler ya da toplumlar arasında belli bir gerginliğin bulunmadığı açıktır; ancak yönetimler arasında kimi uyuşmazlıklar ilişkilerin resmen başlamasıyla neredeyse süreklilik kazanmıştır. Türk dış politikasının yön vericisi olan Doğu ve Batı arasındaki etkileşimi belirleyen ikicilik, toplumla seçkinlerin yaklaşımının ayrışmasına neden olurken,[38] İsrail'in yönetimindeki neredeyse herkesin asker veya istihbarat kökenli olup toprakların, dinsel açıdan vaat edilmiş olduğuna inançtan doğan güvenlik devleti yapısı,[39] iki ülke arasındaki ilişkilerin temelini oluşturmaktadır. Antisemitist eylem ve görüşler de, bazı olayların sonrasında aniden ortaya çıkmış; ancak geniş kitlelerce hiçbir zaman sahiplenilmemiştir. Türkiye'de kökten bir ırkçılığın[40] hiçbir zaman bulunmayışı ve hem geleneksel, hem de dinsel açıdan hoşgörünün üstün tutulması, Yahudilerin Türkiye'de yaşayabilmesine olanak tanımıştır. Bu noktada vurgulanması gereken husus;

---

[36] İlber Ortaylı, *Batılılaşma Yolunda,* Merkez Kitapçılık, 2007, İstanbul, s. 202-219.

[37] Onur Öymen, *Türkiye'nin Gücü,* Remzi Kitabevi, 4. Baskı, 2003, İstanbul, s.382.

[38] M. Hakan Yavuz, "İkicilik (Duality): Türk-Arap İlişkileri ve Filistin Sorunu (1947-1994)", *Türk Dış Politikasının Analizi,* Derleyen: Faruk Sönmezoğlu, Der Yayınları, İstanbul 1994, s. 244.

[39] Edip Başer, "Bölgedeki Güvenlik Sorunlarının Türkiye'ye Etkileri", *Beşinci Uluslararası Sempozyum Bildirileri (İstanbul, 05-06 Haziran 2008) "Orta Doğu; Belirsizlikler İçindeki Geleceği ve Güvenlik Sorunları,* Genelkurmay Askerî Tarih ve Stratejik Etüt Başkanlığı, Ankara 2008, s. 186.

[40] Afrika kökenlilere Arap veya zenci denmesi ırkçılık örneği gibi gösterilmektedir; ancak değildir. Ayrıca etnik yapı çeşitlilik gösterdiğinden ve özellikle evlilik bağıyla içselleştirildiğinden, ortak "biz" duygusu Türkiye'de güçlüdür. Milliyet, din, mezhep gibi farklılıklar yasalar önünde de, toplum tarafından da genel olarak hoşgörüyle karşılanmaktadır.

her İsrail politikasının eleştirilmesinin antisemitist olarak yorumlan-maması gereğidir çünkü herhangi bir ülkenin bir politikası eleşti-rildiğinde, o ülkeye ya da değerlerine saldırıldığı anlamı doğmamaktadır. Bununla birlikte, Türkiye'de yaşayan ve vatandaş olan Yahudilere yaklaşımın İsrail'le olan ilişkilere göre şekillendirilmesi de doğru ol-mayacaktır.

Türkiye açısından İsrail ve Türkiye ilişkilerinin belirleyici unsurları olarak Kıbrıs ve Filistin ön planda bulunmaktadır. Her iki konuda da iki ülkenin yaklaşımı zıt şekillenmiştir. Hatta 1991'e dek 24 yıl maslahatgüzarlık, altı yıl ikinci kâtiplik seviyesinde[41] Tel Aviv'de bulunulmuştur. Türkiye'nin İsrail ile ilişkileri, Batıyla olan ilişkilerine paralellik göstermiştir. İyileşme ve kötüleşme süreçlerinde, Batı figürüyle olan ilişki yönlendirici ol-muştur.

Sovyet tehdidinin algılandığı ve buna bağlı olarak Avrupa ve ABD ile ilişkilerin yoğunlaştığı bir dönemde Türkiye'nin Ortadoğu politikaları şekillenmeye başlamış, 28 Mayıs 1949'da İsrail tanınmış ve 1950'de diplomatik ilişkiler başlamıştır.[42] 1956'da yaşanan Süveyş Kanalı sorunu üstüne, Bağdat Paktı'nın Türkiye ile birlikte üyesi olan Irak'ın isteğiyle Tel Aviv büyükelçisi geri çekilmiş; ancak büyükelçi Dış İşleri Bakanlığı'na giderek bunun bir taktik politikası olduğunu aktarmıştır.[43] Takip eden süreçte Türkiye, Kıbrıs'ta yaşananlar konusunda BM'de yalnız bıra-kılmıştır. Özellikle 1950'li yıllardan itibaren Türkiye'nin müttefiki olan ABD, Kıbrıs'a müdahale konusunda 1960'lı yıllarda öngörülmemiş bir tavır izlemiştir. (Bkz: Johnson Mektubu) Türkiye'yi bu duruma düşüren Batıya karşı, Türkiye'nin dış politikası da tepki olarak görece ilişkilerin olumsuz veya nötr olduğu ülkelere kaymıştır. Bu ülkelerin içinde Arap ülkeleri de bulunmaktadır. 1967 Arap–İsrail Savaşı'nda da Arapların yanında yer alınmış, askerî bir destek sağlanmasa da, insani yardım verilip üslerin Arapların aleyhine kullanımına izin verilmemiştir.[44] 1969'da Mescid-i Aksa'nın yakılması sonrası Türkiye, İslam Konferansı Örgütü'ne katılmıştır.[45] 1973'teki Yom Kippur Savaşı'nda ABD'nin üs kullanımına izin verilmemiş; ancak SSCB'nin Araplar lehine hava sahasını

---

[41] Gencer Özcan, "Türkiye İsrail Yakınlaşmasında İlk Onyılın Ardından", *Beş Deniz Havzasında Türkiye,* Derleyenler: Mustafa Aydın ve Çağrı Erhan, Siyasal Kitabevi, Ankara 2006, s. 325.

[42] M. Hakan Yavuz, *a.g.e.,* s.246.

[43] M. Hakan Yavuz, *a.g.e.,* s.247.

[44] Bashar Belal, *1993 Yılı Sonrasında Türkiye-İsrail Askeri İlişkileri,* (Atılım Üniversitesi, Sosyal Bilimler Enstitüsü, Uluslararası İlişkiler Anabilim Dalı, Basılmamış Yüksek Lisans Tezi), Ankara 2012, s. 8.

[45] Damla Aras, "Türkiye'nin Ortadoğu Politikaları", *Beş Deniz Havzasında Türkiye,* Derleyenler: Mustafa Aydın ve Çağrı Erhan, Siyasal Kitabevi, Ankara 2006, s. 290.

kullanmasına izin verilmiştir. [46] İki savaşta izlenen tutum, Araplar nezdinde Türkiye'ye olumlu yaklaşılmasına izin vermiş; ancak ABD ile olan ilişkileri de bir o kadar olumsuz etkilemiştir. Türkiye'nin tercihleri konusunda dönemin koşulları durumun anlaşılmasına yardımcı olabilir; çünkü döviz sıkıntısı ve ambargolar gibi ekonomik sorunlar, muhafazakâr kesimlerin desteğinden yararlanma arzusu söz konusu yıllarda itici unsurlar olmuştur. [47] Bunlara karşın 1974 Kıbrıs Barış Harekâtı'nda Araplardan sınırlı bir destek alınabilmiş; ancak beklenenin tam olarak karşılığı sağlanamamıştır. [48] 1980'de İsrail'in Kudüs'ü başkent olarak duyurması kınanmış ve takip eden ay içerisinde Kudüs'teki başkonsolosluk kapatılmıştır. [49]

1990'lı yıllar, önceki dönemlere göre daha iyi ilişkilerin yaşandığı bir süreç olmuştur. 1993'te Hikmet Çetin, İsrail'i ziyaret eden ilk Dışişleri Bakanı, 1994'teyse Ezer Weizman, Türkiye'yi ziyaret eden ilk Cumhurbaşkanı olmuş, 1994'te İsrail Savunma Bakanlığı Müsteşarı Türkiye'ye gelerek F4 ve F5 savaş uçaklarının tamiri ve askeri konular üstüne görüşmeler yapmıştır. [50] 1990'lı yılların önceki dönemlerden farklı olmasındaki belki de en önemli faktör, 24 Ocak 1980'de alınan kararların anca bu yıllarda anlam kazanabilmesi ve uygulama örneklerinin sıklaşmasıdır. Bu yıllarda, yalnızca İsrail ile değil, SSCB'den bağımsızlıklarını kazanan Orta Asya cumhuriyetleri ve Azerbaycan'la da ilişkiler başlatılmış ve Balkanlarla da ilgilenilmiştir. Türkiye'nin ABD dışında ordunun modernizasyonu için yeni bir seçenek bulundurma ve ABD'deki Yahudi lobilerinden yararlanabilme isteği[51], İsrail'i iyi konuma taşımıştır.

1980'li yıllara kadar önem barındıran Kıbrıs konusu, Araplardan yeterli destek alınmaması, liberal ve/veya neoliberal politikaların 2000'li yıllara kadar Türkiye'de yoğunlaşması, Kıbrıs konusunun sonsuz bir sarmala girip kimsenin işin içinden çıkamaması gibi nedenlerle dış politikadaki belirleyiciliğini yitirmiştir. 1990'lı yıllarında sonlarında, Filistin konusu Ortadoğu ve özellikle İsrail ilişkilerinde belirleyici olmaya başlamıştır. Bülent Ecevit'in Başbakanlığı döneminde İsrail'in Filistin politikaları eleştirilmiş ve takip eden süreçte de bu tutum korunmuştur. [52] Saddam Hüseyin'in devrilmesi sonrasında Kuzey Irak'taki peşmergelerin İsrail

---

[46] M. Hakan Yavuz, a.g.e., s.249.
[47] M. Hakan Yavuz, a.g.e., s.250-251.
[48] Damla Aras, a.g.e., s. 291.
[49] M. Hakan Yavuz, a.g.e., s.249.
[50] M. Hakan Yavuz, a.g.e., s.256.
[51] Damla Aras, a.g.e., s. 305.
[52] Türel Yılmaz, "Türkiye - İsrail İlişkileri: Tarihten Günümüze", Akademik Orta Doğu, Cilt: 5, Sayı: 1, 2010, s. 19.

tarafından eğitilmesi basına yansımış ve ilişkilerin tekrar kuşku ortamına girmesine yol açmıştır.[53] İsrail'in bölgede aktif olarak yer alması, Türkiye ile birlikte daha önceleri PKK'yı açıktan destekleyen Suriye ve İran'ı bile endişelendirmiştir.[54] 2005'te Abdullah Gül'ün İsrail ve Filistin'i ziyaret etmesi de, İsrail medyası tarafından ilişkilerin iyileştirilmesi olarak yorumlanmıştır.[55] Sonrasında yaşananlar ise şöyle derlenebilir:*"Ocak 2006'daki Filistin seçimleri sonrası Hamas'ın siyasi büro şefi Halid Meşal'in Türkiye'yi ziyareti, İsrail'in 27 Aralık 2008'de Gazze'ye karşı başlattığı "Dökme Kurşun Operasyonu", Davos Ekonomik Forumunda Başbakan Erdoğan ile İsrail Cumhurbaşkanı Şimon Peres arasında yaşanan "Davos krizi", Anadolu Kartalı Tatbikatının uluslararası boyutunun Türkiye tarafından iptal edilmesi, TRT ekranlarında gösterime başlayan ve Filistinlilerin dramını anlatan "Ayrılık" dizisine İsrail tarafından gösterilen tepki, İsrail'de Türkiye'nin Tel Aviv Büyükelçisinin alçak bir koltuğa oturtulmasıyla yaşanan "Alçak Koltuk Krizi" ve nihayet 2010 Mayıs ayının sonunda Gazze'de sivil halka yardım götürme amacıyla yola çıkan insani yardım konvoyunda bulunan Mavi Marmara gemisine İsrail askerlerince yapılan saldırıyla başlayan "Mavi Marmara Gemisi Krizi", Türkiye-İsrail ilişkilerini geri dönüşü çok zor bir döneme soktu."*[56]

İki ülke arasındaki diplomatik sıkıntılara karşın, Aralık 2010'da yaşanan büyük bir yangına, Başbakan Erdoğan'ın talimatıyla ilk yardım eden ülke Türkiye olmuştur.[57] Buna karşın ilişkilerin gerginliği sürmektedir. Özellikle Davos'ta hissedilen ve Mavi Marmara ile iyice gerginleşen ilişkiler, dolaylı olarak ticareti ve turizmi de etkilemiş; ancak 2010'daki olay sonrası, yaklaşan yıllarda ticaret seviyelerinde normalleşme görünmüştür.

İsrail ve Türkiye'nin önce Kıbrıs Türk toplumu, ardından Filistin konuları üstüne olan ayrı düşmeleri sonucunda, şimdiki Kıbrıs konusunda da ayrı hareket etmeleri öngörülebilir bir sonuçtur. Güney Kıbrıs, sırasıyla Lübnan, Mısır ve İsrail ile ikili münhasır ekonomik bölge anlaşmaları imzalamış ve özellikle İsrail ile yapılan anlaşma, Türkiye ve Kuzey Kıbrıs

---

[53] Damla Aras, *a.g.e.,* s. 314.
[54] Türel Yılmaz, *a.g.m.,* s. 20.
[55] Damla Aras, *a.g.e.,* s. 315.
[56] Türel Yılmaz, *a.g.m.,* s. 20.
[57] Abdülkadir Çevik - Bahar Senem Çevik Ersaydı, "Türkiye - İsrail İlişkilerinde Psiko - Politik Etkenler ve Toplumsal Algılar", *Akademik Orta Doğu,* Cilt: 5, Sayı: 2, 2011, s. 14-15.

tarafından eleştirilmiştir.[58] BM'nin de dâhil olduğu süreçte, Güney Kıbrıs, İsrail, Yunanistan ve Mısır ayrı bir cephe oluşturmuş ve Türkiye ile Kuzey Kıbrıs'ın beklentilerinin tersi yönünde eyleme geçilmiştir.[59] Türkiye de bölgedeki varlığını hissettirme arayışına girişmiş ve bu dönemde Güney Kıbrıs ile İsrail arasındaki bazı gelişmeler tekrar gündeme gelmiştir. İsrail'in Güney Kıbrıs'ta PKK terör örgütü üyelerini eğittiği, Güney Kıbrıs'ta İsrail üssü açılması girişimleri Türkiye açısından rahatsızlık verici iddialar olmuştur.[60] Doğu Akdeniz'in jeopolitik önemiyle ilgili olarak Türkiye'nin ve Batının çıkarları enerji konusunda da ters düşmüş ve hatta coğrafyadaki istikrarsızlıkların gizli olan temel nedeni olarak bölgenin sahip olduğu enerji rezervleri gösterilmiştir.[61] Gerek Güney Kıbrıs'ın Türk ve Türkiye düşmanlığı yönündeki kapsamlı çalışmaları, gerekse enerji konusundaki uzlaşı eksikliği, İsrail ile Türkiye'nin ilişkilerini belki de ilk kez somut gerekçelerle açmıştır. Diğer yandan, Türkiye ile İsrail'in arasındaki gerilim, Güney Kıbrıs tarafınca başarıyla değerlendirilmiş ve iki ülke arasındaki ilişkiden çıkar sağlanmıştır. Doğu Akdeniz ve enerji başlığı altında devam eden sürece ek olarak, Kuzey Kıbrıs'ta yasadışı yollarla İsrailli işadamlarının toprak edindiği bilgisi de medyaya yansımış[62] ve İsrail karşıtlığına bir araç olarak kullanılmıştır.

Görüldüğü üzere iki ülkenin çıkarları ilişkilerin başlamasından bugüne çelişmiştir. Kıbrıs, Filistin ve tekrar Kıbrıs konuları üstüne gelişen dış ilişkilerde son durağın Doğu Akdeniz'in enerji potansiyeli olduğu söylenebilir. İki ülkenin ilişkilerinin ise, üçüncü taraflarca suiistimal edildiği görülmektedir. Uzlaşı ve anlaşma kanalları her ne kadar tamamen kapanmamış olsa da, diplomatik anlamda somut bir adımın atıldığı henüz görülmemiştir.

---

[58] Ahmet Cemal Ertürk, "Doğu Akdenizde MEB Paylaşımı: Güney Kıbrıs-İsrail Örneği", *Bilgesam*, http://www.bilgesam.org/incele/1164/-dogu-akdeniz%E2%80%99de-meb-paylasimi--guney-kibris-israil-ornegi/, (14.06.2015)

[59] Ömer Bilge, "Doğu Akdeniz Krizinin Sonu Kötü", *Hürriyet*, http://www.hurriyet.com.tr/dunya/27548976.asp, (14.06.2015)

[60] Erdoğan Koç, "Doğu Akdeniz'de Sular Isınıyor: Güney Kıbrıs Rum Yönetimi ve İsrail Arasında Tehlikeli Yakınlaşma", *Tasep*, http://tasep.org/default.asp?s=yd&id=254&baslik=Dogu_Akdenizde_Sular_Isiniyor_:Guney_Kibris_Rum_YoneYone_ve_Israil_Arasinda_Tehlikeli_Yakinlasma, (14.06.2015)

[61] Nejat Tarakçı, "Mesele Mısır ve Suriye Değil: Doğu Akdeniz", *Tasam*, http://www.tasam.org/tr-TR/Icerik/5077/mesele_misir_ve_suriye_degil_dogu_akdeniz_, (14.06.2015)

[62] Emre Diner, "İsrail Arazide", *Takvim*, http://www.takvim.com.tr/guncel/2012/01/12/israil-arazide, (14.06.2015)

İsrail-Türkiye Ticaret İlişkileri

Liberalizmin en önemli dinamiği olarak ticaret, İsrail ve Türkiye ilişkilerinde belirleyici bir alandır. Bu noktada iki ülke arasındaki ticarete değinmek, ikili ilişkilerin boyutunun kavranmasında yararlıdır. Ayrıca belirtmek gerekir ki; Filistin'in ithalatının önemli bir kısmı İsrail üstünden gerçekleşmektedir ve Türkiye'nin İsrail'e olan ithalatının bir kısmı Filistin'e geçmektedir.[63] Türkiye ile İsrail arasında 1996'da imzalanan ve maddeleri içinde aşamalı olarak yürürlüğe giren serbest ticaret anlaşması bulunmaktadır. Ayrıca 1997'de yürürlüğe giren çifte vergilendirmeyi önleyici anlaşma da yürürlüktedir. AB Gümrük Birliği'ne üye olan Türkiye'nin aksine İsrail, ikili anlaşmalarla ticaretini canlı tutmayı hedeflemiştir. Zaten bölgesel olarak benzeri bir ticaret ortaklığı stratejik anlamda da güçtür. Türkiye'nin İsrail'e ihracatı, 2005'ten 2014'e kadar yaklaşık bir buçuk milyardan üç milyar ABD Doları'na ulaşmış; ancak toplam ihracatta İsrail'in payında (%1,5 ve %2 arasında) belirgin bir değişiklik yaşanmamıştır.[64]

2001'de[65] ve 2004'te[66] Manavgat Çayı'ndan İsrail'e 20 yıl süreyle su satışı kararlaştırılmış; ancak bunlar farklı nedenlerle hayata geçirilememiştir. Buna karşın Türkiye, 2013 yılında sekiz bin tonu geçkin içme suyunu İsrail'e ihraç etmiştir.[67]

İsrail Dışişleri Bakanlığı Sözcüsü Emmanuel Nachshon, iki ülke arasındaki ticaret ilişkilerinin iyiye gittiğini; ancak politik ilişkilerin aynı düzeyde olmadığını ifade etmiştir.[68] Gerçekten de ticaret rakamları göz önünde bulundurulduğunda, 2008 küresel krizi iki ülkenin ticaretini %12 civarında düşürmüş; ancak takip eden aralıkta %14,5 büyüme sağlanmıştır.[69] Ticaret rakamlarında, politikadan doğrudan bir etki-

---

[63] Ömer Aydın, "Türkiye-İsrail İlişkileri Dış Ticaret Hacmi Bilmecesi", http://akademikperspektif.com/2014/08/19/turkiye-israil-iliskileri-dis-ticaret-hacmi-bilmecesi/, (10.06.2015)

[64] TÜİK, *Ülkelere Göre Yıllık İhracat (En Çok İhracat Yapılan 20 Ülke)*, http://www.tuik.gov.tr/PreIstatistikTablo.do?istab_id=1545, (10.06.2015)

[65] Sabah, *Manavgat Suyu'na Yeni Talip*, http://www.sabah.com.tr/ekonomi/2011/11/02/manavgat-suyuna-yeni-talip, (10.06.2015)

[66] NTV, *İsrail'e Su Satışı Anlaşması Tamam*, http://arsiv.ntv.com.tr/news/260178.asp, (10.06.2015)

[67] Hürriyet, *Türkiye 69 Ülkeye Su Sattı*, http://www.hurriyet.com.tr/ekonomi/25842209.asp, (10.06.2015)

[68] Linda Gradstein, "Trade Between Israel and Turkey Booming", http://www.themedialine.org/biztec/trade-between-israel-and-turkey-booming/, (10.06.2015)

[69] Paul Rivlin, "Israel's Trade Relations with Turkey: An Update", *Tel Aviv University Middle East Economy*, Cilt: 1, Sayı: 1, 2011, s. 2.

lenme hissedilmemiş olsa da turizm sektörü politik söylemlerden kolayca etkilenmiş ve önemli bir düşüş yaşanmıştır.[70]

Tablo 1'de görüldüğü üzere; Türkiye'den İsrail'e giden kişi sayısında büyük dalgalanmalar yaşanmış ve diplomatik ilişkilerin kötüleştiği dönemlerin ardından düşüşler yaşanmıştır. Aynı düşüş, İsrail'den gelenlerde de görülmüştür. Son yıllardaysa tekrar yükselmeler yaşanmıştır. 2007 ve 2008 verilerine tekrar ulaşmak güç olsa da olasıdır.

Tablo 1: Yıllara Göre Turizm Verileri

Yıllar	2006	2007	2008	2009	2010	2011	2012	2013	2014
İsrail'e Giden Türkler*	5 607	42 312	10 683	11 956	12 099	4 860	5 099	20 016	13 482
Türkiye'ye Giden İsrailliler**	288 398	400 205	454 765	252 041	93 265	81 715	87 951	129 414	172 823

* TÜİK, *Gidilen Ülkelere Göre Yurt Dışına Giden Vatandaşlar,*
http://www.tuik.gov.tr/PreIstatistikTablo.do?istab_id=1611, (10.06.2015).
** TÜİK, *Milliyetlerine Göre Çıkış Yapan Ziyaretçi Sayısı,*
http://www.tuik.gov.tr/PreIstatistikTablo.do?istab_id=1610, (10.06.2015).

İki ülkenin ticaretinde ise Davos'la başlayıp Mavi Marmara'yla biten dönemin açık bir etkisi görünmemektedir. 2006'dan 2010'a kadar düzenli bir artış bulunmaktadır; ancak 2008 krizinin etkisiyle de ani bir düşüş yaşanmıştır. Buna karşın takip eden süreçte, 2011 ve 2012 verilerinde de düşüş olduğu görünmektedir ve ardından tekrar yükselişe geçilmiştir.

Tablo 2'de görüldüğü üzere; Türkiye'nin ihracatı, ele alınan yıllarda daha yüksek olmuş ve dış ticaret dengesi Türkiye lehine gerçekleşmiştir. Bununla birlikte, 2013 verilerine göre ilgili ülkeye yapılan ihracatın nüfusa oranlanması durumunda, İsrail daha yüksek oranda başarılı olmuştur.[71] Tabloda kullanılan aynı kaynaktaki verilere göre 2014'te, AB Gümrük Birliği'ne üye olan İrlanda, Danimarka, Yunanistan, Portekiz, Norveç, Finlandiya, Avusturya gibi ülkelerden ve Ekonomik İşbirliği Teşkilatı'na üye olan Pakistan, Kazakistan, Türkmenistan gibi ülkelerden daha fazla ihracat İsrail'e yapılmıştır. İthalat rakamları da ihracatta olduğu gibi benzerlik göstermiştir. Kısacası, Türkiye açısından değerlendirildiğinde, gerek ihracatta, gerekse ithalatta İsrail, beklenilen diğer

---

[70] Paul Rivlin, *a.g.m.,* s. 4.
[71] 2013 verilerine göre Türkiye'nin nüfusu 75 milyon, İsrail'in nüfusu 8 milyon olarak kabul edilirse, Türkiye'nin İsrail'e ihracatı 0.035 ve İsrail'in Türkiye'ye ihracatı 0.302'dir.

ticaret ortaklarından daha büyük bir öneme sahiptir. Toplam dış ticaret düşünüldüğünde ise, 2013 ithalatının %0,96'sı İsrail'le, aynı yılın ihracatının ise %1,74'ü İsrail'le gerçekleştirilmiştir. Tablo 3, yaklaşık oranların anlaşılabilmesi için yararlı görülmüştür.

Tablo 2: İkili Ticaret Verileri (Bin ABD Doları)

Yıllar	2006	2007	2008	2009	2010	2011	2012	2013	2014
Türkiye'nin İhracatı*	1 529 158	1 658 195	1 935 235	1 522 436	2 080 148	2 391 148	2 329 531	2 649 663	2 950 902
İsrail'in İhracatı**	782 149	1 081 743	1 447 919	1 074 727	1 359 639	2 057 314	1 710 401	2 417 955	2 881 262

* TÜİK, *Ülkelere Göre İhracat, http://www.tuik.gov.tr/PrelstatistikTablo.do?istab_id=624*, (10.06.2015)

** TÜİK, *Ülkelere Göre İthalat, http://www.tuik.gov.tr/PrelstatistikTablo.do?istab_id=625*, (10.06.2015)

Tablodan da anlaşılacağı üzere; her ne kadar AB Gümrük Birliği veya Ekonomi İşbirliği Teşkilatı üyesi olan kimi ülkelerle karşılaştırıldığında İsrail daha ön plana geçmiş olsa da Türkiye'nin ticari anlamda bağımlı olduğu bir ülke değildir. Tablo 3'te ayrıca (özellikle ihracat oranlarında) İngiltere, İran, Birleşik Arap Emirlikleri, Suudi Arabistan, Irak, Romanya, İspanya, İtalya gibi yoğun ticari ilişkilere sahip olunan diğer ülkeler ve Danimarka, Macaristan, Meksika, Lübnan, Hindistan gibi görece daha düşük olanlar eklendiğinde, İsrail'in arada kaldığı; ancak oran seviyesi bakımından yine de ilk yarı bölümünde durduğu görülebilir. Karşılıklı bağımlılığın bir sonucu gibi yorumlamak gerekirse, Türkiye de, İsrail de birbirine ticari anlamda gerek duymaktadır ve buna bağlı olarak, diplomatik anlamda ne kadar ters söylem bulunsa da ticari ilişkileri sürdürülmektedir.

Ticaret ilişkilerinin son bölümünde yabancılara arazi ve taşınmaz satışıyla ilgili değişen yasadan bahsetmek ve bir bilgiyi paylaşmak doğru olacaktır. İsrail ile ilgili kimi zaman gündeme gelen duyumlar, Güneydoğu Anadolu Bölgesi'nden toprak alımlarıyla ilgili olmuş ve Filistin-İsrail tarihine atıfta bulunularak rahatsızlık dile getirilmiştir. Hâlbuki 2644 sayılı Tapu Kanunu'na göre yabancılara imarlı arazilerin %10'undan fazlası satılamaz; ancak 2012'deki değişiklikle, 6302 sayılı kanuna göre, özel mülkiyete konu ilçe yüzölçümünün %10'undan fazlası satılamaz.[72] Güneydoğu ve Doğu Anadolu bölgelerinde bazı illerde sınıra gelindiği için satışlar durdurulmuştur. TBMM'deki bir soru önergesine verilen yanıtta sunulan eklere göre Almanya, Suriye, Avusturya gibi ülke vatandaşları yoğun talep göstermiş olsa da, İsrail'e ait bilgi bulunmamaktadır. Bu durumda, İsrail politikalarına ilişkin olumsuz beyanatları bulunan dönemin hükümeti tek başına sorumlu tutulmamalıdır; çünkü toprak satışıyla ilgili ithamlar genel olarak dönemin muhalif çizgisinde bulunanlara aittir.

Tablo 3: 2014 İhracat ve İthalat Ortaklarının Oranları (%)

	İsrail	ABD	Rusya	Çin	Fransa	Almanya	Azerbaycan	Yunanistan	Bulgaristan
İhracattaki Payı	1.87	4.02	3.77	1.81	4.10	9.61	1.82	0.97	1.29
İthalattaki Payı	1.18	5.25	10.44	10.28	3.35	9.23	0.12	1.66	1.17

Not: Önceki tabloda (Tablo 2) kullanılan kaynaklar ile oluşturulmuştur.

İsrail-Türkiye Güvenlik Algısı Üstüne Liberal Bir Değerlendirme

Soğuk Savaş'la birlikte uluslararası güvenlik salt askeri anlamda işlenen bir konu olmaktan çıkarak askeri, ekonomik, sosyal ve siyasal disiplinlerin birlikte harmanlandığı karmaşık bir içeriğe sahip olmuştur.[73] Realist kuramcılar bunu kabul etmiyor olsa da, onların dışında herkes bir ya da birden fazla konuyu ele alarak güvenlik üstüne yeni ürünler oluşturmuştur. Liberalizmin getirileri ise daha önce ayrıntılı olarak ele alındığı gibi ticaret ve demokratik yapıyla ilgilidir. Liberal açıdan İsrail ve Türkiye'nin ilişkilerinin değerlendirilmesi, uzlaşılmış, iyi bir ilişkiyi

---

[72] T. C. Çevre ve Şehircilik Bakanlığı, Strateji Geliştirme Başkanlığı, *Sayı: 30824082-610 Soru Önergesi Cevapları*, 29.01.2013, s. 1.
[73] Hamit Ersoy - Lale Ersoy, *Küreselleşen Dünya'da Bölgesel Oluşumlar ve Türkiye*, Siyasal Kitabevi, Ankara 2002, s. 39.

öngörmektedir; çünkü gerek ticaret hacimleri, gerek ülkelerin yönetim şekilleri liberalizme uygun şekillenmiştir.

Türkiye, İsrail ile Araplar arasında yaşanan savaşlar ve siyasi krizler hakkında uzlaştırıcı bir rol üstlenme amacına sahip olmuştur; ancak iki ülke arasındaki güvenlik algısının ilk örneği olarak; Irak ve Suriye'nin Türkiye'den doğan akarsular hakkındaki çatışmacı tutumları ve bunun oluşturduğu İsrail–Türkiye yakınlaşması [74] kabul edilebilir. Suriye'nin PKK'ya vermiş olduğu destekle birlikte Irak, İran, Suriye ve Türkiye üstünde kurulması düşünülen bağımsız bir beşinci ülkenin konum ve önemi de, İsrail için farklı anlaşılabilmektedir. Yeni bir Kürt devleti, İran'ın Araplar ile olan etkileşimini (özellikle Irak ve Suriye) etkileyebilir ve bölgede İsrail'e yeni bir ortak kazandırabilir; ancak diğer yandan, dört ülkenin İsrail ile ilişkilerini de geri dönüşü olmayacak şekilde bozabilir. İsrail'in tercihi, liberal açıdan düşünüldüğünde Türkiye'yle paralellik göstermektedir; çünkü pazar ve maliyet rakamları gözetildiğinde ticari ilişkilerin Türkiye'yle sürdürülebilir kılınması önemlidir. Ayrıca değişen dünyada Irak, Suriye ve İran'la da ilişkilerin geliştirilebilmesi yönünde umut vardır; çünkü İran'ın son yıllarda Batı'yla olan ilişkileri, Suriye'de devam eden iç savaşın nasıl sonuçlanacağı ve Irak'ın siyasal yapısı henüz netlik kazanmamıştır. Bunlara ek olarak, bölgede şeriata dayalı ve terör kaynaklı bir İslam Devleti'nin (IŞİD/DAEŞ/DEAŞ) kurulması, kuşkusuz tüm bölge ülkelerine büyük bir tehdittir ve risk gözetildiğinde, bölge ülkelerinin istikrarının sürdürülmesine odaklanılması, İsrail'in de Türkiye'nin de ekonomik çıkarlarına daha uygun görünmektedir.

Türkiye'nin Ortadoğu politikalarında dikkate aldığı Kıbrıs konusu, 1990'lı yıllarda iyice önemini yitirmiş olsa da, son yıllarda tekrar gündeme gelmiştir. Açıkçası Türkiye'nin eski ve yeni Ortadoğu belirleyicileri birlikte ele alındığında ulusal, dinsel ve kültürel değerler dikkat çekmektedir. Şöyle ki; Kıbrıs konusunda, adanın Türk toplumunun kökeni Anadolu'ya uzandığından kimlikler özdeşleşmiştir. "Kardeş" tabiri yerindedir ve Türkiye'nin bu yönde beklentileri olmuştur. Batı, Türkiye'nin beklentilerine olumsuz yanıt vermeyince, diğer seçenekler değerlendirilmiştir. Bu da İsrail'le ilişkileri olumsuz yönde etkilemiştir. Sonraki yıllardaysa Filistin, Kıbrıs'ın yerini almış ve Türkiye'nin beklentileri bu kez Filistin lehine şekillenmiştir. Batının tepki ve ilgisi bir yana dursun, İsrail'in duruşu, İsrail'le ilişkileri olumsuz yönde etkilemiştir. Ardından tekrar Kıbrıs konusu gündeme gelmiştir; ancak bu kez, önceki iki olaydan farklı olarak ayrıntı, adanın bulunduğu coğrafyayla ilgilidir: Enerji. Süregelen olumsuz

---

[74] M. Hakan Yavuz, *a.g.e.*, s.254.

ilişkiler, her iki ülkenin farklı enerji politikaları yürütmesine yol açmış ve tıpkı Türkiye'nin İran'la olan ilişkilerinin İsrail'i rahatsız etmesi gibi, Türkiye de İsrail'in Güney Kıbrıs'la olan ilişkilerinden rahatsız olmuştur. Her şeye karşın 2016'da taraflar arasında tekrar ilişkilerin kurulması, enerji konusunda da işbirliği ve uzlaşının mümkün olduğunu göstermiştir. Anlaşıldığı kadarıyla, her iki devlette olası işbirliği ve uzlaşı da kazanacaktır.

Jeopolitik bakımdan çelişen çıkarlara karşın, iki ülke arasındaki liberal kuramın öngörülerinde ise önemli bir sapma bulunmamaktadır. Öncelikle iki ülkede de parlamento bulunmaktadır ve seçimlerle üyeleri belirlenmektedir. Türkiye'de temsili demokrasi bulunurken, İsrail'de nispi temsil tercih edilmiştir; ancak bu farkın tek başına ayırt edici bir özellik olmadığının altı çizilmelidir. Parlamenter cumhuriyetler olarak, siyasal haklar anlamında örtüştükleri açıktır. Her iki ülke yönetiminde başbakan ve cumhurbaşkanı bulunmaktadır. Böylece her iki ülkede liberal demokrasinin kısmen ya da tamamen bulunduğu da kabul edilebilir. Her iki ülkede de özel medya kuruluşları bulunmaktadır. Her ikisinde de bireysel özgürlükler yasalarla güvence altındadır. Sonuç olarak; belki bir Kuzey Avrupa ülkesi kadar özgürlükler ya da yaşam kalitesi yüksek olmayabilir; ancak her iki ülkenin de kendilerine mahsus liberal demokrasileri bulunduğu ve bunların da benzeştiği anlaşılmaktadır.

Her iki ülke de açık ekonomiler olarak daha fazla yatırımcıyı çekmek için kimi teşvikler uygulamıştır. Ayrıca dış ticaretlerini de ekonomik yapıları doğrultusunda geliştirmiştir. Coğrafi olarak yakınlıkları ve birbirlerinin ihtiyaçlarını karşılıyor olmaları, tarihsel bir köklü sorunlarının bulunmayışı da ticaret verilerinin yükselmesinde önemlidir. Ticari anlamda birbirlerine muhtaç oldukları söylenemez: Türkiye'nin askeri ithalatında seçenekleri olduğu gibi, İsrail'in de içme suyu konusunda seçenekleri ve teknolojisi bulunmaktadır. Muhtaç olmasalar da, karşılıklı bağımlılığın söz konusu olduğundan bahsetmek doğru olacaktır. Ayrıca, ülke toplumlarının birbirlerine köklü bir kin duymamaları ve açıkçası, birbirlerinden önce başka daha büyük risk ve tehditlere sahip olmaları, iki ülkenin de bölgesel ve uluslararası işbirliğine gidebilmesine uygun bir zemindir. Her ne kadar ilişkileri kimi zaman durup kimi zaman düşüş yaşamış olsa da, aslında buna neden olan üçüncü taraflardır; İsrail veya Türkiye değildir.

Durum bu şekliyle kabul edilirse, liberal kuramın savaş gerekleri doğrultusunda iki ülkenin savaşma olasılığı bulunmamaktadır. Ayrıca örtüşen çıkarları düşünüldüğünde, daha sıkı işbirliklerinin de önünün açık olduğu iddia edilebilir. Bununla birlikte, ülke yönetimlerinin kimi gerekçelerle karşıtlığa odaklanmalarının geçici olduğu söylenebilir; çünkü parlamenter cumhuriyetlerde kamuoyuna yansıtılan politika ve demeçlerin tekrar seçilebilmeye yönelik olduğu fikri bulunmaktadır. İkisinin yönetim sistemlerinden ötürü savaş kararı da zaten en zor çözüm yoludur.

Sonuç Yerine

1920'li yıllardan bugüne dek önce Mustafa Kemal'in yenilikleri, ardından AB'ye üyelik aşamasında uygulamaya sokulan politikalar, Türkiye'de çağdaşlaşma sürecinin süreklilik kazanmasını sağlamıştır ve bugünkü koşullarda, Avrupa'nın Türkiye'yi defalarca reddetmesi, kendilerine karşı bir karşıtlığa dönüşebilir; çünkü toplumun özgüveni eskiye göre yükselmiştir.[75] Ayrıca AB dışında Avrasya, Orta Asya, Ortadoğu seçeneklerinin de Türkiye tarafından rahatlıkla değerlendirilmesi olasıdır. Liberal kurama dayanarak, İsrail ile birlikte diğer tüm seçeneklerin değerlendirilmesi, gerek barış için gerekse ulusal seviyede kalkınma için gereklidir. Bu durum, ayrıca demokrasinin daha iyi yaşanabilmesi için de ön koşullardan biridir.

İsrail ile Türkiye arasındaki sıkıntılar, Kıbrıs ve Filistin konuları üstüne odaklanmış ve genel çerçeve içinde Türkiye'nin İsrail'e yaklaşımı, Batı'nın Türkiye'ye etkisiyle şekillenmiştir. Buna karşın toplumlar arasında açık bir düşmanlık hiçbir zaman bulunmamıştır. Türkiye'nin Batı etkisiyle İsrail'e olan uzaklığına karşın, İsrail daha ılıman kalmış; ancak 2000'li yıllarda değişen bölge dengeleri karşısında, İsrail yönetiminde de sertlikler belirmiştir. İsrail, bölge çıkarları için Türkiye'nin çıkarlarıyla çatışan politikalar yürütürken, aynı tavrı Türkiye de izlemiştir. Bu olumsuz duruma karşın ekonomik ilişkilerin beklenen olumsuzluğa kapılmadığı görünmektedir. İleriye dönük özellikle enerji konusunda işbirliklerinin sürdürülmesi de beklenmektedir.

Karşılıklı bağımlılık açısından düşünüldüğünde, iki ülke de birbirine muhtaç değildir; ancak birbirlerini kaybetmeyi de doğrudan göze alamazlar. Özellikle savaş ve güvenlik yorumlamalarına dayanarak, bir savaşa girişme olasılığı çok daha düşüktür. Toplumların ekonomik beklentilerini karşılayıp tekrar seçilebilmek isteyen yönetimler için ticari etkinliklerin sağlıklı bir şekilde yürütülmesi gerekmektedir. Ayrıca ekono-

---

[75] Zbigniew Brzezinski, *Stratejik Vizyon: Amerika ve Küresel Güç Buhranı*, Çeviren: Sezen Yalçın, Abdullah Taha Orhan, Timaş Yayınları, İstanbul 2012, s. 166.

mik alanda yetkileri daraltılan hükümetler, kolayca özel sektör tarafından tespit edilen ticari kararlarda çok fazla söz hakkına da sahip değildir. Bu ifadelerin tümü kabul edildiğinde, hükümetlerin işbirliğine yanaşmaları, uzlaşıyla aralarındaki sorunları gidermeleri ve böylece bölgesel anlamda daha baskın olabilme olasılıkları bulunmaktadır. Türkiye'nin İran ve Ortadoğu Arap yönetimlerinden, İsrail'in ise Türkiye'nin bir bölümünde kurulabilecek yeni bir yönetim ve Yunanistan ile Güney Kıbrıs'tan bağımsız hareket edebilmesinin en cazip yolu olarak tarafların birlikte hareket etmeye razı olmaları görünmektedir.

KAYNAKÇA

Akyıldız, Hüseyin, "Tartışılan Boyutlarıyla "Homo Economicus"", *Süleyman Demirel Üniversitesi İİBF Dergisi*, Cilt: 13, Sayı: 2, 2008

Aras, Damla, "Türkiye'nin Ortadoğu Politikaları", *Beş Deniz Havzasında Türkiye*, Derleyenler: Mustafa Aydın ve Çağrı Erhan, Siyasal Kitabevi, Ankara 2006

Arı, Tayyar, *Uluslararası İlişkiler*, Alfa, 2. Baskı, İstanbul 1997

Balkır, Canan, *Uluslararası Ekonomik Bütünleşme*, İstanbul Bilgi Üniversitesi Yayınları, İstanbul 2010

Başer, Edip, "Bölgedeki Güvenlik Sorunlarının Türkiye'ye Etkileri", *Beşinci Uluslararası Sempozyum Bildirileri (İstanbul, 05-06 Haziran 2008) "Orta Doğu; Belirsizlikler İçindeki Geleceği ve Güvenlik Sorunları*, Genelkurmay Askerî Tarih ve Stratejik Etüt Başkanlığı, Ankara 2008

Bayraktutan, Yusuf, "Bilgi ve Uluslararası Ticaret Teorileri", *C.Ü. İktisadi ve İdari Bilimler Dergisi*, Cilt: 4, Sayı: 2, 2003

Belal, Bashar, *1993 Yılı Sonrasında Türkiye-İsrail Askeri İlişkileri*, (Atılım Üniversitesi, Sosyal Bilimler Enstitüsü, Uluslararası İlişkiler Anabilim Dalı, Basılmamış Yüksek Lisans Tezi), Ankara 2012

Beriş, Hamit Emrah, "Liberalizmde Devlet ve Güvenlik Sorunu", *21. Yüzyılda Sosyal Bilimler*, Sayı: 24, 2010

Brzezinski, Zbigniew, *Stratejik Vizyon: Amerika ve Küresel Güç Buhranı*, Çeviren: Sezen Yalçın, Abdullah Taha Orhan, Timaş Yayınları, İstanbul 2012

Buchanan, James M., "Constitutional Restrictions on the Power of Government", *The Theory of Public Choice – II*, Derleyen: James M. Buchanan ve Robert D. Tollison, The University of Michigan Press, Michigan 2009

Clevend, William L., *Modern Ortadoğu Tarihi*, Çeviren: Mehmet Harmancı, Agora Kitaplığı, İstanbul 2008

Çetin, Halis, "Liberalizmin Temel İlkeleri", *C. Ü. İktisadi ve İdari Bilimler Dergisi*, Cilt: 2, Sayı: 1, 2001

Çetinkaya, Şeref, "Güvenlik Algılaması ve Uluslararası ilişkiler Teorilerinin Güvenliğe Bakış Açıları", *21. Yüzyılda Sosyal Bilimler*, Sayı: 2, 2012-2013

Çevik, Abdülkadir - Çevik Ersaydı, Bahar Senem, "Türkiye - İsrail İlişkilerinde Psiko - Politik Etkenler ve Toplumsal Algılar", *Akademik Orta Doğu*, Cilt: 5, Sayı: 2, 2011

Danziger, James N., *Understanding the Political World*, 7. Baskı, Pearson Education Inc., 2005

Dunne, Tim, "Liberalism", *The Globalization of World Politics*, Derleyenler: John Baylis ve Steve Smith, Oxford University Press, New York 2001

Durusoy, Serap, "Kriz Sonrası Küresel Kapitalizmin Geleceği", *Alternatif Politika*, Cilt: 1, Sayı: 3, 2009

Ekmekçi, Faruk, "Demokratik Barış Teorisi: Bir Değerlendirme", *Uluslararası Hukuk ve Politika*, Cilt: 7, Sayı: 26, 2011

Ersoy, Hamit – Ersoy, Lale, *Küreselleşen Dünya'da Bölgesel Oluşumlar ve Türkiye,* Siyasal Kitabevi, Ankara 2002

Friedman, Milton, *Capitalism and Freedom,* The University of Chicago Press, Chicago 2002

Friedman, Milton, *Essays in Positive Economics,* The University of Chicago Press, Chicago 1953

Gurcan, Metin, "Savaşın Evrimi ve Teorik Yaklaşımlar", *Teoriler Işığında Güvenlik, Savaş, Barış ve Çatışma Çözümleri*, Editör: Atilla Sandıklı, Bilgesam Yayınları, İstanbul 2012

Gürkaynak, Muharrem - Yalçıner, Serhan, "Uluslararası Politikada Karşılıklı Bağımlılık ve Küreselleşme Üzerine Bir İnceleme", *Uluslararası İlişkiler,* Cilt: 6, Sayı: 23, 2009

Hayek, Friedrich A., "Individualism: True and False", *Individualism and Economic Order*, The University of Chicago Press, Chicago 1980

Hayek, Friedrich A., "The Meaning of Competition", *Individualism and Economic Order*, The University of Chicago Press, Chicago 1980

Ortaylı, İlber, *Batılılaşma Yolunda,* Merkez Kitapçılık, 2007, İstanbul

Owen, John M., "How Liberalism Produces Democratic Peace", *International Security*, Cilt: 19, Sayı: 2, 1994

Öksüz, S., "Globalization -Global Integration- With or Without Regional Economic Integration? Challenges Confronting the OIC Countries", *An International Workshop*, Journal of Economic Cooperation Among Islamic Countries, 1998

Öymen, Onur, *Türkiye'nin Gücü,* Remzi Kitabevi, 4. Baskı, 2003, İstanbul

Özcan, Gencer, "Türkiye İsrail Yakınlaşmasında İlk Onyılın Ardından", *Beş Deniz Havzasında Türkiye,* Derleyenler: Mustafa Aydın ve Çağrı Erhan, Siyasal Kitabevi, Ankara 2006

Rivlin, Paul, "Israel's Trade Relations with Turkey: An Update", *Tel Aviv University Middle East Economy*, Cilt: 1, Sayı: 1, 2011

Sandıklı, Atilla - Kaya, Erdem, "Barış Kavramına Teorik Yaklaşımlar ve Küresel Yönetişim", *İstanbul Ticaret Üniversitesi Sosyal Bilimleri Dergisi*, Sayı: 23, 2013

Schimmelfennig, Frank, "Liberal Theory and European Integration", *After Liberalism?,* Derleyenler: Rebekka Friedman, Kevork Oskanian ve Ramon Pacheco Pardo, Palgrave Macmillan, Londra 2013

Sullivan, Michael Rolland, "`Tear Down These Walls`: Economic Globalisation and the Future of Intersate War", *Mapping Politics*, Cilt: 5, 2013

T. C. Çevre ve Şehircilik Bakanlığı, Strateji Geliştirme Başkanlığı, *Sayı: 30824082-610 Soru Önergesi Cevapları*, 29.01.2013

Viotti, Paul R. - Kauppi, Mark V., *Uluslararası İlişkiler ve Dünya Siyaseti,* Çeviren: Ayşe Özbay Erozan, Nobel, Ankara 2014

Williams, Geraint, *Political Theory in Retrospect*, Edward Elgar, 1991

Yavuz, M. Hakan, "İkicilik (Duality): Türk-Arap İlişkileri ve Filistin Sorunu (1947-1994)", *Türk Dış Politikasının Analizi*, Derleyen: Faruk Sönmezoğlu, Der Yayınları, İstanbul 1994

Yılmaz, Türel, "Türkiye - İsrail İlişkileri: Tarihten Günümüze", *Akademik Orta Doğu*, Cilt: 5, Sayı: 1, 2010

Yüksel, Esra - Sarıdoğan, Ercan, "Uluslararası Ticaret Teorileri ve Paul. R. Krugman'ın Katkıları", *Marmara Üniversitesi SBE Öneri Dergisi*, Cilt: 9, Sayı: 35, 2011

Çevrimiçi Kaynaklar

Aydın, Ömer, "Türkiye-İsrail İlişkileri Dış Ticaret Hacmi Bilmecesi", http://akademikperspektif.com/2014/08/19/turkiye-israil-iliskileri-dis-ticaret-hacmi-bilmecesi/, (10.06.2015)

Bilge, Ömer, "Doğu Akdeniz Krizinin Sonu Kötü", *Hürriyet*, http://www.hurriyet.com.tr/dunya/27548976.asp, (14.06.2015)

Diner, Emre, "İsrail Arazide", *Takvim*, http://www.takvim.com.tr/guncel/2012/01/12/israil-arazide, (14.06.2015)

Ertürk, Ahmet Cemal, "Doğu Akdenizde MEB Paylaşımı: Güney Kıbrıs-İsrail Örneği", *Bilgesam*, http://www.bilgesam.org/incele/1164/-dogu-akdeniz%E2%80%99de-meb-paylasimi--guney-kibris-israil-ornegi/, (14.06.2015)

Gradstein, Linda, "Trade Between Israel and Turkey Booming", http://www.themedialine.org/biztec/trade-between-israel-and-turkey-booming/, (10.06.2015)

Hürriyet, *Türkiye 69 Ülkeye Su Sattı*, http://www.hurriyet.com.tr/ekonomi/25842209.asp, (10.06.2015)

Koç, Erdoğan, "Doğu Akdeniz'de Sular Isınıyor: Güney Kıbrıs Rum Yönetimi ve İsrail Arasında Tehlikeli Yakınlaşma", *Tasep*, http://tasep.org/default.asp?s=yd&id=254&baslik=Dogu_Akdenizde_Sular_Isiniyor_:Guney_Kibris_Rum_YoneYone_ve_Israil_Arasinda_Tehlikeli_Yakinlasma, (14.06.2015)

NTV, *İsrail'e Su Satışı Anlaşması Tamam*, http://arsiv.ntv.com.tr/news/260178.asp, (10.06.2015)

Sabah, *Manavgat Suyu'na Yeni Talip*, http://www.sabah.com.tr/ekonomi/2011/11/02/manavgat-suyuna-yeni-talip, (10.06.2015)

Tarakçı, Nejat, "Mesele Mısır ve Suriye Değil: Doğu Akdeniz", *Tasam*, http://www.tasam.org/tr-TR/Icerik/5077/mesele_misir_ve_suriye_degil_dogu_akdeniz_, (14.06.2015)

TÜİK, *Gidilen Ülkelere Göre Yurt Dışına Giden Vatandaşlar*, http://www.tuik.gov.tr/PreIstatistikTablo.do?istab_id=1611, (10.06.2015)

TÜİK, *Ülkelere Göre İhracat*, http://www.tuik.gov.tr/PreIstatistikTablo.do?istab_id=624, (10.06.2015)

TÜİK, *Ülkelere Göre İthalat*, http://www.tuik.gov.tr/PreIstatistikTablo.do?istab_id=625, (10.06.2015)

TÜİK, *Ülkelere Göre Yıllık İhracat (En Çok İhracat Yapılan 20 Ülke)*, http://www.tuik.gov.tr/PreIstatistikTablo.do?istab_id=1545, (10.06.2015).

DOĞAL KAYNAK MİLLİYETÇİLİĞİ BAĞLAMINDA RUSYA-AVRUPA BİRLİĞİ İLİŞKİLERİNDE BİR DIŞ POLİTİKA ARACI OLARAK ENERJİ

Serdar YILMAZ

Giriş

1980'li yılların ortalarından sonra Sovyetler Birliği'nin uyguladığı merkezi planlamanın ekonomiye sağladığı kazançlar olumsuz neticelere sebep olmuş, üretim kapasitesi ve kalitesi dünya standartlarının altında kalmış, sosyalist ekonomik yapı tıkanmaya başlamış ve bunun sonucu olarak Sovyetler Birliği'nin o dönemdeki yeni başkanı Mihail Gorbaçov 1985 yılında yeni ekonomik tedbirler almak zorunda kalmıştır. 1980'li yılların ikinci yarısından itibaren Gorbaçov'un iç politikada başlattığı Glasnost (açıklık) ve Perestroyka (yeniden yapılandırma) hareketleri dış politikada da birtakım değişiklikler meydana getirmiştir. Uluslararası arenada devletlerin birbirlerine olan bağımlılığı artarken bu duruma kayıtsız kalamayan Sovyetler Birliği, uluslararası sistemin gerçekliklerini göz önünde bulundurarak Batı (Avrupa Birliği) ile ilişkilerde hassasiyet göstermeye başlamıştır.

Bu çalışma ile birlikte Rusya'nın Avrupa Birliği (AB) ile olan ilişkilerindeki hassasiyetler enerji temelli politikalar çerçevesinde ele alınacak ve ilişkilerin günümüzde geldiği noktaya vurgu yapılacaktır. İlişkilerin nasıl ve hangi antlaşmalarla başladığı yakın tarih perspektifinden anlatılarak bu antlaşmaların neleri kapsadıkları belirtilecektir. Çalışmanın büyük bir kısmı AB ve Rusya arasındaki enerji işbirliğine ayrılacak ve istatistikî birtakım bilgiler sunularak AB'nin hangi oranlarda Rusya'ya bağımlı olduğu ve Rusya'nın hangi önemli stratejiyi uygulayarak AB'yi yalnız-laştırmaya ve enerji alanında kendisine bağımlı kılmaya çalıştığı tartışılacaktır. Enerji alanında özellikle doğal gaz ve petrol açısından zengin kaynaklara sahip Rusya ile dünyanın en fazla enerji tüketen ancak enerji kaynakları son derece yetersiz olan AB arasında başlayan enerji diyalogu bu bağlamda ele alınacaktır. Rusya gibi enerji zengini bir ülkenin kendi çıkarlarını AB ülkeleri gibi enerji ithal eden ülkelere karşı bir pazarlık aracı ya da tehdit unsuru olarak gördüğü ve enerji kaynaklarını dış politika amaçlarını gerçekleştirmek için bir araç olarak kullandığı vurgulanacaktır. Çalışmanın temel hipotezi: Rusya, sahip olduğu doğal gaz ve petrolü, fiyat, miktar, tarihi ve jeopolitik avantajlarını devreye sokarak özellikle Orta Asya ve Hazar kaynaklarını kendi iç piyasasında kullanıp, kendi gaz ve petrolünü ise Avrupa pazarına ulaştırarak AB ülkelerinin kendi boru hatları dışında başka projelere erişmelerini engelleyerek AB'yi Rusya'ya olan enerji bağımlılığı konusunda yanlızlaştırmaktadır.

Kuramsal Çerçeve

Yukarıda açıklanan düşünceden hareketle Realist kuram, enerji güvenliği için karşılıklı bağımlılığın eşitlik yaratmayacağı gibi eğer taraflardan biri daha avantajlı ise bağımlı tarafın avantajlı olan tarafın kararlarını uygulamak zorunda olacağını vurgulamaktadır.[1] Örneğin; gaz ithalatına bağımlı olan AB, Rusya'nın fiyat artırma talebine ya da gaz ambargosuna maruz kalabilir. Ancak diğer taraftan petrol ve gaz ihraç eden Rusya, kaynaklarının pazarlanması ve satışı konusunda ithalatçı AB ülkeleri ile anlaşmak durumundadır. Zira petrol ve gaz ithal eden ülkeler ihracatçı ülkelerin ambargo ya da fiyat artırma taleplerini uygun bulmadıklarında ihtiyaçlarını gaz ve petrol temini yapan başka ülkelerden karşılama yoluna gitmektedirler. 2014 yılında Kırım'ın Rusya tarafından ilhak edilmesi ve akabinde Ukrayna'da yaşanan Rusya yanlısı ayrılıkçı hareketler neticesinde ABD ve AB'nin Rusya'ya uygulamış olduğu yaptırımlar sonucu düşen petrol fiyatları ve özellikle AB'nin Rusya'ya olan enerji bağımlılığını azaltmak için farklı projelere yönelmesi bu konuya verilecek önemli örneklerdendir.

Realist kuramın enerji güvenliğini açıklamak için kullandığı kavramlardan biri de, bu çalışmanın referans olarak aldığı, "Doğal Kaynak Milliyetçiliği" kavramıdır. Ian Bremmer ve Robert Johnston bu kavramı "devletlerin sahip oldukları enerji ve maden sektörlerini hem ulusal hem de uluslararası arenada siyasi ve ekonomik yönden kontrol sahibi olmak

---

[1] Pınar İpek, "Enerji Güvenliğinin Ekonomi Politiği ve Türk Dış Politikası", *Dış Politika Teorileri Bağlamında Türk Dış Politikası'nın Analizi Cilt I*, (Der) Ertan Efegil-Rıdvan Kalaycı, Nobel Yaıncılık, Ankara, 2012, ss. 229.

amacıyla kullanmaları" şeklinde tanımlamaktadırlar.[2] Paul Stevens ise bu kavramı Rusya örneğini göz önüne alarak "ulusal çıkarlar ve dış müdahale arasında yaşanan bir savaş" olarak tanımlamaktadır.[3] Marshall Goldman ise doğal kaynak milliyetçiliğini bu çalışmanın da üzerinde duracağı gibi, özellikle petrol ve gaz gibi doğal kaynaklara sahip devletlerin ulusal enerji sektöründe daha otoriter bir kimliğe bürünerek enerji politikalarını devletçi bir perspektif ile uygulaması şeklinde ifade etmektedir. Yani doğal kaynak zengini ülkeler, ulusal çıkarlarını maksimize etmek amacıyla enerji kaynaklarını dış politika amaçlarını gerçekleştirmek için bir araç olarak kullanmaktadırlar. Goldman'a göre "örneğin Rusya, 2000 yılından sonra bir enerji süper gücü olarak özellikle enerji fakiri Doğu Avrupa ülkeleri üzerinde bu gücü tatbik etmiş ve görece başarılı olmuştur."[4]

Pınar İpek'e göre; enerji kaynaklarına sahip olma durumu devletlerin uluslararası sistemde güçlerini ve etkinliklerini artırmak isteyecekleri anlamına gelebilir. Zira son yıllarda enerji zengini ülkeleri kontrol edip gücünü artırmak amacıyla yapılan askeri müdahaleler ve ekonomik yaptırımlar dış politikada fazlasıyla gözlemlenmiştir.[5] Örneğin; Rus devletinin yüzde 50'den fazlasına sahip olduğu Gazprom ve yakın zamanda Rus devletinin en önemli enerji şirketi olan Rosneft şirketinin Avrupa ve Orta Asya'da yapmış olduğu yatırımlar göz önüne alındığında doğal kaynak milliyetçiliğinin Asya ve Avrupa bölgelerinin jeopolitiğinin enerji güvenliğinde ne kadar önemli olduğu görülebilir.[6] Başka bir ifadeyle, Rusya gibi doğal kaynak milliyetçiliği yapan enerji zengini bir ülke kendi çıkarlarını AB ülkelerine karşı bir pazarlık aracı ya da tehdit unsuru olarak kullanabilir. Bu unsur bizatihi devlet eliyle yapılmaktadır çünkü Realist kuram enerji güvenliğinin devletler tarafından sağlanacağını ileri sürmekte ve OPEC gibi uluslararası örgütlerin varlığını kabul etmemektedir. Realist kuram, "enerji pazarında artan altyapı yatırım ihtiyacı karşısında özel sektörün ya da enerji ihracatı yapan ülkelerdeki dev petrol şirketlerinin fiyatları yüksek tutma amacıyla yatırım isteksizliği ve anarşik bir uluslararası sistem nedeniyle, enerji güvenliğini sağlamada nihai

---

[2] Ian Bremmer - Robert Johnston, "The Rise and Fall of Resource Nationalism," *Survival*, Vol. 51, No. 2, April, 2009, pp. 149-158.
71

[3] Paul Stevens, "National Oil Companies and International Oil Companies in the Middle East: Under the Shadow of Government and the Resource Nationalism Cycle," *Journal of World Energy Law & Business*, Vol. 12, No. 1, 2008, pp. 5-8.

[4] Marshall I. Goldman, *Petrostate: Putin, Power and the new Russia*, Oxford University Press, Oxford, 2010, p. 12.

[5] Pınar İpek, *a.g.e.*, s. 230.

[6] Kerim Has, "Rus Enerji Sektöründe Parlayan Yıldız: Rosneft", *USAKANALİST*, 17 Temmuz 2013, http://www.usakanalist.com/detail.php?id=646 (18 Eylül 2016).

sorumluluğun devletin elinde olması gerektiğini" savunur.[7] Bu açıdan düşünüldüğünde Vladimir Putin sonrası Rusya'nın hızlı bir toparlanma sürecine girerek sahip olduğu doğal kaynakları geniş bir coğrafyaya satarak Rus ekonomisini ciddi anlamda kalkındırması, enerji yatırımlarını ve altyapı projelerini devlet eliyle yürütmesi, Rusya'yı stratejik bir güç haline getirmiştir. Dolayısıyla bu çalışma, güvenlik perspektifi ele alındığında Realist kuramın enerji güvenliği içinde değerlendirdiği doğal kaynak milliyetçiliğine atıf yapacaktır.

Rusya-AB İlişkilerinin Başlangıcı: Yakın Tarih

O zamanki adıyla Avrupa Topluluğu (AT),[8] Sovyetler Birliği'nde Gorbaçov ile girilen yeni dönemde yapılan reformlar ve kalkınma hamleleri ile birlikte Avrupa pazarlarına açılmanın en önemli kapısı ve iç politikada reform hareketlerine gerekli olacak teknik destek için ticari bir ortak olarak görülmeye başlanmıştır. AT ve Rusya arasındaki ilişkiler, Antje Herrberg'in genel değerlendirmesine göre; SSCB'nin (Sovyet Sosyalist Cumhuriyetler Birliği) dağılmasından sonra uluslararası arenada ortaya çıkan yeni devletler ve SSCB'nin ardılı olan Rusya Federasyonu'nun bir tehdit oluşturmasına izin vermeden sisteme entegre edilmesi için ortak bir politika belirleme ihtiyacından doğmuştur. Sonuç olarak; AT ve SSCB 1987 yılında birbirlerini tanımış ve 2 yıl sonra 1989 yılında "Ticaret ve İşbirliği Antlaşması" imzalamışlardır.[9] 1989 yılında Berlin Duvarı'nın yıkılmasıyla birlikte iki kutuplu sistem çökmüş, akabinde Sovyetler Birliği dağılmış ve eski Doğu Bloku ülkeleri bağımsızlıklarını kazandıktan sonra AT'ye üyelik konusunda kararlılıklarını açıklamışlardır. AT ise iki kutuplu sistemin çöküşüyle birlikte hem uluslararası gelişmelere tek sesli olarak cevap vermek hem de ortaya çıkabilecek muhtemel kaoslara karşı 'Birlik' olmaya karar vermiştir. Birliğin doğusunda yaşanan bu gelişmeler için yeni politikalara ihtiyaç duyması, yeni baştan şekillenen uluslararası sistem için muhtemel bölünmeleri önleme düşüncesi ve Rusya ile ekonomik işbirliğinin geliştirilmesi için 1989'da imzalanan Ticaret ve

---

[7] Mesut Şöhret, "Enerji Güvenliğinin Ekonomi Politiği ve Uluslararası Çatışmalara Etkisi", *Uluslararası Enerji ve Güvenlik Kongresi Bildiriler Kitabı*, 23-24 Eylül 2014, Kocaeli Üniversitesi Matbaası, Kocaeli, s. 538.

[8] Berlin Duvarı'nın yıkılmasının akabinde Doğu ve Batı Almanya'nın 3 Kasım 1991 tarihinde birleşmesi, aynı yılda Sovyetler Birliği'nin ortadan kalkması ve ve Sovyet tehtidinin bitmesiyle AT'ye üye ülkeler 1 Kasım 1993'te Avrupa Birliği Antlaşması'nı (Maastricht Agreement) yürürlüğe koyarak mobilite, büyüme, istikrar ve tek para birimini amaçlamışlardır. "The EU in brief", *European Union*, http://europa.eu/about-eu/basic-information/about/index_en.htm (14.01.2016).

[9] Antje Herrberg: "The European Union and Russia: Toward a New Ostpolitik?", *The European Union in the World Community*, (Ed.), Carolyn Rhodes, Lynne Rienner Publishers, New York, 1998, pp. 83-105.

İşbirliği Antlaşması'nın güncellenmesi gereksinimi doğmuştur. Ayrıca Hiski Haukkala, "Rusya'nın sahip olduğu doğal kaynaklar AT'nin özellikle Rusya'ya yönelik bir strateji geliştirmesini zaruri kılmıştır" demektedir.[10]

Yapılan bu işbirliği antlaşması, 1992 yılında müzakere edilerek genişletilmek istenmiş ve netice itibariyle 1994 yılında Korfu'da "Ortaklık ve İşbirliği Antlaşması" imzalanarak AB ve Rusya karşılıklı adımlar atmışlardır.[11] Ancak bu antlaşma Rusya'nın Çeçenistan'da uyguladığı şiddet yüzünden ertelenmiş ve nihayet 1997 yılında yürürlüğe girmiştir. Antlaşma, AB ve Rusya arasında kademeli olarak yakınlaşmayı ve bir iş-birliği alanı yaratmayı hedeflemiştir. Bu antlaşma, Ardy ve Gower'e göre; Rusya'nın AB'ye üye olmasını öngörmemekte bilakis tarafların stratejik ortak olduklarını belirtmektedir.[12] Taraflar arasında önce ekonomik işbirliği ve zamanla siyasi işbirliği kurulması amaçlanmıştır. Bu dönemde AB içinde Almanya'nın Rusya ile olan ilişkilerde biraz daha ön saflarda olduğu görülmüştür. Almanya'ya göre AB, Rusya ile çok yönlü bir işbirliği geliştirmeli ve doğudaki komşular ile güvene ve refaha dayalı istikrarlı ilişkiler kurmalıdır. Nitekim 1999 yılında Rusya ile bir "Ortak Strateji Belgesi" yayınlanmış ve AB'nin Rusya ile olan ilişkilere bakış açısı özetlenmiştir.[13]

29 Mayıs 2000 tarihinde Vladimir Putin Rusya Devlet Başkanı seçildikten sonra AB-Rusya zirvesi yapılmış ve Putin AB'yi Rusya'nın dış politikasında öncelikli alan olarak gördüğünü deklare ederek Rusya'nın sorumlu ve güvenilir bir müttefik olacağını vurgulamıştır. Çeçenistan'daki savaş ne-deniyle Rusya'ya uygulanan yaptırımlar da bu dönemde kaldırılmıştır. 2000 yılının Ekim ayına gelindiğinde Putin, 2000-2010 AB politikalarının açıkladığı "Orta Dönem Strateji" belgesini yayımlayarak Rusya'nın dün-yadaki rolünü ve imajını sağlamlaştırırken AB'nin ekonomik potan-siyelinden ve tecrübesinden yararlanacağını ifade etmiştir.[14] Bunun yanında bölgede yaşanabilecek olası bir çatışmanın demokratik yol-

---

[10] Hiski Haukkala, "The Making of the European Union's Common Strategy on Russia", *The EU Common Strategy on Russia : Learning Grammar of the CFSP*, (Ed.) Hiski Haukkala & Sergei Medyedev, Helsinki & Berlin, The Finnish Institute of International Affairs & Institut für Europäische Politik , 2001, s. 24-25.

[11] "EU relations with Russia", *European Union External Action*, http://eeas.europa.eu/russia/about/index_en.htm (25.01.2016).

[12] Brian Ardy - Jackie Gower, *Relations Between Russia and the EU*, Royal Institute of International Affairs, London, 1996, p. 3.

[13] John Pinder, "The Union's Common Strategy on Russia", *EU and Russia*, (Ed.) John Pinder - Yuri Shishkov, The Federal Trust, London, 2002, p. 112.

[14] "Joint Declaration of the EU-Russia Summit", 30/10/2000, http://www.europa.eu.int/comm/external_relations/russia/summit_30_10_00/statement_en.ht m, 20.05.2004, s. 1. (30.01.2016).

lardan çözülmesi iradesi ortaya konarak AB'nin güveni kazanılmak istenmiştir.

Enerji: Rusya için Güç, AB için İhtiyaç

AB ve Rusya'nın ticaret ve enerji alanlarındaki karşılıklı bağımlılıkları tarafları birbirleriyle birçok alanda işbirliği yapmaya mecbur kılmaktadır. AB ve Rusya arasındaki en istikrarlı ilişkiler enerji politikaları konusunda olmuştur. Doğal gaz, petrol ve kömür kaynakları bakımından zengin olan Rusya ile sosyal ve ekonomik açılardan bu kaynaklara bağımlı olan AB arasındaki ilişkiler özellikle SSCB'nin dağılmasıyla birlikte büyük bir ivme kazanmıştır. Nitekim 2000 yılında yayımlanan Orta Dönem Strateji Belgesi, Rusya'nın aynı zamanda AB'nin enerji ve hammadde ihtiyacını uzun dönemli ve güvenilir şekilde karşılamada sorumluluk alacağını vurgulayarak enerji alanındaki ortaklığın geliştirilmesi hedeflenmiştir. AB'nin enerji kaynaklarına sahip olmaması AB'yi bu anlamda dışa bağımlı hale getirmiştir.[15] Rusya, dünyanın en büyük doğal gaz rezervlerine ve ikinci büyük kömür rezervlerine sahiptir. Bunun yanı sıra sahip olduğu petrol ile AB için şu anda vazgeçilemez bir ortaktır.[16] AB'nin enerji tüketiminin yüzde 6,5'i yenilenebilir enerji, yüzde 14,7'si nükleer enerji, yüzde 15,1'i kömür, yüzde 26,1'i doğal gaz ve yüzde 37,4'ü petrol kaynakları ile karşılanmaktadır.[17]

AB-27 için Petrol ve Doğalgaz İthalat Oranları

	2005	2020	2030
Petrol	%82	%90	%93
Doğalgaz	%57	%70	%84

Kaynak: European Commission, Green Paper on "An Energy, Policy for Europe", {COM(2007) 1 final}, Brussels, 10.1.2007.

Son genişleme ile gelen 12 yeni üyenin enerji açısından dışa bağımlılığı en üst seviyededir ve bu durum enerji alanında AB'nin Rusya'ya bağımlılığını artırmaktadır. Örneğin; 2004 genişlemesinden önce AB'nin doğal gaz ithalatının yüzde 20'si ve petrol ihtiyacının yüzde 17'si Rusya'dan karşılanmaktaydı. Oysaki genişlemeden sonra, AB yüzde 40 oranında doğal gaz, yüzde 34 oranında petrol ve yüzde 25 oranında

---

[15] Dov Lynch, "Russia's Strategic Partnership with Europe", *The Washington Quarterly*, 27:2, Spring 2004, pp. 99-118.
[16] Mark Smith, "Russia's Energy Diplomacy", 19.05.2004
http://www.da.mod.uk/CSRC/documents/Russian/F75 (24.01.2016).
[17] Consumption of energy, *Eurostat Statitics Explained*, http://ec.europa.eu/eurostat/statistics-explained/index.php/Consumption_of_energy (09.01.2016).

kömür ihtiyacını Rusya'dan temin eder hale gelmiştir. Toplamda petrol tüketiminin yüzde 81'ini, doğalgaz tüketiminin yüzde 54'ünü ve katı yakıtların yüzde 38'ini yabancı kaynaklardan tedarik eden AB, küresel enerji piyasasında ithalatta ise birinci konumdadır.[18] Rusya'nın Avrupa ülkelerine petrol ihraç ettiği en önemli boru hattı Druzhba boru hattıdır. 4000 km olan bu hat dünyanın en uzun boru hattıdır. Rus petrolünün yüzde 70'ini Avrupa'ya taşıyan bu boru hattı, AB'nin enerji konusunda Rusya'ya olan bağımlılığının ana nedenlerinden biridir. Ukrayna, Slovakya, Çek Cumhuriyeti, Polonya ve Macaristan'ı dolaşarak en sonunda Almanya'ya petrol ulaştıran bir hattır.[19] AB ülkelerini Rusya'ya bağımlı kılan bir diğer önemli neden ise Baltık boru hattıdır. Rusya'nın petrolünü AB'ye ulaştırırken aracı devletlere ihtiyaç duymadığı ve Baltık Denizi'ni kullandığı bu hat, özellikle Kuzey Avrupa ülkelerini Rusya'ya neredeyse yüzde 100 bağımlı hale getirmektedir.[20] Bunu söylerken yalnızca AB'nin Rusya'ya ihtiyacı olduğu izleniminin doğru olmadığını zira Avrupa pazarının Rusya için büyük bir gelir oluşturduğunu, AB'nin Rusya'daki petrol, doğal gaz ve elektrik alanlarındaki yatırımının da çok yüksek oranlarda olduğunu vurgulamakta fayda vardır.[21]

Rusya'nın Stratejik Hamlesi: Yalnızlaştırma Politikası

Mevcut durumda toplam enerji talebinin yarısını dışarıdan karşılayan AB, 2030'da yüzde 70 civarında dışa bağımlı hale gelecektir. Enerji tüketiminin her geçen gün artması ve yerli üretimin bu tüketime cevap veremez durumda olması AB'nin enerji ihtiyacını endişe verici seviyeye getirmektedir. Önceleri Orta Doğu'nun istikrarsız yapısına karşın alternatif kaynaklara yönelme ihtiyacı duyan AB, bu ihtiyaçtan dolayı zamanla Rusya'ya alternatif bir gözle bakmaya başlamış ve gerek diplomasi gerekse de yardım programları gibi yollarla enerji güvenliğini Rusya ile sağlamaya yoluna gitmiştir. Dış kaynaklara olan talebin artması ve bu kaynakların engelsiz/kesintisiz bir şekilde kendi enerji pazarına ulaştırılması Birliği arz güvenliği için tedbir almaya sevketmiştir.[22]

---

[18] European Commission, "Annex to the Green Paper: A European Strategy for Sustainable, Competitive and Secure Energy - What is at stake – Background document", {COM(2006) 105 final}, Brussels, SEC(2006) 317/2.

[19] Ksenia Borisocheva, "Analysis of the Oil- and Gas-Pipeline-Links between the EU and Russia" (occasional paper), Centre for Russia and Eurasia, Athens, November 2007, p. 8.

[20] Michel Chossudovsky, "Avrasya Koridoru: Boru Hattı Jeopolitiği ve Yeni Soğuk Savaş", 22.08.2008, https://dunyadanceviri.wordpress.com/2008/08/22/avrasya-koridoru-boru-hatti-jeopolitigi-ve-yeni-soguk-savas-michel-chossudovsky/ (09.01.2016).

[21] Charles Grant - Katinka Barysch, "The EU-Russia Energy Dialogue", 19.05.2004, http://www.cer.org.uk/pdf/briefing_eu_russia.pdf (19.01.2016).

[22] Arzu Yorkan, Avrupa Birliği'nin Enerji Politikası ve Türkiye'ye Etkileri, Bilge Strateji, Cilt: 1, Sayı: 1, Güz 2009, ss, 33.

Harita 1. Druzhba Boru Hattı Sistemi

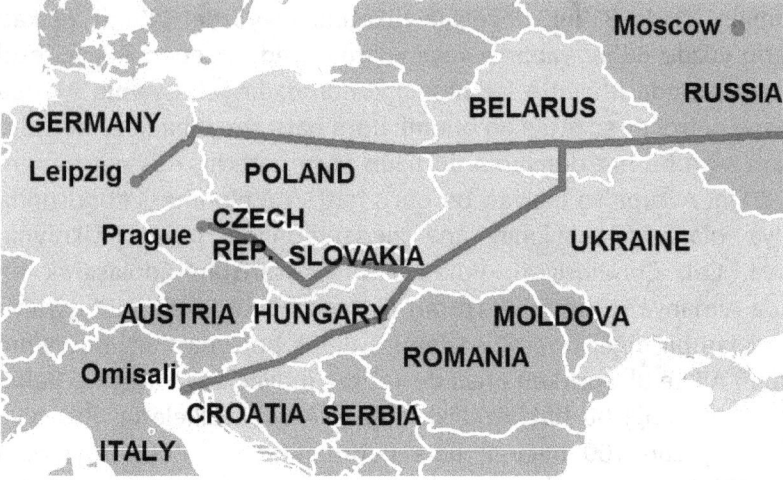

Harita 2. Baltık Boru Hattı Sistemi

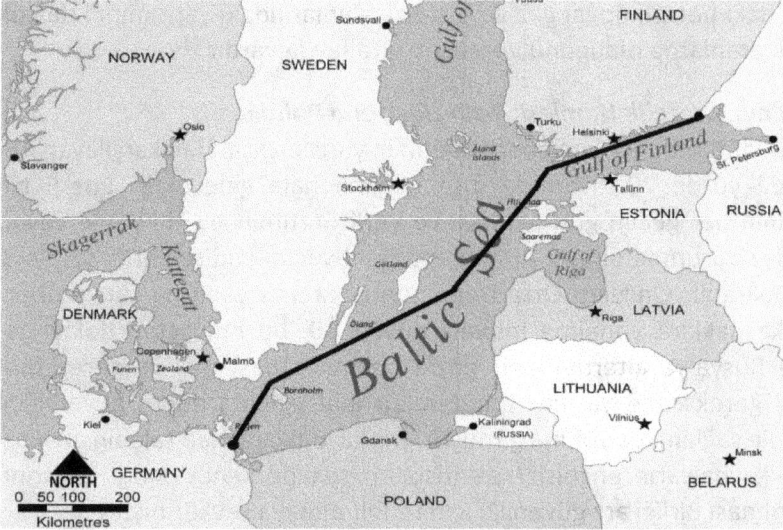

Kaynak: Michel Chossudovsky, "Avrasya Koridoru: Boru Hattı Jeopolitiği ve Yeni Soğuk Savaş", 22.08.2008, *https://dunyadanceviri.wordpress.com/2008/08/22/avrasya-koridoru-boru-hatti-jeopolitigi-ve-yeni-soguk-savas-michel-chossudovsky/* (09.02.2016).

Aslında bu konudaki en önemli olay 2006 yılında yaşanmıştır. 2006 Rusya-Ukrayna krizi AB'nin enerji arz güvenliği sorununun ne kadar ciddi olduğunu göstermesi açısından çok önemlidir. Krize taraf ülkeler birbirini suçlasa da Rusya, Ukrayna'yı Avrupa'ya gönderilen doğalgazı çalmakla itham etmiş ve buna karşılık Ukrayna ise Rusya'nın Avrupa'ya doğalgaz akışını kasten kestiğini öne sürmüştür. Karşılıklı suçlamaların yaşandığı bu kriz sadece Ukrayna'yı değil birçok Avrupa ülkesini de etkilemiştir. Kısa süreliğine de olsa birçok üye devletin doğalgazında ciddi oranlarda kesintiler meydana gelmiş ve Avrupa'da yaşayan vatandaşlar soğuk havaya maruz kalmışlardır.[23] Bu krizle AB, Rusya'ya enerji alanında yüksek oranda bağımlı olmasının kendisi için son derece risk taşıdığını kavramış ve alternatif tedarikçi ve transit ülke arayışına girmiştir. Yine 2009'un başındaki ikinci Ukrayna-Rusya krizi, AB'yi arz güvenliği konusunda acil çözümler üretmeye sevk ettirmiştir. Bununla birlikte üye devletlerin sahip olduğu enerji politikalarında yavaş yavaş AB ile hareket edebilme yönünde bir ilerleme gözlemlenmiştir. Kısacası bu kriz AB içinde ortak bir enerji politikasının gelişmesinde zemin özelliği taşıyan bir adım olmuştur.[24] AB ülkeleri bu krizlerden sonra stoklarında gaz saklama kapasitelerini artırmışlardır.[25]

AB'nin enerji politikalarında belirleyici olan üç temel unsur vardır: Birincisi rekabet gücü, ikincisi enerji arz güvenliği, üçüncüsü de çevrenin korunmasına ihtimam göstermektir. Bununla beraber AB'nin enerji kaynaklarına bağımlılığının günden güne artması sonucu daha fazla doğal gaza, kömüre ve petrole ihtiyaç duyulmakta ve kaynakların çeşitlendirilmesi yoluna gidilmektedir.[26] Dolayısıyla AB, Rusya'ya olan enerji bağımlılığından kurtulmak için enerji ithalatında kaynak çeşitliliği yaratmayı hedeflemektedir. Nihayetinde AB, aradığı çözümü Türkiye'nin de desteğiyle Nabucco Projesi ile bulmuştur. ABD tarafından da desteklenmiş olan bu proje ile Hazar bölgesi (Azerbaycan, Kazakistan ve Türkmenistan), Ortadoğu (İran) ve Kuzey Afrika (Mısır)'dan alınacak gazın, Türkiye üzerinden önce Bulgaristan, Romanya, Macaristan ve Avusturya'ya; daha sonra Merkez ve Batı Avrupa ülkelerine nakledilmesi planlanmıştır. Bu proje ile AB'nin Rusya'ya yüzde 40 oranında olan doğal gaz bağımlılığının ciddi oranlarda azalacağı ve Rusya'ya alternatif bir enerji yolu sağlanacağı düşünülmüştür.[27] Nabucco projesi ile oluşturulacak çoklu boru hatları sayesinde Avrupa'nın enerji arz güvenliğinin

---

[23] Serdar Yılmaz, Geopolitics in Contemporary International Relations "The Case of Turkey", University of Westminster, Social Sciences, Humanities and Language, (Basılmamış Yüksek Lisans Tezi). İngiltere, 2010.

[24] Arzu Yorkan, a.g.e., s. 34. Avrupa Birliği'nin Enerji Politikası ve Türkiye'ye Etkileri, *Bilge Strateji*, Cilt: 1, Sayı: 1, Güz 2009, ss, 34.

[25] Bülent Aras – Arzu Yorkan, "Avrupa Birliği ve Enerji Güvenliği: Siyaset, Ekonomi ve Çevre", *Stratejik Rapor*, No: 13, Aralık 2005, s. 7. http://tasam.org/Files/Icerik/File/avrupa_birligi_ve_enerji_guvenligi_siyaset_ekonomi_ve_cevre_f74c1d2e-7374-45bb-891f-ce5478aad109.pdf (20.01.2015).

[26] Aslıhan P. Turan, Energy Diplomacy in Caspian Region, *Bilge Strateji*, Volume: 1, Number: 2, Spring 2010, pp. 41-68.

[27] H. Naci Bayraç, "Küresel Enerji Politikaları ve Türkiye: Petrol ve Doğal Gaz Kaynakları Açısından Bir Karşılaştırma", *Eskişehir Osmangazi Üniversitesi Sosyal Bilimler Dergisi*, 10(1), ss. 125-126.

sağlanılacağı, Kazakistan, Türkmenistan ve Özbekistan'ın bu projeye katılma niyetlerini ortaya koymalarıyla AB'nin tek bir Avrasya enerji pazarı oluşturma stratejisinin görece gerçekleştirileceği planlanmıştır.

Harita 3. Planlanan Nabucco Gaz Hattı

Kaynak: Nabucco Gas Pipeline, www.energyandcapital.com (01.02.2016).

Ancak tüm bu teorik düşünceler uygulamada düşünüldüğü gibi gerçekleştirilememiş ve madalyonun diğer yüzünün Rusya gibi güçlü bir ülke olduğu gerçeği ile karşılaşılmıştır. Nitekim Rusya'yı bypass ederek Hazar ve Ortadoğu petrollerini AB içine akıtmak isteyen AB'ye karşı Güney Akım projesini ortaya atan Rusya, AB'yi kendine bağımlı kılmak için hem Orta Asya'daki mevcut gücünü kullanmış hem de Nabucco projesini itibarsızlaştıracak hamleler yapmıştır. [28] Örneğin; Kazakistan da bu projenin ülkelerinden biri olmasına rağmen Devlet Başkanı Nursultan Nazarbayev 2009 yılında yaptığı bir konuşmada Nabucco projesine destek vermeyeceğini ve Rusya'ya aktardığı gaz miktarına 10 milyar metreküp ilave edeceğini beyan etmiştir.[29] Dönemin Rusya Başbakanı Putin ise, *"Bizim Güney akım projesi Nabucco'dan çok önce hayata geçecek"* diyerek Nabucco ile ilgili birçok soru işaretinin olduğunu ve bunlardan en önemlisinin de gaz tedarikinin kesin olarak hangi ülkelerden temin edileci konusu olduğunu belirtmiştir.[30] Nazarbayev ay-

---

[28] Türk Akımı projesi nedir? *ntv.com.tr,* 11 Ekim 2016, http://www.ntv.com.tr/ekonomi/turk-akimi-projesi-nedir,6SPX69lWSkaL6pBjj9F3EA (12.11.2016).

[29] Kazak gazı Nabucco'ya rakip projeye akacak, *CNNTÜRK,* 14.05.2009, http://www.cnnturk.com/2009/ekonomi/dunya/05/14/kazak.gazi.nabuccoya.rakip.projeye.akacak/526513.0/index.html (29.12.2016).

[30] Ayhan Gençler & Arif Akbaş, "Bağımsızlık Sonrası Kazakistan ve Türkiye Arasındaki Sosyo-Ekonomik İlişkiler (1990–2011), *Trakya Üniversitesi Edebiyat Fakültesi Dergisi,* Cilt.1, Sayı. 2, Temmuz 2011. ss. 1-35.

rıca 2010 yılında Astana'da Alman Başbakan Merkel ile yaptığı ortak basın açıklamasında *"Nabucco ile ilgili Avrupa'da çok yerde konuşuluyor ancak uygulamada çok az şey gerçekleşiyor"* diyerek Rusya'nın yanında yer alacağını deklare etmiştir.[31] Aslında Nazarbayev, Hazar Denizindeki Rusya üstünlüğünü kırmak için zaman zaman bu pojeye destek vermeye hazır olduğunu dile getirse de gaz tedariki özellikle 2009 yılının Mayıs ayında Prag'da yapılan Enerji Zirvesi'nde dile getirildiği üzere AB'den daha somut garantiler ve teşvikler beklemektedir.[32]

Diğer taraftan yürüttüğü nükleer enerji programında dolayı ABD, AB ve uluslararası sistem tarafından uzun bir süre izole edilen İran da Nabucco projesine destek vermeyeceğini açıklamış ancak üretim kapasitesini arttıracak yeni yatırımlar konusunda sıkıntıya düşmüştür. İşte tam da bu noktada Nabucco projesini itibarsızlaştırma politikası izleyen Rusya, 21 Ekim 2008 de İran ve Katar ile doğalgaz antlaşması imzalamış böylelikle İran, Nabucco'dan çekilmesini, gazını iyi bir ücret karşılığında satarak konpanse etmiştir. İran'a göre; tıpkı Kazakistan gibi, Nabucco projesinin en büyük sorunu arzdır. Zira 30 milyar metreküp doğalgazı içeren bir projede gazın nerelerden temin edileceği ve maliyetinin tam olarak ne kadar netleşmemiş ve proje dosyası birçok soru işareti ile birlikte kapatılmıştır. Aslında Rusya, İran'ın Nabucco'ya destek vermemesi ile bir stratejisini daha gerçekleştirmiştir. Çünkü Moskova yönetimi bu projeyi zayıflatmak için her türlü siyasi ve ekonomik hamleyi yapmaktan imtina etmemiştir. Bilhassa Kazak, Özbek ve Türkmen gazının Avrupa içlerine ilerlememesi için bu ülkelerle ikili antlaşmalar yapmıştır. Yaşanan bu enerji temelli büyük oyunda gözleri biraz daha açılan Orta Asya Türk devletleri Rusya'dan daha fazla fiyat koparabilmek için *"bizden gazı ucuza alıp Avrupa'ya pahalıya satıyorsun, fiyatları yeniden belirleyelim!"* demiş ve Moskova yönetimi gaz fiyatlarının Avrupa'ya satılan fiyat üzerinden olmak koşuluyla yeniden belirlemiştir.[33]

Görüldüğü üzere bu devletler, kendilerine Rusya'nın yanında yer açmaya çalışmaktadırlar. Bu durumu analiz eden Andreas Goldthau'ya göre; AB ülkelerinin enerji konusunda Rusya'ya bağımlı olmaları Rusya'nın elini güçlendirmekte ve Rusya için birçok devletin iç işlerine müdahale fırsatı

---

[31] "Kazakhstan: Nabucco needs 'action', not just 'talk'", 19 July 2010, http://www.euractiv.com/energy/kazakhstan-nabucco-needs-action-news-496443. (30.01.2016).
[32] "Kazak gazı Nabucco'ya rakip projeye akacak", 14.05.2009, http://www.cnnturk.com/2009/ekonomi/dunya/05/14/kazak.gazi.nabuccoya.rakip.projeye.akacak/526513.0/index.html (30.01.2016).
[33] "Rusya'dan Nabucco'ya Karşı Yeni Hamle", *Enerji 2023 Derneği*, 27.10.2008, http://www.enerji2023.org/index.php?option=com_content&view=article&id=187:rusyadan-nabuccoya-kari-yen-hamle&catid=15:stratej&Itemid=212 (04.02.2016).

yaratmaktadır.[34] Nitekim Rusya'nın, AB'nin önemli petrol ve gaz rezervleri olan Orta Asya Türk devletleri ile anlaşmasını engellemek için bu devletlerin gazını ucuza satın alarak bunu kendi iç piyasasında kullanıp kendi gazını AB'ye daha yüksek fiyattan sattığı bilinmektedir.[35] Azerbaycan'da ise Nabucco projesinin akıbeti konusunda iç meseleler ve Rusya'nın tavrı biraz daha önemli gibi görünmektedir. Wall Street Journal'e göre Rusya, Karabağ sorununu her an deşecek ve Ermeni ordusunu silahlandıracak kartlara sahip olduğundan Azerbaycan Nabucco projesinden zaten vazgeçme eğiliminde olmuştur. AB, Azerbaycan'ın içinde bulunduğu durumu çözmek için etkin adımlar atmamıştır.[36] Neticede Rusya'nın izlemiş olduğu yalnızlaştırma stratejisi işe yaramış ve Nabucco projesi geçerliliğini yitirmiştir. Artık konuşulan en önemli proje Trans Adriyatik Boru Hattı projesidir.

Trans Adriyatik Boru Hattı: Bir Peri Masalının Sonu

BP'nin Türkiye, Gürcistan ve Azerbaycan bölge direktörü olan Gordon Birrell'e göre Trans Adriyatik Boru Hattı (TAP) ile Azerbaycan gazı Hazar Denizi vasıtasıyla Batı Avrupa'ya taşınacaktır.[37] TAP, Norveç'in Statoil, İsviçre'nin Axpo ve Almanya'nın E.ON firmalarınca desteklenmekte ve Azeri SOCAR tarafından işletilmektedir. İtalya'ya erişiminden önce Türkiye, Yunanistan'ın kuzeyi ve Arnavutluk'un güneyini yaklaşık olarak 800 km katetmektedir. Nabucco projesinden 500 km daha kısadır ve Güney Avrupa ülkelerini kapsadığı için Azerbaycan'ın çok istediği bir projedir. Zira Azerbaycan, Güney Avrupa'ya belli oranda bir gazı zaten ulaştırmaktadır ve altyapısı mevcuttur.[38] TAP projesi Şah Denizi konsorsiyumu tarafından 28 Temmuz 2013 tarihinde Azeri gazını Avrupa'ya ulaştıracak en iyi boru hattı projesi seçilmiştir. Projenin en uzun boru hattı kısmı Yunanistan'da yer alacaktır. Zira bu proje, Türkiye ve Yunanistan sınırından geçecek olan Trans Anadolu Boru Hattı (TANAP) projesi ile birleşecektir.[39] TAP projesinden yakın dönemde Bulgaristan,

---

[34] Andreas Goldthau, "Resurgent Russsia? Rethinkhing Energy Inc.", *Policy Review*, 147, February-March 2008, s. 57.

[35] Cenk Pala, "Ayı ile Dans: Kutsal Gazprom İmparatorluğu ve Türkiye", *Dördüncu Güvenliğin Yeni Boyutları ve Uluslararsı Örgütler Uluslararası Sempozyum Bildirileri*, (Ed.) Süha Tanyeri, Genelkurmay Askeri Tarih ve Stratejik Etüt Başkanlığı Yayınları, Ankara, 2007, s. 27.

[36] Alessandro Torello, "Nabucco Pipeline's Fate Hinges on Azerbaijan", 01.08.2011, http://online.wsj.com/article/SB10001424053111904800304576476080467499602.html (03.02.2016).

[37] "Nabucco loses key Azerbaijan gas supplier to TAP", *RT*, 27.05.2013, http://rt.com/business/nabucco-gas-azerbaijan-greece-311/ (05.02.2016).

[38] Aynı yer.

[39] TANAP, http://www.tanap.com/en/ (28.01.201+).

Arnavutluk, Bosna Hersek, Karadağ ve Hırvatistan yararlanacak iken, uzun dönemde Avrupa'nın coğrafik olarak büyük ülkeleri olan Almanya, Fransa ve İngiltere de yararlanacaktır.[40]

Harita 4. TAP Boru Hattı

Kaynak: http://newtimes.az/tr/views/4150 (29.12.2016).

Avrupa Komisyonu Başkanı José Manuel Barroso'ya göre; "Nabucco AB için bitmiş bir proje değildir. TAP, Nabucco'ya alternatif realist bir projedir. Şah Deniz II konsorsiyomunun TAP projesini Avrupa'ya gaz tedariki için belirlemesini olumlu karşılıyorum. Bu durum AB'ye üye ülklerin de ortak düşüncesidir ve AB'nin enerji güvenliğini konsolide e-decek önemli bir kilometre taşıdır. Ocak 2011'de Aliyev ile imzaladığımız ortak deklerasyonda da ifade ettiğimiz gibi güney gaz koridorunun Hazar Denizi vasıtasıyla AB'ye gaz tedarik edecek olması AB'nin enerji arz çeşitliliğini sağlayacak olması açısından çok önemlidir." [41] AB Enerji Komisyonu üyesi Günther Oettinger de buna benzer bir ifade de bulunarak; "Azerbaycan'dan Avrupa'ya gaz ulaştırılması konusunda taahhüt almış bulunmaktayız. TAP, TANAP ya da daha önce üzerinde uzlaşıp anlaştığımız (Nabucco) proje, hiç fark etmez, şu anda gaz tedariki için yeni bir ortağımız var ve bu ortaktan gelecekte daha çok gaz alacağımız konusunda çok eminim" demiştir.[42]

TAP Neden Önemsenmektedir?

---

[40] "Tap and Desfa sing cooperation agreement", 03.07.2013, http://www.enerjiport.com/2013/07/03/tap-and-desfa-sing-cooperation-agreement/ (07.02.2016).
[41] "EU-backed Nabucco project 'over' after rival pipeline wins Azeri gas bid", http://www.euractiv.com/energy/eu-favoured-nabucco-project-hist-news-528919 (07.02.2015).
[42] "EU Commission welcomes decision on gas pipeline: Door opener for direct link to Caspian Sea", Brussels, 28 June 2013, http://europa.eu/rapid/press-release_IP-13-623_en.htm (10.02.2016).

TAP projesi hem yapım hem de uygulama açısından Nabucco projesini geri plana atmıştır. TAP, öncelikli olarak daha kısa bir güzergâha sahip olmasına rağmen Nabucco ile aynı sayıda ülkeye gaz tedarik edecektir. Gazın hangi ülkelerden alınacağı konusunda bir kesinlik vardır ve Nabucco'ya göre daha ucuza mal edilecektir. Londra merkezli Küresel Enerji Çalışmaları Merkezi uzmanlarından Julian Lee'ye göre; *"Nabucco projesi Avrupa'ya gaz tedariki amacıyla kurulmuş fakat iyi planlanmamış bir projedir. Ne ABD ne de AB bu projenin maliyetini karşılamamaktadır. Parayı onlar vermeyecek fakat projenin maliyeti insanların omuzlarına bindirilecektir. Dolayısıyla her ülke maliyeti karşılamak zorundadır."* [43] Aşağıda yer alan haritaya göre dünyanın kanıtlanmış gaz rezervlerinin üçte ikisi Rusya, Orta Doğu ve Hazar havzasında yer almaktadır. Bu enerji koridorları AB'nin enerji talebini yıllarca karşılamaya yetecektir. Dolayısıyla özellikle TAP projesi ile AB, enerji koridorunu çeşitlendirerek bilhassa Orta Doğu ve Hazar havzasından daha fazla istifade ederek Rusya'ya olan enerji bağımlılığını ciddi oranda azaltacaktır. Erkan Erdoğdu'ya göre bu durumun ve farklı enerji yollarının farkında olan Rusya, Nabucco projesinde olduğu gibi böl ve yönet yöntemini devam ettirecek ve AB'yi yalnızlaştırarak enerji konusunda kendisine bağımlı kılmaya devam edecektir.[44]

Ancak 2014 yılında Kırım'ın Rusya tarafından ilhak edilmesiyle değişen gündem AB-Rusya ilişkilerinde de yeni bir dönemin kapılarını açmıştır. Ukrayna, Rus doğal gazını Avrupa'ya taşıyan önemli boru hatlarını topraklarında barındırması bakımından hem AB ülkeleri hem Rusya tarafından önemsenen bir ülkedir. Rusya, Soğuk Savaş'ın bitmesiyle birlikte geliştirdiği "Yakın Çevre" politikası ile Ukrayna ve diğer Sovyet ardılı ülkelerde yaşamsal çıkarları olduğunu esasen ileri sürmüştür. Ukrayna'da başlayan ayrılıkçı hareketler neticesinde Rusya kendisinin Batılı olmadığını, bu oyunu Batının kurallarına göre değil de kendine göre oynayacağını ve dünyayı Batının algıladığı şekilde algılamadığını deklare etmiştir. Rusya, Ukrayna'nın NATO üyeliği ile tamamen Batının kontrolüne geçeceğini ve böylece NATO tarafından kuşatılacağını düşünmektedir.

Harita 5. Kanıtlanmış Gaz Rezevleri

[43] Charles Recknagel, Nabucco Pipeline Suffers Setback As Rival Expected To Get Azeri Gas, June 27, 2013. http://www.rferl.org/content/nabucco-gas-pipeline-rivals-future-in-doubt/25030223.html (10.02.2016).
[44] Erkan Erdogdu, "Bypassing Russia: Nabucco project and its implications for the European gas security", *Renewable and Sustainable Energy Review*, 14, 2010, pp. 2936-2945.

GAS RESERVES
in trillion cubic meters

RUSSIA
44.4

EUROPE
5.7

CASPIAN &
MIDDLE EAST
90

NORTH
AFRICA
8.2

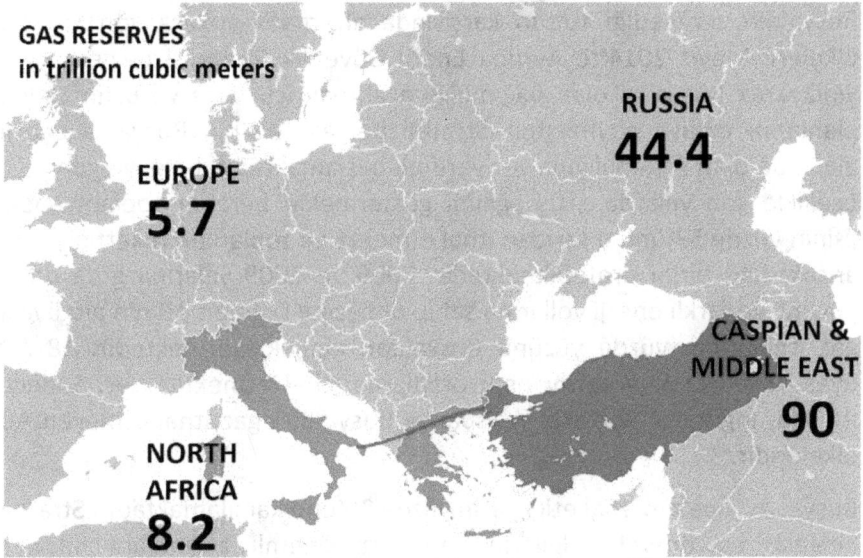

Kaynak: http://www.trans-adriatic-pipeline.com/why-tap/gas-reserves/ (11.02.2016)

Rusya'nın özellikle Orta Asya Türk devletleri ile olan tarihi müna-sebetlerini kullanarak ve ikili antlaşmalar yaparak AB'ye olan muhtemel gaz tedarikini engellediği de bilinmektedir. Kırım'ın ilhakı ve Ukrayna'nın içinde bulunduğu bu durum AB ülkelerini belkide ilk defa birlikte amasız ve eğersiz biraraya getirmiş ve ABD'nin de desteğini alarak birlikte Rusya'ya yaptırım uygulayacak pozisyona getirmiştir.[45] 4 Eylül 2014 tarihinde Galler'de yapılan NATO zirvesinde "Biz NATO-Ukrayna Komisyonu üyeleri ve devlet başkanları, Ukrayna'nın bağımsızlığını ve diğer devletlerce benimsenen sınırlarının korunması için birlikte hareket edeceğiz" diyerek Rusya'nın tutumundan rahatsız olduklarını ve yaptırım uygulayacaklarını ifade etmiş ve bir süre sonra bunu gerçekleş-tirmişlerdir.[46] Buna karşılık Rusya Başbakanı Dimitry Medvedev; "Enerji ve finans sektörümüzü akamete uğratacak herhangi bir yaptırıma aynı sertlikte cevap vereceğiz. Biz ortaklarımızla iyi ilişkilere sahibiz ancak yaptırımlar karşısında bizde hava sahamızı tüm uçuşlara kapatırız" diyerek karşı bir yaptırımda bulunacaklarını belirtmiştir.[47]

---

[45] Serdar Yılmaz, "Never Say Never, Who Will Share the Same Fate as Ukraine?", *Eurasian Research Institute,* 13.05.2014. http://eurasianri.org/main/never-say-never-who-will-share-the-same-fate-as-ukraine/ (10.02.2016).
[46] "Joint Statement of the NATO-Ukraine Commission, Press Release" (2014) 124, Issued on 04 Sep. 2014. http://www.nato.int/cps/en/natohq/news_112695.htm (11.02.2016).
[47] Mircea Birca, "Russia threatens to close airspace amid Western sanctions", *Eurasia Press and News,* http://eurasia.ro/?p=55123\ (11.02.2016).

Rusya'nın sergilediği tutum karşısında alternatif yollara yönelen AB ülkeleri, Mayıs 2014'te Avrupa Enerji Güvenlik Stratejisi belgesini yayınlayarak Rusya'ya olan bağımlılığı azaltmak için orta ve uzun vadeli planlarını ortaya koymuştur. Strateji belgesi, AB'nin Rusya'ya enerji alanında olan bağımlılığına yer vererek başlamaktadır. Belgeye göre AB, özellikle son yıllarda artış eğilimi göstermekle beraber toplam enerjisinin yüzde 53'ünü dışarıdan ithal etmekte ve toplamda tükettiği gazın ancak üçte birini üretebilmektedir. 2006 ve 2009 yıllarına göre daha güvenli ve farklı enerji yollarına sahip olmasına rağmen AB'nin altı üyesi gaz ithalatının yüzde yüzünü Rusya'dan gerçekleştirmektedir. 18 AB üyesi ülke ise Rus gazını belli oranlarda ithal etmektedirler. Sadece İrlanda, İngiltere, Portekiz ve İspanya Rusya'dan gaz ithal etmeyen AB ülkeleridir.[48]

Rusya, Avrupa'nın ithal etiği gazın yüzde 39'unu karşılamaktadır. Strateji belgesi, bu önemli bilgilerin yanı sıra önemli ayrıntılara da yer vermektedir. Ukrayna krizinin AB'nin enerjiye olan bağımlılığını tekrar siyasi gündeme getirdiği, acil olarak siyasi ve enerji konularında planlar yapılması gerektiği, gaz stoklarının yapılmasının ve enerji bağımlılığının azaltılmasının en önemli önceliklerden biri olduğu bu ayrıntılardandır. Sonuç olarak bu strateji belgesi, AB'nin Rusya'ya olan bağımlılığını nasıl azaltacağı konusunda yol göstermekte ve bu sorunun ortadan kalkmasının mümkün olup olmadığını ortaya koymaktadır.[49]

Sonuç

AB ve Rusya arasında 1989 yılında Ticaret ve İşbirliği Antlaşması ile başlayan ilişkilerde en önemli dönüm noktası 1994'de imzalanan lakin 1997 yılında yürürlüğe giren Ortaklık ve İşbirliği Antlaşmasıdır. Bu sözleşme ile AB ve Rusya arasında kademeli bir yakınlaşma sağlanması ve önce ekonomik sonra da siyasi bir işbirliği kurulması amaçlanmıştır. 2000'li yıllara gelindiğinde Putin'in Devlet Başkanı seçilmesiyle AB, Rusya için enerji alanında önemli bir müşteri haline gelmiştir. Rusya, AB'nin enerji ihtiyacını uzun dönemli ve güvenilir şekilde karşılamada sorumluluk alacağını vurgulayarak aslında AB'nin Rusya'ya olan enerji bağımlılığının temellerini de bu dönemde atmaya başlamıştır. Enerji yönünden (doğal gaz, petrol ve kömür) zengin kaynaklara sahip Rusya ile dünyanın en fazla enerji tüketen ancak enerji kaynakları son derece

---

[48] "European Energy Security Strategy", *European Commission,* Brussels, 28.5.2014, COM(2014) 330 final   http://ec.europa.eu/energy/doc/20140528_energy_security_communication.pdf (12.02.2016).
[49] Gös. yer.

yetersiz olan AB arasında başlayan enerji diyaloğu bu bağlamda ele alınmıştır. Çünkü bu işbirliği iki taraf arasında ortak projeler üretip işbirliğine gidilmesine vesile olmaktadır. Ancak Rusya, AB'yi enerji konusunda kendine bağımlı hale getirmeye çalışmakta ve bu amaç doğrultusunda enerji temelli çeşitli alternatifler yaratarak AB'yi yalnızlaştırmaktadır. Bunun sonucunda ise bir ülkeye enerji kaynakları yönünden aşırı bağımlı olmanın AB'nin enerji güvenliğine olumsuz etkileri ortaya çıkmaktadır.

Bu bağımlılığı azaltmak için AB üyesi ülkeler önceleri Nabucco projesi üzerinde dursa da bazı AB üyeleri daha farklı alternatifler üzerinde tartışmaktadırlar. Bu aşamada Nabucco projesinin oynadığı hayati önemin bütün AB üyesi ülkelerce kabul edildiğini gören Rusya, projeye destek vereceğini açıklayan Kazakistan, Türkmenistan, Özbekistan, İran ve Azerbaycan ile tarihi ve siyasi bağlarını kullanarak çeşitli anlaşmalar imzalamıştır. Rusya, bu ülkelerden temin ettiği gazın alım fiyatlarını artırmış ve böylece adıgeçen ülkelerin Nabucco'ya olan desteklerini geri çekmelerini sağlayarak AB'yi kendine bağımlı kılmak konusunda rakipsiz bırakmıştır. AB üye ülkeleri tıpkı siyasi meselelerde olduğu gibi enerji konusunda da çok sesliliğe devam ettiği müddetçe enerji kaynaklarına olan bağımlılığı çeşitlendirme konusunda projelerin hayata geçirilmesi zor gözükmektedir. Zira bu projede gazın kesin olarak hangi ülkelerden temin edileceği ve ne miktarda gaz alımı yapılacağı gibi konular netleşmeyi bekleyen önemli meselelerdir ki Rusya bu kozu kullanarak sözü geçen tedarikçi ülkeleri kendi safına çekmiş ve Nabucco projesinin son bulmasına sebebiyet vermiştir.

Doğal kaynaklara sahip devletlerin ulusal enerji sektöründe daha otoriter bir kimliğe bürünerek enerji politikalarını devletçi bir perspektif ile uyguladığı bilinmektedir. Yani doğal kaynak zengini ülkeler, ulusal çıkarlarını maksimize etmek amacıyla enerji kaynaklarını dış politika amaçlarını gerçekleştirmek için bir araç olarak kullanmaktadırlar. Rusya ve AB arasında yaşanan ilişkilerde de bu durum gözlemlenmektedir. Zira Rusya gibi enerji zengini bir ülkenin kendi çıkarlarını enerji ithal eden AB ülkelerine karşı bir pazarlık aracı ya da tehdit unsuru olarak gördüğü ve enerji kaynaklarını dış politika amaçlarını gerçekleştirmek için bir araç olarak kullandığı görülmektedir. Sonuç olarak Rusya, kendi gaz ve petrolünü Avrupa pazarına ulaştırarak AB ülkelerinin kendi boru hatları dışında başka projelere erişimini engelleyerek onları yalnızlaştırmakta ve bu yolla AB'yi Rusya'ya enerji bakımından bağımlı kılmaya çalışmaktadır. Dolayısıyla çalışmada elde edilen bulgular, çalışmanın başında da belirtilen hipotezin doğrulandığını göstermektedir.

KAYNAKÇA

Aras, Bülent - Yorkan, Arzu, "Avrupa Birliği ve Enerji Güvenliği: Siyaset, Ekonomi ve Çevre", *Stratejik Rapor,* No: 13, Aralık 2005. http://tasam.org/Files/Icerik/File/avrupa_birligi_ve_enerji_guvenligi_siyaset_ekonomi_ve_cevre_f74c1d2e-7374-45bb-891f-ce5478aad109.pdf (20.01.2016).

Ardy, Brian - Gower, Jackie, *Relations Between Russia and the EU*, Royal Institute of International Affairs, London, 1996.

Bayraç, H. Naci, "Küresel Enerji Politikaları ve Türkiye: Petrol ve Doğal Gaz Kaynakları Açısından Bir Karşılaştırma", *Eskişehir Osmangazi Üniversitesi Sosyal Bilimler Dergisi,* 10(1).

Birca, Mircea "Russia threatens to close airspace amid Western sanctions", *Eurasia Press and News,* http://eurasia.ro/?p=55123\ (11.02.2015).

Borisocheva, Ksenia, "Analysis of the Oil- and Gas-Pipeline-Links between the EU and Russia" (occasional paper), *Centre for Russia and Eurasia*, Athens, November 2007.

Bremmer, Ian - Johnston, Robert, "The Rise and Fall of Resource Nationalism," *Survival,* Vol. 51, 71 No. 2, April, 2009.

Chossudovsky, Michel, "Avrasya Koridoru: Boru Hattı Jeopolitiği ve Yeni Soğuk Savaş", 22.08.2008, https://dunyadanceviri.wordpress.com/2008/08/22/avrasya-koridoru-boru-hatti-jeopolitigi-ve-yeni-soguk-savas-michel-chossudovsky/ (09.01.2016).

Ercan, Murat, "Avrupa Birliği'nin Enerji Politikasında Türkiye'nin Önemi", *Akademik Bakış Dergisi*, Sayı: 25 Temmuz – Ağustos 2011.

Erdogdu, Erkan, "Bypassing Russia: Nabucco project and its implications for the European gas security", *Renewable and Sustainable Energy Review,* 14, 2010.

Has, Kerim, "Rus Enerji Sektöründe Parlayan Yıldız: Rosneft", *USAKANALİST,* 17 Temmuz 2013, http://www.usakanalist.com/detail.php?id=646 (18 Eylül 2016).

Haukkala, Hiski, "The Making of the European Union's Common Strategy on Russia", *The EU Common Strategy on Russia : Learning Grammar of the CFSP*, (Ed.) Hiski Haukkala - Sergei Medyedev, Helsinki & Berlin, The Finnish Institute of International Affairs & Institut für Europäische Politik , 2001.

Herrberg, Antje, "The European Union and Russia: Toward a New Ostpolitik?", *The European Union in the World Community,* (Ed.), Carolyn Rhodes, Lynne Rienner Publishers, New York, 1998.

Gençler, Ayhan - Akbaş, Arif, "Bağımsızlık Sonrası Kazakistan ve Türkiye Arasındaki Sosyo-Ekonomik İlişkiler (1990–2011), *Trakya Üniversitesi Edebiyat Fakültesi Dergisi*, Cilt.1, Sayı. 2, Temmuz 2011.

Goldman, I.Marshall, *Petrostate: Putin, Power and the new Russia*, Oxford University Press, Oxford, 2010.

Goldthau, Andreas, "Resurgent Russsia? Rethinkhing Energy Inc.", *Policy Review*, 147, February-March 2008.

Grant, Charles, - Barysch, Katinka, "The EU-Russia Energy Dialogue", 19.05.2004, http://www.cer.org.uk/pdf/briefing_eu_russia.pdf (19.01.2016).

İpek, Pınar, "Enerji Güvenliğinin Ekonomi Politiği ve Türk Dış Politikası", *Dış Politika Teorileri Bağlamında Türk Dış Politikası'nın Analizi Cilt I, (*Der) Ertan Efegil-Rıdvan Kalaycı, Nobel Yaıncılık, Ankara, 2012.

Lynch, Dov, "Russia's Strategic Partnership with Europe", *The Washington Quarterly,* 27:2, Spring 2004.

Pala, Cenk "Ayı ile Dans: Kutsal Gazprom İmparatorluğu ve Türkiye", *Dördüncu Güvenliğin Yeni Boyutları ve Uluslararsı Örgütler Uluslararası Sempozyum Bildirileri,* (Ed.) Süha Tanyeri, Genelkurmay Askeri Tarih ve Stratejik Etüt Başkanlığı Yayınları, Ankara, 2007.

Pinder, John, "The Union's Common Strategy on Russia", *EU and Russia,* (Ed.) John Pinder - Yuri Shishkov, The Federal Trust, London, 2002.

Recknagel, Charles, "Nabucco Pipeline Suffers Setback As Rival Expected To Get Azeri Gas", June 27, 2013. http://www.rferl.org/content/nabucco-gas-pipeline-rivals-future-in-doubt/25030223.html (10.01.2016).

Smith, Mark "Russia's Energy Diplomacy", 19.05.2004. http://www.da.mod.uk/CSRC/ documents/ Russian/F75 (24.01.2016).

Stevens, Paul, "National Oil Companies and International Oil Companies in the Middle East: Under the Shadow of Government and the Resource Nationalism Cycle," *Journal of World Energy Law & Business*, Vol. 12, No. 1, 2008.

Şöhret, Mesut, "Enerji Güvenliğinin Ekonomi Politiği ve Uluslararası Çatışmalara Etkisi", *Uluslararası Enerji ve Güvenlik Kongresi Bildiriler Kitabı*, 23-24 Eylül 2014, Kocaeli Üniversitesi Matbaası, Kocaeli.

Tanrısever, F. Oktay, "Rusya Federasyonu'nun Orta Asya-Kafkasya Politikası: Yakın Çevre Doktrini'nin İflası", *Küresel Politikada Orta Asya,* (Der) Mustafa Aydın, Birinci Basım, Nobel Yayınları, Ankara, 2005.

Tellal, Erel, "Rusya ile İlişkiler" *Türk Dış Politikası: Kurtuluş Savaşından Bugüne Olgular, Belgeler, Yorumlar,* (Der) Baskın Oran, İletişim Yayınları, İstanbul, 2002.

Torello, Alessandro, "Nabucco Pipeline's Fate Hinges on Azerbaijan", 01.08.2011, http://online.wsj.com/article/SB10001424053111904800304576476080467499602 .html (03.02.2016).

Turan, P. Aslıhan, "Energy Diplomacy in Caspian Region", *Bilge Strateji,* Volume: 1, Number: 2, Spring 2010.

Yılmaz, Serdar, Geopolitics in Contemporary International Relations "The Case of Turkey", University of Westminster, Social Sciences, Humanities and Language, (Basılmamış Yüksek Lisans Tezi). İngiltere, 2010.

Yılmaz, Serdar, "Never Say Never, Who Will Share the Same Fate as Ukraine?", *Eurasian Research Institute,* 13.05.2014. http://eurasianri.org/main/never-say-never-who-will-share-the-same-fate-as-ukraine/ (10.02.2016).

Yorkan, Arzu, "Avrupa Birliği'nin Enerji Politikası ve Türkiye'ye Etkileri", *Bilge Strateji,* Cilt: 1, Sayı: 1, Güz 2009.

"Annex to the Green Paper: A European Strategy for Sustainable, Competitive and Secure Energy - What is at stake – Background document", *European Commission, {COM(2006) 105 final}*, Brussels, SEC(2006) 317/2.

"Consumption of energy", *Eurostat Statitics Explained*, http://ec.europa.eu/eurostat /statistics-explained/index.php/Consumption_of_energy (09.01.2016).

"EU Commission welcomes decision on gas pipeline: Door opener for direct link to Caspian Sea", Brussels, 28 June 2013, http://europa.eu/rapid/press-release_IP-13-623_en.htm (10.02.2016).

"EU relations with Russia", *European Union External Action*, http://eeas.europa. eu/russia/about/index_en.htm (25.01.2016).

"EU-backed Nabucco project 'over' after rival pipeline wins Azeri gas bid", http://www.euractiv.com/energy/eu-favoured-nabucco-project-hist-news-528919 (07.02.2016).

"European Energy Security Strategy", *European Commission,* Brussels, 28.5.2014, COM(2014) 330 final, http://ec.europa.eu/energy/doc/ 20140528_energy_security _communication.pdf (30.01.2016).

"Joint Declaration of the EU-Russia Summit", 30/10/2000, http://www.europa.eu.int/ comm/external_relations/russia/summit_30_10_00/statement_en.htm, 20.05.2004, s. 1. (30.01.2016).

"Joint Statement of the NATO-Ukraine Commission, Press Release" (2014) 124, Issued on 04 Sep. 2014. http://www.nato.int/cps/en/natohq/news_112695.htm (11.02.2016).

"Kazak gazı Nabucco'ya rakip projeye akacak", 14.05.2009, http://www.cnnturk. com/2009/ekonomi/dunya/05/14/kazak.gazi.nabuccoya.rakip.projeye.akacak/5265 13.0/index.html (30.01.2016).

"Kazak gazı Nabucco'ya rakip projeye akacak", *CNNTÜRK,* 14.05.2009, http://www. cnnturk.com/2009/ekonomi/dunya/05/14/kazak.gazi.nabuccoya.rakip.projeye.akac ak/526513.0/index.html (29.12.2016).

"Kazakhstan: Nabucco needs 'action', not just 'talk'", 19 July 2010, http://www. euractiv.com/energy/kazakhstan-nabucco-needs-action-news-496443. (30.01.2016).

"Nabucco loses key Azerbaijan gas supplier to TAP", http://rt.com/business/nabucco-gas-azerbaijan-greece-311/ (05.02.2016).

"Rusya'dan Nabucco'ya Karşı Yeni Hamle", *Enerji 2023 Derneği,* 27.10.2008, http://www.enerji2023.org/index.php?option=com_content&view=article&id=187: rusyadan-nabuccoya-kari-yen-hamle&catid=15:stratej&Itemid=212 (04.02.2016).

"Tap and Desfa sing cooperation agreement", 03.07.2013, http://www.enerjiport. com/2013/07/03/tap-and-desfa-sing-cooperation-agreement/ (07.02.2015).

"The EU in brief", *European Union,* http://europa.eu/about-eu/basic-information/ about/index_en.htm (14.01.2016).

"Türk Akımı projesi nedir?" *ntv.com.tr,* 11 Ekim 2016, http://www.ntv.com.tr /ekonomi/turk-akimi-projesi-nedir,6SPX69lWSkaL6pBjj9F3EA (12.11.2016).

NEOREALİZM VE NEOLİBERALİZM KURAMLARININ GÜVENLİK YAKLAŞIMLARI VE ARAP DEVRİMLERİNDE SURİYE POLİTİKALARI

İsmail ERMAĞAN ve Aybars KARCI

Giriş

Uluslararası İlişkiler disiplini, Siyaset Bilimi'nin bir dalı olarak, devletler ya da uluslararası-uluslarüstü kuruluşların davranışlarına yönelik araştırmalar yapmaktadır. Hedeflerinden biri; savaş, çatışma, güvenlik vb. konuları yerel-bölgesel-küresel ölçeklerde analiz etmek ve genel çıkarımlar sunmaktır. Bu işlevi gerçekleştirirken çeşitli hipotezler kurgulanmakta-sınanmakta, farklı farklı kuramlar kullanılmaktadır. Rusya'nın Kırım'ı ilhakı, Kuzey Kore'nin füze denemeleri, yumuşamaya başlayan Küba-ABD ya da yumuşamış İran-Batı ilişkileri gibi herhangi bir uluslararası ilişkiler gelişmesinin teorik olarak çerçevelenmesi, konunun bilimsel bir yapıda irdelenmesi anlamı taşımaktadır. Bu da ilgili kişilerin ilintili konuları okuma yeteneğini arttırmakta, böylece örneğin daha doğru devlet politikalarının oluşmasına katkı vermektedir.

Uluslararası İlişkiler teorileri arasında gerek Liberalizm gerekse Realizm "öncü olma" misyonu taşımaktadır ve kendisinden sonra birçok kuramı etkilemiştir/etkilemektedir.[1] Uluslararası Liberal Teori, I. Dünya Savaşı'ndan sonraki süreçte uluslararası arenada savaş ve çatışmaların önlenmesi ereği doğrultusunda gelişmiştir.[2] Milletler Cemiyeti'nin kurul-

---

[1] Atila Eralp, "Uluslararası İlişkiler Disiplinin Oluşumu: İdealizm-Realizm Tartışması", in (ed.) Atila Eralp, *Devlet, Sistem ve Kimlik: Uluslararası İlişkilerde Temel Yaklaşımlar*, İletişim Yayınları, İstanbul, 2001, s. 69-70.

[2] İsmail Ermağan, "Uluslararası İlişkilerde Çatışma ve İşbirliği Olgularına İlişkin Teoriler", in (ed.) A. Baran Dural, *Siyaset Biliminde Kuram-Yöntem-Güncel Yaklaşımlar*, Paradigma Akademi Yayınları, 2. Baskı, 2013, s. 424-425.

ması (1920) gibi olaylar, onun savlarının gerçek alana yansıması olarak not edilebilir. Fakat menfaatlerini, daha büyük bir yıkımın sahneleneceği, ikinci bir dünya savaşında gören devletlerin davranışlarını romantik bakışı ile öngörmede yetersiz kalması, yani güvenliğin inşa edilmemesi üzerine Realizm[3] teorisinin ortaya çıkışına ve 1980'e değin merkezde kalışına sebep olmuştur. Her iki teorinin (aralarında ve diğer kuramlardan) etkileşimi veya uluslararası ilişkileri okurken kendi savunucuları arasında farklı yorumların etkinliği sonucu 1980'li yılların ortasından itibaren Neo-Neo dönemi yaşanmaktadır. Her ikisinin fikirleri de günümüzde uluslararası ilişkileri değerlendirirken yadsınmamaktadır.

Neorealizm, Neoliberalizm, Marksizm, Kopenhag Ekolü vb. her bir kuramın güvenlik başlığında kendi kabulleri mevcuttur; uluslararası ilişkileri bu başlıkta okuma bağlamında her biri çeşitli fikirler ve bir analiz şablon üretme işlevindedir.

Bu çalışmanın teorik altyapısı iki bölümden oluşmaktadır: Öncelikle güvenlik olgusu ile ilgili bilgiler aktarılmakta, daha sonra da Neorealizm ve Neoliberalizm kuramların güvenlik konusundaki yaklaşımları açıklanmaktadır. Bu teorik kabullerin sahaya uygulanmasında, 2010 yılında başlamış olan ve "Arap Baharı" olarak adlandırılan süreçte cereyan eden Suriye'deki iç savaş ve buna ilişkin küresel-bölgesel devletlerin aldıkları pozisyonları seçilmiştir. Burada da öncelikle Suriye'de ilgili devletlerin politikaları özetlenmekte, akabinde teorik çözümleme yapılmaktadır.

Güvenlik Kavramı ve İzdüşümleri

Güvenlik, kısaca, güvensizlik koşullarının ortadan kalkması, risk ve tehditlerin güvence altına alınması halidir.[4] Net bir tanımının olmamasından ötürü güvenlik, çok boyutlu, komplike bir kavramdır. Her bir koşula göre tehdit kavramı yeniden şekillendirilebilirken, güvenlik değerlendirmeleri günümüzde küresel, bölgesel, ulusal ve toplumsal başlıklarına ayrılabilir. Uluslararası sistemin güvenliği, bölgelerin güvenliği, devletin güvenliği, toplumsal alt gruplar ile bireylerin güvenliği, çeşitli bilim dalları tarafından konu edilmektedir. Güvenliğin temel iki tehlikesi; tehdit ve risktir. Varlık, bütünlük, çıkarlar ve değerler, bu iki ögeye maruz kalabilir. Menfaatlere ilişkin tehdit ve riskler askeri, siyasi, ekonomik, sosyolojik ve kültürel başlıklarda tezahür edebilir. Sistem, devlet, toplum

---

[3] A.g.e., s. 400-406.
[4] Barry Buzan, *People, States and Fear: An Agenda for International Security Studies in the Post-Cold War Era*, Harvester Wheatsheaf, 1991,

ve birey güvenliğin analiz birimlerini teşkil etmektedir. Güvenliğin askeri, siyasi, ekonomik, sosyal ve çevresel gibi çeşitli boyutları mevcuttur. Yine tehdit, ya bir gerçeklik olgusu ya da sanal bir algı olabilir.[5]

Uluslararası sistemde güvenlik anlayışı ulus-devlete ve sistemin bütününe yönelik olmak üzere iki türlü ortaya çıkmaktadır: 1) Küresel sistemde her bir devletin varlığını muhafaza etme ve sürdürme hedefi vardır; bu bağlamda gereksinimlerini karşılamak, gerektiğinde de kapasite artırımına gitmek durumundadır. Bu çerçevede bir tehdit tanımı ve Milli Güvenlik Stratejisi oluşturulmaktadır. Güvenlik ve güç, iç içe geçmiş bir bütün olduğundan, bu tanımda belirlenen gerçek ve sanal tehditler ile mücadele için gerekli gücün sağlanması bir ödev olarak değerlendirilir. Devletler hiç de az olmayacak biçimde "sanal tehdit"ler tasarlamakta, uluslararası toplum ve sistemi buna inandırmaya çalışmaktadır.[6] 2) Sistemin bütününe yönelik güvenlik; tek bir devleti-bölgeyi aşan, küresel boyutlu tehlike ve riskler (örneğin küresel terör olgusu) karşısında uluslararası yapılarda ortak irade-yönetim gerektiren meselelerdir. Bütün devletler için geçerli, küresel bazlı bir güvenlik sistemi yoktur. Bugün uluslararası arenada küresel güvenlik Birleşmiş Milletler üzerinden ortaklaşa sağlanmaya çalışılmaktadır. Aşikârdır ki, güçlü aktörlerin küresel düzeni kendi menfaatleri doğrultusunda biçimlendirme hedefleri bulunmaktadır; bu bağlamda da ortak güvenlik sistemleri inşa etmektedir. Gerek bölgesel gerekse küresel tehditlere karşı kendi çıkarları paralelinde, gerektiğinde de alt ülkeler ile işbirliklerine gitmektedirler. Soğuk Savaş sonrasında güvenlik ve caydırıcılık ilişkisi askeri konuların üzerine ekonomik-çevresel-kimliksel vb. Başlıkları ile genişlemiştir. Siber güvenlik ile başka boyutlara evrilen güvenlik yaklaşımlarında son tahlilde menfaatlerin güvenlik altına alınması söz konusudur.

Neorealizm-Neoliberalizm Teorileri ve Güvenlik Sorunsalı

Neorealizm ve Güvenlik

Realist paradigma, 1930'lu yılların sonundan yani II. Dünya Savaşı'nın ortaya çıktığı dönemden 1980'li yılların ortalarına kadar Uluslararası İlişkiler teorilerinin mutlak hakimi ("*Grand theory*") olarak kabul görmüş/işlev sürmüştür.[7] Klasik gerçekçi kuramın kimi fikirlerinin sorgu-

---

[5] E. A. Kolodziej, *Security and International Relations*, Cambridge University Press, 2005,

[6] D. A. Baldwin,, "The Concept of Security", *Review of International Studies*, 23: 14, 1997,

[7] Mustafa, Aydın , "Uluslararası İlişkilerin "Gerçekçi" Teorisi: Kökeni, Kapsamı, Kritiği", *Uluslararası İlişkiler*, Cilt 1, Sayı 1 (Bahar 2004), s. 33-60.

lanması-değiştirilmesi sonucu Neorealizm doğmuştur. Kuşkusuz, etkin olduğu Soğuk Savaş döneminin bitmesi üzerine Realist paradigma misyonunu tamamlamamıştır. Uluslararası sistemde devletlerin davranışını incelemeye devam edecektir. Net olan bir husus belirtilmedir: Realist paradigma, uluslararası arenada vuku bulan olayları olması gerektiği gibi değil, olduğu gibi kabul edip yorumlamaktadır.[8] Klasik Realizm, insanın (egoist, güç tutkunu, menfaatçi, hırslı, güç tutkunu, kısacası kötü olan) doğası sebebiyle güç elde etme arzusunu, uluslararası ilişkilerde devletlere uyarlamakta ve güçlenme amacı doğrultusunda ilerleyen ülkelerin çatışmalara-savaşlara sebebiyet vermesini doğal karşılamaktadır. Uluslararası yapının anarşik olmasına işaret eden Neorealistler ise bu "yapının" devletleri nasıl etkilediğine odaklanmaktadır. Realistlere göre, uluslararası siyaset, son kertede, "devletlerarası bir etkileşim süreci"dir. O nedenle, devletler arasındaki münasebetlerde sonuca yoğunlaşılmalıdır. Neorealistlere göre ise, devletlerarası etkileşim önemlidir fakat yapısal nedenler ve birim düzeyindeki unsurlar ayrı ayrı değerlendirilmeli; ülkeler arası ilişkilerde sebep-sonuç, amaç-araç ayrı ayrı ele alınmalıdır. Neorealistler, küresel düzlemin rekabetçi ve çatışmacı yapısını onamakla birlikte, devletlerarası işbirliği sürecini de tamamen göz ardı etmemektedir. Her ikisi de altını çizmektedir ki; devletlerin amacı varlığını sürdürmektir. Realist paradigma, analizlerini toplamda iki soru ile gerçekleştirmektedir: 1) Küresel sistemde devletlerin tutumları nasıl değerlendirilebilir?, 2) Uluslararası düzlemde güç olgusunun doğası/güç elde etme isteğinin faktörleri nasıl yorumlanabilir?

Realizmin beş ana tezi bulunmaktadır; güvenlik sorunsalı da bu tezlerin üzerine inşa edilmektedir: 1) Uluslararası sistemin temel aktörleri egemen devletlerdir, 2) Sistemin doğası anarşiktir; o sebeple düzen belirsizlik içermektedir, 3) Bu durumda ülkelerin hedeflerini elde etmelerinin tek engeli diğer devletlerin güçlerinin sınırıdır, 4) Ülkelerarasında bir uyum beklemek mümkün değildir, o nedenle her devlet kendi çıkarını her zaman maksimize etmek zorundadır, 5) Savaşlar, devlet siyasetinin bir uzantısıdır ve çıkar çatışmaları son tahlilde güvenlik ve güç uğruna yaşanmaktadır.

Neorealizmin ortaya çıktığı tarihsel arka plan, 1970'li yıllarda Doğu ve Batı bloklarının kendi içlerinde sarsıntılar yaşadıkları, Avrupa Topluluğu'nun ABD hegemonyasını eleştirdiği dönemdir. Örneğin; Vietnam

---

[8] Reinhard Meyers, Grundbegriffe und theoretische Perspektiven der Internationalen Beziehungen. Bundeszentrale für Politische Bildung, in: Bundeszentrale für politische Bildung (Hrsg) Grundwissen Politik, 3. Auflage, Bonn, 1997, s. 313-434.

Savaşı'nda görüldüğü üzere askeri gücün her zaman sonucu getiren bir faktör olmadığı gerekçesi ile Realizm tenkit edilmiştir. Neorealizm'in kurucusu sayılan Kenneth N. Waltz, "Theory of International Politics" (Uluslararası İlişkiler Teorisi) (1979) çalışması ile dikkat uyandırmıştır. Neorealizm, klasik kuramdan kimi hususlarda aynı kabulleri seslendirirken, kimi noktalarda farklılaşmaktadır. Ortak kabuller şunlardır: Devlet, uluslararası arenanın temel aktörüdür; Devletler, üniter yapılardır; Gerek devletler gerekse devlet adamları rasyonel hareket etmektedir; Devletler küresel sistemde kendi çıkarları bağlamında davranan birimlerdir.

Farklılaşan başlıca tezler ise şu şekilde ifade edilebilir: Uluslararası sistem, yapı olarak değerlendirilmelidir; Ülkelerin dış politikası "küresel sistem" tarafından belirlenmekte, hatta sınırlandırılmaktadır; Küresel siyasette davranışsal düzenlilikler mevcuttur; Ülkelerin dış politikalarında benzerlikler bulunmaktadır (yani farklı ideoloji ve politik kurumlara sahip devletler kimi şartlarda benzer davranmaktadır); Devletler arasındaki güç mücadelesinin ve devletlerin güç edinme isteğinin nedeni insanın doğası değil, uluslararası yapının özelliğidir; Devletlerin uluslararası sistemde güç dağılımındaki pozisyonları sadece askeri-stratejik merkezli güç tarafından değil, ekonomik güç tarafından da belirlenmektedir, hatta ekonomi daha önemlidir[9]; Güç, ulaşılacak bir amaç değil, gerektiğinde başvurulacak bir araçtır.

Neorealizme göre; birbirlerini potansiyel tehdit olarak gören "devletler için sadece önemli olan kendi ulusal çıkarlarıdır. [...] Bu anarşik sistemde devletler varlıklarını devam ettirebilmeleri için güvenliklerini düşünmek zorundadırlar. Bu noktada devreye devletlerin imkânları yani güçleri girmektedir. Anarşik yapıda devletleri hedefleri doğrultusunda farklı kılan amaçları değil, sahip oldukları imkânları yani güçleridir. Güç, realizmde olduğu gibi Neorealizmde de temel unsurdur. [...] Ana endişe kaynağı güç kavramından güvenlik kavramına geçmiştir."[10] Devletler güvenliklerini sağlayana kadar da güçlerini arttırmak durumundadır, çünkü anarşik uluslararası sistem devletlerin güvenlikleri için risktir. Bu çerçevede aslında güvenlikleri belirleyen yapı da uluslararası sistemdir. Neorealizm, –Klasik Realizmden farklı olarak– ulus devlet yapılarının güvenliğinin yanı sıra uluslararası sistemin güvenliğini de denkleme dahil etmiştir. Devletler güvenliklerini tesis ederken gerektiğinde güce baş-

[9] John Mearsheimer, *The Tragedy of Great Power Politics*, Norton, 2001, ss. 143-144.
[10] Şeref Çetinkaya, "Güvenlik Algılaması ve Uluslararası İlişkiler Teorilerinin Güvenliğe Bakış Açıları", *21. Yüzyılda Sosyal Bilimler*, Sayı 2 Aralık-Ocak-Şubat 12-13, s. 249.

vurmaktadır. Savaşlar-barışlar-ittifaklar, devletlerin bekası için yapılmaktadır. Devletler, işbirliklerine gittiklerinde kim daha fazla kazanacak güdüsüyle nispi kazancı baz aldıklarından, uzun süreli işbirliklerine gidememektedir. Anarşik ortamda devletler güçlü olana katılma/eklemlenme (*bandwagoning*) politikasından ziyade dengelemeyi (*balancing*) yeğlemektedir. Büyük ülkelerin gücüne (*self-help*) karşı orta/zayıf devletler dengeleme stratejisi izlemektedir.[11] Bu çerçevede de ya kendi iç kapasitelerini/potansiyellerini yükseltmekte ya da diğer devletlerle ittifaklara gitmektedir. Benzer olarak, gerektiğinde güçlü devletler de ittifaklar kurmakta ve amaçlarına bu yolla ulaşmak istemektedir. Neorealizm, uluslararası değişim sorunsalını ihmal ettiği gerekçesi ile örneğin Soğuk Savaş'ın bitişini yeterli ölçüde izah edemediği için eleştirilmiştir. Ayrıca, Kopenhag Ekolü'nün ortaya koyduğu üzere [12] : "Uluslararası sistem salt devletlerarasındaki ilişkilerden müteşekkil yalın ve düz bir satıh değildir. Uluslararası sistemi etkileyen birçok sosyal, kültürel, etnik, ekonomik ve dini unsurlar vardır. Bu kadar unsur göz ardı edilerek uluslararası sistem anarşi/düzen denklemiyle açıklanamaz."[13]

Neoliberalizm ve Güvenlik

Bir ideoloji olarak 18. ve 19. yüzyılda özellikle İngiltere ve ABD'de etkili olan Liberalizm, aydınlanma çağının ana akımıdır.[14] Klasik Liberalizm; birey, özgürlük, eşitlik, rasyonellik ve mülkiyet kavramları üzerinde yükselmiştir. 1920 ve 1930'lu yıllarda devletler arasında savaşı önleme düşüncesi ile uluslararası ilişkiler temel olarak Liberalizm etrafında dönmüştür. 1980'li yıllarda, liberalizmin kabulleri doğrultusunda ve Realist paradigmaya itirazları sonucunda uluslararası teorilerde Neoliberal bakış ortaya çıkmıştır. Küresel sistemin işleyişi, devletlerin ve diğer aktörlerin politikaları açıklanmaya çalışılmış, özellikle çatışma yerine işbirliğine, savaş yerine dünya barışına/güvenliğine dikkat çekilmiştir. Liberal Kurumsalcılık olarak da adlandırılan bu teorinin öncü isimleri Robert O. Keohane ve Joseph S. Nye'dir. Son tahlilde, "birim

---

[11] Kenneth Waltz, *Theory of International Politics*, Addison Wesley, 1979, s. 126.
[12] Barry Buzan, Ole Waever, Jaap Wilde, *Security: A New Framework for Analysis*, Lynne Rienner Publishers, London, 1997,
[13] İskender Serdar, "Neorealizm, Neoliberalizm, Konstraktivizm ve İngiliz Okulu Modellerinde Uluslararası Sistemsel Değişikliklere Bakış", *The Journal of Europe, Middle East Social Science Studies*, July 2015, Volume: 1, Issue: 1, s. 19.
[14] Halis Çetin, "Liberalizmin Tarihsel Kökenleri", *Cumhuriyet Üniversitesi İktisadi ve İdari Bilimler Fakültesi Dergisi*, C:3, S: 1, 2002 s. 79-96.

düzeyindeki nedenlerin sistem düzeyindeki sonuçlarıyla ilgilenmektedir."[15]

Neoliberalizm; 1945 sonrası ABD liderliğinde kurulan kapitalist ekonomik model, 1970'li yıllarda sıkıntılar yaşayınca ve ABD'nin –hem SSCB ile yürüttüğü blok savaşındaki rekabetten, hem de müttefik olduğu devletlerin (örneğin; Japonya veya Almanya) 1960'lı yıllardan itibaren ekonomik olarak güçlenerek rakip konumuna gelmesinden, temelde de sistemi tek başına devam ettirememesinden ötürü– bu sistemi yeniden tanımlama yoluna gittiği bir konjonktürde geliştirilmiştir. Buradaki yeni kabul; ABD'nin devletler arasındaki sistemi tek başına düzenleyen/hegemon güç pozisyonu yerine, küresel düzenin farklı dallara ayrılarak her birini uluslararası rejimler üzerinden yönetme fikridir. Altı çizilmelidir ki; Neoliberalizmi Liberalizmden ayıran en önemli fark, uluslararası sistemin doğrudan bir hegemon devlet üzerinden değil, uluslararası rejimler ağından oluşan bir düzenek ile işlemesidir.

Liberal kuramlarda devletler arasındaki ilişkilerde savaşlar kaçınılmaz ya da önlenemez olarak addedilmemekte, savaşların kazanan devlete-güçlü aktörlere bile olan yıkıcı etkilerinden ötürü faydasız olduğu vurgulanmaktadır. Gizli diplomasilerin önüne geçilmeli, salt çıkar ve güvenlik odaklı yaklaşımlardan kaçınılmalıdır. Savaş, insan doğasından değil, sistemdeki çarpıklıkların sonucu zuhur etmektedir. Küresel düzende tesis edilebilir olan barış ve işbirliği için; bu amaçlı-fonksiyonlu devletlerarası teşkilatlar, uluslararası hukuk kuralları (yargı sistemi) oluşturulmalı, hatta devletlerin savaşma yetenekleri asgariye indirilmelidir. Bu düzenekte etkili bir yöntem olarak da devletlerarasında ekonomik ilişkiler arttırılmalıdır. Çok taraflı politikalar ve kurumlar, daha geniş bir katılım sağlayacağından, işbirlikleri oluşturularak kolektif (ortaklaşa) bir güvenlik anlayışı üzerine yoğunlaşılmalıdır. Bu hedefte hayata geçirilen uluslararası rejimler "düzenledikleri alanda ulus-devletlerin hareket alanlarını daraltan ve egemenlik yetkilerini sınırlayan kurallar ve davranış kalıpları bütünü" olarak değerlendirilmektedir.[16] Yine, "Liberalizmden farklı olarak, bu yeni durumda 'uluslararası kamuoyu' tarafından kabul edilmiş ve gelişmişliğin simgesi olan kurallar ve bunları zorlayan 'uluslar arası' yaptırımlar söz konusudur. Neoliberal ideolojiye göre dünya adeta tek bir dünya toplumundan söz edilecek şekilde birleşmektedir ve bu kurallar dünya top-

---

[15] Tayyar Arı, *Uluslararası İlişkiler Teorileri: Çatışma, Hegemonya, İşbirliği*, Marmara Kitap Merkezi, 2010, s. 305.
[16] Yücel Bozdağlıoğlu, Çınar Özen, "Liberalizmden Neoliberalizme Güç Olgusu ve Sistemik Bağımlılık", *Uluslararası İlişkiler*, Cilt 1, Sayı 4 (Kış 2004), s. 77.

lumunun kaostan kurtulup barış içinde ilerlemesi için zorunlu kurallardır."[17]

Devletler arasında güvenlik inşa etme işlevi gören üç ayrı Liberalizm modeli mevcuttur: Kurumsal Liberalizm'e göre; uluslararası örgütler vasıtasıyla inşa edilen bağlantı-rejim, devletleri işbirliğine yöneltecektir. Cumhuriyetçi Liberalizm'e göre; demokratik ülkelerin kendi aralarında barış ortamını daha kolay yapacaklardır. Sosyolojik Liberalizm'e göre ise; ortak değerler ve kimlik, savaş ihtimalini minimize edecektir. Yine, iki devlet aralarında ekonomik ve teknik alandaki işbirliklerine odaklanırsa, siyasal ve kültürel işbirliklerini de geliştirebilir. Bu da güvenlik yolunda etkin bir adım oluşturacaktır.

Neoliberal kuram, Neorealizmin seslendirdiği uluslararası sistemin anarşi yapısını kabul etmektedir. Lakin eklemektedir: Devletler, aralarında daha kolay/kurumsal işbirliğine gidebilirler. Bunun yolu ülkeler arasında etkileşimin, özellikle ekonomik anlamda ilişkilerin geliştirilmesi, "karşılıklı bağımlılık" (*interdependence*) halinin yaygınlaştırılmasıdır. Eğer devletler askeri alandan ziyade ekonomik faaliyetlerde alışverişi çoğaltırlarsa, bu karşılıklı bağımlılık hali aynı zamanda küresel güvenliği tesis edecektir. Neorealistlerin karşılıklı bağımlılık görüşünü eleştirdiği noktalar ise; devletler için stratejik güvenliğin her zaman daha ön planda olduğu ve devletler arasında iktisadi bir eşitlik durumunun bulunmayışıdır.[18]

Neorealist kabulün tersine, Neoliberallere göre; devletler sadece çıkarlarını arttırma hedefinde koşmazlar, tek amaçları egoistçe hareket etmek değildir. Karşılıklı bağımlılık ayrıca egoist/çıkarcı politikaların önüne geçecektir. Karşılıklı rızaya dayalı olan bu işbirliğinin ana ayakları olarak uluslararası örgütler, uluslararası hukuk, devletlerin rasyonel hareket etmeleri (yani göreli kazançlar yerine mutlak kazançların yeğlenmesi) vb. zikredilmelidir. Realist paradigmanın "uluslararası ilişkiler, sıfır toplamlı bir oyundur" düşüncesine katılmayan Liberal kuramlar, bu kapsamda "devletler çatışma yerine işbirliğine gittiklerinde daha fazla fayda sağlarlar"ı ifade eden "mutlak kazanç" (*absolute gains*) modelini benimsemektedir. Neorealistlere aykırı olarak, bir devletin güçlü olması diğer devletin mutlaka güçsüzlüğü anlamına gelmeyecektir.

---

[17] A.g.e.
[18] Scott Burchill, "Liberalism", in Scott Burchill, (et al.), *Theories of International Relations 4th edition*, Palgrave Macmillan, Basingstoke, 2009, s. 68

Neoliberaller, Realistler gibi, uluslararası sistemde devletlerin anahtar pozisyonunu vurgulamaktadır; devlet, bireyin güvenlik ve özgürlüğünün korunmasında da ana aktör olarak görülmektedir. Fakat onlara göre; uluslararası sistemin yapısı karmaşıktır ve burada devlet tek oyuncu değildir. Devletlerin yanı sıra birey, uluslararası örgütler, ulus aşan Sivil Toplum Kuruluşları (STK'lar), çok uluslu şirketler ve baskı grupları vb., küresel işleyişte/güvenlikte temel unsurlardandır. O sebeple, uluslararası güvenlik sorunlarında devlet dışı aktörlerin etkinliği yadsınmamalıdır. Devletler yekpare olmadıklarından, kararlar da çeşitli aktörler arasında rekabet ve uzlaşma süreciyle şekillenmektedir. Küreselleşme çağında güvenlik ancak güvenlik kavramının ve aktörlerin çeşitlenmesi ile kurulabilir. Devlet merkezlilik dar bir koridor olacaktır. Güvenlik, sadece askeri boyutlu düşünülmemeli, ekonomik, teknolojik, kültürel, çevresel ve bilimsel faktörleri ile bütünsel olarak değerlendirilmelidir. Bu yaklaşımda örneğin; sağlık, enerji ve göç, günümüzdeki güvenlik bütünselinin içerisindedir.

Arap Baharı Döneminde Suriye İç Savaşı ve İlgili Ana Aktörlerin Suriye Politikaları

Bu bölüm, Suriye krizinde rol oynayan küresel ve bölgesel aktörlerin politikalarını özet olarak resmetmektedir. Bu aktörler; Amerika Birleşik Devletleri (ABD), Rusya Federasyonu, Avrupa Birliği (AB) ve Kuzey Atlantik Antlaşması Örgütü (NATO), İran, Suudi Arabistan – Körfez ülkeleri ve Türkiye'dir.[19]

Amerika Birleşik Devletleri

2003 Irak Müdahalesi, ABD açısından Orta Doğu politikasında bir dönüm noktası olmuştur. Irak'a demokrasi getirme söylemiyle girişilen savaş, Irak'ın istikrarsızlaşması ve ülkede İran'ın etkisinin artmasıyla sonuçlanmıştır. Barack Obama'nın başkanlığa gelmesiyle beraber ABD, bölge politikalarında kimi değişikliklere gitmiştir. İlk etapta Irak'tan çekilme, Arap–İsrail barışı için çaba ve İran ile bir nükleer anlaşmaya varılması gibi hedefler konmuştur.[20] "Obama Doktrini" ile ortaya konan esas prensip ise, bölgedeki krizlere tek taraflı askeri müdahalelerde bulunmak yerine; küresel ve bölgesel müttefiklerinin rolünü arttırarak krizlere çözüm

---

[19] Birol Akgün (ed.), *Suriye Krizi'nde Bölgesel ve Küresel Aktörler (Perspektifler, Sorunlar ve Çözüm Önerileri)*, SDE Analiz, Haziran 2012, (http://www.sde.org.tr/userfiles/file/suriye%20analiz.pdf)
[20] The White House, *National Security Strategy*, Washington DC, May 2010, s. 25-26.

getirmeye çalışmaktır.[21] Yakın geçmişteki Afganistan veya Irak örnekleri gibi toplu olarak askeri seferberlik durumunun yaşanmaması, Obama dış politikasının önemli hedeflerinden biri olarak seslendirilmiştir.[22]

Mart 2011 itibariyle Suriye'de başlayan rejim karşıtı gösteriler, Esad yönetiminin sert tepkisiyle karşılaşmış ve kısa bir sürede ülke kendini iç savaşın içinde bulmuştur. ABD, Esad yönetiminin çekilmesi yolunda çağrılarda bulunmuş, Suriye hükümetine karşı birtakım diplomatik ve ekonomik yaptırımlar uygulamıştır.[23] Suriye muhalefetinin karmaşık yapısı, Esad rejimine karşı ortak hareket edememesi ve zamanla radikal İslamcı unsurların etkinleşmesi, Rusya ve Çin'in BM nezdinde müdahaleyi önleyen tutumları ve 2014 itibariyle Irak Şam İslam Devleti'nin (IŞİD) Suriye'de bir aktör olarak ortaya çıkmasıyla beraber; Suriye meselesi ABD açısından boyut değiştirmiştir.

Askeri güç odağını Asya-Pasifik[24] ve Doğu Avrupa[25] bölgelerine kaydırma düşüncesindeki ABD için Suriye'de birinci öncelik Esad rejiminin gitmesi değil, IŞİD ile mücadele edilmesi olmuştur. Suriye'de askeri bir maceraya girmek istemeyen ABD, IŞİD'in yok edilmesi için Rusya ile işbirliği düşüncesini benimsemiştir. Eylül 2015 itibariyle Rusya'nın IŞİD'le mücadele söylemiyle bölgeye askeri olarak girmesi Suriye'de yeni gelişmelere neden olmuştur. Gelinen noktada, Esadlı bir geçiş dönemine söylemsel düzeyde onay veren ABD, Rusya ile ortak hareket ederek savaşan taraflar arasında (IŞİD ve El Nusra hariç) bir ateşkes süreci sağlamıştır. Suriye'de askeri planda geride duran ABD, Mart 2016 itibariyle Rusya'nın Suriye'deki askeri güçlerinin büyük bölümünü geri çekme kararıyla beraber Cenevre Görüşmeleri çerçevesinde Suriye'nin geleceği konusunda inisiyatifini artırma şansı yakalamıştır.

Rusya Federasyonu

Rusya, Suriye ile Sovyetler Birliği döneminden gelen askeri ve ekonomik ilişkiler ağına sahiptir. Soğuk Savaş dönemindeki yakın işbirliğinin yanı sıra, 1971 yılından bu yana Rusya'nın Tartus kentinde bir askeri deniz üssü bulunmaktadır. 2015 itibariyle de Rusya, Lazkiye'de bir hava üssü

---

[21] Andreas Krieg, "Externalizing the burden of war: the Obama Doctrine and US Foreign Policy in the Middle East", *International Affairs*, Volume 92, Issue 1, 2016, ss. 103-104.
[22] Kılıç Buğra Kanat, *Obama'nın İkinci Döneminde Amerikan Dış Politikası*, SETA, İstanbul, 2014, s. 14-15.
[23] *Armed Conflict in Syria: U.S. and International Response*, Congressional Research Service, 2012, s. 35-36.
[24] *Explaining the US 'Pivot' to Asia*, Chatham House, London, 2013, s. 3.
[25] *The Ukrainian Crisis and European Security Implications for the United States and U.S. Army*, RAND Corporation, Santa Monica, 2015, s. 41.

inşa etmiştir.[26] Suriye meselesi, Arap Baharı'nın yaşandığı ülkelerde ekonomik ve siyasal çıkarları olumsuz etkilenen Rusya için hayati önem taşımaktadır.[27] Suriye'de Esad rejiminin devrilmesi Rusya için; Akdeniz'deki askeri varlığını ve Suriye ile olan ekonomik angajmanlarını kaybetmesi, yani Orta Doğu bölgesindeki nüfuzunun azalması demektir. Rusya için bir başka önemli sorun da Suriye rejiminin ya da bölgenin radikal İslamcı grupların etkisi altına girme riskidir. Böylesi bir durumda Rusya hem vatandaşları hem de Çeçenistan gibi bölgeleri bazında güvenlik sorunları yaşamaktan çekinmektedir.[28] Uluslararası konjonktürde ülkelerin içişlerine karışılmaması politikasını özellikle vurgulayan Rusya, Suriye krizinin başından bu yana Esad rejiminin yanında yer almıştır. Önceleri diplomatik düzlemde verilen destek, 2015 Eylül'ü itibariyle askeri boyuta taşınmıştır. BM nezdinde Suriye'ye karşı olası olumsuz kararları Çin Halk Cumhuriyeti ile bloke eden Rusya[29], kendisini bölgede "stratejik partner-bir üs hami" gören İran'la birlikte rejime askeri destek vermektedir. IŞİD'in uluslararası bir tehdit olarak ortaya çıkışı, Ukrayna krizi sonrası küresel düzeyde diplomatik ve ekonomik yaptırımlarla karşılaşan Rusya için bir fırsat olmuştur. Bir yandan terörizmle mücadele söylemiyle Suriye'ye ABD onayıyla giriş yapmış, diğer yandan terörizmle mücadele için Esad rejiminin devamının sağlanmasına dünya kamuoyunu iknaya çalışmıştır. Kasım 2015'teki Uçak Düşürme Krizi ile bölgede Türkiye ile karşı karşıya gelen Rusya, Türkiye'nin karşı olduğu PYD ile de yakın işbirliğine girerek bölgede artık kalıcı bir aktör olduğunu kabul ettirmektedir. Gelinen noktada, Esad rejimiyle bir geçiş dönemi için diğer küresel aktörleri ikna etmiş görünen Rusya'nın Suriye'de varlığını genişlettiği ve bu bağlamda ülkede bir çözüm tesis etmeyi hedeflediği söylenebilir.

AB ve NATO

AB üyeleri Suriye'deki protesto olaylarının ve şiddetin tırmanmasıyla beraber, Esad rejimine sivillere karşı insan hakları ihlallerini durdurma çağrısında bulunmuş ve Avrupa Komşuluk Politikası kapsamında Suriye ile ilişkilerini dondurmuştur.[30] Suriye'ye askeri bir müdahale söy-

---

[26] Mehmet Serim, "Rusya artık ben de varım diyor", 06-09-2015, http://www.ydh.com.tr/HD14134_rusya-artik-ben-de-varim-diyor.html (31.3.2016)
[27] *Kapıdaki Kriz Suriye Uluslararası Yaklaşımlar ve Türkiye İçin Öneriler*, USAK, Ankara, 2012, ss. 21-22.
[28] *Russia and the Arab Spring*, Carneige Moscow Center, Moscow, 2013, s. 16.
[29] Azuolas Bagdonas, "Russia'a Interests in the Syrian Conflict: Power, Prestige and Profit", *European Journal of Economic and Political Studies*, Vol 5, No 2, 2012, s. 60.
[30] European Union External Action, "The EU's relations with Syria", http://eeas.europa.eu/syria/ (25.02.2016)

leminden ziyade diplomatik düzlemde hareket eden AB üyeleri için Suriye meselesi Esad rejiminin düşürülmesinden ziyade mülteci sorunu olarak algılanmaktadır. En fazlasını Almanya olmak üzere çeşitli AB ülkeleri az sayıda Suriyeli mülteciyi kabul etmiştir. Mart 2016 itibariyle AB, Türkiye'de bulunan 2,3 milyon Suriyeli mültecinin Avrupa'ya yönelmesini önlemek için Türkiye ile bir mülteci anlaşmasına varmıştır. Mülteci krizinin yanı sıra IŞİD'in Kasım 2015'teki Paris saldırıları sonrası AB, radikal unsurların da hedefi haline gelmiştir. Bu bağlamda Fransa, ABD ile ortak hareket ederek, IŞİD'e karşı Suriye'de hava harekâtlarını yoğunlaştırmıştır. Diğer AB üyesi ülkeler de IŞİD'e karşı kurulan küresel koalisyona destek vermektedir.

NATO'nun Libya müdahalesi sonrası Libya'nın içine istikrarsızlık durumu, Suriye'ye askeri bir müdahale konusunda uluslararası aktörlerin temkinli yaklaşmasına neden olmuştur. Rusya, Libya Krizi sonrası rejim değişikliği yaratacak uluslararası müdahalelere karşı olduğunu açıklamıştır.[31] Bu düzlemde NATO, Ukrayna'daki rolüne ağırlık vermiş, askeri olarak sadece Türkiye'ye Patriot bataryaları yerleştirilmesini sağlamıştır. Rusya'nın Suriye'de giderek artan askeri varlığı ve hava operasyonları, NATO tarafından tehdit olarak algılansa da NATO'nun Suriye krizindeki rolü Ege denizinde mültecileri izleme ve insan kaçakçılarını önleme noktasına gerilemiştir.

İran

Orta Doğu bölgesinin etkin bölge aktörlerinin başında gelen İran'a göre Suriye meselesi diğer tüm aktörlere nazaran bir ölüm kalım meselesidir. İran, bu minvalde, Suriye'deki olayları başından beri bir Batı komplosu olarak nitelemekte ve Suriye'de Esad rejiminin düşmesi durumunda sıranın kendisine geleceğine inanmaktadır.[32] Suriye'nin bölgedeki en önemli müttefiki olan İran, Şii Hilali denilen ve Suriye, Lübnan, Irak, Kuveyt, Suudi Arabistan, Birleşik Arap Emirlikleri (BAE) ile Yemen'i içine alan bölgede bir nüfuz gerçekliğine sahiptir. Özellikle 2003 Irak Savaşı sonrası İran'ın Irak'taki etkisi hissedilir biçimde artmıştır.[33] İran'ın kendi güvenliğini sınırları ötesinde oluşturduğu bu etki alanı/ topyekûn savunma stratejisi ile sağlamaya çalışmaktadır.[34] Bu bağlamda, Suriye'deki

---

[31] Neziha Musaoğlu, "Krizin İlk İki Yılında Suriye Krizinin Çözümü/Çözümsüzlüğünde Rusya", *Karadeniz Araştırmaları*, Sayı 48, 2015, s. 12.

[32] Bayram Sinkaya, *Arap Baharı Sürecinde İran'ın Suriye Politikası*, SETA, Sayı: 53, Nisan 2012.

[33] Dina Esfandiary and Ariane Tabatabai, "Iran's ISIS Policy", *International Affairs*, Vol 91, No 1, 2015, s. 4-5.

[34] USAK, *Aynı yerde.*

Nusayri rejimi İran için hayati bir öneme sahiptir. İslam devriminin gerçekleştiği 1979 yılından bu yana ABD'nin ekonomik ve askeri yaptırımlarına maruz kalan İran[35], küresel ve bölgesel ölçekte Rusya ile beraber hareket etmektedir. Krizin başından itibaren Rusya gibi Suriye'nin içişlerine karışılmaması ve toprak bütünlüğünün korunmasını dile getiren İran, Lübnan Hizbullah'ı ile beraber Suriye'de rejime askeri olarak aktif destek vermektedir.

Suudi Arabistan – Körfez Ülkeleri

Suudi Arabistan, Orta Doğu'da etkili bir bölge gücü olarak görülebilir. Güvenliğine yönelik en büyük tehdit algısı ise İran tarafından çevrelenmektedir. Doğusunda İran etki alanı Basra körfezi, kuzeyinde Nusayri Esad rejimi ve Lübnan Hizbullah'ı, güneyinde ise Yemen'in %45'ini oluşturan Şii Husiler bulunmaktadır. Suudilerin Suriye meselesine bakışı İran ve Şii tehdidi üzerine şekillenmektedir.[36] Bölgedeki İran etkisinin kırılması için Esad rejimine karşı Sünni muhaliflerin desteklenmesi politikasını güden Suudiler[37] ile Körfez ülkeleri Suriye'deki birtakım cihatçı gruplara para yardımı yapmıştır. Katar, Suudilerin karşı olduğu Müslüman Kardeşler örgütü ile bağlantılı gruplara destek verirken[38], Suudiler de radikal İslamcı akımlarla bağlantılı Selefi gruplara yardım etmiş; muhalif gruplara karşı bu farklı tutumlar da bir vekâlet savaşı alanı haline gelen Suriye'de durumun daha da karmaşıklaşmasının bir nedeni olmuştur.[39] Yine, kurulan ittifaklık ilişkisi çerçevesinde Suudi Arabistan ve Katar, Esad rejimi–İran–Hizbullah bloğuna[40] karşı Türkiye'yi desteklemiştir. Gelinen noktada, Suudi Arabistan ve Türkiye, Suriye konusunda ortak hareket etmeye başlamıştır. Suudilere İncirlik üssünün açılması ve Körfez Arap Ülkeleri İşbirliği Konseyi (KİK) üyelerinin uçak göndermeleri ile işbirliği gelişmiştir. Ayrıca, 2009 yılında Katar tarafından ortaya atılan Katar-Irak-Türkiye-Avrupa doğal gaz boru hattı projesi ile

---

[35] Bkz. *Iran Sanctions*, Congressional Research Service, 2016.
[36] Muhittin Ataman, Neslihan Gülşah Demir, *Körfez Ülkelerinin Ortadoğu Politikası ve Arap Baharına Bakışları*, SETA, Sayı: 52, Ekim 2012.
[37] Kylie Baxter & Kumuda Simpson "The United States and Saudi Arabia through the Arab Uprisings", *Global Change, Peace & Security*, Vol:27, No:2, 2015, s.147.
http://www.tandfonline.com/doi/pdf/10.1080/14781158.2015.1019845 (05.03.2016)
[38] İsmail Ermağan, Burak Gümüş, "Katar Dış Politikası ve Arap Halk İsyanları", *CBÜ Sosyal Bilimler Dergisi*, Yıl: 2014 Cilt: 12 Sayı: 2, s. 300-320.
[39] Helin Sarı Ertem, "Arap Spring and the "Regionalization" of the Kurdish Problem: Possible Outcomes for Turkey and GCC", in (ed.) Özden Zeynep Oktav, Helin Sarı Ertem, *GCC-Turkey Relations: Dawn of a New Era*, GRC Press in Cambridge, Cambridge, 2015, ss. 225-226.
[40] Mariano V. Ospina and David H. Gray, " Syria, Iran, and Hizballah: A Strategic Alliance", *Global Security Studies*, Vol 5, No 1, 2014, s. 32-34,
http://globalsecuritystudies.com/Ospina%20Alliance%20-%20AG.pdf (05.03.2016)

Rusya'nın Avrupa'ya gaz arzı konusundaki rolünün azalması olasılığı[41], Rusya'nın bölgeye olan müdahalesini anlamlandırmak için değerlendirilmesi gereken bir başka faktördür.

Türkiye

Türkiye, AK Parti hükümetinin iktidara gelmesiyle dış politikasında bir takım yeni ilkeler uygulamaya koymuş[42], özellikle Orta Doğu bölgesine yönelik yaklaşımını değiştirmiştir. Komşularla sıfır sorun ilkesi doğrultusunda Suriye ile sorunlu bulunan ilişkiler kademeli olarak düzeltilmiştir. İki ülke arasında karşılıklı diplomatik ziyaretlerle başlayan ilişkiler, özellikle ekonomik alanda gelişmiş, karşılıklı vize kaldırılmasına kadar varmıştır. Bunun yanı sıra Türkiye'nin Suriye'nin uluslararası arenaya dâhil edilmesi yönündeki çabalarını ve uluslararası krizlerde Suriye için yaptığı arabuluculuk faaliyetlerini de belirtmek gerekir. Tüm bu iyi ilişkiler, Arap Baharı'nın Suriye'ye sıçraması sonucunda farklı bir seyir izlemiştir.

Suriye'de rejime karşı isyan dalgasının başlamasıyla beraber Türkiye, Esad'a halkın taleplerine kulak verilmesi ve reform yapılması çağrısında bulunmuş; Esad rejimi ise reformları sistemin devamı açısından sakıncalı bulmuş ve politikalarına İran-Şii düzleminde devam etmiştir.[43] Tarafını muhaliflerden yana atayan Türkiye, Suriye muhalefetinin hem kurumsal oluşumunu hem de askeri yapılanmasını desteklemiştir. 2012 yılında İran ve Hizbullah gibi aktörlerin de Suriye'ye girmesi, radikal İslamcı unsurların etkinlik kazanması ve Kuzey Suriye'de rejimin bölgeden çekilmesiyle alan bulan Demokratik Birlik Partisi'nin (PYD) varlığıyla Suriye bir vekâlet savaşı (proxy war) bölgesi haline gelmiştir. Bu noktadan sonra Suriye içinde yerlerinden edilmiş insanların ve başka ülkelere sığınan mültecilerin sayısı giderek artmıştır.

Türkiye krizin başından itibaren bir uçuşa yasak bölge ya da tampon bölge isteğini deklare etmiş, fakat özellikle ABD'nin bunu riskli ve maliyetli görmesi[44], bu isteklerin gerçekleşmesini engellemiştir. Mülteci kriziyle beraber Türkiye hem güvenlik hem de ekonomi sorunuyla karşı karşıya kalmıştır. Güney sınırında bir güvenlik sorunsalı ve PYD varlığıyla karşı karşıya kalan Türkiye diğer yandan Suriyeli mültecilerin hem sosyal

---

[41] Aslıhan Erbaş Açıkel, "Katar-Irak-Türkiye-Avrupa Doğal Gaz Boru Hattı Projesi Mümkün mü? Uluslararası Enerji Politikaları ve Riskler Çerçevesinde Bir Değerlendirme", Ortadoğu Analiz, Cilt 3, Sayı 28, 2011, s. 63.

[42] Baskın Oran, Türk Dış Politikası Cilt III 2001-2012, İletişim Yayınları, İstanbul, 2013, s. 139.

[43] Ertem, a.g.e., ss. 228-229.

[44] David S. Sorenson, "US Options in Syria", Parameters, Vol 43, No 3, 2013, s. 8.

hem ekonomik yükünü de sırtlanmış durumdadır. PYD'nin askeri kolu olan Halk Koruma Birlikleri'nin (YPG) ABD tarafından IŞİD'le savaşta önemli bir müttefik olarak addedilmesi; Türkiye'nin PYD-PKK bağlantısını dünya kamuoyuna kabul ettirme çabalarını zorlaştırmaktadır.[45] Son kertede, IŞİD'e karşı uluslararası koalisyona dâhil olan Türkiye, bir yandan mülteciler hususunda kendi yükünü hafifletmek için AB ile görüşmeler yapmakta, diğer yandan güney sınırında toprak kazanımını güvenliği açısından kabul edilemez gördüğü YPG'yi geriletmek ve Kuzey Suriye'de bir Kürt koridoru oluşumunu engellemek hedeflerindedir.

Vaka İncelemesi

Bu bölüm, ilgili ana aktörlerin Suriye politikalarını Neorealist ve Neoliberal kuramların güvenlik hakkındaki kabulleri çerçevesinde değerlendirmektedir:

Teori kısmında belirtildiği gibi; Neoliberal kabul, uluslararası sistemde güvenliğin devletlerarası teşkilatlar, uluslararası hukuk kuralları yani uluslararası rejimler üzerinden sağlanmasını öngörmektedir. Burada Neorealistler gibi sistemin anarşik yapısı kabul edilmekle beraber, devletlerin sadece kendi çıkarları peşinde koşmadığı; kurumsal işbirliğine giderek mutlak kazanç elde etmeye çalıştıkları vurgulanmaktadır. Bu bakış açısının günümüzdeki en belirgin yürütücüsü ise BM sistemidir. Günümüzde BM 193 üyesi bulunan ve devletlerin kendi rızalarıyla bir araya gelerek uluslararası ilişkilerin işleyişini düzenledikleri bir kuruluştur. Her ne kadar devletlerin egemen ve eşit oldukları kabul edilse de BM Güvenlik Konseyi yapısı bu 193 ülke içinde beş ülkeye diğerleri üzerinde karar verme yetkisi tanımaktadır. Bu ülkeler; ABD, Rusya, Çin, İngiltere ve Fransa'dır.

Suriye Savaşı, bugüne kadar BM'nin yetki alanına giren en büyük insani krizin yaşanmasına neden olmuştur.[46] Sayıları her geçen gün artan yerlerinden edilmiş milyonlarca kişi ve mülteciler, hem Suriye içinde hem de başka ülkelerde temel insani gereksinimlerden yoksun biçimde hayatta kalmaya çalışmaktadır. BM'den beklenen aksiyon ise hem Suriye'de iç savaşa hem de bu mültecilerin durumuna çareler üretmesidir. Fakat bir önceki bölümde ana hatlarıyla ortaya konduğu üzere, BM Güvenlik Konseyi'nin üyeleri arasında Suriye konusuna ba-

---

[45] Dylan O'Driscoll, "The YPG and the Changing Dynamics of the Fight against IS", *PISM Policy Paper*, No 24 (126), 2015, s. 6, https://www.pism.pl/files/?id_plik=20178 (24.02.2016).
[46] BM Mülteciler Yüksek Komiserliği, "Suriyeli mültecilerin toplam sayısı ilk kez 4 milyonu geçti", 9 Temmuz 2015, http://www.unhcr.org/turkey/home.php?content=648 (09.03.2016)

kışta farklılıklar bulunmaktadır. Neorealist perspektife göre; anarşik uluslararası sistem içinde devletler için ana unsurlar kapasite dağılımı ve hayatta kalmadır.[47] Güvenlik Konseyi'nin beş üyesini diğer BM üyelerinden üstün kılan da bu kapasite dağılımlarıdır. Bu kapasite dağılımı salt askeri merkezli değil, aynı zamanda ekonomi yönlüdür. Yani hem ekonomik hem de askeri olarak diğer devletlerden daha fazla güce sahip olan bu beş devletten beklenen eylem, Suriye sorununa bir çözüm bulmalarıdır.

Suriye meselesinin ilk aşamalarına bakıldığında Neorealistlerin savunduğu, uluslararası sistemin anarşik yapısı nedeniyle devletler arasında işbirliği kurulmasının zor olduğu ve kendi güvenlikleri için göreli kazançlarının peşinden koştukları varsayımı geçerli görünmektedir. ABD, yeni bir Irak travması yaşamamak ve Güneydoğu Asya'daki güç mücadelesine yoğunlaşmak amacıyla, bu bölgeye etkin şekilde müdahale etmek istememektedir. İngiltere, Suriye'nin demokratikleşmesini söylemsel bazda desteklerken, ileri düzeyde bir askeri angajmana yanaşmamaktadır. Fransa, Libya'daki gibi aktif bir rol üstlenmemekte, terör saldırılarından etkilendiği ölçüde Suriye sorununa müdahil olmaktadır. Rusya'nın Suriye'ye bakışı Batılı devletlere karşı Suriye'deki ekonomik ve askeri varlıklarını idame ettirmeyi ve bölgede güçlenen, kendi güvenliğini tehdit edebilecek İslami akımların önünü kesmeyi amaçlamaktadır. Çin ise Orta Doğu bölgesine enerji güvenliği odaklı bakış açısı gereği[48], Rusya ile beraber hareket etmektedir. Bu bağlamda Rusya ve Çin veto haklarını kullanarak, Güvenlik Konseyi'nin BM üzerinden Suriye'ye karşı ciddi yaptırımlar uygulanmasını önlemiştir. Rusya ve Çin, Suriye konusunda ABD, Fransa ve İngiltere ile işbirliği yapmaları durumunda kendi kazançlarının bu üç ülkeye nazaran çok daha az olacağını görmüşler ve Esad rejimine karşı tavır almamışlardır. Bu noktada, Neoliberal Kurumsalcılığı eleştirenlerden biri olan Joseph Grieco'nun, gücün diğer aktörlerin gücüne göre değerlendirildiği ve devletlerin diğer aktörlerin daha fazla kazanç sağlayacağı işbirliği durumlarında kendi göreli kazançlarını önemseyeceği görüşünü hatırlamakta fayda vardır.[49] Keza Neoliberal Kurumsalcılık görüşünün diğer önemli örneklerinden AB ve NATO'nun da Suriye krizindeki işlevsizliği dikkat çekmektedir. AB ülkelerinin mülteci sorunsalını

---

[47] Ali Balcı, "Realizm," in (ed.) Şaban Kardaş, Ali Balcı, *Uluslararası İlişkilere Giriş*, Küre Yayınları, İstanbul, 2014, s. 133.

[48] R. Kutay Karaca, "Çin'in Değişen Enerji Stratejisinin Dış Politikasına Etkileri (1990-2010)", *Uluslararası İlişkiler*, Cilt 9, Sayı 33, Bahar 2012, s. 106.

[49] Cornelia Navari, "Neoliberal Institutionalism" in (ed.) Paul D. Williams, *Security Studies An Introduction*, Routledge, London, 2008, s. 41.

güvenlik bakışlarının ana eksenine oturtmasıyla beraber, AB ve NATO için en önemli öncelik, Suriyeli mültecilerin Ege Denizi'ndeki kaçışlarının kontrol altına alınması ve Avrupa'ya geçişlerinin önlenmesi olmuştur. Buraya kadarki gelişmeler, "Uluslararası güvenliğe yönelik standart Neorealist yaklaşımın temel özelliklerinden biri, uluslararası kurumların savaşın önlenmesinde oldukça önemsiz bir rol oynadığı inancıdır."[50] ifadesini doğrular görünmektedir.

Küresel aktörler Suriye konusunda kendi çıkarları doğrultusunda hareket ederken, bölgesel aktörler için meselenin çok daha ciddi olduğu gözlenmektedir. Başta Esad rejimi olmak üzere İran ve Suudi Arabistan açısından Suriye vakası bir hayatta kalma (survival) mücadelesidir. Esad rejimi varlığını sürdürebilmek için başta Rusya, İran ve Lübnan Hizbullah'ı ile ittifak yapmaktadır. İran, Esad rejiminin düşmesi halinde kendi güvenliğinin dönüşü olmayacak şekilde tehlikeye gireceğini düşünmektedir. Aynı şekilde Suudi Arabistan ve Körfez ülkeleri bir Şii nüfuz bölgesi kıskacı içinde kalmaktan endişe etmektedirler. Bu noktada yine Neorealizmin; ülkelerin dış politikalarında benzerlikler bulunduğu, farklı ideoloji ve politik kurumlara sahip devletlerin kimi durumlarda ortak hareket edebildiği varsayımları fark edilmektedir. Laik ve demokratik bir hukuk devleti olan Türkiye ile mutlak monarşi ve şeriat ile yönetilen Suudi Arabistan ve Katar'ın Suriye'de benzer politikalar izleyebilmesi buna bir örnektir. "Jeo-dinsel" güvenlik algısı diyebileceğimiz bir düzlemde hareket eden Suudi ve Körfez ülkeleri, İran'ın Irak'tan sonra Suriye'de de büyük bir nüfuz alanı elde etme ihtimalini kabul edilemez bulmaktadır.

Türkiye açısından Suriye meselesi diğer aktörlere nazaran çok daha çetrefilli bir gidişat içermektedir. Türkiye, Esad rejimine karşı isyanın başlaması ve Suriye'deki Nusayri iktidarının düşmesiyle Sünni bir yönetimin kurulacağını öngörmüş ve bu bağlamda Esad karşıtı grupları destekleme politikası izlemiştir. Esad rejiminin kısa sürede düşeceği varsayımı, İran ve Rusya'nın denkleme girmesiyle ve ABD özelinde Batı'nın geri planda durmasıyla gerçekleşmemiştir. Suriye'den başlayan mülteci akınıyla beraber Türkiye güney sınırını "açık kapı" politikası doğrultusunda mültecilere açarak, insani bir politika izlemiştir. Gelinen noktada, Türkiye hem özellikle 2004-2010 yılları arasında Suriye ile geliştirdiği ekonomik ilişkilerini kaybetmiş hem de 2,5 milyon mültecinin yükünü sırtlamak zorunda kalmıştır. Bu yükün ekonomi, güvenlik ve

---

[50] John Baylis, "Uluslararası İlişkilerde Güvenlik Kavramı", *Uluslararası İlişkiler*, Cilt 5, Sayı 18, Yaz 2008, s. 77.

sosyal yapıya dair birçok yönü bulunmaktadır. Başta Türkiye-Suriye sınırının güvenliği, daha sonra kamplardaki mültecilerin durumu ve nihayetinde Türkiye'nin birçok şehrine dağılan Suriyelilerin yarattığı/yaratacağı güvenlik sorunları Türkiye açısından son derece önemlidir. Mülteci meselesi haricinde Kuzey Suriye'de güçlenen PYD, yani Suriyeli Kürtlerin özerk bir bölge tesis etme çabası Türkiye açısından bir başka güvenlik sorunu ortaya çıkarmaktadır. Terör örgütlerinin Türkiye'ye girişinin kolaylaşması, son yıllarda artan İstanbul ve Ankara'daki terör saldırıları da göz önüne alınması gereken bir diğer husustur. Suriye'de nüfuz alanı kazanarak gücünü artırmak amacını güden Türkiye, aktüel olarak, bekasına yönelik ciddi tehditlerle yüz yüze kalmış görünmektedir.

Suriye vakasında Neorealist varsayımlar daha işlevsel görünmekle beraber, Neoliberal bakışın işlediği örnekler de mevcuttur. Kasım 2015 sonlarında Türkiye ve Rusya arasında yaşanan uçak düşürme krizi sonrası, iki ülke arasında ilişkiler son derece gerginleşmiş fakat ciddi bir sıcak çatışma içine girilmemiştir. Bu noktada Türkiye ve Rusya'nın ekonomik olarak özellikle enerji bazlı karşılıklı-bağımlılık hali, ilişkilerin daha fazla bozulmasını engelleyen faktörlerden biri olmuştur. Neoliberal Kurumsalcılığın ilk aşamalarında çözmede yetersiz göründüğü Suriye meselesinde, IŞİD'in ortaya çıkışı önemli gelişmelere yol açmıştır. Esad rejimine karşı muhaliflere destek veren ABD, IŞİD'in giderek güçlenmesi karşısında politikasını değiştirmiş ve Suriye'de önceliği IŞİD'in yok edilmesine vermiştir. BM Güvenlik Konseyi'nde ters düşen ABD ve Rusya, IŞİD söz konusu olunca mutlak kazanç anlayışıyla hareket etmiş ve ortak düşmana karşı üstü kapalı olarak anlaşmıştır. Çünkü IŞİD'in varlığı önceki bölümde anlatıldığı gibi hem ABD'nin hem Rusya'nın göreli çıkarlarına zarar vermektedir. Bu noktada *"neo-realistlerin, devletler arasındaki kapasite dağılımı dengesini bozacak güvenlik kazanımları ortaya çıkarmadığı sürece işbirliğine karşı olmadıklarını"* belirtmek de yerinde olacaktır.[51] 2016 itibariyle, küresel aktörler Suriye'de bir geçiş hükümetinin oluşturulması ve savaşın durdurulması konusunda adım atmışlardır. Bu işbirliğinde Rusya'nın artık Suriye'deki çıkarlarını garanti altına aldığını ve Esad rejiminin düşmesini önlemiş olduğunu düşünmesi önemli rol oynamıştır. Şu aşamada Neoliberal Kurumsalcılığın Suriye'de bir çözüm sağladığını söylemek erkendir. Fakat BM haricindeki uluslararası/bölgesel örgütlerin ve STK'ların da mülteciler ve yerlerinden edilmiş insanlar için güvenliğin sağlanması konusunda daha etkin rol

---

[51] Shibashis Chattarjee, "Neo-realism, Neo-liberalism and Security", *International Studies*, Vol 40, No 2, 2003, s. 135.

oynamaları; uluslararası arenanın sadece bir çıkar çatışması alanı olmadığını ve işbirliği/karşılıklı-bağımlılık vasıtasıyla küresel ölçekte güvenliği sağlamanın mümkün olduğunu savunanların tezlerini güçlendirecektir.

Sonuç

Güvenlik, tarihten beridir devletler arası konjonktürün temel konularından birisidir. Bu bölüm, son kertede, Uluslararası İlişkiler disiplininde temel iki kuram olarak ortaya çıkmış olan Neoliberalizm ve Neorealizmin güvenlik bağlamındaki kabullerini özetlemektedir. Akabinde, elde ettiği teorik çıkarımlar ile Arap Devrimleri döneminde yaşanan Suriye'deki iç savaşındaki bölgesel ve küresel aktörlerin pozisyonlarını açıklamayı hedef edinmektedir. Teorik bulguların sahaya uyarlarken seçilen küresel aktörler ABD, Rusya, AB ve NATO, bölgesel devletler ise İran, Suudi Arabistan-Körfez ülkeleri ve Türkiye olmuştur.

Bu çalışmada, Neorealist kabullerin sahadaki problematiği anlamlandırmada öne çıkardığı temel bulgular; uluslararası sistemin anarşik yapısı, devletlerin menfaatlerinin peşinde gerektiğinde farklı karakterli ittifaklarla koştuğu, varlıklarını sürdürmenin/güvenlik olgusunun devletlerin belleğinde ana gündem maddesi olarak durduğu ve uluslararası sorunların çözümünde uluslararası hukuk ya da aktörlerin misyonunu ifade edemediği olmuştur. Buna karşılık yaşanan iç savaş/çatışmalar, Neoliberal kuramın barışa vurgusunu örselemiştir. Yine, uluslararası sistemde güvenliğin devletlerarası teşkilatlar/uluslararası rejimler yani BM üzerinden kurulamadığı, ancak kimi mülteci hususlarının düzenlenebildiğini not etmiştir. Lakin bu kuram, devletler arasında ekonomik işbirlikleri ile artan karşılıklı bağımlılığın (örneğin; Rusya-Türkiye), ilişkilerin rayında kalmasını sağlayan bir faktör olarak belirdiğini de söylemiştir.

Kuşkusuz, uluslararası teoriler her bir gelişmeyi izah etmede yeterli olmayabilir ya da söyledikleri mutlak doğru olarak addedilemez, fakat değişik olaylar arasında benzerlikler yakalanarak somut "analiz şablonları/cetvelleri" ortaya konulabilmektedir. Bu çalışma bu çerçevede bir fırsat sunmuştur denilebilir.

KAYNAKÇA

Açıkel, Aslıhan Erbaş, "Katar-Irak-Türkiye-Avrupa Doğal Gaz Boru Hattı Projesi Mümkün mü? Uluslararası Enerji Politikaları ve Riskler Çerçevesinde Bir Değerlendirme", *Ortadoğu Analiz*, Cilt 3, Sayı 28, 2011.

Akgün, Birol, *Suriye Krizi'nde Bölgesel ve Küresel Aktörler (Perspektifler, Sorunlar ve Çözüm Önerileri)*, SDE Analiz, Haziran 2012.

Arı, Tayyar, Uluslararası İlişkiler Teorileri,: Çatışma, Hegemonya, İşbirliği, Marmara Kitap Merkezi, 2010.

Armed Conflict in Syria: U.S. and International Response, Congressional Research Service, 2012.

Ataman, M., Demir, Neslihan G., *Körfez Ülkelerinin Ortadoğu Politikası ve Arap Baharına Bakışları,* SETA, Sayı: 52, Ekim 2012.

Aydın, Mustafa, "Uluslararası İlişkilerin "Gerçekçi" Teorisi: Kökeni, Kapsamı, Kritiği", *Uluslararası İlişkiler,* Cilt 1, Sayı 1 (Bahar 2004), s. 33-60.

Bagdonas, Azuolas , "Russia'a Interests in the Syrian Conflict: Power, Prestige and Profit", *European Journal of Economic and Political Studies,* Vol 5, No 2, 2012, ss. 55-77.

Balcı, Ali, "Realizm," in (ed.) Şaban Kardaş, Ali Balcı, *Uluslararası İlişkilere Giriş,* Küre Yayınları, İstanbul, 2014.

Baldwin, D. A., "The Concept of Security", *Review of International Studies,* 23: 14, 1997.

Baxter, K. and Simpson K. "The United States and Saudi Arabia through the Arab Uprisings", *Global Change, Peace & Security,* Vol 27, No 2, 2015, ss. 139-151.

Baylis, John, "Uluslararası İlişkilerde Güvenlik Kavramı", *Uluslararası İlişkiler,* Cilt 5, Sayı 18, Yaz 2008, ss. 69-85.

Bozdağlıoğlu, Y., Özen, Ç., Liberalizmden "Neoliberalizme Güç Olgusu ve Sistemik Bağımlılık", *Uluslararası İlişkiler,* Cilt 1, Sayı 4 (Kış 2004), s. 59-79.

Burchill, Scott, "Liberalism", in Scott Burchill, (et al.), *Theories of International Relations 4th edition,* Palgrave Macmillan, Basingstoke, 2009.

Buzan, B., Waever, O., Wilde, J., *Security: A New Framework for Analysis,* Lynne Rienner Publishers, London, 1997.

Buzan, Barry, *People, States and Fear: An Agenda for International Security Studies in the Post-Cold War Era,* Harvester Wheatsheaf, 1991.

Chattarjee, Shibashis, "Neo-realism, Neo-liberalism and Security", *International Studies,* Vol 40, No 2, 2003, ss 125-144.

Çetin, Halis, "Liberalizmin Tarihsel Kökenleri", *Cumhuriyet Üniversitesi İktisadi ve İdari Bilimler Fakültesi Dergisi,* Cilt 3, Sayı 1, 2002, ss. 79-96.

Çetinkaya, Şeref, "Güvenlik Algılaması ve Uluslararası İlişkiler Teorilerinin Güvenliğe Bakış Açıları", *21. Yüzyılda Sosyal Bilimler,* Sayı 2 Aralık-Ocak-Şubat 12-13, s. 241-260

Eralp, Atila, (ed): *Devlet, Sistem ve Kimlik: Uluslararası İlişkilerde Temel Yaklaşımlar,* İletişim Yayınları, İstanbul, 2001.

Ermağan, İ, Gümüş, B., "Katar Dış Politikası ve Arap Halk İsyanları", *CBÜ Sosyal Bilimler Dergisi,* Yıl: 2014 Cilt: 12 Sayı: 2, s. 300-320

Ermağan, İsmail. "Uluslararası İlişkilerde Çatışma ve İşbirliği Olgularına İlişkin Teoriler", (ed) A. Baran Dural, *Siyaset Biliminde Kuram-Yöntem-Güncel Yaklaşımlar,* Paradigma Akademi Yayınları, 2. Baskı, 2013, s.399-498

Ertem, Helin Sarı, "Arap Spring and the "Regionalization" of the Kurdish Problem: Possible Outcomes for Turkey and GCC", (ed.) Özden Zeynep Oktav, Helin Sarı Ertem, *GCC-Turkey Relations: Dawn of a New Era,* GRC Press in Cambridge, Cambridge, 2015.

Esfandiary, D. and Tabatabai, A. "Iran's ISIS Policy", *International Affairs,* Vol 91, No 1, 2015, ss. 1-15.

Explaining the US 'Pivot' to Asia, Chatham House, London, 2013.

Iran Sanctions, Congressional Research Service, 2016.

Kapıdaki Kriz Suriye Uluslararası Yaklaşımlar ve Türkiye İçin Öneriler, USAK, Ankara, 2012.

Karaca, R. Kutay, "Çin'in Değişen Enerji Stratejisinin Dış Politikasına Etkileri (1990-2010)", *Uluslararası İlişkiler,* Cilt 9, Sayı 33, Bahar 2012, ss. 93-118.

Kolodziej, E. A., *Security and International Relations,* Cambridge University Press, 2005.

Krieg, Andreas, "Externalizing the burden of war: the Obama Doctrine and US Foreign Policy in the Middle East", *International Affairs,* Volume 92, Issue 1, 2016, ss. 97-113.

Mearsheimer, John, *The Tragedy of Great Power Politics*, Norton, 2001.

Meyers, Reinhard, Grundbegriffe und theoretische Perspektiven der Internationalen Beziehungen. Bundeszentrale für Politische Bildung, in: Bundeszentrale für politische Bildung (Hrsg.) Grundwissen Politik, 3. Auflage, Bonn, 1997, s. 313-434.

Musaoğlu, Neziha , "Krizin İlk İki Yılında Suriye Krizinin Çözümü/Çözümsüzlüğünde Rusya", *Karadeniz Araştırmaları*, Sayı 48, 2015, ss. 1-30.

Navari, Cornelia, "Neoliberal Institutionalism" in (ed.) Paul D. Williams, *Security Studies An Introduction*, Routledge, London, 2008.

O'Driscoll, Dylan, "The YPG and the Changing Dynamics of the Fight against IS", *PISM Policy Paper*, No 24 (126), 2015, ss. 1-6, https://www.pism.pl/files/?id_plik=20178 (24.02.2016).

Kanat, Kılıç B., *Obama'nın İkinci Döneminde Amerikan Dış Politikası*, SETA, İstanbul, 2014.

Oran Baskın, *Türk Dış Politikası Cilt III 2001-2012,* İletişim Yayınları, İstanbul, 2013.

Ospina, M. V. and Gray, D. H. " Syria, Iran, and Hizballah: A Strategic Alliance", *Global Security Studies,* Vol 5, No 1, 2014, s. 27-36, (http://globalsecuritystudies.com/ Ospina%20Alliance%20-%20AG.pdf) (05.03.2016)

Russia and the Arab Spring, Carneige Moscow Center, Moscow, 2013.

Serdar, İskender, "Neorealizm, Neoliberalizm, Konstraktivizm ve İngiliz Okulu Modellerinde Uluslararası Sistemsel Değişikliklere Bakış", *The Journal of Europe, Middle East Social Science Studies*, July 2015, Volume: 1, Issue: 1, s. 14-38.

Sinkaya, Bayram, *Arap Baharı Sürecinde İran'ın Suriye Politikası*, SETA, Sayı: 53, Nisan 2012.

Sorenson, David S., "US Options in Syria", *Parameters,* Vol 43, No 3, 2013, ss. 5-15.

The Ukrainian Crisis and European Security Implications for the United States and U.S. Army, RAND Corporation, Santa Monica, 2015.

The White House, *National Security Strategy*, Washington DC, 2010.

Waltz, Kenneth, *Theory of International Politics*, Addison Wesley, 1979.

BM Mülteciler Yüksek Komiserliği, "Suriyeli mültecilerin toplam sayısı ilk kez 4 milyonu geçti", 9 Temmuz 2015, http://www.unhcr.org/turkey/home.php?content=648 (09.03.2016)

European Union External Action, "The EU's relations with Syria", http://eeas.europa. eu/syria/ (25.02.2016)

Mehmet Serim, "Rusya artık ben de varım diyor", 06-09-2015, http://www. ydh.com.tr/HD14134_rusya-artik-ben-de-varim-diyor.html (31.3.2016).

ÜÇÜNCÜ KISIM
OYUN TEORİSİ VE GÜVENLİK

OYUN KURAMI ÇERÇEVESİNDE SURİYELİ MÜLTECİ KRİZİ

Emirhan KAYA

Giriş

Suriye'de yaşanan iç savaşın neden olduğu mülteci krizi, son dönemde Türkiye-Avrupa Birliği (AB) ilişkilerinin gidişatını önemli derecede etkileyen bir gelişme olarak ön plana çıkmaktadır. Bu durumun temel nedeni; söz konusu krizin Türkiye ile AB arasında imzalanan Geri Kabul Anlaşması (GKA) ve buna paralel olarak başlatılan vize serbestliği diyaloğunun yanı sıra üyelik müzakerelerinde yeni fasılların açılması konusunda da belirleyici olmasıdır. Bu çerçevede, esasında Türkiye-AB ilişkilerinden bağımsız olarak ele alınabilecek olan Suriyeli mülteci krizine karşı taraflarca etkin bir çözüm üretilememesi, gelinen son aşamada söz konusu krizin Türkiye ile AB arasında bir pazarlık unsuru haline gelmesine neden olmuştur. Taraflar arasında konuyla ilgili yürütülen müzakereler bu nedenle stratejik bir nitelik kazanmaktadır.

Bu çalışmanın temel amacı; Türkiye ile AB'nin –18 Mart 2016'da üzerinde anlaşmaya varılan koşullar dâhilinde– Suriyeli mülteci krizinin çözümü konusunda işbirliğine gitme kararının oyun kuramı çerçevesinde analiz edilmesidir. Bu doğrultuda tarafların işbirliğine gitme ya da işbirliğinden kaçınmaya yönelik karar almaları durumunda karşılaşacakları senaryolar ve bunlar arasındaki muhtemel tercih sıralamaları dikkate alınarak ortaya çıkabilecek sonuçların stratejik açıdan değerlendirmesi yapılacaktır. Böylece Türkiye ile AB arasındaki mülteci anlaşmasının karşılıklı taahhütlerin yerine getirilmesiyle sonuçlanması durumunda, söz konusu işbirliği kararının taraflar için stratejik anlamda ne ifade ettiği tartışılmış olacaktır. Bu kapsamda, Suriyeli mülteciler konusunda varılan anlaşmanın her iki tarafın da en yüksek getiriyi elde ettiği sonucu oluşturduğu iddia edilmektedir.

Bu çalışmada takip edilecek yol haritası kapsamında ilk olarak; çalışmanın teorik çerçevesini oluşturan oyun kuramı, Uluslararası İlişkiler (Uİ) disiplinindeki kullanımları da göz önünde bulundurularak değerlendirilecektir. Ardından ikinci bölümde; Suriyeli mülteci krizi, AB ve Türkiye'nin güvenlik odaklı yaklaşımları çerçevesinde ele alınacaktır. Üçüncü bölümde ise GKA ve vize serbestisi teşvikinin birbiriyle ilişkisi üzerinde durulacak ve Türkiye'nin bu anlaşmaya taraf olmasıyla ilgili ortaya çıkan tartışmalara yer verilecektir. Çalışmanın son bölümünde ise Türkiye ile AB'nin hangi şartlar altında Suriyeli mülteciler konusunda işbirliğine gitmeye karar verdiklerinin incelenmesinin ardından bu kararın oyun kuramı çerçevesinde nasıl değerlendirildiği açıklanacaktır. Bu çerçevede, tarafların işbirliği ile ilgili karar verirken göz önünde bulundurmaları gereken tercih sıralamalarının ortaya konmasıyla birlikte Suriyeli mülteci krizinin Türkiye-AB ilişkilerinin gidişatı üzerindeki etkisi gözler önüne serilecektir.

Oyun Kuramı ve Uluslararası İlişkiler Disiplini

Oyun kuramı, karar ve davranışlarıyla birbirlerinin durumunu etkileyen en az iki karar vericinin etkileşimini matematiksel olarak inceleyen bir yaklaşımı ifade etmektedir. Aktörlerin "etkileşimli karar verme süreci" olarak adlandırılan bir durumda karar aldıklarının altını çizen bu yaklaşım, müzakere ve savaşların yanı sıra işbirliği ya da caydırmaya yönelik girişimleri de birer oyun olarak ele almaktadır.[1] Böylece oyun kuramı, aktörler arasındaki "stratejik karşılaşmaları" yansıtan söz konusu durumları modelleyerek inceleme olanağı sunmaktadır.[2] Ekonomi, siyaset bilimi, sosyoloji, sosyal psikoloji, biyoloji ve bilgisayar mühendisliği gibi birçok alanda kullanılan oyun kuramı; Uİ özelinde, uluslararası siyaset hakkında açıklamalar yapma ve öngörülerde bulunma işlevi gören bir araç olarak karşımıza çıkmaktadır. Formel akılcı tercih kuramının kollarından biri olarak nitelenen oyun kuramı, aktörlerin akılcı (rasyonel) tercihlere sahip olduğunu varsayarken, formel dil ve/veya model kullanarak analiz yapma imkanı veren bir kuramsal çerçeve oluşturmaktadır.[3]

---

[1] Serdar Güner, "Oyun Kuramı ve Uluslararası Politika", *METU Studies in Development*, Cilt 30, Sayı 2, 2003, ss. 163-164.

[2] Özgür Özdamar, "Oyun Kuramı", *Uluslararası İlişkilere Giriş*, (ed.) Şaban Kardaş, Ali Balcı, 2. Baskı, Küre Yayınları, İstanbul, Ekim 2014, s. 521.

[3] Özgür Özdamar, "Oyun Kuramının Uluslararası İlişkiler Yazınına Katkıları", *Uluslararası İlişkiler*, Cilt 4, Sayı 15, Güz 2007, s. 34.

John Von Neumann ve Oskar Morgenstern'in 1944 yılında yayımlanan "Oyunlar Teorisi ve Ekonomik Davranış" (*The Theory of Games and Economic Behavior*) adlı eseri oyun kuramını iktisat bilimine kazandıran temel kitap olarak kabul edilmektedir. [4] Söz konusu eserde, oyuncuların birinin kazancının diğerinin kaybı anlamına geldiğini ifade eden "iki oyunculu sıfır toplamlı oyunlar" incelenmiştir. Oyun kuramının Uİ yazınında yer edinmesi ise Thomas Schelling'in 1960 yılında "Çatışma Stratejisi" (*The Strategy of Conflict*) isimli çalışmasını yayımlamasıyla birlikte söz konusu olmuştur. Güvenlik çalışmaları alanındaki oyun kuramı uygulamalarının ilk örnekleri incelendiğinde, bunların büyük çoğunluğunda devletlerarası çatışmaların sıfır toplamlı oyunlar olarak ele alındığı göze çarpmaktadır. Schelling'in çalışmaları bu konuda da çığır açıcı olmuş ve çıkarları çatışan devletlerin aynı zamanda ortak çıkarlara da sahip olabilecekleri fikrinden hareketle sıfır toplamlı olmayan oyunların kullanımının önünü açmıştır. [5]

Oyun kuramında oyunlar stratejik düzey (*strategic form*) ve kapsamlı düzey (*extensive form*) olmak üzere iki farklı biçimde ele alınmaktadır. Stratejik düzey oyunlarda oyuncular stratejilerini oyuna başlamadan önce eş zamanlı olarak belirlerken, kapsamlı düzeyde ise oyuncuların birbiri ardına hamleler yaptıkları görülmektedir. Stratejik düzeyde incelenen oyun kuramı modelleri aynı zamanda "normal form" ya da "matris form" biçimindeki oyunlar olarak da adlandırılmaktadır. Oyuna dâhil olan en az iki oyuncunun yanı sıra oyuncuların izleyebileceği tüm olası davranışları içeren bir stratejiler kümesi, söz konusu stratejilerin izlenmesi durumunda ortaya çıkabilecek sonuçlar/getiriler ve oyuncuların bu sonuçlar arasındaki tercihlerini yansıtan bir tercih sıralaması bu tip oyunlarda yer alan temel unsurlar olarak öne çıkmaktadır. [6] Aktörlerin birbirlerine büyük zararlar verebilecekleri bir krize girdikleri durumları modelleyen korkak tavuk oyunu, aralarındaki güven sorunu nedeniyle ortaklaşa hareket edemedikleri durumları betimleyen mahkûmun ikilemi ve eşgüdüm içinde hareket etmeleri durumunda başarılı sonuçlar elde edebildikleri güven oyunu gibi oyunlar stratejik düzeyde

---

[4] Oyun kuramsal analizin ilk kez 1838 yılında Antonie Cournot tarafından kullanıldığı ve Emile Borel'in 1921 yılında ilk kez oyun kuramını ortaya attığı savunulsa da oyun kuramının Neumann ve Morgenstern'e ait söz konusu eserle birlikte başlı başına bir alan olarak ortaya çıktığının altı çizilmektedir. Bkz. Theodore L. Turocy-Bernhard von Stengel, *Game Theory*, CDAM Research Report, 8 Ekim 2001, http://www.cdam.lse.ac.uk/Reports/Files/cdam-2001-09.pdf, (25.02.2016).

[5] Frank C. Zagare, "Game Theory", (ed.) Paul D. Williams, *Security Studies: An Introduction*, Routledge, London, 2008, ss. 45-46.

[6] Peter G. Benneth, "Modeling Decisions in IR: Game Theory and Beyond", *Mershon International Studies Review*, Vol. 39, No. 1, 1995, s. 22.

incelenen modellerin en bilinen örneklerini oluşturmaktadır.[7] Bu oyunların bir diğer ortak özelliği de sıfır toplamlı olmayan (değişken toplamlı) oyun modelleri arasında yer almalarıdır.[8]

Stratejik düzey oyunların yapısını daha iyi anlayabilmek için mahkûmun ikilemi olarak adlandırılan oyunun bir versiyonu olan "silahlanma yarışı" oyunu ele alınabilir. Her iki oyuncunun da (silahlanarak) işbirliğinden kaçınma ya da (silahlanmayarak) işbirliği yapma olmak üzere iki stratejisinin bulunduğu oyunda, oyunculardan birinin silahlanmayı seçerken diğerinin aksi yönde karar vermesi silahlanan tarafı avantajlı konuma getirmektedir. İki oyuncunun da aynı anda silahlanmayı (silahlanma yarışı) ya da silahlanmamayı (silahların kontrolü) seçmesi ise statükonun devamını sağlamaktadır. Bu çerçevede, ikisinin birden silahlanmamayı seçtiği durumun toplam getirisinin daha yüksek olduğu gözlenmektedir. Buna rağmen, böyle bir oyunda silahlanma seçeneği her iki oyuncunun da baskın stratejisini oluşturmaktadır. Bir başka deyişle; her bir oyuncu, karşı taraf ne seçerse seçsin silahlanmayı tercih ettiğinde daha iyi sonuçlar elde etmektedir. Böylece iki tarafın da silahlanmayı tercih ettiği "silahlanma yarışı" durumu oyunun çözümünü ve Nash dengesini oluşturmaktadır. Nash dengesi sağlandığında ise taraflardan biri stratejisini değiştirmediği takdirde diğerinin kendi stratejisini değiştirmesi onun aleyhine sonuçlanmaktadır.

		B Devleti	
		Silahlanma	Silahlan
A Devleti	Silahlanma	silahların kontrolü (3,3)	B avantaj sağlar (1,4)
	Silahlan	A avantaj sağlar (4,1)	silahlanma yarışı (2,2)

*Silahlanma Yarışı Oyunu

Silahlanma yarışı oyununda Nash dengesinin her iki aktörün de silahlanması durumunda ortaya çıkması, akılcı tercihlerin de aktörleri etkin olmayan sonuçlara ve çatışmaya ulaştırabileceğini göstermesi

---

[7] Söz konusu modeller hakkında ayrıntılı bilgi için bkz. Özdamar, "Oyun Kuramı", ss. 524-528.
[8] Sıfır toplamlı olmayan oyun modelleri için bkz. Tayyar Arı, *Uluslararası İlişkiler Teorileri: Çatışma, Hegemonya, İşbirliği*, 8. Baskı, MKM Yayınları, Bursa, 2013, ss. 214-224.

bakımından önemli görülmektedir. Mahkûmun ikilemi oyununa benzer şekilde [9] tarafların işbirliği yapmaları halinde daha kazançlı çıkabilecekken işbirliğinden kaçınarak kendileri için daha az getirisi olan bir seçeneğe yönelmeleri bu oyunu Uİ açısından ilgi çekici hale getirmektedir. Oyuncular arasında iletişim eksikliği ve güven sorununun tarafları işbirliğinden uzaklaştırdığı sonucuna varılması devletlerarası işbirliği ve ortak eylem sorunları hakkında önemli ipuçları sunmaktadır. Örneğin; iletişim kanallarının açılarak oyun kurallarının değiştirilmesi durumunda oyuncuların işbirliğine yönelebileceğine dair ortaya çıkan kanı, yapının aktörler üzerindeki etkisini gözler önüne sermektedir.[10]

Oyunların kapsamlı düzeyde incelenmesi ise oyuncuların hareketlerini oluştururken sadece bir sonraki hamleyi düşünmekle kalmayıp daha sonrasını da tasarladıkları varsayımına dayanmaktadır.[11] Böylelikle uzağı görebilen (non-myopic) aktörlerin daha dinamik yapılı oyunlarda nasıl hareket ettiği açığa çıkarılmaktadır. Kapsamlı düzey oyunlarda hamleler oyun ağacında yer alan düğümler ile ifade edilirken, ağacın dalları ise oyuncuların hamle seçeneklerine karşılık gelmektedir. Bu tür oyunları çözmek içinse oyunun sondan başa çözümü, bir başka deyişle geriye doğru çıkarsama (backward induction) yapılmaktadır. Bir örnekle ifade etmek gerekirse; Sovyetler Birliği ve ABD'nin birbirini izleyen hamleler yaparak sonuca vardıkları Küba Füze Krizi kapsamlı düzeyde incelenebilecek bir oyun olarak ele alınmaktadır. Oyundaki ilk hamle Sovyetler Birliği'nin statükoya meydan okuma kararı kapsamında Küba'ya füze yerleştirmesi, ikinci hamle ise ABD'nin buna karşılık direnmeyi tercih ederek blokaj kararı almasıdır. Sovyetler Birliği'nin son aşamada füzeleri geri çekmesi ise oyun ağacındaki son hamleyi ifade etmektedir.

---

[9] Mahkûmlar Çıkmazı/Açmazı olarak da adlandırılan bu oyun, suç işlemiş iki bireyin birbirleriyle iletişim olanaklarından yoksun olarak ayrı hücrelerde sorgulanmaları sırasında suçlarını inkâr ya da itiraf etme seçenekleriyle karşı karşıya kaldıkları bir durumu betimlemektedir. Her ikisinin de suçlarını inkâr etmeleri durumunda aleyhlerinde yeterince delil bulunmaması dolayısıyla birer yıl, itiraf etmeleri durumunda ise beşer yıl ceza almaları söz konusu olmaktadır. Oyunculardan yalnızca biri itiraf etmeyi seçtiğinde itiraf eden ceza almazken, suçunu inkâr eden ise on yıl hapisle cezalandırılmaktadır. Oyuncuların söz konusu tercihleri sonucunda karşılaşacakları durumlar hakkında bilgi sahibi olmalarına rağmen aralarında işbirliği ve eşgüdüm imkânının olmadığı böyle bir oyunda tarafların baskın stratejilerini uygulayacakları öngörülmektedir. Bu yüzden oyunun çözümünü (itiraf, itiraf) çifti oluşturmaktadır.

[10] Özdamar, "Oyun Kuramının Uluslararası İlişkiler Yazınına Katkıları", s. 45.

[11] Özdamar, a.g.m., ss. 50-51.

Şekil 1. Küba Füze Krizinin Oyun Ağacı ile Tasviri[12]

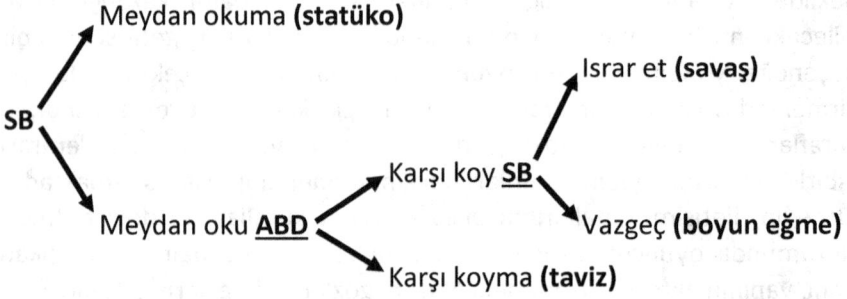

Meydan okuma **(statüko)**

Israr et **(savaş)**

SB

Karşı koy **SB**

Meydan oku **ABD**

Vazgeç **(boyun eğme)**

Karşı koyma **(taviz)**

Yukarıdaki şekilde görüldüğü üzere birbiri ardına hareket eden aktörlerin hamle seçenekleri ve olası sonuçlara oyun ağacında da yer verilmektedir. Bu oyunun aktörleri olan Sovyetler Birliği ve ABD'nin statüko, taviz, savaş ve boyun eğme şeklinde adlandırılan senaryolardan elde edeceği düşünülen getirilerin de hesaba katılmasıyla birlikte, geriye doğru çıkarsama yöntemi kullanılarak, akılcı olduğu varsayılan aktörlerin kararları hakkında çıkarımlarda bulunulabilmektedir. Örneğin; savaşın Sovyetler Birliği için son aşamada daha yüksek getiriye sahip olduğu düşünüldüğünde, ABD'nin bir önceki adımda taviz vermek ile savaş arasında tercih yapması söz konusu olacaktır. ABD'nin de savaşı tercih etmesi halinde ise Sovyetler Birliği'nin ilk aşamadaki "meydan oku" kararını alabilmesi için savaşı statükoya tercih ediyor olması beklenmektedir. Böylece oyuncuların birbiri ardına hamleler yaptığı kapsamlı düzey oyunlarda ileriki hamlelerin de hesaba katılarak değerlendirme yapılması gerektiği vurgulanmaktadır.

AB ve Türkiye'nin Güvenliği Ekseninde Suriyeli Mülteci Krizi

Suriye'de Arap Baharı'nın bir yansıması olarak başlayan çatışmaların beş yılı aşkın bir süredir sonlandırılamamış olması Suriye'yi birçok sorunun kaynağı olarak uluslararası gündemin merkezine taşımıştır. Krizin ilk safhalarında Suriye'de etkin olmaya çalışan yerel ve bölgesel aktörler arasında yaşanan mücadele gözler önüne serilirken, daha sonra yeni aktörlerin sürece dâhil olması ve çatışmaların şiddetini artırarak devam etmesi Suriye krizinin terörizm, göç ve uluslararası güç dengeleri bağlamında ele alınabilecek karmaşık bir mesele haline gelmesine neden olmuştur. Bu çalışmada incelenecek olan "Suriyeli Mülteci Krizi" ise Suriye'de yaşanan iç savaş dolayısıyla ülkelerini terk ederek komşu ülkelere ve Avrupa'ya sığınan Suriyelilerin sebep olduğu krizi ifade

---

[12] Bkz. James D. Morrow, "Chapter Three: Specifying A Game", *Game Theory for Political Scientists*, ss. 51-55.

etmektedir. Bugün gelinen noktada; Suriye'nin geleceği hakkında öngörüde bulunmanın oldukça güç olması, söz konusu ülkenin kaynaklık ettiği mülteci akınının kısa sürede tersine çevrilmesi ya da en azından durdurulması ihtimalinin düşük olduğu kanısını doğurmaktadır. Bu yüzden Suriyeli mülteciler sorunu özellikle AB ülkeleri ve Türkiye tarafından öncelikli bir güvenlik meselesi olarak ele alınmaktadır.

Arap Baharı sürecinde Yemen, Libya ve Suriye gibi ülkelerde meydana gelen iç karışıklıklar nedeniyle milyonlarca insanın yaşadıkları yerleri terk ederek mülteci konumuna gelmesi neticesinde İkinci Dünya Savaşı'nın ardından kayıtlara geçen en büyük mülteci krizi ile karşı karşıya kalınmıştır.[13] 2010 yılı sonu itibarıyla dünya genelinde Birleşmiş Milletler Mülteciler Yüksek Komiserliği'nin (BMMYK) gözetiminde 10,55 milyon mülteci bulunurken,[14] bu sayı 2015 yılı sonunda 16,1 milyona yükselmiş ve bunların 4,9 milyonunu Suriyelilerin oluşturduğu tespit edilmiştir.[15] Suriyeli mültecilerin sayısı 2014 yılı ortalarında üç milyonu aştığında ise Suriye, Afganistan'ı geride bırakarak dünyada en çok mülteci veren ülke konumuna gelmiştir. 2016 yıl sonu verilerine göre; Suriye'ye komşu ülkeler ve Kuzey Afrika ülkeleri yaklaşık 5 milyon Suriyeli mülteciye ev sahipliği yaparken, Türkiye'de bulunan Suriyeli mülteci sayısı ise 3 milyonun üzerine çıkmıştır.[16] Bu durum Suriye'de yaşanan iç savaşın neden olduğu mülteci krizinin vardığı boyutları gözler önüne sermektedir.

Krizin AB ve Türkiye tarafından nasıl algılandığını anlayabilmek için ise öncelikle her iki aktörün Suriye kaynaklı mülteci akınına karşı takındıkları tavrı irdelemek gerekmektedir. İlk olarak; AB'nin mülteci krizine tepkisi ele alınacak olursa, üye ülkelerin bu konudaki tutumunun "sınırlı ve kendi içinde dengesiz" olarak nitelendirildiğinin altını çizmek gerekmektedir.[17] Bu tanımlamaya göre; AB üyelerinin Suriye'ye komşu ülkelerle karşılaştırıldığında çok daha az sayıda Suriyeli mülteciyi barındırması AB'nin bu konudaki sınırlı tutumuna işaret ederken,

---

[13] Enes Bayraklı, Kazım Keskin, "Türkiye, Almanya ve AB Üçgeninde Mülteci Krizi", *SETA Analiz*, Sayı 143, Kasım 2015, s. 8.

[14] *UNHCR Global Trends 2010*, The UN Refugee Agency, http://www.unhcr.org/4dfa11499.pdf, (06.03.2016), s. 2.

[15] *UNHCR Global Trends 2015*, The UN Refugee Agency, http://www.unhcr.org/576408cd7.pdf, (15.10.2016), ss. 2-3.

[16] Sirkeci, Ibrahim. "Turkey's refugees, Syrians and refugees from Turkey: a country of insecurity." *Migration Letters* 14, no. 1 (2017): 127-144.

[17] Philippe Fargues, "Europe Must Take on its Share of the Syrian Refugee Burden, but How?", *European University Institute Robert Schuman Center for Advanced Studies*, Migration Policy Center Policy Brief, February 2014, s. 2.

mültecilerin belirli AB ülkelerinde yoğunlaşması ise AB içindeki dengesizliği yansıtmaktadır. 30 Eylül 2016 itibarıyla Suriye'ye komşu ülkelerde ve Kuzey Afrika'da yaklaşık 4,79 milyon Suriyeli mülteci bulunmasına karşılık, Nisan 2011 ile Ağustos 2016 arasını kapsayan dönemde Avrupa ülkelerine sığınma başvurusunda bulunan Suriyelilerin sayısının 1,15 milyon olduğunun tespit edilmesi[18] AB'nin bu konudaki sınırlı tutumunu sayısal verilerle desteklemektedir. 2015 yılının son çeyreğinde AB ülkelerinden sığınma talep eden Suriyelilerin %80'inin Almanya ve İsveç'e başvurmuş olması ise noktada AB ülkeleri arasındaki dengesizliği ortaya koymaktadır.

Dublin Sözleşmesi ve Dublin II tüzüğüne göre sığınmacıların AB sınırlarına giriş yaptığı ülkenin sığınma başvurusunu incelemekle sorumlu tutulması, sığınmacı yükünün AB'nin dış sınırını oluşturan ülkelerin omzuna yüklenmesi sonucunu doğurmuştur.[19] Buna karşın AB, 2015 yılının Nisan ve Eylül aylarında aldığı kararlar doğrultusunda Yunanistan, İtalya ve Macaristan'ın mülteci krizinden kaynaklanan yükünü hafifletebilmek için uluslararası korumaya muhtaç olan 160.000 sığınmacının söz konusu ülkelerden diğer AB ülkelerine dağıtılmasını öngören yeniden yerleştirme planını başlatmıştır. Buna rağmen, 13 Ekim 2016 itibarıyla, bu plan kapsamında İtalya ve Yunanistan'dan diğer AB ülkelerine yerleştirilen sığınmacıların sayısı ancak 6032'ye ulaşabilmiştir.[20] Ayrıca bu noktada, 2008 yılından itibaren etkili olan küresel finansal kriz ve ardından 2011 yılında ortaya çıkan Arap ayaklanmalarının, AB ülkelerinin mülteciler konusunda tek taraflı hareket etmesine yol açarak AB'nin kendi içinde homojen politikalar uygulamasının önüne geçtiğini özellikle vurgulamak gerekmektedir.[21]

AB, Suriyeli mülteciler krizine etkin bir aktör olarak dâhil olmaktan kaçınmasına rağmen mülteci krizini sona erdirmek ya da en azından Avrupa'dan uzak tutabilmek adına birtakım girişimlerde bulunmaktadır. AB'nin Suriye'deki şiddetin durması ve demokrasiye geçişin sağlanabilmesi için Suriye yönetimine karşı ekonomik yaptırımlar uygulaması

[18] Syria Regional Refugee Response: Inter-agency Information Sharing Portal, *The UN Refugee Agency*, http://data.unhcr.org/syrianrefugees/regional.php , (15.10.2016).
[19] Mehmet Özcan, *Avrupa Birliği Sığınma Hukuku: Ortak Bir Sığınma Hukukunun Ortaya Çıkışı*, Uluslararası Stratejik Araştırmalar Kurumu, Ankara, 2005, ss. 201-203.
[20] Bkz. "Member States' Support to Emergency Relocation Mechanism", *European Commission Migration and Home Affairs*, http://ec.europa.eu/dgs/home-affairs/what-we-do/policies/european-agenda-migration/press-material/docs/state_of_play_-_relocation_en.pdf, (15.10.2016).
[21] Peter Seeberg, "The Arab Uprisings and the EU's Migration Policies-The Cases of Egypt, Libya and Syria", *Democracy and Security*, Vol. 9, No. 1-2, 2013, s. 161.

ve Suriye ile ikili ilişkilerini durdurması ise bu konuda siyasi anlamda atılan adımları gözler önüne sermektedir.[22] AB'nin Suriyeli mülteciler krizine karşı tepkisinin önemli bir boyutunu da ekonomik yardımlar oluşturmaktadır. AB'nin Suriyeli mülteciler için yaptığı maddi yardımların tutarının 5 milyar Euro'yu aştığı ifade edilmektedir. AB bunun yanı sıra Londra'da düzenlenen Suriye'ye Destek Konferansı'nda 2016 yılı için 3 milyar Euro daha yardım taahhüdünde bulunmuştur.[23]

Türkiye ise ilk kez Suriyeli mülteci akını ile karşı karşıya kaldığı 29 Nisan 2011 tarihinden bu yana izlediği "açık kapı" politikasını sürdürmesine rağmen mülteci kamplarının kapasitesini aşması nedeniyle 2012 yazından itibaren girişlere birtakım sınırlamalar getirmiştir.[24] Mülteci krizinin ilk aşamalarında kendi imkânlarıyla bu durumun üstesinden gelebileceğini düşünen Türk hükümeti, Suriye Bölgesel Müdahale Planı'na (SRRP) dâhil olmamış ve BMMYK ile sınırlı şekilde işbirliğine gitmeyi tercih etmiştir. Fakat mültecilerin sayısının ciddi bir şekilde artış göstermesi sonucu 2012 yazı itibarıyla Türkiye'nin mülteci krizine yönelik politikası değişmeye başlamış ve BM ile işbirliği yoğunluk kazanmıştır.[25] 2012 yılına kadar en çok mülteciye ev sahipliği yapan ülkeler sıralamasında ilk 20'de yer almayan Türkiye'nin 2015 yılı sonu itibarıyla dünyada en çok mülteciyi barındıran ülke konumunda olması[26] böyle bir politika değişikliğinin gerekliliğini ortaya koymaktadır.

Türkiye bir yandan Suriyeli sığınmacılara yönelik çabalarını yoğunlaştırırken diğer yandan da mülteci akınını durdurabilecek siyasi çözüm arayışları içerisine girmiştir. Fakat bu doğrultuda Türkiye'nin Suriye sınırında uçuşa yasaklı bir tampon bölge kurulması önerisi ve Esad rejimine karşı uluslararası müdahalede bulunulması çağrısı da karşılıksız kalmıştır. Mülteci krizinin ekonomik boyutu ise Türkiye sınırları içerisinde yaşayan Suriyeli mültecilerin yaşam koşulları ile doğrudan ilişkilidir. Bu noktada, Suriyeli mültecilerin büyük çoğunluğunun kamp dışı alanlarda yaşamını sürdürmesi ve Suriyelilere yapılan yardımın

---

[22] Philippe Fargues, Christine Fandrich, *The European Response to the Syrian Refugee Crisis-What Next?*, European University Institute Robert Schuman Center for Advanced Studies, Migration Policy Center Research Report, 2012/14, s. 9.

[23] "EU Support in Response to the Syrian Crisis", European Commission Press Release, 5 February 2016, http://europa.eu/rapid/press-release_MEMO-16-222_en.htm, (30.03.2016).

[24] Suna Gülfer Ihlamur-Öner, "Türkiye'nin Suriyeli Mültecilere Yönelik Politikası", *Ortadoğu Analiz*, Cilt 6, Sayı 61, Mart-Nisan 2014, ss. 43-45.

[25] Kemal Kirişçi, *Syrian Refugees and Turkey's Challenges: Going Beyond Hospitality*, Brookings Institution, Washington DC, Mayıs 2014, s. 38.

[26] *UNHCR Mid-Year Trends 2015*, The UN Refugee Agency, http://www.unhcr.org/56701b969.html, (06.03.2016), ss. 6-7; UNHCR Global Trends 2015, s. 7.

finansmanının Türk hükümeti tarafından sağlanmasının Türkiye'nin mülteci krizine karşı politikasını farklı kılan iki özelliğini oluşturduğunu vurgulamak gerekmektedir.[27] Suriyeli mültecilerin yaklaşık %12'si kamplarda barındırılırken kalanının şehirlerde yaşamını sürdürmesi[28] ve Suriyeliler için 2011 yılından bu yana harcanan 8 milyar dolardan yalnızca 418 milyon dolarının uluslararası kuruluşların katkısı olduğunun açıklanması[29] bu tespiti doğrular niteliktedir.

Türkiye'deki Suriyelilerin hukuki statüsü Türkiye açısından mülteci krizinin bir diğer önemli boyutunu oluşturmaktadır. 1951 Mültecilerin Hukuki Durumuna Dair Cenevre Sözleşmesi'ne coğrafi sınırlama ile taraf olan Türkiye,[30] Avrupa dışından gelen sığınmacılara "üçüncü bir ülke tarafından mülteci olarak kabul edilene kadar" geçici sığınma hakkı tanımaktadır.[31] Türkiye, Suriyelilere de bu kapsamda yalnızca "geçici koruma"[32] sağlamış ve onları mülteci olarak kabul etmemiştir. Fakat Suriye'de iç savaşın derinleşmesi ve Suriyeli misafirlerin kalıcı olabileceklerinin anlaşılması Türkiye'yi bu konuda da bir politika değişikliğine gitmeye itmiştir. 11 Nisan 2014 tarihinde yürürlüğe giren 6458 sayılı Yabancılar ve Uluslararası Koruma Kanunu ve 22 Ekim 2014 tarihli Geçici Koruma Yönetmeliği ile daha önce "herhangi bir hukuki statüye

---

[27] *Turkey's Response to the Syrian Refugee Crisis and the Road Ahead*, The World Bank, Aralık 2015, https://www.openknowledge.worldbank.org/bitstream/handle/10986/23548/Turkey0s0respo0s0and0the0road0ahead.pdf?sequence=1&isAllowed=y, (24.04.2016), s. 2.

[28] "Suriyeli Mülteciler Dosyası: Misafirlik Uzadı mı?", *BBC Türkçe*, 5 Ekim 2015, http://www.bbc.com/turkce/haberler/2015/10/151005_suriyeli_multeciler, (03.05.2016).

[29] "Türkiye 2011'den Bu Yana 2.1 Milyon Suriyeli Mülteciye 8 milyar Dolar Harcadı", *Hürriyet*, 28 Ekim 2015, http://www.hurriyet.com.tr/turkiye-2011den-bu-yana-2-1-milyon-suriyeli-multeciye-8-milyar-dolar-harcadi-40007235, (03.05.2016).

[30] 1951 Sözleşmesi'ne göre "1 Ocak 1951'den önce meydana gelen olaylar" sonucunda ülkesini terk eden kişiler mülteci olarak tanımlanırken, 1967 Protokolü'nün kabul edilmesiyle birlikte mülteci tanımındaki söz konusu tarih sınırlaması kaldırılmıştır. Ancak, sözleşmeye taraf olan ülkelerin mülteci tanımını "Avrupa'da meydana gelen olaylar" ile sınırlı tutma seçeneğine sahip olması -aksi durumda "Avrupa'da veya başka bir yerde meydana gelen olaylar" esas alınmaktadır- sözleşmeye coğrafi sınırlama ile taraf olunmasını mümkün kılmıştır. Türkiye de bu kapsamda –Monako, Madagaskar ve Kongo gibi- Cenevre Sözleşmesi'nin coğrafi sınırlamasını sürdürmeyi tercih eden ülkelerden biri olmuştur. Bkz. *İki Arada Bir Derede: Türkiye'deki Mültecilere Koruma Sağlanmıyor*, Uluslararası Af Örgütü Yayınları, Nisan 2009, https://www.amnesty.org.tr/uploads/Docs/986_multeciraporu936.pdf, (26.03.2016), s. 5.

[31] Yasin Poyraz, "Suriye Vatandaşlarının Geçici Korunması ve Uluslararası Mülteci Hukuku", *Selçuk Üniversitesi Hukuk Fakültesi Dergisi*, Cilt 20, Sayı 2, 2012, ss. 64-65.

[32] 1990'lı yılların başında Eski Yugoslavya'dan kaçan kişilere koruma sağlamak için geliştirilen "geçici koruma" uygulaması, bu statüye sahip olan kişilerin sınırdan giriş ve çıkışlarına izin verilmekle birlikte her türlü insani ihtiyaçlarının ve güvenliklerinin geçici koruma sağlayan devlet tarafından karşılanmasını öngörmektedir. "Misafir statüsü" olarak da adlandırılan bu düzenlemenin sadece acil durumlarda ya da geçici olarak uygulanması gerektiği vurgulanmaktadır. Bkz. Gökçe Bayındır Goularas, Ulaş Sunata, "Türk Dış Politikasında Göç ve Mülteci Rejimi", *Hacettepe Üniversitesi İletişim Fakültesi Kültürel Çalışmalar Dergisi*, Cilt 2, Sayı 1, 2015, s. 22.

sokulmaktan çok hükümet kararı doğrultusunda yaşamını sürdür[en]"[33] Suriyelilerin yasal statülerine netlik kazandırılmıştır. Ayrıca söz konusu düzenlemeler neticesinde Suriyelilerin Türkiye'de çalışma izni alabilmelerine imkân tanınması bu noktadaki en önemli değişikliklerden birini yansıtmaktadır.[34]

AB ve Türkiye Arasındaki Geri Kabul Anlaşması

AB'nin yasadışı göçü kontrol altına almak için kullandığı önemli bir enstrüman olan geri kabul anlaşmaları, AB ülkelerine ulaşan yasadışı göçmenlerin kendi ülkelerine ya da en son transit geçiş yaptıkları ülkeye iadesini öngörmektedir. Böylece bir yandan yasadışı göçmenlerin neden olabileceği maliyetin paylaşımı hedeflenirken, diğer yandan da iç güvenlik endişelerinin hafifletilmesi amaçlanmaktadır.[35] Geri kabul anlaşmaları karşılığında vize kolaylaştırma anlaşmaları imzalanması ise 1990'lı yıllarda Orta ve Doğu Avrupa ülkeleri ile başarılı bir şekilde denenen bir strateji iken, daha sonra Batı Balkan ülkelerine[36] karşı kullanılan standart bir politika aracına dönüşmüştür. Vize serbestisine giden sürecin ilk aşamasını oluşturan vize kolaylaştırma teşviki ile belirli nitelikleri taşıyan kişilere daha hızlı, ucuz ve basit vize rejimleri uygulanmaya başlamıştır. Geri kabul anlaşmaları ve vize kolaylaştırma anlaşmalarının imzalanmasının ardından kendilerine sunulan yol haritasının gereklerini yerine getiren ilgili ülkelerin vatandaşları, bu sürecin sonunda AB ülkelerine vizesiz seyahat hakkı kazanmaktadır.[37]

AB ile Türkiye arasında bir geri kabul anlaşması imzalanması ise ilk olarak Mart 2003'te gündeme gelmiş ve geri kabule ilişkin resmi müzakereler 27 Mayıs 2005 tarihinde başlamıştır. Aralık 2006'da askıya alınmasına rağmen Kasım 2009'dan itibaren devam ettirilen müzakereler neticesinde 21 Haziran 2012'de "Türkiye Cumhuriyeti ile Avrupa Birliği

---

[33] Osman Ağır, Murat Sezik, "Suriye'den Türkiye'ye Yaşanan Göç Dalgasından Kaynaklanan Güvenlik Sorunları", *Birey ve Toplum*, Cilt 5, Sayı 9, Bahar 2015, s. 105.

[34] Derya Kap, "Suriyeli Mülteciler: Türkiye'nin Müstakbel Vatandaşları", *Akademik Perspektif*, Yıl 1, Sayı 2, Aralık 2014, s. 32.

[35] Melike Akkaraca Köse, "Geri Kabul Anlaşması ve Vizesiz Avrupa: Türkiye'nin Dış Politika Tercihlerini Anlamak", *Marmara Üniversitesi Siyasal Bilimler Dergisi*, Cilt 3, Sayı 2, Eylül 2015, ss. 199-200.

[36] Makendonya, Karadağ, Sırbistan 19 Aralık 2009, Arnavutluk ve Bosna Hersek ise 7 Ekim 2010'dan itibaren vizesiz seyahat rejimini benimsemiştir.

[37] Melike Akkaraca Köse, *a.g.m.*, ss. 200-201. Örneğin; AB ile GKA imzalamış olan Sırbistan, Karadağ, Makedonya, Arnavutluk, Bosna Hersek ve Moldova'ya söz konusu anlaşmaların yürürlüğe girmesinin ardından AB ülkelerine vizesiz seyahat hakkı tanınmıştır. Ukrayna, Rusya, Gürcistan, Ermenistan, Azerbaycan ve Yeşil Burun'un ise AB ile vize kolaylığı anlaşmaları bulunmaktadır. Bkz. Mehmet Uğur Ekinci, *Türkiye-AB Geri Kabul Anlaşması ve Vize Diyaloğu*, SETA Yayınları, Ankara, 2016, ss. 12-13.

Arasında İzinsiz İkamet Eden Kişilerin Geri Kabulüne İlişkin Anlaşma" taraflarca paraflanmıştır. Türkiye'nin bu süreçte müzakerelere ilişkin tavrının değişmesinde vize muafiyeti teşvikinin etkili olduğu vurgulanırken,[38] paraflanan anlaşmanın Türkiye tarafından ne zaman ve hangi şartlarda onaylanarak hayata geçirileceği merak konusu olmuştur. GKA nihayetinde 16 Aralık 2013 tarihinde imzalandıktan sonra TBMM tarafından 25 Haziran 2014'te onaylanmış ve 1 Ekim 2014 tarihinde anlaşma yürürlüğe girmiştir. Buna karşılık, 16 Aralık 2013'te Türkiye ile AB arasında Vize Muafiyeti Diyaloğu resmen başlatılmış ve Meşruhatlı Yol Haritası açıklanmıştır. Ekim 2014'te yayımlanan Vize Serbestliği Yol Haritası Birinci Değerlendirme Raporu'na göre bu diyaloğun amacı "Türk vatandaşlarının Schengen Alanına gerçekleştirecekleri kısa vadeli ziyaretleri sırasında karşılaştıkları vize zorunluluğunun ortasında kaldırılması" olarak ifade edilmiştir.

Esas itibarıyla düzensiz göçmenlerin "karşılıklılık" temelinde geri kabulünü öngören geri kabul anlaşmalarının pratikte çoğunlukla AB'nin yararına sonuçlandığının gözlenmesi Türkiye'nin çekincelerine yol açmaktadır. Bunun yanı sıra, Türkiye'nin kabul ettiği göçmenleri kaynak ülkelere geri göndermede zorluklar yaşaması ve göçmenlerin Türkiye'de sıkışıp kalması durumunda anlaşmanın Türkiye açısından oldukça maliyetli hale gelebileceği öngörülmektedir.[39] GKA, bu gibi sebeplerden ötürü, Türkiye tarafından üyelik sürecinin bir gereği olarak algılanmaktan çok vize serbestliği karşılığında yerine getirilebilecek bir koşul olarak ele alınmıştır. Hatta söz konusu anlaşmanın ortaya çıkaracağı asimetrik çıkar ilişkisini dengeleyebilmek için Türkiye'nin vize muafiyetinden ziyade serbest dolaşım hakkı karşılığında anlaşmayı uygulamaya koymasının daha akılcı olduğu iddia edilmiştir.[40] Bu bağlamda, Türk vatandaşlarının AB ülkelerine vizesiz seyahati ile ilgili ABAD kararlarının varlığı ve Türkiye dışındaki tüm aday ülkelerin vize muafiyeti elde etmiş olmasının – GKA'dan bağımsız olarak– Türkiye'ye de vize muafiyeti uygulanmasını gerektirdiği ifade edilmiştir.

Türkiye ile AB arasında imzalanan GKA, vize serbestisi teşvikinden bağımsız olarak ele alındığında, Türkiye'ye iade edilecek mültecilerin

---

[38] Alexander Bürgin, "Salience, Path Dependency and the Coalition Between the European Commission and the Danish Council Presidency: Why the EU Opened a Visa Liberalisation Process with Turkey?", *European Integration online Papers*, Vol. 17, Article 9, 2013.

[39] İlke Göçmen, "Türkiye ile Avrupa Birliği Arasındaki Geri Kabul Anlaşmasının Hukuki Yönden Analizi", *Ankara Avrupa Çalışmaları Dergisi*, Cilt 13, No 2, 2014, ss. 37-38.

[40] H. Burç Aka-Nergiz Özkural, "Turkey and the European Union: A Review of Turkey's Readmission Agreement", *The European Legacy: Toward New Paradigms*, Cilt 20, Sayı 3, 2015, ss. 267-268.

sayısı/yoğunluğu ile ilgili tartışmaların Türkiye'nin kısa vadeli çıkar hesaplamaları bakımından belirleyici olabilecek en önemli unsurlardan birini oluşturduğu düşünülmektedir. Bu çerçevede ilk olarak, GKA neticesinde Türkiye'nin başa çıkamayacağı kadar çok sayıda mültecinin AB ülkeleri tarafından Türkiye'ye iadesinin söz konusu olacağına dair var olan çekince dikkate alınmalıdır. GKA'nın Türkiye'ye maliyetinin beklenildiği kadar yüksek olmayacağını savunabilmek için öncelikle bu noktadaki korkuların yersiz olduğunu ortaya koymak gerekmektedir. Bu bağlamda örneğin; AB ile 2007 yılında GKA imzalayan Ukrayna'nın "yasadışı göçmen deposu" haline geleceği iddia edilmesine rağmen anlaşmanın uygulanmaya başladığı tarih olan 1 Ocak 2010'dan itibaren üç yıl içerisinde yalnızca 749 üçüncü ülke vatandaşının Ukrayna'ya iade edilmiş olması dikkat çekicidir.[41] Zira bu durum, Türkiye gibi önemli bir transit ülke konumunda olan Ukrayna'nın üçüncü ülke vatandaşlarının iadesine yönelik tecrübelerinin Türkiye açısından olumsuz bir örnek oluşturmadığını göstermektedir. Ayrıca Türkiye'nin 2001 yılında Yunanistan ile iki taraflı geri kabul protokolü imzaladıktan sonra 2002-2011 yılları arasında bu ülkeden gelen toplam 101.500 geri kabul talebinden yalnızca 11.500'ünü kabul etmesi neticesinde söz konusu süre zarfında 3700 göçmenin Türkiye'ye iade edilmesi de GKA'nın doğuracağı neticeler bakımından iyimser bir örnek oluşturmaktadır.[42]

GKA'nın Türkiye'ye maliyeti ile ilgili endişelere yol açan bir diğer husus da AB'nin geri kabul sürecindeki beklentilerinin Türkiye aleyhine bir dengesizlik oluşturabileceğine dair ortaya çıkan kanıdır. Bu kapsamda Türkiye'nin "gelişigüzel yapılacak iadeler neticesince" kapasitesini aşan bir mülteci akını ile karşı karşıya kalacağı dile getirilmektedir.[43] Bu noktada; AB'nin Türkiye'ye iade etmeyi düşündüğü mültecilerin Türkiye'yi transit ülke olarak kullandıklarını ispat etme yükümlülüğünün bulunduğunu ve söz konusu mülteciler için devreye sokabileceği ekonomik yardım araçlarının mevcut olduğunu hatırlatmak gerekmektedir. Bu yüzden de GKA'dan kaynaklanan kısa vadeli ekonomik maliyetten ziyade krizin çözülememesi durumunda karşı karşıya kalınacak sosyal sorunların maliyeti üzerinde durulması gerektiği vurgulanmalıdır. Ayrıca GKA imzalamanın AB'nin ortak göç politikasının bir aracı olduğu da hesaba katılırsa

---

[41] Gerard Knaus, Alexandra Stiglmayer, "Durum Analizi: Türkiye'nin Geri Kabul Anlaşması'ndan Korkmaması İçin Sekiz Neden", *İktisadi Kalkınma Vakfı Dergisi*, Sayı 192, Mayıs-Haziran 2014, s. 43.

[42] Knaus, Stiglmayer, *a.g.m.*, s. 42.

[43] Ceren Mutuş Toprakseven, "Buz Dağının Görünmeyen Yüzü Geri Kabul Anlaşması Vize Muafiyeti Takası", *Analist*, Ocak 2013, http://www.analistdergisi.com/sayi/2013/01/buzdaginin-gorunmeyen-yuzu, (12.04.2016).

AB aday ülkesi konumunda olan Türkiye'nin böyle bir anlaşmayı imzalaması üyelik sürecinin bir parçası olarak değerlendirilmektedir.

Oyun Kuramı Çerçevesinde Türkiye ile AB Arasındaki Mülteci Anlaşması

Çalışmanın bu bölümünde, Türkiye ile AB arasında Suriyeli göçmenlerin neden olduğu krizi çözmeye yönelik işbirliğini öngören ve aynı zamanda GKA, vize serbestisi ve üyelik müzakerelerinin canlandırılması gibi konuları içeren "mülteci anlaşması"[44] ele alınacaktır. Bu çerçevede öncelikle taraflarca müzakere edilen şartlarla birlikte söz konusu anlaşmanın içeriği hakkında değerlendirmede bulunulacaktır. İkinci adımda da Türkiye ve AB'nin bu süreçteki etkileşimi ve böyle bir kriz karşısında "işbirliğine gitme" kararı almaları oyun kuramı çerçevesinde analiz edilecektir. Böylelikle oyun kuramından faydalanılarak tarafların işbirliğine gitmeleri ya da işbirliğinden kaçınmaları halinde ne tür sonuçlarla karşılaşabilecekleri ortaya konmuş olacaktır.

Türkiye ve AB, 29 Kasım 2015 tarihinde Ortak Eylem Planı'nın hayata geçirilmesini kararlaştırmalarının ardından, 18 Mart 2016'da Suriyeli mülteciler konusundaki müzakereleri tamamlayarak anlaşmaya vardıklarını açıklamışlardır. Bu süreçte Türkiye ile AB arasında yürütülen müzakerelerin mülteciler üzerinden sürdürülen bir tür "pazarlık" olarak algılanması, hatta bu algının bizzat Ahmet Davutoğlu'nun ifadeleriyle pekiştirilmesi[45] dikkat çekici olmuştur. Gelinen son noktada; AB'nin Suriyeli mülteciler için kullanılmak üzere ayırdığı 3 milyar Euro'luk yardımın 6 milyar Euro'ya çıkarılması, Türk vatandaşlarına uygulanan vizenin kaldırılacağı tarih olarak duyurulan Ekim 2016'nın öne çekilmesi sonrası Haziran 2016 olarak belirlenmesi ve Türkiye tarafından tanınmaması halinde anlaşmayı veto etmesi beklenen Güney Kıbrıs Rum Yönetimi'nin (GKRY) de anlaşmaya razı olması müzakerelerin çetin geçtiği izlenimini uyandırmaktadır. Diğer taraftan, AB'nin vize serbestisi ya da üyelik müzakerelerinin geleceğine dair kesin taahhütlerde bulunmaktan kaçınması ise Türk tarafında "güvensizlik" hissi oluşmasına neden olmaktadır.

Aşağıdaki tabloda da ifade edildiği gibi AB Türkiye'nin GKA'ya uyması, sınır güvenliğini artırması ve insan kaçakçılığı ile etkin bir şekilde mücadele etmesi karşılığında; mültecilerin geri kabulünde kullanılmak

---

[44] Anlaşmanın ayrıntıları için bkz. "Implementing the EU-Turkey Agreement-Questions and Answers", European Commission Press Release Database, 4 Nisan 2016, http://europa.eu/rapid/press-release_MEMO-16-1221_en.htm, (16.04.2016).

[45] Bkz. "Davutoğlu: AB ile Kayserili Pazarlığı Yaptık", *Hürriyet*, 8 Mart 2016, http://www.hurriyet.com.tr/davutoglu-ab-ile-kayserili-pazarligi-yaptik-40065646, (15.04.2016).

üzere kaynak ayrılması, Türk vatandaşlarına vize serbestisi sağlanması ve üyelik müzakerelerinin hızlandırılması konularında anlaşmaya varmıştır. Söz konusu anlaşma uyarınca Türkiye'den Yunanistan'a 20 Mart'tan itibaren yasadışı yollarla giren düzensiz göçmenlerin Türkiye'ye iadesi 5 Nisan'da başlamıştır. "1'e 1" ilkesi kapsamında Yunanistan'dan iade edilen her bir Suriyeli göçmene karşılık Türkiye'den de Avrupa'ya bir Suriyelinin gönderileceği ve bu kişilerin seçiminde BM Kırılganlık Kriterleri'nin[46] dikkate alınacağı vurgulanmaktadır. Ayrıca AB'nin bu çerçevede kabul edebileceği mülteci sayısı 72.000 ile sınırlandırılmış, bu sayının aşılması halinde ise durumun yeniden değerlendirilmesi öngörülmüştür. Bunun yanı sıra, Türkiye'ye Suriyeli olmayan yasadışı göçmenlerin iadesi de söz konusu olmakla birlikte bu göçmenler "1'e 1" formülüne dâhil edilmemiştir.

Tablo 1. Türkiye ve AB'nin Mülteci Anlaşmasından Beklentileri

Türkiye'nin Beklentileri	AB'nin Beklentileri
1- 2018 yılının sonuna kadar toplam 6 milyar Euro tutarında mali destek	1- GKA'ya uyulması
2- Schengen bölgesine giriş için vize serbestisi	2- Sınır güvenliğinin artırılması
3- Üyelik sürecinin hızlandırılması	3- İnsan kaçakçılığıyla etkin mücadele

Türkiye ile AB arasında varılan anlaşmada Türkiye'nin ekonomik yükünü hafifletmeye yönelik hususlara da yer verilmesi söz konusu olmuştur. İlk olarak, Türkiye'ye aktarılacak üç milyar Euro'luk kaynağın etkin bir biçimde kullanılması halinde 2018 yılının sonuna kadar ilaveten üç milyar Euro'luk fonun daha kullanıma açılmasına karar verilmiştir. Bunun yanı sıra, göçmenlerin iadesiyle ilgili masrafların AB tarafından karşılanacak

---

[46] Türkiye'den Yunanistan'a gönderilecek Suriyeli göçmenlerin meslek sahibi kişilerden ya da Avrupa'nın istihdam gücüne katkı sağlayacak gençlerden oluşacağı iddialarının aksine; bu kişiler belirlenirken engellilere, hasta ve bakıma muhtaçlara, risk altındaki kadın ve çocuklara ve bunun yanı sıra ailesi Avrupa'da bulunanlara öncelik verileceği ifade edilmektedir. Bkz. "Dr. Sinem Akgül Açıkmeşe, AB-Türkiye Mülteci Anlaşmasını Değerlendirdi", *ABHaber*, 6 Nisan 2016, http://www.abhaber.com/dr-sinem-akgul-acikmeseab-turkiye-multeci-anlasmasini-degerlendirdi/, (13.04.2016).

olması Türkiye tarafından olumlu karşılanmıştır. Mülteci anlaşması kapsamında Türkiye-AB ilişkilerini doğrudan etkileyecek hususlar üzerinde de birtakım kararlara varıldığı gözlenmiştir. Bunlardan ilki; AB tarafından GKA çerçevesinde sunulan 72 şartın yerine getirilmesi karşılığında Haziran 2016'ya kadar Türk vatandaşlarına Schengen bölgesinde vize serbestisi sağlanması üzerine olmuştur. İkinci olarak da "Mali ve Bütçesel Hükümler" başlıklı 33. faslın Hollanda'nın AB dönem başkanlığı sırasında açılması ve yeni fasıllar için[47] hazırlıkların hızlandırılmasıyla müzakere sürecinin canlandırılması hedeflenmektedir.

		Avrupa Birliği	
		İşbirliği yap	**İşbirliğinden kaçın**
Türkiye	**İşbirliği yap**	Uzlaşma (4,4)	TR için hayal kırıklığı (1,3)
	İşbirliğinden kaçın	AB için hayal kırıklığı (3,1)	Mülteci akını (2,2)

Yukarıda verilen bilgiler ışığında Türkiye'nin ve AB'nin işbirliğine gitme/işbirliğinden kaçınma kararı vermesinin ardından ortaya çıkabilecek dört muhtemel senaryo arasında nasıl bir tercih sıralaması yapacakları ortaya konacak ve bu çerçevede söz konusu işbirliği bir "oyun" olarak değerlendirilecektir. Bu oyunun muhtemel sonuçları ise; uzlaşma, mülteci akını, Türkiye için hayal kırıklığı ve AB ile hayal kırıklığı şeklinde ifade edilmektedir. Buna göre, her iki aktörün de işbirliği yapmayı kabul ettiği kabul senaryo "uzlaşma" olarak adlandırılırken, her ikisinin de işbirliğinden kaçınması "mülteci akını" sonucunu doğurmaktadır. Yalnızca Türkiye'nin ya da AB'nin işbirliğine yanaşması ise ilişkilerin gidişatı açısından işbirliği umudu karşılıksız kalan taraf açısından "hayal kırıklığı" olarak nitelendirilmiştir. Ayrıca söz konusu durumda işbirliğine yanaşmayan tarafın beklediği tavizi alamaması krizin çözümünü geciktirmiş olacaktır. Söz konusu senaryolar Türkiye açısından değerlendirildikten sonra en çok getiriye sahip olandan en az getirisine olana doğru sıralamaya tabi tutulduğunda gerekçeleriyle birlikte aşağıdaki gibi bir sonuç elde edilmektedir:

---

[47] Türkiye bu kapsamda GKRY tarafından engellenen Enerji (15), Yargı ve Temel Haklar (23), Adalet, Özgürlük ve Güvenlik (24), Eğitim ve Kültür (26) ve Dış, Güvenlik ve Savunma Politikaları (31) fasıllarının açılmasına öncelik vermektedir. Bkz. "Türkiye-AB İlişkileri", *T. C. Dışişleri Bakanlığı*, http://www.mfa.gov.tr/turkiye-ab-iliskilerine-genel-bakis.tr.mfa, (15.04.2016).

4) Uzlaşma: Bu durum, mülteciler konusunda AB'nin desteğinin sağlanmasıyla birlikte Türkiye'nin hem iç hem de dış politikadaki imajına katkı sağlayacaktır. Böylece, bir taraftan Türkiye'de Suriyelilerin barındırılmasından yana olmayan muhaliflerin endişeleri hafifletilirken diğer yandan da "Suriyeli kardeşlerine sırt çevirmeyen ülke" konumuna gelinmesi dolayısıyla ulusal ve uluslararası kamuoyunun takdiri kazanılacaktır. Ayrıca bu durumda Türkiye'nin komşuluk politikasının desteklenmesi ve AB ile ilişkilerin iyileştirilmesi söz konusu olmaktadır.

3) AB İçin Hayal Kırıklığı: Türkiye'nin AB ile işbirliğine yanaşmaması durumunda ilişkilerin gidişatının olumsuz etkileneceği ve ileriye dönük tavizlerin önünün kapanabileceği öngörülmektedir. Fakat bu senaryonun gerçekleşmesi hâlinde Türkiye'nin mülteciler konusunda sorumluluk almak zorunda kalmamakla birlikte AB ile anlaşmanın risklerinden kaçınabilecek olması bu seçeneği cazip kılan unsurlar olarak öne çıkmaktadır.

2) Mülteci Akını: Suriye krizine kısa vadede etkili bir çözüm bulunamayacağı varsayıldığında, mülteci akınının devam etmesi ile hem mevcut durumun giderek kötüleşmesi hem de ileriye dönük işbirliği olanaklarının kısıtlanması söz konusu olacaktır.

1) Türkiye İçin Hayal Kırıklığı: Türkiye'nin mülteci krizi konusunda AB ile anlaşmanın risklerini göze almasına rağmen AB'yi istediği şartlarda işbirliğine ikna edememesi, mülteci krizini tek başına göğüslemek zorunda kalacak olması ve kendisine böylesine ihtiyaç duyulduğunu düşündüğü bir kriz ortamında dahi işbirliği fırsatlarını değerlendirememesi dolayısıyla hayal kırıklığı yaşamasına yol açacaktır. Bu durumun Türkiye'yi AB'den uzaklaştırabileceği öngörülmektedir.

AB'nin tercih sıralamasının da benzer şekilde (4) uzlaşma, (3) TR için hayal kırıklığı, (2) mülteci akını ve (1) AB için hayal kırıklığı şeklinde olacağı düşünüldüğünde taraflar için en yüksek getiriyi sağlayacak senaryonun karşılıklı olarak işbirliği yapılmasını öngören "uzlaşma" seçeneği olduğu ortaya çıkmaktadır. Böylelikle, Türkiye ile AB'nin mülteci krizi neticesinde geldikleri durumun güven oyunu modeli çerçevesinde ele alınabileceği öne sürülebilmektedir. Zira taraflar arasındaki mülteci anlaşmasının şartları ve ilişkilerin genel gidişatı göz önünde bulundurulduğunda, "geyik avı" hikâyesine dayandırılan bu modelin varsayımlarına uygun bir biçimde mülteci akını tehlikesine karşı işbirliği yapmanın getirisinin daha yüksek olacağı sonucuna varılmaktadır.

Sonuç

AB'nin 2000'li yılların başında gündeme getirdiği geri kabul anlaşması imzalanmasına yönelik önerisini ancak Türk vatandaşlarına vize serbestisi vaadine karşılık kabul eden Türkiye, Suriye krizinin tetiklediği mülteci akınının yoğunlaşmasıyla birlikte AB ile "geri kabul, vize serbestisi ve Suriyeli mülteciler" konularının birlikte ele alındığı bir müzakere sürecine girmiştir. Bunların yanı sıra üyelik müzakerelerinde yeni fasılların açılmasının da tartışıldığı bu sürecin Türkiye-AB ilişkilerinde önemli bir dönüm noktası teşkil edebileceği değerlendirilmektedir. Diğer taraftan, Suriye krizinin yol açtığı mülteci akınının taraflar açısından ortaya çıkaracağı ekonomik ve sosyal maliyetin son derece yüksek olacağının düşünülmesi, meselenin böylesine geniş bir çerçevede ele alınmasına zemin hazırlamaktadır.

AB'nin beklentilerine paralel olarak Türkiye tarafından sınır güvenliğinin artırılması ve insan kaçakçılığının önlenmesine yönelik tedbirler alınmasının Avrupa'ya yönelik düzensiz göçün ortadan kaldırılması konusunda tek başına yeterli olmayacağı göz önüne alındığında, Suriye krizinin en kısa zamanda çözüme kavuşturulmasının gerekliliğini ortaya çıkmaktadır. Bu durum ise Suriyeli mültecilerin Türkiye'de kalıcı olacağı endişesini taşıyan Türkiye'nin AB'den beklentilerinin yükselmesine yol açmaktadır. Dolayısıyla, özellikle Türkiye açısından AB ile anlaşmanın getirilerinin ne olacağı önemli bir tartışma konusu haline gelmiştir. Türkiye ile AB arasında mülteci krizinin çözümü konusunda Mart 2016'da anlaşmaya varıldığının açıklanmasına rağmen –Türkiye'nin beklentisinin aksine– vize muafiyetinin Haziran ya da Ekim aylarında hayata geçirilmemiş olması ise AB'nin de mevcut şartlarda anlaşmaya temkinli yaklaştığını ortaya koymaktadır. Her ne kadar anlaşmanın (Mart 2016'da belirlenen şartlar dâhilinde) tam olarak uygulanıp uygulanmayacağı ya da ne zaman uygulanacağı netlik kazanmasa da tarafların anlaşmadan beklentileri ve olası getirilerin hesaba katıldığı bir stratejik çözümlemenin meseleyi anlayabilmek ve öngörülerde bulunabilmek açısından son derece önemli olduğu düşünülmektedir.

Yukarıda ifade edilen şartlar dâhilinde mülteci konusunda varılacak "uzlaşma"nın her iki taraf için de en yüksek getirili senaryoyu ortaya koyduğu tespit edilmiştir. Söz konusu anlaşma, Türkiye'nin hâlihazırda kabul ettiği GKA'ya uymasının yanı sıra sınır güvenliğinin artırılması ve insan kaçakçılığıyla etkin mücadele edilmesi yoluyla mülteci sorununun çözümüne katkıda bulunması karşılığında AB'den mali destek, vize serbestisi ve üyelik müzakereleri konularındaki beklentilerinin karşılanmasını kapsamaktadır. Böylece, "geyik avı" olarak adlandırılan oyun teorisi modeliyle örtüştüğü gözlenen bu durum, taraflar arasında işbirliği olasılığının yüksek olduğunu da ortaya koymaktadır.

KAYNAKÇA

Ağır, Osman, Sezik, Murat, "Suriye'den Türkiye'ye Yaşanan Göç Dalgasından Kaynaklanan Güvenlik Sorunları", *Birey ve Toplum*, Cilt 5, Sayı 9, Bahar 2015, ss. 95-123.

Aka, H. Burç, Özkural, Nergiz, "Turkey and the European Union: A Review of Turkey's Readmission Agreement", *The European Legacy: Toward New Paradigms*, Cilt 20, Sayı 3, 2015.

Arı, Tayyar, *Uluslararası İlişkiler Teorileri: Çatışma, Hegemonya, İşbirliği*, 8. Baskı, MKM Yayınları, Bursa, 2013.

Bayraklı, Enes, Keskin, Kazım, "Türkiye, Almanya ve AB Üçgeninde Mülteci Krizi", *SETA Analiz*, Sayı 143, Kasım 2015.

Benneth, Peter G. "Modeling Decisions in IR: Game Theory and Beyond", *Mershon International Studies Review*, Vol. 39, No. 1, 1995, ss. 19-52.

Bürgin, Alexander, "Salience, Path Dependency and the Coalition Between the European Commission and the Danish Council Presidency: Why the EU Opened a Visa Liberalisation Process with Turkey?", *European Integration online Papers*, Vol. 17, Article 9, 2013, ss. 1-19.

"Davutoğlu: AB ile Kayserili Pazarlığı Yaptık", *Hürriyet*, 8 Mart 2016, http://www.hurriyet.com.tr/davutoglu-ab-ile-kayserili-pazarligi-yaptik-40065646, (15.04.2016).

"Dr. Sinem Akgül Açıkmeşe, AB-Türkiye Mülteci Anlaşmasını Değerlendirdi", *ABHaber*, 6 Nisan 2016, http://www.abhaber.com/dr-sinem-akgul-acikmeseab-turkiye-multeci-anlasmasini- degerlendirdi/, (13.04.2016).

Ekinci, M. U., *Türkiye-AB Geri Kabul Anlaşması ve Vize Diyaloğu*, SETA Yayınları, Ankara, 2016.

"EU Support in Response to the Syrian Crisis", European Commission Press Release, 5 Feb. 2016, http://europa.eu/rapid/press-release_MEMO-16-222_en.htm, (30.03.2016).

"Facts and Figures About Refugees", *The UN Refugee Agency Ireland*, http://www.unhcr.ie/about-unhcr/facts-and-figures-about-refugees, (06.03.2016).

Fargues, Philippe, "Europe Must Take on its Share of the Syrian Refugee Burden, but How?", *European University Institute Robert Schuman Center for Advanced Studies*, Migration Policy Center Policy Brief, February 2014.

Fargues, Philippe, Fandrich, Christine, *The European Response to the Syrian Refugee Crisis-What Next?*, European University Institute Robert Schuman Center for Advanced Studies, Migration Policy Center Research Report, 2012/14.

Goularas, Gökçe B., Sunata, Ulaş, "Türk Dış Politikasında Göç ve Mülteci Rejimi", *Hacettepe Üniversitesi İletişim Fakültesi Kültürel Çalışmalar Dergisi*, Cilt 2, Sayı 1, 2015, ss. 12-40.

Göçmen, İlke, "Türkiye ile Avrupa Birliği Arasındaki Geri Kabul Anlaşmasının Hukuki Yönden Analizi", *Ankara Avrupa Çalışmaları Dergisi*, Cilt 13, No 2, 2014.

Güner, Serdar, "Oyun Kuramı ve Uluslararası Politika", *METU Studies in Development*, Cilt 30, Sayı 2, 2003.

"Implementing the EU-Turkey Agreement-Questions and Answers", European Commission Press Release Database, 4 Nisan 2016, http://europa.eu/rapid/press-release_MEMO-16-1221_en.htm, (16.04.2016).

Kap, Derya, "Suriyeli Mülteciler: Türkiye'nin Müstakbel Vatandaşları", *Akademik Perspektif*, Yıl 1, Sayı 2, Aralık 2014.

Kirişçi, Kemal, *Syrian Refugees and Turkey's Challenges: Going Beyond Hospitality*, Brookings Institution, Washington DC, Mayıs 2014.

Knaus, G., Stiglmayer, A., "Durum Analizi: Türkiye'nin Geri Kabul Anlaşması'ndan Korkmaması İçin Sekiz Neden", *İktisadi Kalkınma Vakfı Dergisi*, Sayı 192, Mayıs-Haz. 2014, ss. 42-43.

Köse, M.A., "Geri Kabul Anlaşması ve Vizesiz Avrupa: Türkiye'nin Dış Politika Tercihlerini Anlamak", *Marmara Ü. Siyasal Bilimler Dergisi*, Cilt 3, Sayı 2, Eylül 2015, ss. 195-220.

"Member States' Support to Emergency Relocation Mechanism", *European Commission Migration and Home Affairs*, http://ec.europa.eu/dgs/home-affairs/what-we-do/policies/european-agenda-migration/press-material/docs/state_of_play_-_relocation_en.pdf, (15.10.2016).

Morrow, James D., "Chapter Three: Specifying A Game", *Game Theory for Political Scientists,*.

Öner, Suna Gülfer Ihlamur, "Türkiye'nin Suriyeli Mültecilere Yönelik Politikası", *Ortadoğu Analiz*, Cilt 6, Sayı 61, Mart-Nisan 2014.

Özcan, Mehmet, *Avrupa Birliği Sığınma Hukuku: Ortak Bir Sığınma Hukukunun Ortaya Çıkışı*, Uluslararası Stratejik Araştırmalar Kurumu, Ankara, 2005.

Özdamar, Özgür, "Oyun Kuramı", *Uluslararası İlişkilere Giriş*, (ed.) Şaban Kardaş, Ali Balcı, İkinci Baskı, Küre Yayınları, İstanbul, Ekim 2014.

Özdamar, Özgür, "Oyun Kuramının Uluslararası İlişkiler Yazınına Katkıları", *Uluslararası İlişkiler*, Cilt 4, Sayı 15, Güz 2007.

Poyraz, Yasin, "Suriye Vatandaşlarının Geçici Korunması ve Uluslararası Mülteci Hukuku", *Selçuk Üniversitesi Hukuk Fakültesi Dergisi*, Cilt 20, Sayı 2, 2012.

Seeberg, Peter, "The Arab Uprisings and the EU's Migration Policies-The Cases of Egypt, Libya and Syria", *Democracy and Security*, Cilt 9, Sayı 1-2, 2013, ss. 157-176.

Sirkeci, Ibrahim. "Turkey's refugees, Syrians and refugees from Turkey: a country of insecurity." *Migration Letters* 14, no. 1 (2017): 127-144.

"Suriyeli Mülteciler Dosyası: Misafirlik Uzadı mı?", *BBC Türkçe*, 5 Ekim 2015, http://www.bbc.com/turkce/haberler/2015/10/151005_suriyeli_multeciler, (03.05.2016).

Syria Regional Refugee Response: Inter-agency Information Sharing Portal, *The UN Refugee Agency*, http://data.unhcr.org/syrianrefugees/regional.php , (26.03.2016).

Syrian Refugees Inter-Agency Regional Update January 2016, The UN Refugee Agency, http://reporting.unhcr.org/sites/default/files/regionalupdates/Syrian%20refugees%20Inter-Agency%20Regional%20Update%20%28January%202016%29.pdf, (06.03.2016).

Toprakseven, Ceren Mutuş, "Buz Dağının Görünmeyen Yüzü Geri Kabul Anlaşması Vize Muafiyeti Takası", *Analist*, Ocak 2013, http://www.analistdergisi.com/sayi/2013/01/buzdaginin-gorunmeyen-yuzu, (12.04.2016).

Turkey's Response to the Syrian Refugee Crisis and the Road Ahead, The World Bank, Aralık 2015, https://www.openknowledge.worldbank.org/bitstream/handle /10986/23548/Turkey0s0respo0s0and0the0road0ahead.pdf?sequence=1&isAllowed=y, (24.04.2016).

Turocy, Theodore L., von Stengel, Bernhard, *Game Theory*, CDAM Research Report, 8 Ekim 2001, http://www.cdam.lse.ac.uk/Reports/Files/cdam-2001-09.pdf, (25.02.2016).

"Türkiye-AB İlişkileri", *T. C. Dışişleri Bakanlığı*, http://www.mfa.gov.tr/turkiye-ab-iliskilerine-genel-bakis.tr.mfa, (15.04.2016).

"Türkiye 2011'den Bu Yana 2.1 Milyon Suriyeli Mülteciye 8 milyar Dolar Harcadı", *Hürriyet*, 28 Ekim 2015, http://www.hurriyet.com.tr/turkiye-2011den-bu-yana-2-1-milyon-suriyeli-multeciye-8-milyar-dolar-harcadi-40007235, (03.05.2016).

UNHCR Global Trends 2010, The UN Refugee Agency, http://www.unhcr.org/ 4dfa11499.pdf, (06.03.2016).

UNHCR Global Trends 2015, The UN Refugee Agency, http://www.unhcr.org/ 576408cd7.pdf, (15.10.2016).

UNHCR Mid-Year Trends 2015, The UN Refugee Agency, http://www.unhcr.org/ 56701b969.html, (06.03.2016).

Zagare, Frank C. "Game Theory", (ed.) Paul D. Williams, *Security Studies: An Introduction*, Routledge, London, 2008.

PASİFİK YÜZYILINA GİRERKEN ABD-ÇİN İLİŞKİLERİ: ÇİN DENİZİ'NİN ISINAN SULARI VE BÖLGEDE GÜVENLİK SORUNU

Tural BAHADIR

Giriş

1.35 milyar civarında nüfusa sahip olan Çin, bir taraftan "nükleer güç" diğer taraftan Birleşmiş Milletler Güvenlik Konseyi'nin daimi üyesi olarak 21. yüzyılın başında dünya politikasının önemli bir aktörü olarak öne çıkmaktadır. 1978'de Deng Xiaoping'in başlattığı reformlar ve Çin'i dış dünyaya açma süreci ile Çin'in dünya tarihinde örneği olmayan modernleşme süreci başlamış ve Çin bu süreçte, dünya politikasının pasif konumdaki önemli oyuncusu olmuştur. Deng, bunu yaparken dış politikada Çin'in geri planda kalmasını benimsemiş ve Çin'in "kendi zamanını beklemesini ve o vakte kadar uluslararası ortamda hiçbir şekilde hâkim güç rolüne talip olmamasını" temel devlet stratejisi olarak benimsemiştir. Deng'in küresel hesaplara bağlı bu stratejisi, Çin'in fazla dikkat çekmeden kendi gelişimini devam ettirebilmesi için uygun görülmüştür.[1]

Soğuk Savaş sonrası süreçte çok fazla göze batmadan artan oranda "yeni dünya düzenine" uyum sağlayan Çin, uluslararası ve bölgesel kurumlara üye olmuş ve bu yeni düzende etkili bir şekilde yerini almaya başlayarak Asya'da çok taraflı (multilateral) ilişkileri benimsemiştir.[2] 21. yüzyılın başlamasıyla birlikte başta 11 Eylül terör saldırıları ve küreselleşme olgusu olmak üzere Çin'in ekonomik olarak yükselişi de uluslararası ilişkilerin gündemini belirleyen önemli konulardan biri olmuştur.

---

[1] Sven Bernhard Gareis, *USA – China – Europa: Globale Machverschiebungen und ihre Auswirkungen*, Gesellschaft – Wirtschaft – Politik (GWP) Heft 4/2012, s. 466-467.
[2] Pang Zhongying, *Partner – oder Erziehungsberechtigter*, İnternationale Politik, Juli/August 2008, s. 106.

Çin ekonomisinin yükseliş hızı ve ölçeği modern dünya tarihinde başka bir örneği olmayan düzeyde gerçekleşmiş ve Çin 30 yıllık zaman diliminde Hollanda'dan daha küçük ekonomiye sahipken 2016 yılı itibarıyla dünyanın en büyük ekonomik gücü olan ABD'yi yakalama aşamasında bulunmaktadır. ABD'nin saygın ekonomistlerinden olan Joseph Stiglitz'e göre ise Çin, 2015 yılı itibarıyla ABD'yi dünyanın en büyük ekonomik gücü olarak olarak geçmiştir.[3] Kevin Rudd, Çin'in ABD'yi de geçerek dünyanın en büyük ekonomisi olmayı başarması durumunda III. George'dan (1738-1820) günümüze kadar daima küresel ekonomik güç olmuş olan İngiliz dilli, demokratik gelenekli Batılı güçleri geçen ilk devlet olacağını ifade etmiştir. Rudd'a göre tarihte ekonomik güce sahip olmuş olan devletler, süreç içinde politik ve stratejik güce de sahip olma eğiliminde olmuşlardır. Rudd, Çin'in bu yükselişinin Çin ile diğer güçlü devletler arasında kaçınılmaz olarak farklı dünya görüşlerinin ve çatışan çıkarların ortaya çıkmasına yol açacağını ifade etmiştir.[4]

21. yüzyılın başlarından itibaren ABD ekonomisine rakip olan Çin ekonomisinin bu müthiş gelişimi, Çin'in elde ettiği ekonomik gücünü askerî alana da kanalize etmeye ağırlık vermesi ile Çin'in büyük güç olma arzusunu açık bir şekilde ortaya koymaktadır. Bu gelişmeler ABD'nin tek süper güç konumunun da sorgulanmasına yol açmıştır. 2000'li yılların hemen başından itibaren Doğu Çin Denizi'nde Sen-kaku/Diaoyu adalar grubu için Japonya ile; Güney Çin Denizi'nde ise Spratly ve Paracel adalar grubu için Vietnam, Filipinler ve Tayvan ile çıkar çatışmasına giren Çin, bu adalar üzerinde hak iddia etmeye başlamıştır. Zengin enerji kaynaklarına sahip olduğu tahmin edilen bu adaların bulunduğu deniz alanları, ciddi derecede stratejik değer kazanmış ve Çin ile komşuları arasındaki rekabetin giderek kızışmasına önemli ölçüde etkisi olmuştur. Bu gelişmeler, bir taraftan bölge ülkerinde Çin'in yükselişine karşı var olan kuşkuların ve güvensizliğin daha da artmasına yol açmış diğer taraftan Pasifik alanının süper gücü olan ve Pasifik Okyanusu'nun doğu yakasında yer alan ABD'yi de rahatsız etmiştir. ABD'nin başta Japonya olmak üzere

---

[3] Joseph E. Stiglitz, *The Chinese Century*, Vanity Fair, January 2015, http://www.vanityfair. com/news/2015/01/china-worlds-largest-economy (10.06.2015); Çin, yurt içi ve yurt dışı toplam hasılada ABD'yi 2014 yılında: 0.443 trilyon $ farkı ile geçmiş, 2015'te ise bu farkı: 1.279 trilyon $ çıkartmıştır. Bkz.: Dünya Bankası: http://databank.worldbank.org/ data/reports. aspx? source =2&series=NY.GNP.MKTP.PP.CD&country= (29.07.2016). Fakat yurt içi hasılada ise ABD'nin Çin'e olan kesin üstünlüğü devam etmiştir. 2015 yılı Dünya Bankası verilerine göre, ABD'nin yurt içi hasılası Çin'e 7.08 trilyon dolarlık fark atmıştır. Bkz.: Dünya Bankası: http://databank.worldbank. org/data/reports.aspx?source=2&series =NY.GDP.MKTP.CD&country= (29.07.2016).

[4] Kevin Rudd, *Beyond the Pivot: A New Road Map for U.S.-Chinese Relations*, Foreign Affairs, Mar/Apr 2013, Vol. 92, s. 2, http://web.a.ebscohost.com/ehost/delivery?sid=de2b3dad-74f8-4134-b595-337b07711 (12.04.2014).

bazı bölge ülkeleri ile müttefiklik ilişkisinin olması veya Filipinler ve Vietnam gibi ülkelerle yakın işbirliği kurması, doğal olarak ABD'yi de Batı Pasifik bölgesinde gelişen bu güvenlik sorunlarının içine çekmektedir. 21. yüzyılın başlarından itibaren dünyanın ekonomik ağırlığının giderek Pasifik bölgesine kayması ile ABD de kendini bu gelişmelere göre konumlandırmaya başlamış ve Çin'in bölgesel ve küresel çapta yükselişini kendi stratejik çıkarları adına tehdit olarak görme eğilimine girmiştir.

Bu gelişmeler ışığında bu çalışmada, 21. yüzyılın ilk çeyreğinde Doğu Çin Denizi ve Güney Çin Denizi'ndeki Çin ile ABD arasında yaşanan gerginlikler irdelenecektir. Bu gerginliklere bağlı olarak bölgede ABD ve onun müttefiki olan veya yakın işbirliği içinde olduğu devletlerle Çin arasındaki çıkar çatışmasının bölgenin güvenliğini ne derece tehdit edebileceği ve bu çıkar çatışmasının zamanla sıcak bir çatışmaya dönüşme olasılığının hangi boyutlarda olduğu sorularına cevap verilecektir.

Bu bölümde, Çin Denizi'ndeki güvenlik sorunları "olay çalışması" (Case Study) çerçevesinde incelenecektir. Çin Denizi'nde gerek Çin'in gerekse ABD'nin çıkarlarını korumak isteyeceği ve her iki devletin de rekabete yönelik strateji izleyeceği düşünülerek iki temel oyuncunun aralarındaki rekabete dayalı stratejilerini varsayımlara göre irdeleyen bir tasarım sunan ve yaygın oyun kuramlarından olan "Tavuk Oyunu" (Chicken Game) yaklaşımı, makalenin kuramsal çerçevesini oluşturacaktır.

Kuramsal Çerçeve ve Güvenlik Yaklaşımı

Oyun kuramı, kısaca stratejik düşünce bilimi, stratejik düşünce ise bir oyunda oyuncunun rakibine üstün gelebilmesi için ortaya koyduğu sanat olarak tanımlanabilir.[5] Strateji ise genel anlamda oyuncunun oyundaki amacına ulaşabilmesi için gerçekleştirdiği davranışların-hareketlerin adım adım planlamasıdır.[6] Oyun kuramı modelleri genelde iki veya daha fazla oyuncu arasındaki ilişkileri açıklama amacı güder. Bunu yaparken farklı amaçları ve çıkarları olan oyuncular arasındaki ilişkileri basite indirgeyerek inceler. Oyun kuramlarında hiçbir oyuncunun oyunu tamamen kontrol etme olanağına sahip olmadığı ve oyunun sonucunu tarafların izleyecekleri stratejilerin belirleyeceği kabul edilir. Oyuncular, stratejilerini karşı tarafın izleyeceği olası politikaları değerlendirerek belirlerler çünkü oyun içinde tehdit etme, hile yapma, blöf yapma olası

---

[5] Avanish K. Dixit / Barry J. Nalebuff, *Spieltheorie für Einsteiger: Strategisches Know-how für Gewinner*, Schaefer-Poeschel Verlag, Stuttgart, 1997, s. 1.
[6] A.e., s. 4.

davranışlar olarak kabul edilir.[7] Oyun kuramı modelleri, "sıfır toplamlı oyunlar" (zero-sum) ve "değişken toplamlı" (variable-sum) oyunlardan oluşmaktadır. Uluslararası politikada çatışmanın hangi oyuna göre oynanacağını; karar verici aktörlerin algılaması, sistemin yapısı ve çatışmanın boyutu belirler.[8]

Bu çalışma, "sıfır toplamlı olmayan" ve iki temel oyuncunun söz konusu olduğu "tavuk oyunu kuramı" çerçevesinde analiz edilecektir. Çalışmanın temel aktörlerinden birini süper güç olduğu kabul edilen ABD, diğerini ise ABD'ye rakip olarak beliren Çin oluşturmaktadır. Oyun kuramı, devletlerin rasyonel davrandığını varsayar ve devletleri uluslararası ilişkilerin temel aktörü olarak kabul ederek devletlerin, çıkarlarını en üst seviyeye çıkarmayı amaç edindiklerini ileri sürer. Bu temel özellikleri ile oyun kuramı, "gerçekçi/yeni gerçekçi kuram"a yakın bir yaklaşım sergiler. Oyun kuramı, devletlerin uluslararası ortamda birbirlerine güvenmediklerini, güvenliği sağlamak için güçlü olunması gerektiğini ileri sürer dolayısıyla uluslararası sistemde belirsizliğin ve güvenlik sorununun olduğunu ve devletlerin buna göre strateji geliştireceğini ifade eder. Bu çerçevede oyun kuramı, çıkarlarını korumayı ve mümkün olduğu oranda çıkarlarını üst seviyeye çıkarmayı amaçladığını ileri süren gerçekçi/yeni gerçekçi kuram ile benzer yaklaşımları ortaya koymaktadır. Fakat oyun kuramı, işbirliği yapma olasılıklarına açık olması nedeniyle gerçekçi/yeni gerçekçi kuramdan farklılık göstermektedir.[9]

Tavuk oyunda olduğu gibi iki aktörlü oyunlarda aktörler, çıkarlarının çatışıp çatışmadığına bağlı olarak ya işbirliğine gitmeye karar verirler veya rakibi karşısında kazançlarını en üst seviyeye taşımaya ya da zararlarını en düşük seviyede tutmaya çalışırlar. Bu tür oyunlarda aktörler, bilinçli ve akılcı hareket ederek kendileri için en avantajlı konumda olmayı amaçlarlar. Dolayısıyla genellikle rekabet, işbirliğinden daha fazla ön plandadır ve aktörler birbirlerinin olası tercihleri ve stratejileri hakkında bilgi sahibidirler.[10]

Ünlü sinema aktörü James Dean'in filminde de benzer şekilde konu edilen tavuk oyunu, 1950'li yıllarda Kaliforniyalı iki gencin otomobil yarışı oyunundan esinlenerek geliştirilmiştir. Bu oyunda iki genç, otomobilleri ile bir yolda karşı karşıya gelecekleri ve kimin şerit değiştirerek korkaklık

---

[7] Tayyar Arı, *Uluslararası İlişkiler Teorileri: Çatışma, Hegemonya, İşbirliği*, Alfa Yayınları, İstanbul, 2002, s. 234-235.
[8] A.e., s. 252.
[9] A.e., s. 235.
[10] A.e., s. 236-238.

göstereceği veya kimin şerit değiştirmeyerek cesaret sergileyeceği konusunda rekabete girmişlerdir. Her ikisinin de şerit değiştirmemesi her ikisinin de ölümü ile sonuçlanacaktır. İşbirliği yapmaları halinde ise her ikisi de kazanan olamayacak fakat hayatta kalmaya devam edeceklerdir. Bu oyunda her iki tarafın da benimsediği ortak nokta, en olumsuz sonuç olan ölümle son bulmayı benimsememeleridir.[11] Bu çerçevede tavuk oyununun matrisi temelde dört olasılık ortaya koymaktadır:

Matris: Tavuk Oyunu

A oyuncusu: ABD'in Stratejisi	B oyuncusu: Çin'nin Stratejisi	
	I	II
I	-5,-5	-10,+10
II	+10,-10	-50,-50

Kaynak: Tayyar Arı, Uluslararası İlişkiler Teorileri: Çatışma, Hegemonya, İşbirliği, Alfa Yayınları, İstanbul, 2002, s. 256. (Bu Matriste, A oyuncusu yerini ABD; B oyuncusu yerini Çin almıştır).

Tavuk oyununda baskın bir strateji söz konusu değildir. Fakat yukarıdaki matrisde görüldüğü gibi dört temel olası sonuç ortaya çıkmaktadır. Birinci sonuçta (sol üst) A ve B oyuncuları son anda işbirliğine giderek birbirlerini yok etmekten vazgeçerler (-5,-5). İkinci sonuçta (sağ üst) A işbirliğine gitmek ister ve şerit değiştirir. Fakat B işbirliğine gitmez ve A, bu oyunun kaybeden tavuğu olur (-10,+10). Üçüncü sonuçta (sol alt) B sürücüsü bu sefer işbirliğine gitmek ister ve şerit değiştirir fakat A sürücüsü bunu reddederek kazanan taraf olur (+10,-10). Dördüncü sonuçta (sağ alt) ise her iki oyuncu da şerit değiştirmedikleri için çarpışırlar ve her iki oyuncu da ölür (-50,-50).[12]

Tavuk oyununda her iki oyuncunun da karşı tarafın işbirliğine gitmesini tercih edeceği bir durum söz konusudur. Oyun esnasında oyuncular, farklı stratejik tavırlarla veya hareketlerle kendi lehlerine olabilecek sonuca ulaşmak isteyeceklerdir. Örneğin, toplumda sert erkek veya erkek adam (tough guy) olarak ün yapmış oyuncu, bu algıyı bu tür bir rekabette kendisine avantaj sağlayabileceğini düşünebilecek ve ona göre hareket edebilecektir. Fakat bu tabi ki rakibinin de bu algıya/imaja inanması durumunda olabilecektir. Bir diğer strateji ise oyunculardan birinin otomobilinin direksiyonunu yerinden çıkartarak rakibinin göreceği şe-

---

[11] Joachim Behnke, *Entscheidungs- und Spieltheorie*, Nomos Verlagsgellschaft, Baden Baden, 2013, s. 101; bkz. Andreas Diekmann, *Spieltheorie: Einführung, Beispiele, Experimente*, Rowohlt Taschenbuch Verlag, Hamburg, 2010, s. 38-41.
[12] Tayyar Arı, a.g.e., s. 255-256.

kilde dışarı atması ile şerit değiştirme ihtimalini ortadan kaldırmasıdır. Bu durumda kararını değiştiremez hale getirerek oyuncu A, rakibi oyuncu B'yi adeta şerit değiştirmeye mecbur bırakarak en olumsuz sonuca gitmemek için işbirliği yapmaya zorlayabilecektir. Böylesi bir durumda işbirliğine giden taraf, genelde sinirlerini kontrol edemeyen taraf olacaktır. Dolayısıyla oyun esnasında oyuncular, çok farklı stratejiler izleyerek rakibine karşı üstün gelmeye çalışacaktır.[13]

Andrew Kydd, oyun kuramını güvenlik araştırmaları (Security Studies) bağlamında uygun bir kuramsal yaklaşım olarak görmekte ve üç özelliği ile kuramın farkını ortaya koymaktadır. Birincisi: Az sayıda aktör arasındaki (genelde iki) etkileşimi ele alarak bu etkileşimin stratejik doğası daha etkin bir şekilde incelenebilmektedir. Eski Yunan döneminde Atina-Sparta mücadelesi, 20. yüzyılın en önemli askerî rekabeti olan Soğuk Savaş süreci veya II. Dünya Savaşı'nda denizlerde Anglosakson-Almanya mücadelesi gibi. İkincisi: Aktörlerin, etkileşimlerini üzerinde düşünerek ortaya koymalarıdır. Oyuncunun çıkarlarını elde etmeyi en üst seviyede gerçekleştirmek istemesi ve dolayısıyla amacına ulaşmak için akılcı hareket etmesi, oyun kuramında oyuncunun temel özelliğidir. Her oyuncu en iyi sonucu elde etmek için en iyi şekilde strateji gerçekleştirmeye çalışacaktır. Bu da oyuncunun gerçekleştirmek istediği stratejinin dolayısıyla planlamanın üzerinde karar vermeden önce en iyi şekilde düşünmesini ve hesaplamasını gerektirir. Üçüncüsü ise oyuncuların aralarında yaşadıkları tecrübelerden dolayı birbirlerini tanımaları ve bundan dolayı basit hataların oluşma olasılığının az olmasıdır. Uluslararası ilişkilerde tecrübeli olmak, daha sistematik hareket etmeyi sağlar dolayısıyla hata ve risk payını azaltır. Nitekim savaş ve barış konularını ilgilendiren önemli konularda karar vericiler genel olarak bürokratlardan değil, en yetkin karar verici mercilerden oluşur.[14]

Yukarıda belirtildiği gibi oyun kuramı, temel özellikleri bakımından gerçekçi/yeni gerçekçi okula yakın bir yaklaşım sergilemektedir. Devletlerin rekabete yönelmeleri, güç elde etme arzuları, silahlanma yarışına girmeleri, güvenlik sorunlarını öne çıkarmaları gibi faktörler, her iki kuramın temel yaklaşımını ortaya koymakta ve devletlerin temel güvenlik stratejilerini belirlemektedir. Bu durumda silahlanma ve askeri güç, devletlerin güvenlik stratejilerinin ana unsurunu oluşturacak ve bu durum doğal olarak silahlanmada rekabeti doğuracak ve sıcak savaş ihtimalini

---

[13] Joachim Behnke, a.g.e., s. 101-103.
[14] Andrew Kydd, *The Art of Shaker Modeling: Game Theory and Security Studies*, İçinde: Detlef F. Sprinz and Yael Wolinsky-Nahmias, (ed.), *Models, Numbers, and Cases: Methods for Studying International Relations*, The University of Michigan Press, Michigan Ann Arbor, 2007, s. 345-348.

sürekli gündemde tutacaktır. Oyun kuramı çerçevesinde ele alınan güvenlik konuları/sorunları, çalışmanın bu temel ilkeler etrafında analiz edilmesini gerekli kılmaktadır. Şüphesiz ki bir kuramın bütün sorularımıza cevap vermesini veya insanlığın bütün sorunlarını açıklamasını ve çözümler üretmesini bekleyemeyeceğimiz gibi oyun kuramı ile de tek başına incelemeyi düşündüğümüz bir güvenlik olayının bütün boyutlarını tam anlamıyla ele almayı, açıklamayı ve kesin sonuç ortaya koyabilmeyi beklememeliyiz.

Çin Denizi'nin Isınan Suları ve ABD-Çin İlişkileri

ABD-Çin ilişkileri her iki tarafın uzmanları ve resmî mercileri tarafından, "dünya politikasının hem en önemli hem de en karmaşık ikili ilişkisi" olarak tanımlanmaktadır. ABD ve Çin, başta ekonomik olmak üzere birçok alanda yakın ilişkiler içinde bulunmakta ve gerek Asya-Pasifik bölgesinde gerekse küresel ölçekte en önemli iki devlet olarak öne çıkmaktadır. ABD ve Çin, dünyanın en büyük iki ekonomisine [15] ve dünyanın en büyük askeri bütçelerine (2015 yılı verilerine göre ABD: 596 milyar $, Çin: 214 milyar $)[16] sahipler. Bu durum göstermektedir ki ABD, dünyanın en büyük askerî bütçesine sahip devlet olarak kendisine en yakın rakip olan Çin karşısında yaklaşık üç katı büyüklüğünde askerî bütçeye sahiptir. Bu gerçek, ABD ordusunun küresel düzeydeki imkânlarını ve gücünü açık bir şekilde ortaya koymaktadır. Her iki devlet aynı zamanda en fazla enerji tüketen, en fazla petrol ithal eden ve en fazla doktora öğrencisine ve patent başvurusu sayısına sahip ülke konumundalar. Dolayısıyla bu devletler, günümüz dünyasının gerçek anlamda iki küresel aktörü durumundalar.[17]

ABD ve Çin'in küresel konumları yanında ABD ile Çin arasındaki ilişkilerdeki bağlar da bu iki küresel gücün konumunu ortaya koymaktadır. Her iki ülke de birbirlerinin ikinci büyük ticaret ortağı durumunda iken ABD, Çin'de en büyük dış yatırımı gerçekleştirmekte, Çin ise ABD'ye en fazla dış kredi sağlayan ülke konumunda bulunmaktadır. Buna bağlı olarak Çin, dünyanın en fazla ihracatını gerçekleştirirken ABD, dünyanın en fazla ithalatını gerçekleştiren ülke

---

[15]   Bkz.   http://www.spiegel.de/wirtschaft/soziales/china-verdraengt-usa-als-groesste-volkswirtschaft-der-welt-a-966981.html (25.08.2014).
[16] Kaynak: *SIPRI Military Expenditure Database*, https://www.sipri.org/databases/milex (01.08.2016).
[17] David Shambaugh, *Tangled Titans: Conceptualizing the U.S.-China Relationship*, içinde: David Shambaugh, (ed.), *Tangled Titans: The United States and China*, Rowman & Littlefield Publishers, Lanham-New York-Plymouth, 2013, s. 3.

konumundadır.[18] ABD'nin 2015 yılında Çin'e gerçekleştirdiği ihracat 116 milyar dolar olurken ABD'nin 2015 yılında Çin'den yaptığı ithalat 483 milyar dolar olmuş dolayısıyla 2015'te ABD-Çin ticareti 367 milyar dolar ABD aleyhine gelişmiştir.[19] Hergün 9.000 civarında insan iki ülke arasında gelip gitmekte ve 150.000 Çinli öğrenci ABD üniversitelerinde öğrenim görürken 20.000 ABD'li öğrenci, Çin Üniversitelerinde öğrenim görmektedir.[20] İstatistiksel olarak ortaya konulan bu veriler göstermektedir ki ABD ve Çin, önemli ölçüde birbirine bağlı iki güç konumundalar.

Her iki devletin birbirine bu kadar bağımlı olmasına rağmen aralarında var olan yakın ilişkilerin yanında gittikçe yükselen bir rekabet sözkonusudur. David Shambough, bu ilişkiyi tanımlarken İşbirliği (cooperation) ve rekabet (competition) kavramlarının karışımı olarak "coopetition" kavramını öne çıkarmakta ve bunu günümüzün "yeni normal" ilişkisi olarak tanımlamaktadır. Fakat bu "yeni normal" ilişkide rekabetin gittikçe yükselmekte olduğunu, işbirliğinin ise gittikçe azaldığını belirterek bu yeni süreçteki ABD-Çin ilişkilerine ikinci bir tanım getirerek "rekabet ederek birlikte varolma" (competitive co-existence) şeklinde ifade etmiştir.[21] Aaron Friedberg ise günümüzde ABD ile Çin'in artan oranda Asya'da ve küresel ölçekte güç ve etkilerini artırmak için mücadele içinde olduklarını belirtmektedir. Bu mücadele, Sovyetler Birliği'nin çökmesi ile 1990'ların başında başlamış ve 21. yüzyıla girerken hızlanmıştır. Friedberg'e göre tarihte sistem içinde var olan baskın güçler ile yeni yükselen güçler arasındaki ilişkiler sorunlu olmuş ve çok defa şiddet ön planda olmuştur. Sisteme hâkim olan güç, var olan düzeni ve çıkarlarını koruma eğiliminde olurken yeni yükselen güçler, var olan hâkim güce karşı kendi pozisyonunu koruma ve önündeki zorlukları aşma eğiliminde olmuştur. Friedberg'e göre tarihte güçler arasında olagelen bu ilişkiler ağı, günümüzde de ABD ve Çin arasında görülmektedir.[22]

ABD'nin Çin'e karşı tutumu, Ocak 2001 tarihinden itibaren ABD Başkanı olan George W. Bush'un yönetimi sürecinde olumsuz bir seyir işlemeye başlamış ve Clinton döneminde "stratejik ortak" olarak görülen Çin, Bush hükümeti tarafından "stratejik rakip" olarak değerlendirilmiştir. İlişkilerdeki gerginlik, Nisan 2001'de ABD'ye ait bir keşif uçağının Hainan

---

[18] A.y.
[19] Trade in Goods wirh China, https://www.census.gov/foreign-trade/balance/c5700.html (04.08.2016).
[20] David Shambaugh, *Tangled Titans: Conceptualizing the U.S.-China Relationship*, s. 3.
[21] David Shambaugh, *Tangled Titans: Conceptualizing the U.S.-China Relationship*, s. 4-5.
[22] Aaron L. Friedberg, *A Contest for Supremacy: China, America, and the Struggle for Mastery in Asia*, W. W. Norton & Company, New York-London, 2012, s. 1.

adasına inerken Çin'e ait savaş uçağı ile çarpışması ve Bush'un Tayvan'ı Çin'in saldırgan tavırlarından korumak amacı ile büyük ölçekli silah satışını onaylaması ile artmıştır. Fakat 11 Eylül 2001 tarihinde ABD'ye karşı gerçekleştirilen terör saldırıları, arada esen sert rüzgârların dağılmasına ve ilişkilerin yumuşamasına yol açmıştır. Nitekim Çin, ABD'nin "terörle savaş" stratejisinin yanında yer almış bunun yanında "kara para" ile mücadelede, "istihbarat paylaşımı" hususunda ve Afganistan'da Taliban'a karşı mücadelede ABD'ye destek vermiştir. Bu gelişmeleri izleyen süreç içinde ABD, iç güvenlik konularına odaklanırken Çin, başarılı bir şekilde kendi bölgesinde "yumuşak güç" stratejisini uygulamış ve ekonomisinin hızlı bir şekilde büyümesi ile bölgesindeki etkinliğini arttırmıştır.[23]

Çin, stratejisinde önemli yer tutan Deniz Kuvvetleri'nin modernleştirilmesi ve geliştirilmesi konusunda jeopolitik-jeostrateji alanında önemli bir Amerikalı düşünür olan Alfred Thayer Mahan'dan etkilenmiştir. Mahan'a göre deniz gücü olmanın anahtarı, ticaret ve donanma gemilerinin geçtiği önemli deniz yolları ve önemli deniz geçitlerinin kontrolünden geçmektedir. Fakat Mahan'a göre denizlerde ticaret akışının kontrolü daha önemlidir çünkü barış zamanlarında devletlerin zenginliği ve çıkarları için askeri gemiler değil ticari gemiler daha önemlidir. Nitekim Çin'in refahı ve zenginliği açısından "Doğu Asya suları" özellikle "Malakka geçiti" ve "Güney Çin Denizi" büyük önem taşımaktadır. Fakat bunun yanında Çin'in deniz stratejisini belirleyen diğer önemli faktör şüphesiz ki ABD'nin bölgedeki donanma gücüdür.[24]

Çin'in çıkarlarını gerekirse askerî gücünü kullanarak da koruyacağını 2004 yılında Başkan Hu Jintao'un, Çin ordusunun "yeni tarihi görevini" açıklarken ortaya koymuştur. Jintao, Çin ordusunun stratejik görevinin başında Komunist Parti'yi desteklemek ve Çin'in toprak bütünlüğünü korumak olduğu belirtmiştir. Güçler dengesinin Pekin'e doğru kaydığı bu süreçte ABD de kendi stratejik yaklaşımında Asya'yı merkez eksen olarak değerlendirmiş ve Asya'ya odaklanmaya başlamıştır.[25] Bu süreçte Çin, Güney Çin Denizi'nde "dokuz çizgi hattı" (nine dash line) olarak tanımlanan ve U şeklinde Güney Çin Denizi'nin % 90'nı kapsayan alandaki hak

---

[23] Nancy Bernkopf Tucker, *The Evolution of U.S.-China Relations*, içinde: David Shambaugh, (ed.), *Tangled Titans: The United States and China*, Rowman & Littlefield Publishers, Lanham-New York-Plymouth, 2013, s. 41-42.
[24] Bruce Jones, *Still ours to Lead: America, rising Powers, and the tension between rivalry and restraint*, Brookings İnstitution Press, Washington D.C., 2014, s.156-157.
[25] Christopher P. Twomey, *The Military-Security Relations*, içinde: David Shambaugh, (ed.), *Tangled Titans: The United States and China*, Rowman & Littlefield Publishers, Lanham-New York-Plymouth, 2013, s. 235-236.

iddialarını son yıllarda daha etkili bir şekilde dile getirmiş ve bu çerçevede girişimlerini arttırarak bölgedeki komşuları ile arasındaki gerginlikleri tırmandırmıştır. Antik çağa kadar giden bu talep, Çin'in milliyetçi yönetimi tarafından resmî olarak ilk defa 1947 yılında ortaya konan haritada yer almış ve bu talep daha sonra Komünist Partisi yönetimi tarafından devam ettirilmiştir. Çin'in bu tarihi talebi, 2000'li yıllarda Çin yönetimi tarafından etkin bir şekilde uygulanmak istenmiş ve bölgede güvenlik sorunlarını tetiklemiştir.[26]

Harita 1: Güney Çin Denizi'ne kıyısı bulunan devletlerin hak iddiaları

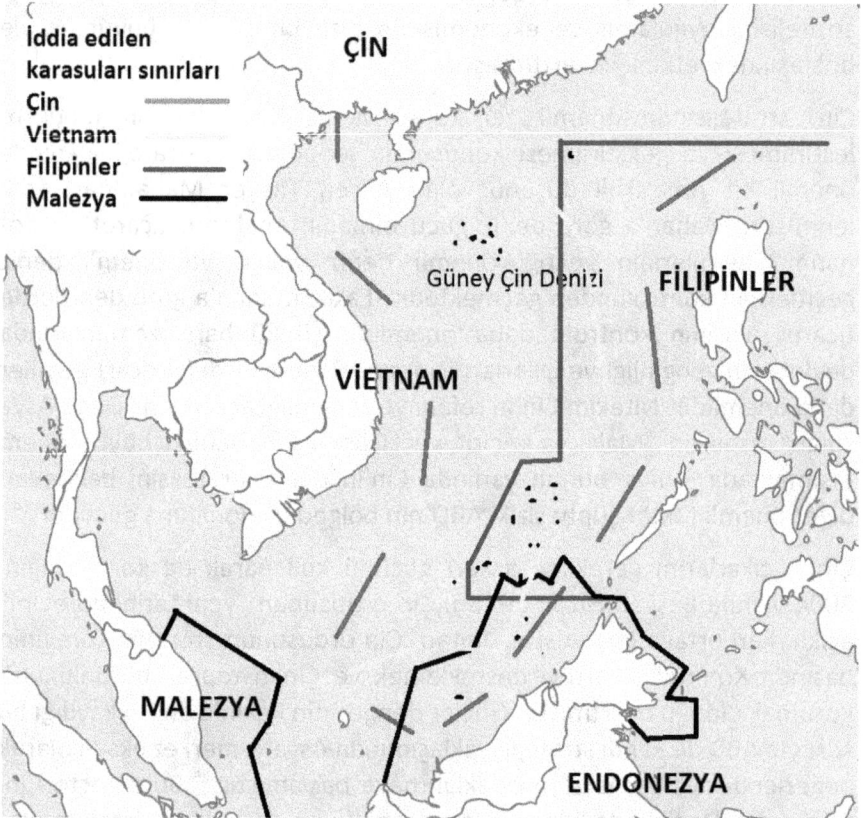

Kaynak: Demetri Sevastopulo / Geoff Dyer / Tom Mitchell, Obama forced Xi to back down over South China Sea dispute, July 12, 2016, http://www.ft.com/cms/s/0/c63264a4-47f1-11e6-8d68-72e9211e86ab.html (09.08.2016).

---

[26] David Lague, *Analysis: China's nine-dashed line in South China Sea*, 25.05.2012, HTTP://WWW.REUTERS.COM/ARTICLE/US-CHINA-SEA-BOUNDARY-IDUSBRE84O07520120525 (05.08.2016).

Yukarıdaki haritada görüldüğü gibi Çin, Güney Çin Denizi'nin % 90'ını kapsayacak ölçüde hak iddiasında bulunarak Vietnam, Filipinler ve Malezya ile çıkar çatışmasına girmiş durumdadır. Fakat haritada görüldüğü gibi Güney Çin Denizi'nde Çin'in talepleri ağırlıklı olarak Filipinler ve Vietnam ile çatışmaktadır. Bu bağlamda ABD, Filipinler ve Vietnam'ı Çin'e karşı desteklemekte ve bölgedeki çıkarlarını Çin'e karşı korumak istemektedir.

Çin'in Kuzey Çin Denizi'ndeki hak talepleri, Tayvan'ı ve Japonya ile hak çatışması içinde bulunduğu Senkaku/Diaoyu adalar grubunu da kapsayarak Çin-Kuzey Kore kara sınırına kadar uzanmaktadır.

Çin'in 2000'li yılların başında yükselen güç olarak etkinliğini artırması aynı zamanda askerî teknolojisini geliştirmesine de destek olmuş ve "deniz gücü" kapasitesini artırma yoluna gitmiştir. Çin'in ekonomik gelişiminin askeri alana da yansıması ile bölgede Çin'e karşı olan kuşkuların güçlenmesine yol açmış ve Çin Denizi'ndeki adalar için çıkar çatışmaları adım adım kendini göstermeye başlamıştır. Ocak 2004'te Doğu Çin Denizi'nde Senkaku/Diaoyu adaları yakınında Japon güvenlik güçleri, Çinli balıkçıları su silahları kullanarak engellemiş; Ocak 2005'te ise Güney Çin Denizi'nde Çin deniz gücü, Vietnamlı balıkçı teknelerine ateş açarak dokuz kişinin ölmesine sebep olmuştur. Eylül 2005'te Japonya, Doğu Çin Denizi'nde Çin Deniz Kuvvetleri'ne ait devriye botunu tartışmalı olan ve zengin gaz rezervlerinin olduğu düşünülen bölgelerde takip etmiş; Ekim 2005'te Çin sualtı deniz gücü, Doğu Çin Denizi'nde bulunan ABD uçak gemisi Kitty Hawk'ı yakın takibe almıştır. 2009'da ise bölgede beş Çin gemisi, ABD'ye ait USNS Impeccable adlı gözlem gemisini izlemiş ve taciz etmiştir.[27]

2009 yılında meydana gelen diğer önemli bir gelişme ise Çin'in, güney sahillerinde geniş bir alan üzerinde ekonomik haklar iddia etmesi olmuştur. Çin, uluslararası hukuk çerçevesinde kendi kıyı bölgesinde 12 mile kadar olan bölgede hak talep etmiş ve Güney Çin Denizi'nde 200 mile kadar olan alanda da enerji kaynaklarından faydalanma ve balıkçılık yapma çerçevesinde ekonomik haklar iddiasında bulunmuştur. Çin, Güney Çin Denizi'nde Paracel adalar grubu ve Spratly adalar grubu için Filipinler, Malezya, Brunei, Vietnam ve Tayvan ile çıkar tartışmasına girmiş ve buna Vietnam ile ortak petrol arama yapacağını duyuran Hindistan da katılmıştır. Hindistan, gerekirse çıkarlarını korumak için Deniz Kuvvetleri'ni kullanabileceği konusunda uyarıda bulunmuştur.[28]

---

[27] Bruce Jones, a.g.e., s. 154.
[28] A.e., s. 154-155.

Çin'in 2000'li yılların başından itibaren Çin Denizi'ndeki artan iddia ve talepleri, ekonomik ve askerî gücünü artırması ile adeta paralel gelişmiştir.

Eylül 2010 yılında ise Senkaku/Diaoyu adalar bölgesinde Japon güvenlik gemisi ile Çin'e ait balık avcılığı yapan gemi çarpışmış ve Japon yetkililer, Çinli geminin kaptanını tutuklamıştır. Buna karşın Çin ise Japonya'ya ihraç ettiği ve yüksek teknoloji endüstrisinde kullanılan önemli madenlerin Japonya'ya satışını geciktirmiştir. Aralık 2012 ise Çin uçakları Senkaku/Diaoyu adalar üzerinde uçuş gerçekleştirmiş ve Japonya'ya ait sekiz F-15 savaş uçağı ile karşı karşıya gelmiştir. Bunu izleyen süreç içinde gerginlik devam etmiş ve Ocak 2013'te Çin Hava Kuvvetleri'ne ait uçaklar tekrar bu alanlarda uçuş gerçekleştirmiş ve Şubat 2013'te ise Japonya, Çin Deniz Kuvvetleri'ne ait fırkateynin ateş kontrol radarını Japon savunma gemisine kilitlediğini iddia etmiş, Çin ise bu iddiayı yalanlamıştır. Bu gelişmeler, bölgede çıkabilecek Çin-Japon savaşı ve bunun ardından Japonya'yı yapılan anlaşma gereği korumakla yükümlü olan ABD'nin de Japonya'nın yanında Çin'e karşı savaşa girebileceği endişesi, Batı dünyasını kaygılandırmış ve "1914'ün gölgesi günümüzde Pasifiğin üzerinde" algısına yol açmıştır.[29] Çin'in Güney Çin Denizi'ndeki iddiaları çerçevesinde meydana gelen önemli bir gelişme, Çin ile Filipinler arasında yaşanan çekişme ve Filipinler'in Güney Çin Denizi'nde Çin ile yaşadığı sorunu 2013 yılında Den Haag'taki Uluslararası Tahkim Mahkemesi'ne taşıması olmuştur. Uluslararası Tahkim Mahkemesi, 12 Temmuz 2016 tarihinde açıkladığı karar ile Çin'in Güney Çin Denizi'ndeki hak iddialarını reddetmiştir. Bu sonuca sert tepki gösteren Çin yönetimi ne bu mahkemeye taraf olarak katılmış ne de mahkemenin aldığı kararı kabul etmiştir. Uluslararası Tahkim Mahkemesi'nin aldığı karar hukuken bağlayıcı olsa da bu kararın Çin'e nasıl kabul ettirileceği konusu belirsizdir.[30]

2000'li yıllara kadar ABD-Çin ilişkilerinde güvenlik sorunları belirleyici bir faktör olmasa da 2000'li yılların başından itibaren ilişkilerdeki güven unsuru azalmaya ve aradaki güvenlik sorunu büyümeye başlamıştır. Bu gelişmeler, Çin Denizi'nde genel anlamda Çin ve yakın komşuları arasında, özelde ise Çin ve ABD arasında giderek büyüyen çıkar çatışmalarının önemli belirtileri olmuştur.

---

[29] A.e., s. 151-152.
[30] China darf keine Inseln beanspruchen, 12. Juli 2016, http://pdf.zeit.de/politik/ausland/2016-07/china-hat-keinen-gebietsanspruch-auf-inseln-im-suedchinesischen-meer.pdf (05.08.2016).

Çin'in Çin Denizi'ndeki komşuları ve özellikle ABD ile karşı karşıya gelmesini Bruce Jones üç sebebe bağlamıştır. Birincisi: Çin'in Doğu Çin Denizi ve Güney Çin Denizi'ni kendi arka bahçesi olarak gören ve bu bölgelerde etkisini artırmak isteyen milliyetçiliğe dayalı sebepler. İkincisi: Bölgede varlığı bilinen doğal kaynakların önemi (Örneğin; Güney Çin Denizi'nde 10 bilyon varil petrol ve 100 trilyon kübik feet doğal gaz bulunduğu tahmin edilmektedir.). Üçüncüsü ise deniz gücünü bölgedeki iddiaları ve çıkarları doğrultusunda sürekli artıran Çin'in kendi Deniz Kuvvetleri kapasitesini test etmesi ve ABD'ye meydan okumasıdır. Bu üç sebebe bağlı olarak özellikle Çin'in ekonomisinin % 60'ının dış ticarete dayanması ve bu dış ticaretin % 85'inin (büyük bölümü petrol olmak üzere) deniz yolu ile gerçekleşmesi de Çin'in çıkarları açısından son derece önem arz etmektedir.[31] Çin'in ABD'ye karşı Batı-Pasifik'te özellikle Doğu Çin Denizi ve Güney Çin Denizi'nde kendinden daha emin şekilde meydan okumasına etki eden faktör, sadece kendi ekonomik, askeri ve teknolojik gelişimi değil ABD'nin ve Avrupa'nın 2008 küresel ekonomik krizinden çok olumsuz etkilenerek ciddi şekilde sarsılmaları da önemli bir etken olmuştur. Nitekim Çin, küresel ekonomik krizin 2008 yılı ve sonraki yıllarda ABD'yi sarsması ile belirgin bir şekilde daha milliyetçi, daha iddialı, daha kendinden emin ve daha saldırgan bir tavır sergilemeye başlamıştır.[32]

Çin'in ordusunu ve donanmasını modernleştirmesi ve giderek daha fazla kaynak aktarması, Çin'in Asya'daki çıkarlarını korumak ve güvenliğini sağlamak açısından büyük önem arz etmektedir. Nitekim Çin, 2012 yılında ilk uçak gemisini donanmasına katarak Deniz Kuvvetleri'nin harekât gücünü farklı boyutta geliştirmiştir. Çin silah sistemleri aynı zamanda anti-access/area-denial (A2/AD) şeklinde tanımlanan erişimi engelleyici/bölgeye hapsetme kapasitesine sahip şekilde dizayn edilmeye başlanması nedeniyle ABD'nin bölgedeki donanma gücünün etkisinden kurtulma özelliğine sahip olacak nitelikte geliştirilmektedir. Örneğin Çin, A2/AD sisteminden etkilenmeyen füze geliştirmiş ve bu füze gemiden, havadan ve yerden ateşlenerek Çin civarında denizde konuşlanmış ABD güçlerini vurma özelliğine sahip noktaya gelmiştir. Çin'in kullanabileceği diğer önemli silah sistemlerinden biri de "anti-radyasyon" sistemidir. Bu sistem düşmanın algılama sistemini etkisiz kılmakta ve bir savaş esnasında bu sistemi kullanan askeri güce önemli avantaj sağlamaktadır. Nitekim bu sistem, ABD'nin bölgedeki askeri

---

[31] Bruce Jones, a.g.e., s. 155 ve 153.
[32] Nancy Tucker Bernkopf, a.g.m. s. 43.

yeteneğini ve etkisini felç ederek iletişim savaşını kaybetmesine yol açabilecektir. Bunun yanında Çin, "deniz altı gücünü" geliştirerek deniz altından düşmanını vurma yeteneğini arttırmıştır. Bruce Jones'e göre Çin'in askeri gücünü artırması ve kendine yeteri kadar güvenmesi, Tayvan'ı geri alması için fırsat kollamasına yol açacak ve bunu gerçekleştirmek için silahlı bir çatışmadan çekinmeyecektir.[33] Çin'in askeri angajmanları, ABD'nin bölgedeki askeri kapasitesinden rahatsız olduğunu ve ABD'yi kendi çıkarları için tehdit olarak gördüğünü açık bir şekilde göstermektedir. Bu da silahlanma yarışını hızlandırmakta ve bölgede güvenlik sorununu arttırmaktadır.[34]

ABD ordusu, bu gelişmeleri herhangi bir karşı strateji geliştirmeden beklemeyecektir. Nitekim Çin'in bölgedeki askeri gücünü geliştirmesine karşı ABD Hava ve Deniz Kuvvetleri, "Hava-Deniz Savaşı" (Air-Sea Battle) tasarımını geliştirmiştir. Bu savaş tasarımı iki aşamayı içermektedir. Birinci aşama dört bileşenden oluşmaktadır: Çin'in başlangıç saldırısına karşı direnme ve zararını sınırlamak, savaş ağını köreltici kampanya uygulamak, karşı tarafın uzun menzilli vurucu sistemini etkisizleştirmek ve hava, deniz, uzay ve siber savaş alanlarında karşı tarafın girişimlerini zayıflatarak kendi konumunu korumak. İkinci aşamada ise ABD stratejisini desteklemek ve Çin'in askeri kapasitesini etkisizleştirmek için uzun süreli aksiyonlar gerçekleştirmek ve bu süreçte Çin'e ulaşımı bloke ederek endüstri üretimini engellemek.[35] ABD aynı zamanda bölgedeki etkinliğini artırmak için bölgede ülkeler nezdinde girişimlerde bulunmakta ve bu bağlamda müttefikleri Japonya, Güney Kore ve Avustralya ile bağlarını güçlendirmekte ve Güney Asya'daki dostları Singapur, Filipinler ve Vietnam ile olan ilişkilerini derinleştirmektedir. ABD, buna ilaveten Asya kıtasının önemli gücü olan ve Çin'i dengeleyecek kapasiteye ve eğilime sahip olan Hindistan ile soğumuş olan ilişkilerini tekrar canlandırarak Çin'e karşı bölgede arzuladığı dengeyi kurmak istemektedir.[36]

Yukarıda ortaya konulduğu gibi ABD-Çin İlişkileri'nde 2000'li yılların başlarından itibaren genel anlamda Asya-Pasifik bölgesinde, özel anlamda Doğu Çin Denizi ve Güney Çin Denizi'nde gerginlikler yaşanmaya başlanmıştır. Her iki büyük gücün de işbirliği yapmak için çok

---

[33] Bruce Jones, a.g.e., s. 158-159.
[34] A.e., s. 159-160.
[35] A.e., s. 159
[36] Ashley J. Tellis, *U.S.-China Relations in a Realist World*, içinde: David Shambaugh, (ed.), *Tangled Titans: The United States and China*, Rowman & Littlefield Publishers, Lanham-New York-Plymouth, 2013, s. 92.

önemli fırsatları olsa da her iki devlet de Asya'da çıkarlarını korumak ve hâkimiyet için birbirleriyle rekabet etme konusunda kararlı gözükmektedirler. Tavuk oyunu perspektifinde yorumlanabilecek dört temel olasılığı, yukarıdaki Matris'te olduğu gibi şu şekilde ortaya koyabiliriz:

I. Çarpışma ve Ölüm: En Olumsuz Sonuç (-50.-50):

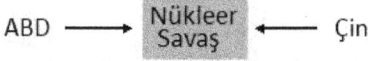

ABD ⟶ **Nükleer Savaş** ⟵ Çin

Tavuk oyunu kuramı, oyuncuların akılcı (rasyonel) davranacağını dolayısıyla her iki oyuncunun kazanmak için ne kadar rekabet etse de bu rekabeti ölümle sonuçlanacak bir noktaya taşımayacağını ileri sürmektedir. ABD'nin 2016 başı itibarıyla yaklaşık 7000 nükleer silahı bulunmakta; Çin'in ise 2016 başı itibarıyla yaklaşık 260 nükleer silahı bulunmaktadır.[37] Her iki devletin sahip olduğu nükleer silah kapasitesi, birbirlerini yok edebilecek kapasiteye sahip bulunmaktadır. Dolayısıyla iki devletten birinin nükleer silah kullanarak Asya-Pasifik bölgesinde üstünlük sağlama yönünde strateji uygulaması, tavuk kuramı çerçevesinde değerlendirildiğinde düşük bir ihtimal olarak görülmelidir. Çünkü böylesi bir durumda, her iki aktör de yok edilme tehlikesi ile karşı karşıya kalacağını bilecek ve rasyonel hareket ederek nükleer silah kullanma girişiminden kaçınacaktır. Bunun tersi bir durum ise nükleer silah kullanan iki devletin de birbirlerini yok edene kadar nükleer silahlarını kullanması anlamına gelecektir. Dolayısıyla Çinli stratejistler, Soğuk Savaş sürecinde ABD ve Rusya arasında olduğu gibi Asya-Pasifik bölgesinde de nükleer silah gücünü daha çok caydırıcı silah olarak değerlendirmektedirler.[38]

Fakat diğer taraftan Çin, 2010'lu yılların başında stratejik önemi nedeniyle kendi çıkarları doğrultusunda Güney Çin Denizi'nde hak iddia ettiği bazı kayalıklarda denizin dibinden tortuları taşıyarak yapay ada inşa etmiş ve bölgedeki çıkarlarını denizaltı gemilerinde nükleer silah konuşlandırarak koruma eğiliminde olduğuna dair sinyal vermiştir. Çin böylece ilerleyen süreçte Güney Çin Denizi'ndeki çıkarlarını korumak için kendine rakip devletlere karşı hem caydırıcı gücünü ortaya koymak istemiş hem de güvenliğini sağlamak ve bağımsızlığını korumak için

---

[37] *Global nuclear weapons: downsizing but modernizing*, SIPRI, 13 June 2016, https://www.sipri.org/media/press-release/2016/global-nuclear-weapons-downsizing-modernizing (08.08.2016).

[38] Michael S. Chase /Arthur Chan, *China's Evolving Strategic Deterrence Concepts and Capabilities*, Spring 2016, The Washington Quarterly, s. 121.

Mao'nun 1959'da ifade ettiği şu hedefini gerçekleştirmek istemiştir: "Bizim, 10.000 yıl dahi sürecek olsa nükleer silahla konuşlandırılmış denizaltı gemisi inşa etmeye ihtiyacımız var."[39] Çin, ilk denizaltı nükleer başlık taşıyan füze denemesini 1988'de gerçekleştirmiş ve hem Mao'nun belirlediği hedefe yaklaşık 60 yıl sonra ulaşarak günümüzde denizaltı nükleer caydırıcılık gücünü inşa etmiş hem de bu gücünü geliştirmeye devam etmiştir.[40] Şunu belirtmek gerekir ki Çin'in stratejik caydırıcılık kapasitesini geliştirmeye devam etmesi, ABD için Tayvan'ı, Doğu Çin Denizi ve Güney Çin Denizi'ni Soğuk Savaş sonrası süreçte en tehlikeli kriz alanı haline getirebilecektir.[41] Bu ihtimal var olsa da nükleer silahlara sahip olan ABD'nin ve Çin'in aralarındaki rekabeti kendilerini yok edecek bir sıcak savaşa götürme ihtimali düşük bir olasılık olarak kalacaktır. Nitekim, bu rekabete benzer bir rekabet ABD ve Sovyetler Birliği arasında Soğuk Savaş sürecinde yaşanmış ve Ekim 1962'de "Küba Krizi'nde" nükleer savaşın eşiğine gelinmiş fakat sonuçta her iki devlet de nükleer savaşa yol açacak girişimlerden kaçınmış ve bu krizin ardından her iki devlet de yumuşama (detente) politikasını benimsemişlerdir.

II. İşbirliği (-5,-5):

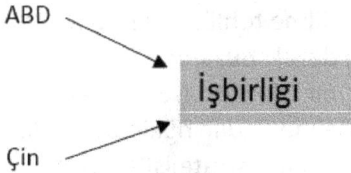

Tavuk oyunundaki ikili rekabetlerde işbirliği olasılığı, dört temel olasılıktan bir tanesini oluşturmaktadır. Bu yönüyle her iki oyuncu da ölmeyi göze almaktansa kabul edilebilir karşılıklı tavizler vererek ve oyundan en az zarar görerek hayatta kalmayı tercih edeceklerdir.

Ocak 1979 yılında ABD ve Çin arasında resmî diplomatik ilişkilerin başlaması ile iki ülke arasındaki ilişkiler gelişmeye başlamıştır. Jimmy Carter yönetiminin teknolojik yardım ve dünya pazarlarına açılma teklifinin Deng Xiaoping yönetimi tarafından kabul edilmesi ile Çin-ABD ilişkilerinde stratejik bir yakınlaşma meydana gelmiştir. Soğuk Savaş sürecinde Sovyetler Birliği'ni ortak düşman olarak gören ve bu süreçte

---

[39] Mathieu Duchâtel / Eugenia Kazakova, *Tensions in the South China Sea: the nuclear dimension*, 27 August 2015, https://www.sipri.org/commentary/essay/2015/tensions-south-china-sea-nuclear-dimension (08.08.2016).
[40] A.y.
[41] Michael S Chase / Arthur Chan, a.g.m., s. 119.

stratejik ilişkilerini bu düşmanlık etrafında oluşturan ABD ve Çin, Soğuk Savaş'tan sonraki stratejik ilişkilerini "ortak çıkarlar, karşılıklı hassasiyet, derinleşen ekonomik ve politik bağımlılık" çerçevesinde geliştirmiştir. Bu gelişmeler Thomas Fingar ve Fan Jishe'ye göre ABD-Çin ilişkilerinin kararlı ve olumlu yönde gelişmesini sağlamıştır. Fingar ve Jishe, ABD-Çin ilişkilerinde "stratejik kararlılığın" (strategic stability) olduğunu ileri sürerek başta ekonomik alanda olmak üzere politik ve güvenlik alanlarındaki "karşılıklı bağımlılığın" bu ilişkilerin en önemli dayanağı olduğunu ileri sürmüşlerdir.[42] Kevin Rudd, bu bağlamda Obama yönetiminin "Asya-Pasifik ortaklığını" planlarken Asya'nın büyük güçleri olan Çin, Japonya ve Hindistan'ı da içine alacak şekilde bir strateji geliştirmesini ABD'nin bölgedeki kalıcılığı ve bölgedeki ekonomik işbirliği açısından önemli bulmaktadır.[43] Çin, Soğuk Savaş sonrası süreçte ABD'nin Asya-Pasifikteki rolünü hem işbirliği hem de rekabet çerçevesinde değerlendirmektedir. Çin, jeopolitik boyutta ABD'yi bazı bölgesel güvenlik konularında kendine meydan okuyabilecek bir aktör olarak görürken jeoekonomik boyutta ABD'yi bölgesel ekonomik işbirliği konusunda hem dost hem de tehdit olabilecek bir aktör olarak değerlendirmektedir.[44] Wu Xinbo, liberal kuramın ağır bastığı işbirliği politikası ile gerçekçi kuramın ağır bastığı rekabet politikasını Çin-ABD ilişkilerini tasvir eden bir paranın iki yüzü gibi değerlendirmektedir. Xinbo, Çin ve ABD'nin bir taraftan Kore yarımadası, Afganistan ve terörizm bağlamında güvenlik alanında işbirliğini benimserken diğer taraftan Çin'in Asya-Pasifik bölgesinde artan oranda etkinliğini arttırmasına karşı ABD'nin bölgede Çin'e karşı üstünlüğünü Washington'un müttefiki ve dostu olan devletlere destek vererek korumak istediğini belirtmiştir.[45] Görüldüğü gibi Asya-Pasifik'in yükselen gücü Çin ve bölgenin baskın gücü olan ABD arasındaki ilişkilerin hem işbirliği hem de rekabet çerçevesinde gelişme eğiliminde olduğu ortaya konmaktadır. ABD'nin önemli stratejistlerinden Zbigniew Brzezinski, işbirliği bağlamında ABD ve Çin'in aralarında "Pasifik sözleşmesi" (Pacific Charter) imzalayarak küresel düzeyde birlikte hareket etmesinin gerektiğini ifade etmiştir. Brzezinski, dünyanın en önemli iki devleti olan ABD ve Çin'in kendi özel milli çıkarlarına odaklanmak yerine dünyanın istikrarlı bir düzene sahip olmasına odaklanması gerektiğini dile getirmiştir. Bu çerçevede 1941'de ABD ile Büyük Britanya arasında imzalanan

---

[42] Thomas Fingar & Jan Jishe, *Ties that Bind: Strategic Stability in the U.S.-China Relations,* The Washington Quarterly, Fall, 2013, s. 126-127.

[43] Kevin Rudd, a.g.m., s. 4-5.

[44] Wu Xinbo, *Cooperation, competition and shaping the outlook: the United States and China's neighbourhood diplomacy*, International Affairs, 92: 4, 2016, s. 849.

[45] Wu Xinbo, a.g.m, s. 864.

"Atlantik sözleşmesine" dikkat çeken Brzezinski, günümüzde ABD ve Çin arasında Pasifik sözleşmesinin imzalanmasının dünyanın kaosa gitmesini ve bütün bütün dünyanın zarar görmesini engelleyeceğini belirtmiştir.[46]

Her iki büyük gücün 21. yüzyılda gerek Asya-Pasifik'te gerekse küresel düzeyde dünyanın en önemli aktörleri olarak dünya düzenini belirleyebilecek olması ve aralarındaki ilişkilerin istikrara yönelik olması, küresel düzeyde gerginliklerin ortaya çıkmasını engelleyebilecektir. Fakat Hillary Clinton'un: "21. yüzyıl, ABD'nin Pasifik yüzyılı olacak." söylemi ile Çin Başkanı Hu Jintao'un: "Çin'in gelişmesi Asya izole edilerek sağlanamaz, Asya'nın refahı ise Çinsiz gerçekleşemez." ifadesiyle birlikte düşünüldüğünde her iki gücün de Asya-Pasifik bölgesinde etkili güç olmak istediğini ortaya koymuştur.[47] Bu bağlamda ABD ve Çin arasında "stratejik ilişkilerin" başta ekonomik alandaki bağımlılığa dayandırılması şüphesiz ki çok önemli bir faktör durumundadır ve her iki güç de bu bağımlılığını tehlikeye atmak istemeyecektir. Fakat bu karşılıklı bağımlılığın her iki büyük gücün genel çerçevede Asya-Pasifikteki işbirliğini 21. yüzyıl sürecinde hangi ölçüde devam ettirebileceği, özel çerçevede ise Doğu Çin Denizi ve Güney Çin Denizi'ndeki rekabeti ne ölçüde etkileyeceği ve olası bir savaşı ne derece engelleyebileceği belirsizdir.

İki güçten birisinin en üst düzeyde kazanç elde etme hedefi, var olan bu karşılıklı bağımlılığı tehlikeye atacak noktaya gelirse acaba bu oyuncu neye karar verebilecektir ? Her iki devletin de askerî gücünü bölgede arttırması, savaş faktörünü sürekli gündemde tutmaktadır. Fakat nükleer silah faktörü ise Soğuk Savaş döneminde olduğu gibi 21. yüzyılda da süper güçler arasındaki olası bir sıcak savaş ihtimalini engelleyebilecek en önemli faktörlerlerden biri olma özelliğini koruyacaktır. Dolayısıyla her iki süper gücün birbirini yok etmektense bir taraftan çıkarlarını en az zararla elde ederken diğer taraftan işbirliğini devam ettirmeyi benimsemesi daha yüksek bir olasılığı ifade edecek ve daha akıllıca bir strateji olabilecektir.

---

[46] Nathan Gardels, *Brzezinski: Why We Need a U.S.-China 'Pacific Charter' for Global Stability*, 10, Januar 2015, http://www.huffingtonpost.com/nathan-gardels/zbigniew-brzezinski-us-china-charter_b_ 6133970 .html (09.08.2016).
[47] Liqun Zhu, *Rejoinder: Developing a New, type of Relationship between China and the US*, The İnternational Spectator, Vol. 48, No. 3, 2013, s.29-30

III. A Oyuncusu Olarak ABD'in Kaybetme ve B Oyuncusu Çin'nin Kazanma Olasılığı (-10,+10) veya IV. A Oyuncusu Olarak ABD'nin Kazanma ve B Oyuncusu Çin'in Kaybetme Olasılığı (+10,-10):

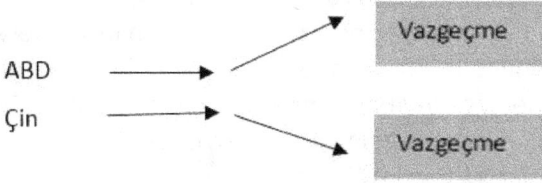

```
                            ┌──────────────┐
                       ┌───▶│   Vazgeçme   │
ABD ──────▶ ──────────┘     └──────────────┘
Çin ──────▶ ──────────┐     ┌──────────────┐
                       └───▶│   Vazgeçme   │
                            └──────────────┘
```

Christopher Layne, ABD'nin 1991 sonrası kazandığı tek süper güç konumunun kısa bir süreliğine olduğunu ve bir süre sonra uluslararası sistemin çok kutuplu bir yapıya dönüşeceğini 1990'lı yıllarda ifade etmişti. Layne, Çin'in yükselişinin ve ABD'nin ekonomik gerilemesinin ABD'yi bu gerçeklerle yüz yüze getireceğini ve "Pax Americana"nın 2008 ekonomik kriz süreciyle birlikte artık tek süper güç konumunu kaybettiğini ifade etmiştir.[48] Layne, 2010'lu yılların başı itibarıyla Çin'in ABD'nin ekonomisini yakalama aşamasında olduğunu ve dünyada jeopolitik çalkantıların yoğunlaşacağı bir sürece girildiğini belirterek Çin'in yükselen gücünün ABD'nin hâkim olduğu tek kutuplu düzenin sonunu sembolize ettiğini dile getirmiştir. Layne, ABD'nin bu gerçekleri görerek gelecek 10-15 yıldaki büyük stratejisini tasarlaması gerektiğini ifade etmiştir.[49]

Tablo 1 ve 2'de görüldüğü gibi; 2010-2015 yılları arası toplam yurt içi hasılada ABD dünya birinciliğini korur ve Çin'e olan üstünlüğünü açık bir şekilde devam ettirirken aynı süreçte Çin ekonomisi toplam yurt içi ve yurt dışı hasılada 2014 yılında ABD'yi ilk defa geçen devlet olmuş ve 2015'te bu farkı arttırmıştır. Bu çerçevede Çin ekonomisi, ABD'yi yakalama ve geçme aşamasında olurken Çin ekonomisinin 1980 sonrasında yakaladığı % 10'luk hızlı büyüme oranı 2010'lu yıllarda % 7 civarlarına gerilemiş ve Çin ekonomisinin reforma ihtiyacı olduğu düşüncesi yaygınlaşmıştır. Nitekim 2013 yılında Çin Devlet Başkanı olan Ji Jiping, ekonomik stratejisini değiştirerek Çin'in ekonomik gücünün devamını sağlamak istemiştir. Ji Jiping yönetiminde Çin, bir taraftan iç finansal sistemi dönüştürmüş diğer taraftan da "tek yol tek kuşak" (one belt one road) projesiyle "Yeni İpek Yolu Projesi"ni yürürlüğe koymuştur.[50] Çin hükümetinin bu girişimi, 21. yüzyıl sürecinde Çin'in ekonomik büyü-

---

[48] Christopher Layne, *This Time It's Real: The End of Unipolarity and the Pax Americana*, International Studies Quarterly, Vol. 56 Issue 1, 2012, s. 203-204.
[49] Christopher Layne, a.g.m., s. 212.
[50] Christian Dargnat, *China's Shifting Geo-economic Strategy*, Survival, Vol. 58 no. 3, 2016, s. 63.

mesinin düşüşünü önlemesi ve ABD ile olan jeopolitik rekabetinde kendi konumunu güçlendirmesi açısından belirleyici olacaktır. Ji Jiping yönetimini ekonomik stratejisinin başarısızlığı sadece Çin'in ABD karşısındaki konumunu olumsuz etkilemeyecek, uluslararası ticareti de etkileyecek ve dünya ekonomisinde daralmaya sebep olacaktır.[51] Çin'in yükselişi, sadece uluslararası ekonomide tarihte benzeri görülmemiş materyal güç dağılımına ve dönüşümüne değil aynı zamanda ABD'nin stratejik üstünlüğüne meydan okuma anlamına gelmiştir. Dolayısıyla Çin-ABD ilişkilerindeki dönüşüm, uluslararası sistemin yapısının ve dünyadaki başta askerî olmak üzere materyal güç dağılımının dönüştüğünü ortaya koymaktadır.[52] Bu çerçevede Çin, Asya-Pasifik'te ABD'ye karşı olan konumunu güçlendirmek ve kendi doğal jeostratejik etki sahası olarak değerlendirdiği Asya-Pasifik alanında 21. yüzyıl sürecinde ABD'ye karşı üstünlük sağlamak için strateji geliştirmektedir.

Tablo 1. Dünya Bankası'nın verilerine göre, Çin ve ABD'nin 2010-2015 yılları arası yurt içi hasıla gelişimi (trilyon ABD doları): (2015 dünya toplamı hasıla 73.434 trilyon ABD doları):

Yurt İçi Hasıla:	2010	2011	2012	2013	2014	2015
Çin	6.039	7.492	8.461	9.490	10.351	10.866
ABD	14.964	15.517	16.155	16.663	17.348	17.946

Kaynak: Dünya Bankası: http://databank.worldbank.org/data/reports.
aspx?source=2&series=NY.GDP.MKTP.CD&country= (29.07.2016).

Tablo 2. Dünya Bankası'nın verilerine göre, Çin ve ABD'nin 2010-2015 yılları arası yurt içi ve yurt dışı toplam hasıla oranıları gelişimi (trilyon ABD doları):

Yurt içi ve yurt dışı toplam Hasıla:	2010	2011	2012	2013	2014	2015
Çin	12.305	13.680	15.119	16.449	18.029	19.417
ABD	15.121	15.802	16.596	17.091	17.586	18.138

Kaynak: Dünya Bankası: http://databank.worldbank.org/data/reports.
aspx?source=2&series=NY.GDP.MKTP.CD&country= (29.07.2016).

Çin'in Asya-Pasifik bölgesinde etkinliğini arttırmak amacıyla Çin Denizi'nde gündeme getirdiği çıkarlarını koruma ve bölgeyi kontrol etme

---

[51] Christian Dargnat, a.g.m., s. 73-74.
[52] Mark Beeson / Fujian Li, *What consensus? Geopolitics and policy paradigms in China and the United States,* International Affairs, 91:1, 2015, s. 93.

girişimleri, ABD'nin Asya Pasifik'teki çıkarlarına doğrudan meydan okuma anlamına gelmektedir. Bu durum gelecek süreçte Çin ile ABD arasında ciddi bir çatışma olasılığının var olduğunu ortaya koymaktadır. Böylesi bir gelişme, ABD'nin Çin'den kaynaklanacak saldırıya karşı Filipinler'i ve Vietnam'ı hava ve denizden desteklemesine ve Tayland'ı ise kara savaşında korumasına yol açabilecektir. James Dobbins'e göre bu tür olasılıklar, bu bölgede ABD'nin deniz ve hava gücünün varlığını gerekli kılmaktadır. Dobbins ayrıca Doğu Çin Denizi'nde çıkar çatışması içinde bulunan Japonya ve Çin'in sıcak bir çatışmaya girmesi durumunda ise ABD'nin, Japonya'ya yardım etmesinin önemli olacağını belirtmiştir.[53] Gerek Doğu Çin Denizi'nde gerekse Güney Çin Denizi'nde Çin ve komşu ülkerin işbirliği yapma olasılığı varken ve bölgedeki enerji kaynaklarını birlikte çıkartarak refah düzeylerini arttırabilecekken böylesi bir karşılıklı işbirliğine dayalı ilişkileri inşa etmeye bölge ülkeleri yanaşmamakta ve gerginlik devam etmektedir. Çin, bölgedeki jeostratejik emellerine ulaşma uğruna Çin'den ürken ve korkan zayıf komşularını ABD'nin kucağına atmakta ve kendi "yumuşak güç" stratejisini bölgede etkisiz kılmaktadır.[54]

Çin'in kendi konumuna zarar verdiği diğer bir durum ise Kasım 2013'te Çin Denizi'ndeki hava savunma koridorunu tartışmalı adaları kapsayacak şekilde geliştireceğini ilan etmesi olmuştur. Çin'e karşı ABD'nin cevabı, Obama'nın emri ile iki gün sonra Guam adasından kalkan ve atom silahı taşıma özelliğine sahip olan iki B-52 savaş uçağının Çin'den izin almadan bölgeye uçması olmuş ve Çin herhangi bir yaptırım uygulayamamıştır. Pekin, ABD'nin etkinliğindeki adalar zincirinin Çin'in Pasifik denizine istediği gibi çıkabilmesini engellediğini ileri sürerek bu engeli Ukrayna'dan aldığı ve Çin Deniz Kuvvetleri'nin ilk uçak gemisi olan "Liaoning"in Kasım 2013'te Deniz Kuvvetlerine katılması ile aştığına inanmıştır. İkinci uçak gemisini kendi inşa ederek 2018 yılında kullanmayı planlayan Çin, ABD'nin bölgede kendi kontrol sahasını oluşturduğunu fakat başka ülkelerin oluşturmasına karşı çıktığını belirterek bunu kibirlilik olarak nitelendirmiştir.[55]

Her iki ülkenin de geliştirdiği stratejilerde aralarında çıkabilecek bir çatışmada hatta büyük bir sıcak savaşta askeri gücün belirleyici olacağını hesap etmelerinden dolayı askeri etkinliklerini geliştirici ve arttırıcı stratejilere özel önem verilmektedir. Ağustos 2014'te Dongfeng-41 adlı

---

[53] James Dobbins, *War with China*, Survival, Vol. 54, No. 4, 2012, s. 12-13.
[54] Angela Köckritz, *Verhasste Nachbarn*, Die Zeit, 22. Mai 2014, s. 9.
[55] Hans Hoyng /Wagnes Wieland, *Die Schlafwandler*, der Spiegel, No. 49, 2013, s. 90-91.

kıtalararası yeni roket ürettiğini duyuran Çin, ABD'yi bu alanda teknolojik olarak yakalamış gözükmektedir. 15.000 km'ye kadar uçabilen bu roketin Asya'dan Amerika'ya 20 dakikada ulaşabilmesi ve nükleer silah başlıkları taşıyabilmesi ABD'yi endişelendirmektedir. ABD, buna karşılık olarak Alaska'ya konuşlandırılmak üzere roket savunma sistemini (Ground Based Interceptor) inşa etmeye yönelmiştir.[56] ABD ile Çin arasında, 21. yüzyıl sürecinde önemli bir teknolojik rekabetin yaşanacağı diğer bir alan ise en son teknolojik gelişmelere göre üretilmeye çalışılan ve ses hızından 5-10 kat daha hızlı uçabilecek "hipersonik roketlerin" üretimidir. Çin'in hipersonik roket üretimini geliştirerek askeri teknolojisinde kullanma olasılığı, Pentagon'u derinden kaygılandırmaktadır.[57]

ABD'nin 2020'ye kadar başta altı uçak gemisi olmak üzere deniz gücünün % 60'ını Pasifik bölgesine konuşlandırmayı planlaması ve Avusturalya'da yeni askeri üs kurması, ABD'nin 21. yüzyıldaki güç merkezini Atlantik'ten Pasifik'e kaydırmakta olduğunun önemli bir göstergesi olmuştur. Nitekim General Martin Dempsey, ABD ordusunun daha önce Sovyetler Birliği'ne karşı olduğu gibi 21. yüzyılda da Pasifik'te Çin'e karşı açık bir pozisyon belirlemesinin zorunlu olacağını belirtmiştir.[58]

2000'li yılların ortalarından itibaren gelişen süreçte Çin Denizi'nde gerginliğin artan oranda yükselmesi, uluslararası sistemin süper gücü olan ABD ile yeni süper güç adayı olan Çin arasında olası bir çatışma hatta sıcak savaş ihtimalini uluslararası ilişkilerin gündemini etkileyen en önemli sorunlardan biri haline getirmiştir. Günümüze kadar olan süreçte görülmektedir ki ABD ve Çin, aralarında var olan ekonomik bağımlılığa rağmen artan oranda askeri rekabete yönelmekte ve özellikle ABD, bölge ülkeleri ile askeri-politik alanlarda işbirliğine giderek Asya'nın süper gücü Çin'e karşı avantajlı bir konum elde etmek istemektedir. ABD'yi bölgede önemli bir aktör olarak gören bölge ülkeleri ise ABD'nin varlığını Çin'e karşı önemli bir denge unsuru olarak görmektedirler. Nisan 2015'te ABD ve Filipinler'e ait deniz gücünün, Çin Denizi'nin tartışmalı sularında son 15 yılın en büyük tatbikatını yapması, ABD'nin Güney Çin Denizi'nde ve Asya Pasifik bölgesinde kendi hegemonyasını devam ettirmek istediğini göstermiş, Filipinler ve bölgedeki dost ve müttefik devletlerle askerî yakınlaşmasını daha da güçlendirmek istediğini ortaya koymuştur. Bu çerçevede Başkan Obama, ABD'nin bir Pasifik gücü olarak, deniz ticareti

---

[56] Die Welt, 01.08.2014, *Die Angst der USA vor Chinas neuer Super-Rakete*, http://www.welt.de/130804246 (24.08.2014).
[57] Die Welt, 15.01.2014, *Chinas neue Hyperschall-Waffe bereitet USA Sorgen*, http://www.welt.de/123873438 (23.08.2014)
[58] Hans Hoyng / Wagnes Wieland , a.g.m., s. 92.

yapan devlet olarak ve Asya-Pasifik bölgesinin güvenliğinin sağlanmasında garantör devlet olarak başta Güney Çin Denizi'nde olmak üzere bölgedeki deniz güvenliğinin sağlanmasında önemli çıkarı olduğunu belirtmiştir. Çin'in Güney Çin Denizi'ndeki hak iddialarını son yıllarda ısrarlı bir biçimde ortaya koyması ile birlikte ABD'nin Çin'e karşı söylemlerini ve tepkisini daha açık bir şekilde ortaya koymasına yol açmıştır. Bu çerçevede ABD Dışişleri Bakanlığı, Çin'in Güney Çin Denizi'ndeki kayalıklara ne kadar kum taşıyarak bu kayalıkları adaya dönüştürmeye çalışırsa çalışsın, bu bölgedeki kayalıklar ve adalar üzerinde egemenlik kuramayacağını ifade etmiştir. ABD Savunma Bakanı Ashton Carter ise Çin'in ada inşa etme girişimlerini bölgesel mutabakatı bozan "yanlış bir adım" olarak değerlendirmiştir.[59]

2000'li yıllardan itibaren yaşanan süreç göstermektedir ki gerek ABD gerekse Çin, birbirlerini yakından takip etmekte, akılcı stratejiler geliştirmektedirler. Her iki devlet de kendi ekonomik çıkarlarını ve güvenlik risklerini hesap ederek ve gelecek süreçteki öngörülerine göre stratejilerini geliştirerek Asya-Pasifik bölgesinde rekabet etmektedirler. Tavuk oyunu kuramının öngördüğü gibi gerek ABD gerekse Çin işbirliğini önemli bir faktör olarak değerlendirse de birbirine güvenmemekte, başta ekonomik ve güvenlik çıkarlarını korumak için akılcı stratejiler geliştirmekte ve en üst düzeyde kazanç elde ederek bölgede hâkim güç olmak istemektedirler. Gelişmeler göstermektedir ki her iki büyük gücün de 21. yüzyıldaki stratejileri rekabet ağırlıklı olacak ve işbirliğini karşı taraftan bekleme eğilimi tercih edilecektir.

ABD'nin ve Çin'in Çin Denizi'nde herhangi bir çatışmaya girme riskinin engellenmesi çerçevesinde Başkan Obama ve Başkan Xi Jinping, Haziran 2013 tarihinde biraraya gelerek "yeni bir büyük güçler ilişkisi" geliştirme konusunda görüşmüşlerdir. Bu görüşmede bu yeni ilişkinin üç temel özelliği ortaya konmuştur: Çatışmaya ve çepheleşmeye hayır, karşılıklı saygı ve kazan kazan ilişkisi.[60] Obama ile Jinping arasında varılan uzlaşmada, her iki taraf da yaşanan rekabetin tehlikeli gelişmelere yol açabileceğini hesap ederek kaybetmeyi değil, ilişkilerin kazanmaya yönelik olmasını benimsemişlerdi. Fakat Obama ve Jinping, Haziran 2013'te biraraya gelerek ilişkileri yapıcı bir şekilde geliştirmek isteseler de ilerleyen süreçte Çin, özellikle Güney Çin Denizi'nde yoğunlaştırdığı hak iddialarından ısrarla vazgeçmemiştir. Obama ve Jiping, Mart 2016'da

---

[59] Jihyun Kim, *Possible Future of the Contest in the South China Sea*, The Chinese Journal of International Politics, Vol. 9 Issue 1, 2016, s. 48.
[60] Michael McDevitt, *The East China Sea: The Place Where Sino-U.S. Conflict Could Occur*, American Foreign Policy İnterests, Vol. 36, No. 2, 2014, s. 108.

Washington'da küresel nükleer güvenlik zirvesinde Çin'in Güney Çin Denizi'ndeki iddialarını ve Çin'in bölgedeki çıkar politikasını görüşmüş ve Obama, Çin'in Güney Çin Denizi'nde bulunan Scarborough sığlığında toprak iddiasında bulunmasına karşı çıkmış ve bölgedeki Çin Deniz Kuvvetleri'ne ait gemilerin çekilmesini istemiştir. Obama, Çin'in gemilerini çekmemesi durumunda askerî gerginliğin meydana geleceği konusunda Jiping'i uyarmış ve Çin, bölgede Filipinlerle herhangi bir çatışmaya girmeden gemilerini çekmiştir.[61]

ABD-Çin ilişkilerinde istikrarın sağlanması için en üst düzeyde uzlaşmaya varılsa da Asya-Pasifik bölgesindeki çıkar çatışmaları giderek güçlenmektedir. Gelecek süreç içinde ABD'nin veya Çin'in gönüllü işbirliğine giderek çıkarlarını maksimize etmekten vazgeçmesi, düşük bir olasılık olacaktır. Karmaşık bir ilişkiler ağına sahip olan ABD-Çin ilişkilerinde rekabet ve en üst düzeyde kazancın ön planda olacağı belirgin iken hangi oyuncunun kazanan ve hangi oyuncunun kaybeden olacağı, iki ülkenin stratejilerini belirleyen karar verici mekanizmaların hangisinin daha başarılı olacağına bağlı olarak 21. yüzyıl sürecinde ortaya çıkacaktır.

Sonuç

ABD-Çin ilişkileri, 2000'li yılların başlarından itibaren güvensizlik ve çıkar çatışmaları çerçevesinde gelişmiştir. Rasyonel hareket eden bu iki gücün nükleer çatışmaya giderek birbirlerini yok etmeleri, yok denecek kadar zayıf bir olasılıktır. İlişkilerin tamamen işbirliğine yönelerek aralarındaki rekabeti ortadan kaldırmalarını beklemekte rasyonel hareket eden ve yukarıda görüldüğü gibi rekabetten vazgeçmeyecekleri belirgin olan bu iki güç için zayıf bir olasılıktır. 21. yüzyılda, ilişkilerin hem rekabet hem de işbirliği çerçevesinde fakat daha çok rekabete dayalı gelişeceği daha yüksek bir olasılık olarak gözükmekte dolayısıyla David Shambough'un ifade ettiği gibi "rekabet ederek birlikte varolma" prensibi ilişkilerde ağırlıklı olasılık olarak gözükmektedir. Oyunculardan birinin kendiliğinden işbirliğine yanaşması da zayıf bir ihtimal olarak kalacaktır. Bundan sonraki süreçte bu iki en önemli dünya gücünün rekabetinin hangi boyutlarda gelişeceğini, yine bu iki dünya gücünü yöneten aktörlerin stratejileri belirleyecektir.

21. yüzyılın en büyük iki gücü olarak öne çıkan ABD ve Çin'in aralarındaki rekabeti, 21. yüzyılın ilerleyen süreci içinde hangi boyutlara taşıya-

---

[61] Demetri Sevastopulo / Geoff Dyer / Tom Mitchell, *Obama forced Xi to back down over South China Sea dispute*, July 12, 2016, http://www.ft.com/cms/s/0/c63264a4-47f1-11e6-8d68-72e9211e86ab.html (09.08.2016).

caklarını kestirmek mümkün gözükmemektedir. ABD-Çin mücadelesi, bu devletlerin ekonomik potansiyelleri, askeri teknolojideki gelişmişlikleri, politik-diplomatik etkileri, bu faktörlerin askeri güçlerine yansıması ve bu sürecin 21. yüzyılda da devam etme olasılığı çerçevesinde düşünüldüğünde bilinen insanlık tarihinin "en önemli büyük güçler arası mücadelesi" olmaya aday gözükmektedir.

KAYNAKÇA

Tayyar Arı, Uluslararası İlişkiler Teorileri: Çatışma, Hegemonya, İşbirliği, Alfa Yayınları, İstanbul, 2002.

Mark Beeson / Fujian Li, What consensus? Geopolitics and policy paradigms in China and the United States, International Affairs, 91:1, 2015.

Joachim Behnke, Entscheidungs- und Spieltheorie, Baden Baden, Nomos Verlagsgellschaft, 2013.

Nancy Bernkopf Tucker, The Evolution of U.S.-China Relations, içinde: David Shambaugh (ed.), Tangled Titans: The United States and China, Rowman & Littlefield Publishers, Lanham-New York-Plymouth, 2013.

Michael S Chase / Arthur Chan, China's Evolving Strategic Deterrence Concepts and Capabilities, Spring 2016, The Washington Quarterly.

China darf keine Inseln beanspruchen, 12. Juli 2016, http://pdf.zeit.de/politik/ ausland/2016-07/china-hat-keinen-gebietsanspruch-auf-inseln-im-suedchinesischen-meer.pdf (05.08.2016).China Goes on Trial in the South China Sea, MAY 16, 2016, https://www.stratfor.com/analysis/china-goes-trial-south-china-sea (11.08.2016).

Christian Dargnat, China's Shifting Geo-economic Strategy, Survival, Vol. 58 no. 3, 2016.

Die Welt, 01.08.2014, Die Angst der USA vor Chinas neuer Super-Rakete, http://www.welt.de/130804246. (24.08.2014)

Die Welt, 15.01.2014, Chinas neue Hyperschall-Waffe bereitet USA Sorgen, http://www.welt.de/123873438 (23.08.2014).

Andreas Diekmann, Spieltheorie: Einführung, Beispiele, Experimente, Rowohlt Taschenbuch Verlag, Hamburg, 2010.

Avanish K. Dixit / Barry J. Nalebuff, Spieltheorie für Einsteiger: Strategisches Know-how für Gewinner, Schaefer-Poeschel Verlag, Stuttgart, 1997.

James Dobbins, War with China, Survival, Vol. 54, No. 4, 2012.

Dünya Bankası: http://databank.worldbank.org/data/reports.aspx?source=2 &series= NY.GNP.MKTP.PP.CD&country= (29.07.2016).

Dünya Bankası: http://databank.worldbank.org/data/reports.aspx?source=2 &series= NY.GDP.MKTP.CD&country= (29.07.2016).

Thomas Fingar & Jan Jishe, Ties that Bind: Strategic Stability in the U.S.-China Relations, The Washington Quarterly, Fall, 2013.

Aaron L. Friedberg, A Contest for Supremacy: China, America, and the Struggle for Mastery in Asia, W. W. Norton & Company, New York-London, 2012.

Sven Bernhard Gareis, USA – China – Europa: Globale Machverschiebungen und ihre Auswirkungen, Gesellschaft – Wirtschaft – Politik (GWP) Heft 4/2012.

Global nuclear weapons: downsizing but modernizing, SIPRI, 13 June 2016, https://www.sipri.org/media/press-release/2016/global-nuclear-weapons-downsizing-modernizing (08.08.2016).

Hans Hoyng /Wagnes Wieland, Die Schlafwandler, der Spiegel, No. 49, 2013. http://www.spiegel.de/wirtschaft/soziales/china-verdraengt-usa-als-groesste-volkswirtschaft-der-welt-a-966981.html (25.08.2014).

Trade in Goods wirh China, https://www.census.gov/foreign-trade/balance/c5700.html (04.08.2016).

Bruce Jones, Still ours to Lead: America, rising Powers, and the tension between rivalry and restraint, Washington D.C., Brookings İnstitution Press, 2014.

Jihyun Kim, Possible Future of the Contest in the South China Sea, The Chinese Journal of International Politics, Vol. 9 Issue 1, 2016.

Angela Köckritz, Verhasste Nachbarn, Die Zeit, 22. Mai 2014.

Andrew Kydd, The Art of Shaker Modeling: Game Theory and Security Studies, İçinde: Detlef F. Sprinz and Yael Wolinsky-Nahmias (ed.), Models, Numbers, and Cases: Methods for Studying İnternational Relations, The University of Michigan Press, Michigan Ann Arbor, 2007.

David Lague, Analysis: China's nine-dashed line in South China Sea, 25.05.2012, http://www.reuters.com/article/us-china-sea-boundary-idusbre84o07520120525 (05.08.2016).

Christopher Layne, This Time It's Real: The End of Unipolarity and the Pax Americana, International Studies Quarterly, Vol. 56 Issue 1, 2012.

Michael McDevitt, The East China Sea: The Place Where Sino-U.S. Conflict Could Occur, American Foreign Policy İnterests, Vol. 36, No. 2, 2014.

Nathan Gardels, Brzezinski: Why We Need a U.S.-China 'Pacific Charter' for Global Stability, 10. Januar 2015, http://www.huffingtonpost.com/nathan-gardels/zbigniew-brzezinski-us-china-charter_b_6133970.html (09.08.2016).

Kevin Rudd, Beyond the Pivot: A New Road Map for U.S.-Chinese Relations, Foreign Affairs, Mar/Apr 2013, Vol. 92, http://web.a.ebscohost.com/ehost/delivery?sid=de2b3dad-74f8-4134-b595-337b07711 (12.04.2014).

Demetri Sevastopulo / Geoff Dyer / Tom Mitchell, Obama forced Xi to back down over South China Sea dispute, July 12, 2016, http://www.ft.com/cms/s/0/c63264a4-47f1-11e6-8d68-72e9211e86ab.html (09.08.2016).

David Shambaugh, Tangled Titans: Conceptualizing the U.S.-China Relationship, içinde: David Shambaugh (ed.), Tangled Titans: The United States and China, Rowman & Littlefield Publishers, Lanham-New York-Plymouth, 2013.

SIPRI Military Expenditure Database, https://www.sipri.org/databases/milex (01.08.2016).

Joseph E. Stiglitz: The Chinese Century, Vanity Fair, January 2015, http://www.vanityfair.com/news/2015/01/china-worlds-largest-economy.

Ashley J. Tellis, U.S.-China Relations in a Realist World, içinde: David Shambaugh (ed.), Tangled Titans: The United States and China, Rowman & Littlefield Publishers, Lanham-New York-Plymouth, 2013.

Christopher P. Twomey, The Military-Security Relations, içinde: David Shambaugh (ed.), Tangled Titans: The United States and China, Rowman & Littlefield Publishers, Lanham-New York-Plymouth, 2013.

Wu Xinbo, Cooperation, competition and shaping the outlook: the United States and China's neighbourhood diplomacy, International Affairs, 92: 4, 2016.

Pang Zhongying, Partner – oder Erziehungsberechtigter, İnternationale Politik, Juli/August 2008.

Liqun Zhu, Rejoinder: Developing a New, type of Relationship between China and the US, The İnternational Spectator, Vol. 48, No. 3, 2013.

DÖRDÜNCÜ KISIM
KONSTRÜKTİVİZM VE GÜVENLİK

SOSYAL İNŞACILIĞIN TEMEL VARSAYIMLARI İTİBARIYLA GÜVENLİK YAKLAŞIMI VE AVRUPA BİRLİĞİ'NİN BALKANLAR GENİŞLEMESİ

Kader ÖZLEM

Giriş

Uluslararası İlişkiler disiplininin genç kuşak teorilerinden biri olan Sosyal İnşacılık (Konstrüktivizm), 1990'lı yıllarla birlikte popüler hale gelmiş ve disiplin içinde yoğun bir şekilde tartışılmıştır. Neo-realizm başta olmak üzere, Uluslararası İlişkiler'de yer alan pek çok teorinin maddi unsurları analiz birimi haline getiren yaklaşımına tezat olarak, Sosyal İnşacılık askeri güç ve ekonomik kapasite gibi maddi güç unsurlarının dağılım durumunun devletler arasındaki ilişkileri nasıl belirlediğiyle ve bir aktör olarak devlet davranışlarını nasıl açıkladığıyla ilgilenmektedir. Teoride maddi unsurların önemi reddedilmese de devletler arası ilişkileri ve uluslararası sistemi belirleyen kaynağın sosyal nitelikte olduğunu ileri sürmektedirler. Bu durum, Sosyal İnşacıların sosyal ve siyasi ortamı, in-sanî farkındalığı göz ardı eden fiziksel bir birim veya maddi bir nesne olarak tanımlamaktan kaçınmalarını beraberinde getirmektedir. Dolayı-sıyla teoride Uluslararası İlişkiler çalışmalarının daha ziyade uluslararası arenada aktörlerin davranışlarına ilişkin bilgiler veren düşünce ve inançlar üzerinde yoğunlaşılması gerektiğine dikkat çekerler.[1]

Sosyal İnşacılık, devletlerin 'bilardo topu' olarak, uluslararası sistemin ise güneş sistemi şeklinde kabul edilmesine karşı çıkmakla birlikte, aktör olarak devlet davranışlarının sadece sonuç üzerine odaklanmasını ve tümden gelimci bir anlayışla 'verili' bulunan uluslararası sistemin kate-

---

[1] Robert Jackson, "Social Constructivism", *Introduction to International Relations*, (ed). Robert Jackson – George Sorensen, *Theories and Approaches*, 3. Baskı, Oxford University Press, New York, 2006, s. 162.

205

gorik hale getirilmesini reddetmektedir. 'Özne' (*agent*) ve 'yapı' (*structure*) gibi iki kavrama merkezî önem atfeden Sosyal İnşacı yaklaşımda, özne ve yapı birbiriyle ilişki halinde olan ve birbirine bağımlı olgulardır. Bu anlamda, öznenin ve yapının birbirini karşılıklı olarak inşa etmekte olduğu (*mutual construction*) ve biri olmadan diğerinin açıklanmasının mümkün olmadığı bir ilişkiye vurgu yapılmaktadır.[2]

Sosyal İnşacılığı diğer Uluslararası İlişkiler teorilerinden ayıran en önemli hususlardan biri 'kimlik' kavramı üzerinde ayrıntılı bir açıklama uğraşında olmasıdır. Uluslararası İlişkiler'de önemi kabul edilen kimlik, kültür ve söylem gibi kavramlar teoride merkezi bir konumdadır. Özellikle, aktör olarak devletlerin kimlik tanımlamalarının dış politikalarını etkileyen temel unsurlardan biri olduğunu savunmaktadırlar. Bu çerçevede, Sosyal İnşacılar 'kimlik' ve 'çıkar' olgularına özel tarihsel süreçlerin biçimlendirdiği bir ürün olarak bakmaktadırlar.[3] Geleceğe yönelik kesin öngörülerden ziyade geçmişin daha iyi anlaşılarak bu doğrultuda oluşan kimlik ve çıkar tanımlamaları temel alınarak davranış tahminlerinin yapılması yaklaşımda önemlidir. Uluslararası sisteme ilişkin yapı tanımlaması, güç ve çıkar ilişkilerine bakış açısı, uluslararası kurumların barışı sağlamaya yönelik katkıları ve dış politikanın oluşum aşamaları gibi konulara sıra dışı bir perspektifle yaklaşan Sosyal İnşacılık, gün geçtikçe popülaritesini artırmaktadır. Bu çalışmada Sosyal İnşacılığın temel varsayımları güvenlik yaklaşımı bağlamında ele alınarak Avrupa Birliği'nin (AB) Balkanlar'a yönelik genişlemesi örneğinde incelenmiştir.

Sosyal İnşacılığın Felsefi Alt Yapısı

Sosyal İnşacılığın 1980'lerin sonu ve 1990'lı yılların ilk yarısında Uluslararası İlişkiler disiplininde görünür olmasına karşın, teori sanıldığının aksine hayli derin bir tarihsel mirasa sahiptir. Bu anlamda Giambattista Vico, Immanuel Kant, Max Weber gibi isimler ön plana çıkmaktadır. XVIII. yüzyıl İtalyan filozoflarından Giambattista Vico'nun (1688-1744) yazılarında Sosyal İnşacılığın bulgularına rastlamak mümkündür. Vico'ya göre, doğal dünya Tanrı tarafından, fakat tarihsel dünya insanoğlu tarafından inşa edilmiştir.[4] İnsanların kendi tarihlerini kendilerinin yaptıklarını belirten Vico'nun, Sosyal İnşacılıkta önemli olan tarih kavramı ile

---

[2] Yücel Bozdağlıoğlu, "Yapılandırmacı Yaklaşım (Konstrüktivizm)", (ed.) Haydar Çakmak, *Uluslararası İlişkiler: Giriş, Kavram ve Teoriler*, Barış Kitapevi, Ankara, 2007, s. 149.

[3] Stephen Walt, "International Relations: One World, Many Theories", *Foreign Policy*, Spring 98, Issue 110, s. 40; Ayrıca bkz. Akif Pamuk, *Kimlik ve Tarih – Kimliğin İnşasında Tarihin Kullanımı*, Yeni İnsan Yayınevi, İstanbul, 2014, ss. 141-145.

[4] Giambattista Vico, *Vico Selected Writings*, (haz.) Leon Pompa, Cambridge University Press, Cambridge, 1982, s. 25.

onun özne tarafından yazılmasından dolayı özne kimliğinin oluşturulmasına yönelik vurgusu ön plandadır.

Sosyal İnşacılık ele alınırken, teori mensuplarının çalışmalarında felsefi temellendirme açısından Immanuel Kant'a ayrı bir önem verilmektedir. Zira Kant (1724-1804) ile XX. yüzyılın başlarında ortaya çıkan neo-Kantçılar, Sosyal İnşacılığın kurucuları olarak kabul edilmektedir. Kant'a göre, bilgi dünyaya ve objektif gerçekliğe ilişkin bize bir şeyler söyleyebilir ancak insan bilinciyle süzgeçten geçirildiği anlamda her zaman sübjektif bir görünüme sahiptir.[5] Neo-Kantçılar ise Kant'ın bu görüşlerine sadık kalarak doğa yapıları üzerinde aklın neden-sonuç ilişkileri tesis eden (a priori) araçlarını tanımışlar ve bunları doğadan kültüre taşımışlardır.[6] XVIII. ve XX. yüzyıldaki Wilhelm Dilthey (1889) ve Edmund Husserl (1962) gibi yazarlar ise sosyal bilimlerin doğa bilimlerinin dışında ele alınması gerektiğini öne sürmüşlerdir.[7] Ayrıca Max Weber (1864-1920) insanların etkileşim halinde bulunduğu sosyal dünya ile fiziksel olayların doğal dünyasının tamamen farklı olduğunu dile getirerek, sosyal dünyanın insanoğlunun birbirlerinin davranışlarını anlamaya (understanding) ve bu davranışlara anlam yüklemeye (meaning) dayandığını dile getirmiştir. Bu bağlamda, Weber'in ifadesiyle "öznel algılayış sosyolojik bilginin temel özelliğidir."[8]

Sosyal İnşacılığın Teorik Konumlandırılması

Uluslararası İlişkiler kuramları içerisinde Sosyal İnşacı yaklaşımın daha çok Üçüncü Tartışma içinde ele alındığı görülmektedir. Zira teorinin Uluslararası İlişkiler disiplininde yer alma dönemiyle 1980'li yıllarda Soğuk Savaş'ın sona ermekte olduğuna ilişkin ortaya çıkan genel kanı arasında paralellik bulunmaktadır. Bu durum, Sosyal İnşacılığın gelişim sürecini de doğrudan etkilemiştir. Aslında teorinin ortaya çıkması ve hızlı bir şekilde gelişimi, uluslararası politikayı açıklama konusunda var olan ihtiyacın da karşılanmaya çalışılmasıyla doğrudan ilintilidir. Bu açıdan Sosyal İnşacı yaklaşım Uluslararası İlişkiler'de kendisini gösteren teorik boşlukla doğrudan ilintilidir. Uluslararası İlişkiler çalışmalarında kuramsal yaklaşımlar, genel olarak uluslararası sistemin yapısının anarşik olarak tanımlanmasından ve devletlerin rasyonel varlıklar olarak hareket ettikleri varsayımından yola çıkarak bir takım pratik sonuçlar üzerinde

---

[5] Jackson, a.g.m., s. 164.

[6] Emanuel Adler, "Constructivism and International Reletions", (ed.) Walter Carlsnaes, Thomas Risse, and Beth A. Simmons, London, Handbook of International Relations, Sage, 2002, ss. 96-97.

[7] Adler, a.g.m., a.y.

[8] Max Weber, Economy and Society, (ed.) G. Roth – C. Wittich, Berkeley, University of California Press, 1978, s. 15.

yoğunlaşma eğiliminde olmuşlardır. Ne var ki bu yaklaşımlar, Soğuk Savaş döneminin sona ermesini öngörmek bir tarafa dursun bunu açıklama noktasında da yetersiz kalmışlardır.[9] Bununla birlikte, yaşanan tartışmaların hâkim ekseninin de etkisiyle daha ziyade savaş-barış kavramları ve metodolojik bir takım konular üzerinde yoğunlaşılmış; uluslararası sistemin sosyo-kültürel ve tarihsel gelişim çizgisi, istisnalar saklı kalmak kaydıyla pek fazla önemsenmemiştir.[10]

Pozitivizm ile post-pozitivizm arasında gerçekleşen Üçüncü Tartışma'daki konumlandırma işleminde Sosyal İnşacılık, her iki gruptan herhangi birinin fiilen içinde yer almak şeklinde değil, daha ziyade bu iki grup arasında bir köprü işlevi görme amacındadır. Adler'in Sosyal İnşacı yaklaşımın disiplin içindeki yerini tespit ettiği çalışmasında, rasyonalistler realist, neorealist ve neoliberalistler olarak ayrı bir kategoride tutulurken yorumsalcı epistemologlar olarak tanımlanan diğer sınıfta ise postmodernistler, post-yapısalcılar, Frankfurt Okulu bağlamında Eleştirel kuramcılar ve feministler yer almaktadır. Bu noktada Adler'e göre, rasyonalistler ve relativist yorumcu yaklaşımların orta yolu (*middle ground*) ne Keohane'nin iddia ettiği gibi reflektivistlerin farklı versiyonları ne de Mearsheimer'ın belirttiği eleştirel teorilerinin diğer türleridir. Söz konusu iki kanadın 'orta yolu 'Sosyal İnşacılık' olarak belirtilmektedir.[11]

Maja Zehfuss ise Uluslararası İlişkiler'de İnşacı yaklaşımın önemini belirtirken, rasyonalistlerle İnşacılar arasındaki tartışmanın en önemli tartışma olmak üzere olduğunu vurgulamaktadır. Buna koşut olarak, Zehfuss Sosyal İnşacılığın genellikle refleksivist veya relativist olarak ifade edilen radikal akımlarla rasyonalizm arasında orta yolu temsil ettiğinin varsayıldığını aktarmaktadır.[12] 'Orta yol' iddiası, pek çok Sosyal İnşacının kuramsal terminolojisine yerleşmiştir. Teorik konumlandırma açısından Steve Smith'in "açıklayıcı-oluşturucu kuramlar" (explanatory-constitutive) şeklindeki sınıflandırması,[13] Sosyal İnşacılığın farklı bir yönünü daha ortaya çıkarmaktadır. Açıklayıcı teorilerde daha ziyade neden-sonuç ilişkisine istinaden "niçin oldu" sorusu üzerine yoğunlaşılırken, oluşturucu kuramlarda ise "nasıl oldu" sorusuyla süreç ve rol odaklı bir yak-

---

[9] Russell Bova, *How The World Works*, Pearson Education Limited, New York, 2010, ss. 24-25.

[10] Mustafa Küçük, "Uluslararası İlişkiler Kuramında 'Konstrüktivist Dönüşü' Anlamak", *Ege Akademik Bakış*, Cilt: 9, Sayı: 2, 2009, s. 776.

[11] Emanuel Adler, "Seizing Middle Ground: Constructivism in World Politics", *European Journal of International Relations*, 1997, Volume 3, No 3, ss. 321-322.

[12] Maya Zehfuss, *Constructivism in International Relations: The Politics of Reality*, 2. Baskı, Cambridge, Cambridge University Press, 2004, s. 2.

[13] Steve Smith, "New Approaches to International Theory", *The Globalization of World Politics: An Introduction to International Relations*, Oxford, Oxford University Press, 1999, s. 167.

laşım benimsenmektedir. Bu çerçevede, Sosyal İnşacı yaklaşım daha ziyade "oluşturucu teoriler" kısmında yer almaktadır.[14]

Öte yandan, Sosyal İnşacılık kuramsal anlamda bütüncül bir yapı oluşturmamaktadır. Teorinin Uluslararası İlişkiler disiplinindeki yükseliş grafiğine paralel olarak belli noktalarda görüş farklılarının meydana geldiği görülmektedir. Ruggie, bu grupları neo-klasik, post-modernist ve doğal (bağdaştırıcı) İnşacılık olarak üç gruba ayırmaktadır. Neo-klasik grubu İnşacılığın geleneksel köklerine bağlı kalarak geliştiğini ifade ederken, öznelerarası anlamların açıklanmaya çalışıldığı ve iletişim faaliyetleriyle ilgili olduğu için "konuşma eylemi teorisi" olarak da tanımlamaktadır. Ruggie, kendisini de dâhil ettiği bu sınıf içinde Alexander Wendt, Nicholas Onuf, Friedrich Kratochwil gibi isimlere yer vermektedir.[15] İkinci grup olan post-modernistlerin felsefi kökenleri Freidrich Nietzsche, Michel Foucault ve Jacques Derida'ya dayanmakla birlikte, güncel anlamda başlıca temsilcileri David Campbell, James Der Derian, R.B.J. Walker'dır. Bu grup, temelde dilsel hususlara yoğunlaşmakta olup söylemsel pratiklerin ontolojik ilkeleri veya gerçekliğin temel birimlerini oluşturduklarından hareketle konuların dilsel oluşumuna önem verirler. Üçüncü grupta ise ilk iki grubu uyumlaştırma amacı taşıyan bağdaştırıcı İnşacılık yer alırken 'bilimsel realizm' kavramına özel önem atfedilir. Bu grubun felsefi altyapısını Roy Bhaskar'a dayandıran John Gerard Ruggie, Alexander Wendt'i de örnek olarak göstermektedir.[16]

Görüldüğü üzere, Sosyal İnşacılığın kendi içindeki farklı yaklaşımlarına rağmen, söz konusu fikir ayrılıkları teoriye temelden bir karşıtlık anlamı taşımamaktadır. Klasik Sosyal İnşacılar kimlik ve normlar gibi kavramları ön plana çıkarmakla birlikte, klasik/geleneksel İnşacılarla ortak paydada buluşmayan diğer görüşlerin ise daha ziyade dilsel ve söylemsel hususlara ağırlık verdikleri anlaşılmaktadır. Farklı yaklaşımları bünyesinde barındırması saklı kalmak kaydıyla, Sosyal İnşacıların disiplin içindeki teorilerin savlarına ve eleştirilerine cevaben kümülatif bir tutum sergileyebildikleri görülmektedir.

Sosyal İnşacılığın Temel Varsayımları Bağlamında Güvenlik Yaklaşımı

Sosyal İnşacılığın disiplin içindeki diğer teorilerden farklı olarak kültür, kimlik, söylem, tarihsellik, çıkar, anarşi gibi kavramlara farklı bir anlam

---

[14] Sezgin Kaya, "Uluslararası İlişkilerde Konstrüktivist Yaklaşımlar", *Ankara Üniversitesi SBF Dergisi*, Cilt: 63, Sayı: 3, 2008, s. 94; Küçük, a.g.m., s. 780.
[15] John Gerard Ruggie, "What Makes the World Hang Together? Neo-Utilitarianism and the Social Constructivist Challenge", *International Organization*, Volume 52, No 4, Autumn 1998, s. 881.
[16] Ruggie, a.g.m., a.y.

yüklemesi, yaklaşıma sıra dışı bir özellik kazandırmıştır. Bu bağlamda, teorinin anahtar kavramları itibarıyla Uluslararası İlişkiler'deki diğer teorilere nazaran daha fazla normatif unsurları barındırdığı da ileri sürülebilir. Bu kısımda Sosyal İnşacılığın temel varsayımlarını ele alarak güvenlik yaklaşımı değerlendirilmiştir.

Kimlik

Diğer toplum bilimlerinde olduğu gibi Uluslararası İlişkiler disiplini içinde de kimlik kavramı, gün geçtikçe artan bir kullanım alanına ve öneme sahip olmuştur. Keyman'ın ifadesiyle kimlik, *"Uluslararası İlişkiler kuramının dünyayı anlamaya yönelik kullandığı yöntemin ve açıklama tarzının kültürel temelini oluşturan merkezi bir olgusu"*[17] haline gelmiştir. Sosyal İnşacı yaklaşıma göre, kimlik dış politikanın oluşumu sürecinde ana etkenlerden birisidir. Kimlik aktörün küresel, bölgesel ve ikili ilişkiler düzeyinde politikalarının belirlenmesinde ve aynı zamanda dost-düşman tanımının yapılmasında etkilidir. Bu bağlamda kimlik, mikro ölçekte en azından aktörlerin politik eğilimlerinin hangi yönde olacağına ilişkin öngörülebilir bir durum yaratır ve güvenlik algılamasını ortaya koyar. Zira Ted Hopf'un da vurguladığı gibi "kimliksiz bir dünya, anarşiden çok daha tehlikeli, gittikçe yayılan belirsizliğin olduğu ve kaosun hüküm sürdüğü bir dünya olur."[18] Hopf'a göre kimlikler üç gerekli fonksiyonu meydana getirmektedir. Birincisi, kimlikler özneye ve diğerlerine söz konusu öznenin kim olduğunu söylemektedir. İkincisi, özneye diğerlerinin kim olduğunu açıklamaktadır. Üçüncüsü, öznenin kimlik tanımla(n)ması bağlamında, kimlikler belli aktörler ve belli alanlardaki eylem seçenekleri hakkında belirgin bir tercihe veya çıkara yönelebileceklerini ima ederler.[19]

Kimlik, bir taraftan sabit bir olgu olmayıp, kendi içinde bir devinim veya kendini yeniden üretme eylemi içindeyken, diğer yandan diğerlerini tanımlamada ve özellikle dost-düşman tanımının yapılmasındaki ana hususlardan biri olmuştur. Zira kimlik tanımlaması bağlamında, aktör için farklı bir devletin nükleer silahlara sahip olması tehdit unsuru taşımamasına rağmen, başka bir devletin nükleer silah varlığı başlı başına bir tehdit olabilmektedir. Örneğin güncel konjonktürde, İran'ın nükleer enerji çalışmaları İsrail için birebir tehdit unsuru olsa da Suriye veya Tacikistan için aynı tehdidi taşımamaktadır. Sosyal İnşacı yaklaşımda kimlik;

[17] Fuat Keyman, "Kimlik ve Demokrasi", (der.) Atila Eralp, *Devlet ve Ötesi*, İletişim Yayınları, İstanbul, 2005, s. 219.
[18] Ted Hopf, "The Promise of Constructivism in International Relations Theory", *International Security*, Volume 23, No 1, 1998, s. 180.
[19] Hopf, a.g.m., a.y.

tarihsel, sosyal, kültürel ve politik bağlamda kendisini bulmaktadır. Bir aktör, tek başına bir kimliğe sahip olacağı gibi birden fazla kimliği de bünyesinde barındırabilir. Kimliklere yapılan bu vurgu, realistlerin savunduğu kimlikleri ve çıkarları dayatan etkenin uluslararası sistemin yapısı olduğu varsayımıyla tezat bir görüntü oluşturmaktadır. Zira Sosyal İnşacılar kimlik belirlenmesinin diğerleri ile olan karşılıklı etkileşim sürecinde oluştuğunu öngörmektedirler. Devletlerin çıkarını belirleyen ana unsurun kimlik olduğunu belirten İnşacılar, bu kimliğin yapı tarafından dayatılmadığını, bilakis etkileşim sonucu süreç içinde ortaya çıktığını belirtmektedirler.[20] Özetle aktörün kimlik tanımı güvenlik algılamasını da yansıtmaktadır.

Normlar ve Düşünceler

Sosyal İnşacılara göre, yapılar tek başına karar verici değildir. Dolayısıyla yapı, bireyin davranışlarını şekillendiren ve adeta onun kaderi haline gelmiş kurulu bir düzeni ifade etmemektedir. Davranışın düşünce ve normlarının da insan eylemlerini şekillendirmede önemli bir faktör olduğundan hareketle teoride yapıların oluşumunda düşünce ve normlara ayrı bir önem verilmektedir. Diğer bir deyişle öznel algılamaların yapıların oluşumunda etkili olduğu belirtilmektedir. Sosyal İnşacılar dünyaya ilişkin düşünce ve algılama boyutunda meydana gelen değişimin, Soğuk Savaş döneminin sona ermesini anlamada anahtar bir rol üstlendiğini öngörmektedirler. Örneğin, uluslararası sistemin yapısında meydana gelen değişimler, Sovyet lider Mihail Gorbaçov'un dünyanın işleyişine ilişkin mevcut olan varsayım ve düşüncelerini sorgulamasıyla başlamıştır.[21] Öte yandan, fikirlere ve normlara verilen öncelikli durum, maddi yapıların önemsiz oldukları anlamı taşımamaktadır. Maddi yapıların aktörlerin davranışları üzerinde etkili olduğunu öngören Sosyal İnşacılar, yine de düşünce ve kültürel unsurlarla örülü olarak sosyal yapıların etkisini ön plana çıkarmaktadırlar. Bu durum, Sosyal İnşacılığın güvenlik yaklaşımında normların ve düşüncelerin önemli bir konumda bulunduğunu ortaya çıkarmaktadır. Söz konusu unsurların aktörlerin davranışlarını etkileyen bir görev üstlendikleri öngörülmekle birlikte, güvenlik yaklaşımında öznel bir tablo sunmaktadır.

Yapı-Özne İlişkisi ve Anarşi Durumu

Sosyal İnşacılar salt yapı veya özne merkezli teoriler arasında bir köprü görevi görme amacındadır. Yapı ve özne arasında karşılıklı bir etkileşim

---

[20] Bozdağlıoğlu, a.g.m., ss. 151-152.
[21] Bova, a.g.e., s. 26.

(*mutual interaction*) olduğunu öngören İnşacılar, bu ilişkinin durağanlığı dışladığını, onun yerine sürekli bir devinim yaşandığını belirtmektedirler. Uluslararası İlişkiler boyutunda, aktörlerin davranışlarını belirleyen uluslararası sistemin yapısı olmadığı gibi, yapıyı belirleyen de başlı başına aktörler değildir. Bu anlamda karşılıklı etkileşim halinde değişimler gerçekleşebilmektedir.

Sosyal İnşacıların disiplin içindeki ana akım teorilerden (realizm ve liberalizm) ayrıldıkları noktalardan birisi de özne-yapı ilişkisine bağlı olarak ortaya çıkan 'anarşi' durumudur. Uluslararası sistemin yapısını anarşik olarak tanımlayan her iki görüşten realistler, söz konusu durumun çatışmaya yol açacağını belirtirlerken, liberaller ise bu durumun işbirliğini artırıcı bir görev üstlendiğini öngörmektedirler.[22] Anarşi durumuna farklı yaklaşan Sosyal İnşacılar, anarşiyi meydana getirenin devletlerin kendisi olduğunu belirtmektedir.[23] Bu noktada, devletlerin dış politik tercihlerine bağlı olarak, uluslararası sistemde anarşik bir durum hâkim olacağı gibi uluslararası sistemin yapısındaki anarşik durum da tarafsız olan veya barışçıl bir dış siyaset izleyen devletlerin politikalarında şiddet yanlısı bir tutum izlemelerini beraberinde getirebilir. Diğer bir deyişle güvenlik algılamasının anahtar kavramlarından biri olan anarşi konusunda da karşılıklı bir etkileşim söz konusudur.

Uluslararası Politikada 'Değişim'

Sosyal İnşacı yaklaşım uluslararası politikadaki değişimi 'kesin' bir şekilde öngörmemektedir. Diğer bir deyişle uluslararası politikadaki değişime ilişkin 'agnostik' bir durumdadır.[24] Bunun yerine anlaşmazlıkları ve çeşitlilikleri ön plana çıkararak öznelerarası düzen tarafından sürdürülen eylemleri göstermekte ve neo-realizmdeki gibi uluslararası sistemin yapısındaki değişikliklere ilişkin çok fazla bir beklenti yaratmamaktadır. Bu sebeple değişimin nerede ve nasıl olabileceğini hesaplamaya çalışmaktadır.[25] Sosyal İnşacılar değişimi, maddi olguların durumlarındaki değişimden ziyade yeni inşacı kuralların oluşması, yeni sosyal yapıların dönüşümü ve sosyal süreçlerin özneyle ilgili bağlarıyla ele almaktadır.[26] Bazı Sosyal İnşacılara göre, değişimin mekanizmaları kolektif öğrenme, bilişsel evrim, bilgisel değişim ve bunların hepsinin bilgi, eylem ve söy-

---

[22] Bkz. Tayyar Arı, *Uluslararası İlişkiler Teorileri*, 3. Baskı, Alfa Yayınları, İstanbul, 2004, ss. 197-198 ve s. 371.

[23] Wendt'in konuyla ilgili olarak yaptığı çalışma için bkz. Alexander Wendt, "Anarchy is What States Make of it: The Social Construction of Power Politics", *International Organization*, Volume 46, No 2, Spring 1992, ss. 391-425.

[24] Hopf, a.g.m., s. 180.

[25] Hopf, a.g.m., a.y.

[26] Adler, "Constructivism and International Relations", s. 102.

lemle çevrili olurken, eleştirel İnşacılar ise değişimin sadece gözlemlenen ve açıklanan bir şey olmadığını, bunun yerine refleksif analizlerin sonucu olarak meydana gelebilecek bir şey olduğunu belirtmektedirler.[27] Farklı bir ifadeyle güvenlik algılamalarındaki değişim verili bir yapıyla değil, süreç içerisinde yaşanan gelişmelerin analiziyle şekillenmektedir. Güvenlik algılamasındaki değişim yeni inşacı kuralların oluşumuyla bağlantılıdır.

Kurumlar ve Kurumsallaşma

Sosyal İnşacılar kurumları (institutions) öznelerarası oluşturucu ve düzenleyici kuralların somutlaştırılmış hali olarak algılamaktadır. Bunun yanında davranışı şekillendiren, işbirliğini sağlamaya yardım eden ve yeni kolektif kimliklerin, ortak çıkarların ve eylemlerin tesis edilmesini kolaylaştıran bir varlık olduğunu belirtmektedirler.[28] Sosyal İnşacı yaklaşımda kurumlar resmi ve resmi olmayan nitelik taşımaktadırlar. Resmi kurumlarda kurallar, teamüller, normlar ön plana çıkarken; aile gibi sosyal nitelikli kurumlarda bu hususa rastlanmamaktadır. Buna koşut olarak, kurumsallaşma (institutionalization) süreci de ayrı bir önem taşır. Yapı-özne arasındaki karşılıklı etkileşim ve çıkar ilişkisine dair aktörlerin eylem biçimleri geliştirmesi, normların ve davranış kalıplarının benimsenmesi ve toplumsallaşma gibi çeşitli kurumsallaşma süreçleri üzerine odaklanılmaktadır. Hatta AB sisteminden hareket edilerek entegrasyonun nasıl daha da derinleştirilebileceği noktasına ilgi duyulmaktadır.[29] Bu anlamda, kurumları tesis eden aktörler kadar sistemin nasıl kalıcı bir şekilde işlediğine, yeni üyelerin söz konusu örgütün davranış kalıplarını, norm ve kurallarını nasıl içselleştirdiklerine ve özellikle örgütsel karar-alma süreçlerine[30] önem verilmektedir. Uluslararası örgütlerin varlık gerekçeleri olan devletin ortak amaç ve çıkarları gerçekleştirmek ile düzen ve istikrar arayışı[31] güvenliğin sağlanabilmesi noktasında kurumsallaşmanın önemini ön plana çıkarmaktadır.

---

[27] Adler, a.g.m., a.y.

[28] Adler, a.g.m., s. 104.

[29] Jill Steans, Lloyd Pettiford, Thomaz Diaz and Imad El-Anis, An Introduction to International Relations Theory – Pespectives and Themes, 3. Baskı, Pearson Education Limited, Harlow, 2010, ss. 187-188.

[30] Friedrich Kratochwil –John Gerard Ruggie, "International Organization: A State of the Art on an Art of the State", International Organization, Volume 40, No 4, 1986, s. 755.

[31] Davut Ateş, Uluslararası Örgütler – Devletlerin Örgütlenme Mantığı, 2. Baskı, Dora Yayınları, Bursa, 2014, s. 25.

Söylem

Söylem, Sosyal İnşacı yaklaşımda merkezî bir rol oynamaktadır. Uluslararası İlişkiler disiplininde Sosyal İnşacılığın öncüsü olarak tanımlanan Nicholas Onuf'un ifadesiyle, "Söylemek yapmaktır. Konuşmak hiç şüphesiz dünyanın ne olduğunun düzenlenmesi hakkında gidebileceğimiz en önemli yoldur." [32] Farklı bir deyişle, söylem dünyayı anlamak için anahtardır. Sosyal İnşacıların kendi içerisindeki belli noktalarda ortaya çıkan görüş farklılıklarına karşın, söylemin siyasi aktörlerin kendilerini ve çıkarlarını nasıl tanımladıklarını, buna istinaden dış politik eylemlerini nasıl şekillendirdiklerini gösteren önemli bir argüman olduğu noktasında hemfikir oldukları görülmektedir. [33] Bu durum söylemler vasıtasıyla oluşturulan güvenlik yaklaşımı bağlamında aktörlerin algılamalarını da yansıtmaktadır.

Sosyal İnşacı bakış açısıyla söylem, öznelerarası anlaşmayı gerçekleştiren, iletişimi tesis eden bir unsurdur, yani iletişimin kendisidir. Sosyal gerçekliğin anlamlandırılması yaygın olarak kabul edilen gelenekler üzerine inşa edilir. Bu bağlamda, nesnel olmaktan ziyade öznel bir nitelik taşımaktadır. Ne var ki, salt bir öznenin anlamlandırma çabası değil, öznelerarası ilişki nedeniyle söylem, aktörel anlamda daha geniş bir yelpazede kendisini bulmaktadır. [34] Dolayısıyla söylem öznelerarası yönüyle sosyal gerçekliğin tesisinde ve anlamlandırılmasında önemli bir mekanizmadır. Söylem ve söylemin ana unsurlarından biri olarak dil, siyasi aktörlerin sosyal yapılardan ödünç aldığı görev, zorunluluklar ve haklar bağlamında toplumun kolektif amaçlara doğru yönlendirilmesinin aracıdır. [35] Zira siyasi aktörler "bir şeyler söyleyerek, bir şeyler yapma" [36] işlevini konuşma eylemiyle gerçekleştirir. Bu durum, söylemler yoluyla aktörlerin güvenlik algılamalarının dost-düşman tanımlamalarının belirgin hale gelebileceğini ifade etmektedir.

Alexander Wendt'in İnşacılık Yaklaşımı

Sosyal İnşacı yaklaşımın Uluslararası İlişkiler disiplini içindeki en önemli temsilcisi olan Alexander Wendt'in özellikle 1990'lı yıllarda konuyla ilgili ileri sürdüğü görüşler, sonraki çalışmalar için temel oluşturmuştur. Ana akım Uluslararası İlişkiler kuramcılarının devletler sistemi hakkında bi-

---

[32] Nicholas Onuf, "Constructivism: A User's Manuel", (ed.) Vendulka Kubalkova, Nicholas Onuf, Paul Kowert, International *Relations in a Constructed World*, M.E: Sharpe, New York, 1998, s. 59.
[33] Walt, a.g.m., s. 41.
[34] Jill Steans, vd., a.g.e., s. 188.
[35] Adler, "Constructivism and International Relations", s. 103.
[36] Adler, "Constructivism and International Relations", s. 103.

reyselci ve materyalist sonuçları kabul ettiklerini belirten Wendt, realistler ve liberaller arasında yaşanan tartışmanın kuramsal açıdan kendilerini geliştirmelerine yaradığını, ancak yine de tartışmanın zamanla sığ bir görüntüye sahip olduğunu söylemektedir. Bununla birlikte, bu bireyselci ve maddi kaynaklı bakış açısının egemenliğine rağmen, Sosyal İnşacılığın da -her ne kadar Uluslararası İlişkiler teorisi olmasa da-[37] uzun ve farklı bir gelenek olarak var olduğunu vurgulamaktadır.[38]

Wendt'in İnşacı yaklaşımında, rasyonalizmin ana akımları tarafından yapılan 'anarşi' tanımlamasına karşı çıkılmaktadır. Wendt realizm ve liberalizmin öngördüğü şekilde uluslararası sistemin yapısının tümden gelimci bir yaklaşımla anarşik olmasını ve güvenlik bunalımına yol açan bu durumun devletleri "kendine yardımı" (self-help) esas alan politikalara yönlendirmesini eleştirmektedir. Wendt, günümüz dünyasında devletlerin böylesi politikalara yönelmesini, yapının değil; sürecin bir ürünü olarak görmektedir.[39] Analiz birimi olarak devleti esas alırken, yine de devlet dışı aktörleri ve onların uluslararası politikadaki yerini göz ardı etmemektedir. Wendt devlet dışı aktörlerin uluslararası politikada gün geçtikçe daha etkin bir rol oynadığını kabul etmekle birlikte, uluslararası ölçekteki değişimleri gerçekleştiren aktörün devlet olduğunu belirtmektedir.[40]

Sosyal İnşacılığın temel özelliklerinden biri olarak, kimlikler ve çıkarlar öznelerarası eylemler tarafından oluşturulduğundan, uluslararası politikanın doğası 'verili' değil; 'yapılıdır.' Ne var ki bu yaklaşım, çıkarlara nazaran çok daha temel nitelikli oluşturulan kimlikler etrafında dönmektedir. Özne ve yapı kavramları etkileşimi şekillendirirken, aynı zamanda söz konusu etkileşimden etkilenme durumları da ortaya çıkar. Böylece sosyal gerçeklik yaratılmış olur.[41] Yapının ne anlama geldiği konusu neo-realistlerin devletlerin maddi yeterliliklerinin dağılımı şeklindeki yaklaşımı Wendt'in İnşacılığında sosyal ilişkilere dayanmaktadır. Buna göre sosyal yapılarda üç öğe bulunmaktadır: paylaşılan bilgi (shared knowledge), maddi kaynaklar (material resources) ve eylemler-uygu-

---

[37] Alexander Wendt, Social Theory of International Relations, Cambridge University Press, Cambridge, 1999, s. 7.
[38] Wendt, a.g.e, ss. 2-3.
[39] Wendt, "Anarchy is What States...", s. 394.
[40] Alexander Wendt, a.g.e., s. 9.
[41] Maya Zehfuss, a.g.e., s. 12. Ayrıca Wendt'in ileri sürdüğü özne-yapı ilişkisi için bkz. Alexander Wendt, "The Agent-Structure Problem in International Relations Theory", International Organization, Volume 41, No 3, Summer 1987, ss. 337-340.

lamalar (*practices*).[42] Birincisi, sosyal yapılar; ortak anlayış, beklenti ve bilgilerden oluşmaktadır. Bu hususlar, aktörleri belli bir düzen içinde sabitlerken aralarındaki ilişkinin işbirlikçi mi, yoksa çatışmacı mı olacağını belirler. İkinci olarak, sosyal yapılar maddi kaynaklardan oluşmaktadır. Wendt'e göre, insanların farklı nesne ve aktörlere karşı tutumları, ilgili nesne veya aktörün söz konusu özne için ifade ettiği anlama göre şekillenmektedir.[43] Üçüncüsü ise sosyal yapılar aktörlerin zihninde veya maddi yeterlilikler bağlamında değil, süreç içerisinde uygulamalarla oluşur. Yaklaşık kırk yıl süren Soğuk Savaş'ın bitmesi bu kapsamda örnek olarak gösterilebilir.[44] Öte yandan Wendt, bu üç hususa söylem kavramının da ilave edilebileceğini belirtmektedir.[45] Zira söylem, söz konusu uygulamaların oluşumunu tetiklemesi, bilgi paylaşımı ve maddi kaynakların ifadesi noktasında önemli bir rol üstlenmektedir.

Çıkarların kimliğe bağımlı olduğunu belirten Wendt, sosyal kimliklerin ve çıkarların her zaman etkileşim esnasında ortaya çıkan süreçte olduğunu belirtmektedir.[46] Diğer taraftan, kolektif kimliklerin oluşabilmesi için bireylerin kimlik tanımlamasının önemli olduğunu vurgulamaktadır. Diğer bir deyişle kimliklerin kolektif hale gelmesi, aktörün çıkarını nasıl tanımladığına bağlı olmaktadır.[47] Bu anlamda 'müttefiklik' ile 'kolektif güvenlik' kavramı arasında farklar olduğunu belirten Wendt, müttefikliğin kısa sürdüğünü ve tehdidin ortadan kalkmasıyla geçerliliğini yitirebileceğini söylerken, kolektif güvenliğin ise daha uzun süreli olduğunu ve soyut tehditlere yönelik işbirliği içerdiğini belirtmektedir.[48]

Sosyal İnşacılık Bağlamında Avrupa Birliği'nin Balkanlar Genişlemesi

II. Dünya Savaşı sonrası dönemde Batı Avrupa'da ekonomik ortaklıkla başlayan entegrasyon süreci kıtasal bir boyuta dönüşmüştür. 1990'lı yıllar zarfında Balkanlar'da meydana gelen sıcak çatışmalar bölgede istikrarsızlık kaynağı olurken, AB açısından tehdit unsuru olduğu kadar aynı zamanda önemli bir fırsat yaratmıştır. Avrupa'nın kıtasal bütünleşmesinde Balkanlar önemli bir yer tutmaktadır. Soğuk Savaş sonrası dönemde AB'nin Balkanlar'a ilgisini bölgedeki istikrarsızlıklarla olduğu

---

[42] Alexander Wendt, "Constructing International Politics", *International Security*, Volume 20, No 1, Summer 1995, s. 73.

[43] Wendt, "Constructing International...", s. 73.

[44] Wendt, "Constructing International...", s. 74.

[45] Bkz. Wendt, "Constructing International...", s. 73, dipnot 7.

[46] Alexander Wendt, "Collective Identity Formation and the International State", *The American Science Review*, Volume 88, No 2, June 1994, s. 386.

[47] Zehfuss, a.g.m., ss. 14-15.

[48] Wendt, "Collective Identity...", s. 386.

kadar, Sosyal İnşacı bir bakış açısıyla kimlik tanımı bağlamında da açıklamak mümkündür.

Soğuk Savaş döneminin sona ermesiyle birlikte, Avrupa'da da yapısal dönüşümler meydana gelmiştir. 1993'te Maastricht Antlaşması'nın yürürlüğe girmesiyle ekonomik işbirliğini içeren ortaklığın yanına adalet ve içişleri ile, ortak güvenlik ve dış politika konuları da eklenmiş ve "birlik" üç ana temel üzerine oturtulmuştur. Sovyetler Birliği'nin ardından Yugoslavya'nın da dağılma sürecini yaşaması bölgesel dengeleri değiştirmiştir. 1992'de başlayan iç savaş, 1995'te NATO öncülüğündeki askeri bir müdahale ile sona ermiştir. Bu durum, AB'nin Maastricht Antlaşması'nda belirtilen ortak güvenlik ve dış politika hususunda başarı kaydedemediğini ortaya çıkarmış ve NATO'ya duyulan bağımlılık ve gereksinim Birliğin imajını zedelemiştir.[49] Aynı durum Kosova'daki krizde de kendisini gösterirken, NATO öncülüğünde gerçekleştirilen müdahale AB'nin Balkanlar'da oluşan güç boşluğunu farklı bir şekilde doldurabileceğini ortaya çıkarmıştır.

1990'lı yıllarda Balkanlar'daki bölgesel gelişmeler büyük ölçüde Yugoslavya ölçeğinde şekillenmekle birlikte, bölge parçalanma ve savaş kavramlarıyla uluslararası gündeme gelmiştir. Bu dönemde bölgesel denklemde kırılganlıklar hâkim olsa da 2000'li yıllarda gelişmeler daha farklı bir biçimde yaşanmıştır. Bölgesel barış ve güvenlik teması, Balkan ülkelerinin ana gündem maddeleri haline getirilmiş, NATO ve AB üyelik perspektifleri bu dönemle birlikte bölge devletlerinin ana dış politik hedefleri olmuştur. NATO'nun Yugoslavya'nın dağılması sürecinde 'sert güç' (hard power) olarak ön plana çıkması, Amerika Birleşik Devletleri (ABD)'ne askerî açıdan bölgede prestij kazandırırken; barış, istikrar ve güvenliğin kalıcılaştırılması, ekonomik açıdan kalkınmanın sağlanması bağlamında ise AB'nin 'yumuşak güç' (soft power) olarak[50] uzun soluklu bir uğraşın içine girdiği görülmektedir. Farklı bir ifadeyle 1990'lı yıllarda bölgesel denklemde ABD, 'sert bir müdahaleyle ameliyatı yapan'; AB ise 'hastayı tedavi eden' aktörler olarak ön plana çıkmışlardır. Ayrıca söz konusu ülkelere Avro-Atlantik kurumlara üyelik hedeflerinin verilmesi de

---

[49] Bkz. Barış Özdal, *Avrupa Birliği Siyasi Bir Cüce, Askeri Bir Solucan mı?*, Dora Yayıncılık, Bursa, 2013, s. 214.

[50] Bkz. Ana E. Junkos, "The EU's post-Conflict Intervention in Bosnia and Herzegovina: (re)Integrating the Balkans and/or (re)Inventing the EU?", *Southeast European Politics*, November 2005, Volume VI, No2, s. 88-108; Bernhard Stahl, "The EU's Power Play in the Balkans – How Soft, How Civilian, How Effective?", 18 December 2010, http://www.phil.uni-passau.de/fileadmin/group_upload/61/Stahl_EU_as_softpower.pdf, (27.06.2014); Harun Arıkan, "The European Union Policy towards the Balkan States in the Post-Cold War Era", *Süleyman Demirel University Faculty of Arts and Sciences Journal of Social Sciences*, Special Issue on Balkans, December 2012, s. 15-22.

ABD'nin ve AB'nin bölgeyi içselleştirme istençlerinin farklı bir yansıması olmuştur. Bu dönemde Balkan devletleri de AB'ye ekonomik bir dev olarak bakmış ve AB'yi refah seviyelerinin artırılmasında bir araç olarak algılamıştır.

Bu çerçevede, Soğuk Savaş sonrası dönemde Balkanlar'da Avro-Atlantik eksenin güçlendiği ileri sürülebilir. Buna koşut olarak Balkan devletlerinin 2000'li yıllarla birlikte Brüksel-Washington yanlısı bir dış politika takip etmeleri, AB açısından Birliğin kıtasal bir görüntüye kavuşması noktasında önemli bir kilometre taşı olmuştur. Esasen 1990'lı yıllarda Yugoslavya ölçeğinde yaşanan krizlerin ardından AB'nin yumuşak bir güç olarak bölgeyi güvenlikleştirme işlemine tabi tuttuğu ileri sürülebilir. Bu kapsamda, 10 Haziran 1999'da AB'nin çağrısı üzerine kurulan Güneydoğu Avrupa İstikrar Paktı (GAİP) örnek olarak verilebilir. 40'tan fazla ülke ve uluslararası örgüt pakta taraf olurken, bölge bazında istikrarın sağlanması için barış, demokrasi, insan haklarına saygı ve ekonomik gelişme yönünde bölge ülkelerinin çabalarının desteklenmesi öngörülmüştür.[51] Bunun yanı sıra yine bölge ülkelerinin Avro-Atlantik kurumlarla bütünleşmesinin önü açılmıştır. GAİP'in devamı olarak 2008'de Bölgesel İşbirliği Konseyi (BİK) işlevsel olmuştur.

Balkanlar'da güvenliğin bölgeselleştirilmesi için AB merkezli atılan bu adımlar, güvenliğin kurumsallaşması noktasında önemli olmuştur. Zira söz konusu kurumlar vasıtasıyla bölge devletleri arasında ilişkiler canlı tutulurken, AB'nin Balkanlar'a yönelik yaklaşımındaki kimlik tanımı ve kullandığı söylem de belirginleşmeye başlamıştır. Kurumsallaşmanın diğer somut göstergesi ise bölge ülkelerine verilen AB üyelik perspektifi olmuştur. Zira söz konusu perspektif salt uluslararası bir kuruma üyelik değil, aynı zamanda norm/değer paylaşım sistemi olan AB üyeliği ile birlikte alternatif bir dış politikaya sahip olunmasıyla eş anlamlıdır. Bu bağlamda, AB'de hâkim olan demokratikleşme, serbest piyasa ekonomisi, hukukun üstünlüğü, insan hakları, emeğin serbest dolaşımı ve ortak para birimi gibi normların Balkan devletleri tarafından benimsenmesi öngörülmektedir. Farklı bir ifadeyle söz konusu değerlerle bölgesel güvenlik ve istikrar AB çatısı altında gerçekleştirilmek istenmiştir. Bu değerlerin kimliğin şekillenmesi noktasında önemli oldukları dikkate alındığında, AB'nin Balkanlar'a yönelik genişleme çabası daha somut hale gelmektedir. 2004'te Slovenya'nın, 2007'de Bulgaristan ve Romanya'nın, 2013'te ise Hırvatistan'ın AB üyeliklerinin gerçekleşmesi

---

[51] Bkz. "Güneydoğu Avrupa'da Bölgesel İşbirliği – Sonraki İstikrar Paktı Dönemi", *Analyticamk*, Üsküp, 2009, http://www.analyticamk.org/files/ReportNo31Tur.pdf , (e.t. 07.03.2015).

aynı zamanda Birlik değerlerinin yayılmasını, süreç odaklı dış politika değişimini ve bölge ülkelerinin kimlik tanımlamasını da ifade etmektedir.

Öte yandan, AB'nin bölgedeki genişlemesi Batı Balkanlar sorununu gündeme getirmiştir. Arnavutluk, Makedonya, Karadağ, Bosna Hersek ve Sırbistan'ı da Birliğe dâhil etmek isteyen AB için Kosova da potansiyel aday durumundadır. Ayrıca AB'nin Batı Balkanlar'a genişleme stratejisi kapsamında 2000'li yıllar itibarıyla oldukça gayret gösterdiği görülmektedir. Örneğin, 2000 yılında Zagreb'te gerçekleştirilen zirvede Batı Balkan ülkelerinin AB'nin "potansiyel adayları" oldukları belirtilirken, Aralık 2002 Kopenhag Zirvesi'nde de bölge ülkelerinin AB üyelik süreçlerinin destekleneceği bildirilmiştir. AB'nin Selanik 2003 Zirvesi'nde de Balkanların geleceğinin AB sınırları içerisinde olduğu vurgulanmıştır.[52] 2004 Brüksel Zirvesi'nde ise Balkanlar'a ilişkin daha ziyade genişleme ile ilgili konulara yer verilirken, Romanya ve Bulgaristan'ın 2007'de tam üye olacakları ve Hırvatistan'ın gayretlerinden duyulan memnuniyet ifade edilmiştir. 11 Mart 2006 tarihinde Salzburg'ta gerçekleşen AB Dışişleri Bakanları ve Batı Balkan devletleri zirvesinde Batı Balkanlar'a yönelik Selanik Zirvesi'nde alınan kararlar tekrar teyit edilmiş ve Balkan ülkelerinin istikrar, demokratikleşme, ekonomik kalkınma ve AB'ye yaklaşma konularında önemli ilerlemeler sağladıkları vurgulanmıştır.

Selanik Zirvesi'nde kullanılan *"Balkanlar'ın geleceğinin AB sınırları içerisinde olduğu"* vurgusu, Brüksel'in bölgeye yönelik yaklaşımın en temel söylemini oluşturmuştur. Zira bu söylem, bölgeye ilişkin bir yapı tesis etmekle kalmamış, aynı zamanda güvenlikleştirme işleminin AB'nin bölgeyi içselleştirerek gerçekleştirileceğini de yansıtmıştır. Esasen benzeri nitelikteki söylemler AB liderlerince sonraki yıllarda da sıklıkla kullanılmıştır. Bununla birlikte, Selanik Zirvesi sonrasında AB yetkililerince bölgeyi tanımlamak için "Balkanlar" ifadesi yerine "Güneydoğu Avrupa" kavramı daha fazla tercih edilir hale gelmiştir. Bu durum, söylem analizi bağlamında AB'nin Balkanlar'ı kendi sınırları içinde gördüğünün farklı bir göstergesi olmaktadır. Ancak bu, Avrupa'nın Balkanlaşması şeklinde değil, Balkanlar'ın Avrupalılaşması olarak gerçekleşmektedir.

Kullanılan söylemler, kimlik tanımının ve buna bağlı olarak güvenlik algılamasının ifadesi olmaktadır. AB'nin Balkanlar genişlemesinde "Avrupalılık" kimliği ön plana çıkarılırken, Hristiyanlık paydası da önemli bir etken olmuştur. Zira hâlihazırda nüfusunun çoğunluğu Müslümanlardan oluşan bir ülke AB üyesi olmamıştır. Balkan halkları açısından ise

---

[52] "EU-Western Balkans Summit - Thessaloniki, 21 June 2003", *European Commission*, http://europa.eu/rapid/press-release_PRES-03-163_en.htm, (e.t. 07.03.2015).

"Balkanlı" kimliğine yüklenen olumsuz anlamlar nedeniyle kendilerini daha ziyade "Güneydoğu Avrupalı" olarak tanımlama eğiliminde oldukları görülmektedir.[53] Hatta söz konusu eğilim, Hırvatistan ve Slovenya'da "Orta Avrupalı" şeklinde bir tezahür bulmaktadır. AB'nin Balkanlar'ın tanımlanmasına ilişkin kullandığı kavramda öteki'ye yönelik bir girişim de bulunmaktadır. Zira "dağlık, ormanlık alan" anlamına gelen ve Türkçe bir kelime olan "Balkan" adını bölgeye Türkler vermiştir. Dolayısıyla AB'nin kimlik tanımı doğrultusunda öteki'nin izlerini silmeye çalıştığı bir uğraş dikkat çekmektedir.

Sonuç

Disipline uyarlama bir görüntüde olmasına karşın, derin bir felsefi altyapıya sahip olan Sosyal İnşacı yaklaşım, 1990'lı yıllarla birlikte disiplin içerisinde sıklıkla tartışılmıştır. Soğuk Savaş döneminin sona ermesiyle birlikte Uluslararası İlişkiler teorileri açısından uluslararası sistemi açıklama noktasında ortaya çıkan ihtiyaç; kimlik, söylem, kültür ve normlar gibi kavramlara merkezi önem atfeden Sosyal İnşacılığı ön plana çıkarmıştır. Uluslararası İlişkiler disiplininde teorik anlamda Üçüncü Tartışma içinde yer alan Sosyal İnşacılık pozitivizm ve post-pozitivizm arasında köprü işlevi görmektedir. Oluşturucu bir teori olan Sosyal İnşacılık, süreç analizi üzerine odaklanmakta ve kimlik tanımının güvenlik algılamasını şekillendirdiğini varsaymaktadır.

Çalışmada örnek olay olarak incelendiği üzere, AB'nin Balkanlar'a yönelik genişleme sürecinin ve güvenlik yaklaşımının Sosyal İnşacı bir perspektifle açıklanabildiği görülmüştür. Balkanlar'da 2000'li yıllarla birlikte AB'nin üstlendiği güvenlikleştirme işleminde kimlik, söylem, normlar, kurumsallaşma ve değişim gibi teorinin ana kavramlarının etkin bir şekilde yer aldığı anlaşılmaktadır. Bir güvenlik modeli ve değer paylaşım sistemi olan AB'nin bütüncül bir bakış açısıyla bölgeye yönelik yaklaşımı ve güncel anlamda Batı Balkanlar'a yönelik genişleme eğilimi içinde olduğu görülmektedir. Bu durum, teorinin güvenlik yaklaşımına uygun bir profil çizmektedir.

KAYNAKÇA

Adler, E. "Constructivism and International Reletions", (ed.) W. Carlsnaes, T. Risse, and B. A. Simmons, *Handbook of International Relations*, London, Sage, 2002.

Adler, Emanuel: "Seizing Middle Ground: Constructivism in World Politics", *European Journal of International Relations,* 1997, Volume 3, No 3.

---

[53] Iris Kempe, Kurt Klotzle, "The Balkans and The Black Sea Region: Problems, Potentials and Policy Options", *Center for Applied Policy Research*, No. 2, April 2006, s. 7.

Arı, Tayyar: *Uluslararası İlişkiler Teorileri,* 3. Baskı, Alfa Yayınları, İstanbul, 2004.

Arıkan, Harun: "The European Union Policy towards the Balkan States in the Post-Cold War Era", *Süleyman Demirel University Faculty of Arts and Sciences Journal of Social Sciences,* Special Issue on Balkans, December 2012.

Ateş, Davut: *Uluslararası Örgütler – Devletlerin Örgütlenme Mantığı,* 2. Baskı, Dora Yayınları, Bursa, 2014.

Bova, Russell: *How The World Works,* Pearson Education Limited, New York, 2010.

Bozdağlıoğlu, Yücel: "Yapılandırmacı Yaklaşım (Konstrüktivizm)", (ed. Haydar Çakmak), *Uluslararası İlişkiler: Giriş, Kavram ve Teoriler,* Barış Kitapevi, Ankara, 2007.

Hopf, Ted: "The Promise of Constructivism in International Relations Theory", *International Security,* Volume 23, No 1, 1998.

Jackson, Robert: "Social Constructivism", (ed.) Robert Jackson – George Sorensen, *Introduction to International Relations, Theories and Approaches,* 3. Baskı, Oxford University Press, New York, 2006.

Junkos, Ana E.: "The EU's post-Conflict Intervention in Bosnia and Herzegovina: (re)Integrating the Balkans and/or (re)Inventing the EU?", *Southeast European Politics,* November 2005, Volume VI, No 2.

Kaya, Sezgin: "Uluslararası İlişkilerde Konstrüktivist Yaklaşımlar", *Ankara Üniversitesi SBF Dergisi,* Cilt: 63, Sayı: 3, 2008.

Kempe, Iris - Klotzle, Kurt: "The Balkans and The Black Sea Region: Problems, Potentials and Policy Options", *Center for Applied Policy Research,* No. 2, April 2006.

Keyman, Fuat: "Kimlik ve Demokrasi", (der.) Atila Eralp, *Devlet ve Ötesi,* İletişim Yayınları, İstanbul, 2005.

Kratochwil, Friedrich – Ruggie, John Gerard: "International Organization: A State of the Art on an Art of the State", *International Organization,* Volume 40, No 4, 1986.

Küçük, Mustafa: "Uluslararası İlişkiler Kuramında 'Konstrüktivist Dönüşü' Anlamak", *Ege Akademik Bakış,* Cilt: 9, Sayı: 2, 2009.

Onuf, Nicholas: "Constructivism: A User's Manuel", (ed.) Vendulka Kubalkova, Nicholas Onuf, Paul Kowert, *International Relations in a Constructed World,* M.E: Sharpe, New York, 1998.

Özdal, Barış: *Avrupa Birliği Siyasi Bir Cüce, Askeri Bir Solucan mı?,* Dora Yayıncılık, Bursa, 2013, s. 214.

Pamuk, Akif: *Kimlik ve Tarih – Kimliğin İnşasında Tarihin Kullanımı,* Yeni İnsan Yayınevi, İstanbul, 2014.

Ruggie, John Gerard: "What Makes the World Hang Together? Neo-Utilitarianism and the Social Constructivist Challenge", *International Organization,* Volume 52, No 4, Autumn 1998.

Smith, Steve: "New Approaches to International Theory", *The Globalization of World Politics: An Introduction to International Relations,* Oxford, Oxford University Press, 1999.

Stahl, Bernhard: "The EU's Power Play in the Balkans – How Soft, How Civilian, How Effective?", 18 December 2010, http://www.phil.uni-passau.de/fileadmin/group _upload/61/Stahl_EU_as_softpower.pdf, (27.06.2014).

Steans, Jill: Pettiford, Lloyd: Diaz Thomaz and El-Anis, Imad: *An Introduction to International Relations Theory – Pespectives and Themes,* 3. Baskı, Pearson Education Limited, Harlow, 2010.

Walt, Stephen: "International Relations: One World, Many Theories", *Foreign Policy,* Spring 98, Issue 110.

Weber, Max: *Economy and Society,* (ed.) G. Roth – C. Wittich, Berkeley, University of California Press, 1978.

Wendt, Alexander: "Anarchy is What States Make of it: The Social Construction of Power Politics", *International Organization,* Volume 46, No 2, Spring 1992.

Wendt, Alexander: "Collective Identity Formation and the International State", *The American Science Review*, Volume 88, No 2, June 1994.

Wendt, Alexander: "Constructing International Politics", *International Security,* Volume 20, No 1, Summer 1995.

Wendt, Alexander: "The Agent-Structure Problem in International Relations Theory", *International Organization*, Volume 41, No 3, Summer 1987.

Wendt, Alexander: *Social Theory of International Relations,* Cambridge, Cambridge University Press, 1999.

Vico, Giambattista: *Vico Selected Writings,* (haz.) Leon Pompa, Cambridge University Press, Cambridge, 1982.

Zehfuss, Maya: *Constructivism in International Relations: The Politics of Reality,* 2. Baskı, Cambridge, Cambridge University Press, 2004.

"EU-Western Balkans Summit- Thessaloniki, 21 June 2003", *European Commission,* http://europa.eu/rapid/press-release_PRES-03-163_en.htm, (e.t. 07.03.2015).

"Güneydoğu Avrupa'da Bölgesel İşbirliği – Sonraki İstikrar Paktı Dönemi", *Analyticamk,* Üsküp, 2009, http://www.analyticamk.org/files/ReportNo31Tur.pdf , (e.t. 07.03.2015).

KONSTRÜKTİVİZM BAĞLAMINDA ABD'NİN KÜBA POLİTİKASI

İlker Aral GÜNGÖR

Giriş

Barack Obama ve Raul Castro'nun ABD ve Küba arasındaki diplomatik ilişkileri yeniden başlatacaklarını açıkladıkları 17 Aralık 2014 tarihi iki ülke ilişkilerinin geleceği açısından büyük önem taşımasının yanında Soğuk Savaş yıllarından günümüze taşınan son problemin de ortadan kaldırıldığı anlamına gelmektedir. Kökleri ABD'nin bağımsızlık savaşı verdiği döneme kadar götürülebilecek olan iki ülke ilişkilerinde özellikle Küba'nın bağımsızlığını kazandığı 20. Yüzyılın başlarından itibaren sorunlar yaşanmaya başlamış, 1959 yılında Küba'da Fidel Castro'nun başa geçmesinden kısa bir sonra ise ilişkiler tamamen durmuştur. Soğuk Savaş döneminde SSCB'ye yaklaşan ve komünist blokta bulunan ülkelerle yakın ilişkiler içinde bulunan Küba, ABD tarafından kendi güvenliğine ve uluslararası güvenliğe tehdit olarak algılanmış, "arka bahçedeki düşman" olarak değerlendirilmiştir. Soğuk Savaş'ın sona ermesi ile komünizmin tehdit olmaktan çıktığı bir dünyada Rusya, Çin ve Vietnam gibi ülkelerle ilişkilerini normalleştiren ABD'nin Küba ile ilgili algılarında ve Küba'ya karşı izlediği politikalarda Barack Obama dönemine kadar neredeyse hiçbir değişiklik olmamıştır. SSCB'nin dağılması ile en önemli desteğini kaybeden ve ekonomik sıkıntılar içerisinde olan Küba, ideolojik ve askeri açılardan ABD için tehlike oluşturamayacak durumdadır. Üzerinde düşünülmesi gereken nokta ABD'nin Barack Obama'ya kadar Küba'yı neden bir problem olarak algıladığı, düşmanca tutumunu devam ettirdiği, Obama'nın başkanlık döneminin sona erdiği de göz önünde bulundurulursa, bundan sonra da devam ettirip ettirmeyeceğidir. Çalışmanın ana sorunsalı da bu konu olarak belirlenmiştir.

Soğuk Savaş sonrasında uluslararası sistemde meydana gelen yapısal değişiklikler devletlerarası ilişkilerin çıkarlar bağlamında reel politika perspektifiyle analiz edilmesini zorlaştırmıştır. Devletlerarası ilişkilerin analizinde kimlik, normlar, inançlar, değerler ve fikirler gibi ana akım rasyonalist teorilerin göz ardı ettiği düşünsel faktörlerin de analizlere dâhil edilmesi gerekli hale gelmiştir. ABD'nin Küba politikasının belirlenmesinde en önemli unsurun Amerikan kimliği olduğunu savunan ve kimlik-güvenlik ilişkisi üzerine yoğunlaşacak olan bu çalışma, ABD-Küba ilişkilerinin analizinde kimliği analizlerinin merkezine yerleştirerek düşünsel faktörlere, sosyal inşa süreçlerine ve değişime vurgu yapan, ana akım teorilerde eksik olan sosyal boyutu ortaya çıkaran konstrüktivizm yaklaşımının perspektifini tercih etmiştir.

Bu amaçla öncelikli olarak konstrüktivizmin düşünsel geçmişi, sosyal bir kuram olarak Uluslararası İlişkiler disiplininde kendine yer edinmesi, diğer teoriler arasındaki konumu, temel varsayımları ve kimlik-güvenlik yaklaşımı üzerinde durulduktan sonra ABD-Küba ilişkilerinin tarihsel süreci ortaya konulacaktır. ABD'nin Küba politikasında Amerikan kimliğinin ve Kübalı Amerikalıların rolü konstrüktivizmin perspektifinden analiz edildikten sonra iki ülke ilişkilerindeki normalleşme süreci ve geleceği tartışılacaktır.

Uluslararası İlişkilerde Konstrüktivist Yaklaşım

Uluslararası ilişkiler çalışmaları, Birinci Dünya Savaşı'nı takip eden dönemde devletlerarasındaki savaşları önlemek ve dünyaya barış getirmek amacıyla başlamış ve böylece yeni bir disiplinin de temelleri atılmıştır. Disiplinin oluşumu, kendi ayakları üzerinde durması ve takip edeceği yönün belirlenmesi ise farklı yaklaşımlar arasındaki "Büyük Tartışmalar"[1] ile gerçekleşmiştir. Soğuk Savaş döneminin iki kutuplu yapısını ve ittifak sistemlerini diğer bir ifadeyle hâkim olan iki blok arasındaki güç dengesine dayanan dünya düzenini açıklamada problemi olmayan bireyci ve materyalist ana akım teorileri, Soğuk Savaş'ın ani ve savaşsız sona ermesinin yanında iki kutuplu statik yapının belirsizliklerle dolu, risk ve tehditlerin çeşitlendiği dünya düzenine dönüşmesini öngörememişlerdir. Uluslararası İlişkiler (Uİ) disiplini içerisinde 1980'li yıllarda yaşanan geniş kapsamlı "Dördüncü Büyük Tartışma"[2] ya da "pozitivizm-postpozitivizm tartışması" sırasında özellikle neorealizme yönelik eleştirilerle kavramsal ve teorik gelişmeler gösteren ve tartışmaya tam olarak 1990'lı yılların başında dâhil olan, kendini başlangıçta "rasyonalizm" çatısı altında toplanarak pozitivist tarafı temsil eden ana akım teorilerine

---

[1] Uİ'deki "Büyük Tartışmalar" ile ilgili bknz. Faruk Yalvaç, "Uluslararası İlişkilerde Teori Kavramı ve Temel Teorik Tartışmalar", *Uluslararası İlişkiler Teorileri*, Der: Ramazan Gözen, İletişim, İstanbul, 2014, ss. 31-65.
[2] Aynı yer.

karşı postpozitivist tarafı temsil eden "eleştirel teoriler"[3] ekseninde konumlandıran konstrüktivizm, ilk olarak 1989'da Nicholas Onuf[4] tarafından Uİ disiplinine tanıtılmış ve özellikle Alexander Wendt'in çalışmaları ile kısa sürede kendini disipline kabul ettirerek popüler hale gelmiştir. Konstrüktivizmin Uİ'deki gelişimi 1980'li yıllardan itibaren takip edilebilirken[5], felsefi kökleri 18. Yüzyıl İtalyan düşünürü Vico'nun doğal dünyanın Tanrı, tarihsel dünyanın ise insan tarafından yaratıldığı görüşüne kadar götürülebilir.[6] Buna göre sosyal gerçeklik, tarih ve sosyal normlar insan tarafından yaratılmıştır.[7] Rumelili'nin belirttiği gibi konstrüktivizm sosyoloji, sosyal teori, dilbilim ve felsefeye dayanan[8], Uİ'ye özgü olmayan bir yaklaşım[9] olsa da aslında disiplinin içinden ortaya çıkan ve giderek gelişen bir karaktere de sahiptir.[10] Sosyal teoriler genel teoriler olmayıp uluslararası siyaset teorisi de değildirler.[11] Yapan ve yapı arasındaki ilişkileri kavramsallaştırmaya çalışan teorilerdir.[12] Konstrüktivizm, ana akım teoriler gibi uluslararası ilişkiler ile ilgili kesin önermeler ve hipotezler sunmaz.[13] Bu nedenle teoriden ziyade bir yak-

---

[3] Steve Smith'e göre, pozitivizmin genel varsayımlarını kabul etmeyen ve postpozitivist tarafı temsil eden eleştirel yaklaşımlar Frankfurt Okulu'nun Eleştirel Teorisi, Feminist Teori, Postyapısalcılık ve Postmodernizmdir. Steve Smith, "Positivism and Beyond" in *International Theory: Postivism and Beyond*, Steve Smith, Ken Booth ve Marysia Zalevski (Ed.), Cambridge University Press, Cambridge, 1996, s. 12.

[4] Nicholas Onuf, *World of Our Making: Rules and Rule in Social Theory and International Relations*, University of South Carolina Press, Columbia, 1989.

[5] Michael Barnett, "Social Constructivism" in *The Globalization of World Politics: An Introduction to International Relations*, (Ed.) John Baylis, Steve Smith ve Patricia Owens, Fifth Edition, Oxford University Press, Oxford, 2014, s.150.

[6] Vico L. Pompa, *Selected Writings*, Binghamton Press, Cambridge 1982, s.26 Aktaran Robert Jackson ve Georg Sorensen, *Introduction to International Relations Theories and Approaches*, Fifth Edition, Oxford University Press, Oxford, 2013, s. 211.

[7] Nergiz Özkural Köroğlu, "Konstrüktivist Yaklaşım Bağlamında Avrupa Komşuluk Politikası Örnek Olayının Analizi" in *Uluslararası İlişkilerde Teoriden Pratiğe Güncel Yaklaşımlar*, Sibel Turan- Nergiz Özkural Köroğlu (Ed.), Dora, Bursa, 2015, s.74.

[8] Bahar Rumelili, "İnşacılık/Konstrüktivizm" in *Küresel Siyasete Giriş: Uluslararası İlişkilerde Kavramlar, Teoriler, Süreçler*, Evren Balta (Ed.), İletişim, İstanbul, 2014, s. 152.

[9] John Gerrard Ruggie, *Constructing World Polity: Essays on International Institutionalization*, Routledge, London, New York, 1998, s. 34.

[10] John Gerrard Ruggie, "What Makes the World Hang Together? Neo-Utilitarianizm and the Social Constructivist Challenge", *International Organization*, Cilt 36, No. 4, 1998, s. 862.

[11] Alexander Wendt, Social Theory of International Relations, Cambridge University Press, Cambridge 1999, s. 6.

[12] Michael Barnett, a.g.e., s.154.

[13] Michael Barnett, *Aynı yer*; Emanuel Adler, "Seazing the Middle Ground: Constructivism in World Politics", *European Journal of International Relations*, Cilt 3, No. 3, 1997, s. 323.

laşım[14], analitik bir araç ve anlayış tarzı[15], bir yöntem[16], rasyonalistlerin göz ardı ettiği sosyolojik perspektife sahip ya da diğer bir deyişle rasyonalistlerde eksik olan sosyal boyutu ortaya çıkaran[17], varsayımları olmasına rağmen kesin hipotezleri ve önermeleri olmayan karışık bir yaklaşımlar grubudur[18].

Alexander Wendt'in benimsediği post-pozitivist ontoloji ve pozitif bilimlerin varsayımlarını reddetmeyen pozitivist epistemoloji ile pozitivist ve post pozitivist teoriler arasında orta yol bulan ya da köprü görevi gören bir yaklaşım olarak konumlanan[19] konstrüktivizm, bu sayede disiplinde kendine yer bularak popüler hale gelmiştir.[20] Savunmacı neorealist Walt'a göre konstrüktivizm, uluslararası politikanın analizinde üç standart yoldan birisidir. Realizm ve liberalizm güç ve ticaret gibi maddi faktörlere vurgu yaparlarken konstrüktivizm düşünsel faktörlere yani toplum içindeki hâkim söyleme vurgu yapar.[21] Konstrüktivizm içinde farklı yaklaşımlar olsa da Özlem'in de belirttiği gibi yaklaşımın temel varsayımlarında görüş birliği bulunmakta, görüş ayrılıkları genellikle kimlik ve normların mı, yoksa söylem ve dilin mi ön planda olması gerektiği gibi konularda yaşanmaktadır.[22] Örneğin Ruggie'nin klasik sınıflandırmasında[23], öznelerarası anlamların açıklanmasına ve iletişime odaklanılan "neoklasik" grupta, Onuf, Kratochwil, Adler, Katzenstein, Finnemore ve kendisi yer almaktadır. Foucault ve Derrida'dan etkilenen "postmodernist" grupta, postyapısalcılıkla ilişkilendirilen Campbell, Derian ve Walker bulunurken, bu iki grubun tam ortasında konumlanan ve Roy Bashkar'ın bilimsel realizmini benimseyip hem ana akım teorilere hem de neoklasik gruba yaklaşarak "yeni bir tabiatçı sosyal bilim" sun-

---

[14] Michael Barnett, a.g.e., s.164; Joshua S. Goldstein ve Jon C. Pevehouse, *Uluslararası İlişkiler*, Çev: Haluk Özdemir, BB101, Ankara, 2015, s. 146.

[15] Andrew Heywood, *Küresel Siyaset*, Çevirenler: Nasuh Uslu- Haluk Özdemir, Adres, Ankara, 2013, s. 105.

[16] Jeffrey T. Checkel, "The Constructivist Turn' in International Relations Theory", World Politics, Cilt 50, No. 2, 1998, s. 325.

[17] K. M. Fierke, "Constructivism" in *International Relations Theories: Discipline and Diversity*, Tim Dunne, Milja Kurki and Steve Smith (Ed.), 3rd Edition, Oxford University Press, Oxford, 2013, s.189.

[18] Nilüfer Karacasulu, "Uluslararası İlişkilerde İnşacılık Yaklaşımları" in *Postmodern Uluslararası İlişkiler Teorileri: Uluslararası İlişkilerde Eleştirel Yaklaşımlar*, Derleyen: Tayyar Arı, Dora, Bursa 2015, s.108.

[19] Emanuel Adler, *a.g.m.*, s. 323; Jeffrey T. Checkel, a.g.m., s. 327; Ted Hopf, "The Promise of Constructivism in International Theory", *International Security*, Cilt 23, No. 1, 1998, s.199; Alexander Wendt, *Social Theory...*, s. 39.

[20] Stefano Guzzini, *Power, Realism and Constructivism*, Routledge, London, 2013, s. 189.

[21] Stephen Walt, "International Relations: One World, Many Theories", Foreign Policy, No.110, 1998, ss. 38-41.

[22] Kader Özlem, *Türkiye'nin Balkan Türkleri Politikası (1991-2014)*, Dora, Bursa, 2016, s. 25.

[23] John Gerrard Ruggie, "What Makes the World...", s. 881.

duğunu savunan "tabiatçı ya da doğal" grupta da Wendt ve Dessler yer almaktadır.

Konstrüktivistlerin rasyonalistlere olan itirazlarının temelini epistemoloji değil ontoloji oluşturur ve onların bireyci ve materyalist ontolojisine karşı çıkarlar.[24] Toplumsal ve siyasi dünyanın insan bilincinden ayrı kendi başlarına fiziksel gerçekler olamadığını, düşünceler, inançlar ve fikirlerin insanlar arasındaki ortak anlamlandırmalar sonucu inşa edilerek anlam kazandıklarına işaret ederek fiziksel ya da maddi faktörlerden ziyade sosyal ya da insani faktörlere vurgu yapmışlardır.[25] Devletler ve bireyler onları çevreleyen ve kim olduklarını şekillendiren sosyal ortamdan soyutlanamazlar ve devlet ya da bireylerin davranışlarını şekillendiren yapılar sadece maddi yapılar değildir, normatif ve düşünsel yapılar da en az onlar kadar önemlidir.[26] Neorealistlerin maddi kapasitenin dağılımı ile oluştuğunu kabul ettiği yapılar, konstrüktivistlere göre aynı zamanda sosyal ilişkilerden doğmuş olan sosyal yapılardır. Sosyal yapıları oluşturan üç unsur "paylaşılan bilgi, maddi unsurlar ve pratiklerdir". Sosyal yapılar objektiftir ve bu nitelikleri de paylaşılan bilgiye ve dolayısıyla fikirlere dayanır.[27] Maddi unsurların insanlara bir şey ifade etmesi ya da anlam kazanması paylaşılan bilgi yoluyla geçekleştiği için maddi unsurlara anlam kazandıran sosyal unsurlardır.[28] Maddi unsurlardan çok düşüncelere yaptığı vurgu ile idealist bir yaklaşımı temsil ederek rasyonalistlerin sosyal yapının etkilerini bağımsız aktörler arasındaki ilişkilere indirgeyen bireyci yaklaşımına karşı olan Wendt, kendi konstrüktivizm yaklaşımını bütüncül ya da yapısalcı olarak niteleyip yapısal idealizm olarak adlandırmış, insana ait yapıların öncelikle düşünsel faktörler tarafından belirlendiğini, çıkarlar ve kimliklerin doğa tarafından verilmeyip düşünsel faktörler tarafından inşa edildiğini belirtmiştir.[29] Wendt, devlet davranışının açıklanabilmesi için hem devletin (yapan) hem de sistem yapısının analiz edilmesi gerektiğini vurgulayarak, yapı ve yapanların ontolojik eşitliğini savunmakta[30], ontolojik olarak farklı varlıklar olsalar da yapı ve yapanın birbirlerini karşılıklı olarak inşa ettiklerini

---

[24] Jeffrey T. Checkel, *a.g.m.*, s.327; John Gerrard Ruggie, *a.g.e.*, s.33.

[25] Robert Jackson – Georg Sorensen, *a.g.e.*, ss. 211-212.

[26] Christian Reus-Smith, "Constructivism" in *Theories of International Relations*, Third Edition, Scott Burchill... [et al.], Palgrave Macmillan, New York, 2005, s.196.

[27] Alexander Wendt, "Constructing International Politics", *International Security*, Cilt 20, No. 1, 1995, ss. 73-74.

[28] *Aynı yer.*

[29] Alexander Wendt, *Social Theory...*, s. 1.

[30] Alexander Wendt, "The Agent-Structure Problem in International Relations Theory", International Organization, Vol. 41, No. 3, 1987, ss. 365-366.

öne sürmektedir.[31] Kenneth Waltz, güç dağılımı ile tanımladığı maddi nitelikli uluslararası yapının devlet davranışlarını kısıtlamakta olduğunu belirtmektedir.[32] Bireyci niteliğiyle bireyin toplumdan ya da yapanının yapıdan önce geldiği ön kabulüne dayanan Waltz'ın yapı-yapan yaklaşımında yapanın kimlik ve çıkarlarının kültürel ve toplumsal kaynakları göz ardı edilmiştir.[33] Wendt'e göre ise yapı ve yapan öznelerarası[34] anlamlarca inşa edilmiştir ve yapılar hem maddi özellikleri ile hem de normlar, kurallar, fikirler, inançlar ile tanımlanabilecekleri için normatif özellikleri barındırmakta olup maddi özellikler ancak normatif özelliklerin varlığı ile anlam kazanacaklardır.[35] Yapı sadece yapanları kısıtlamakla kalmaz aynı zamanda onların kimliklerini ve çıkarlarını da yapılandırır.[36] Rasyonalistlerin indirgemeci yaklaşımına karşılık çıkarlar ve kimlikler verili olmayıp öznelerarası sosyal etkileşim ile yapılandırıldıklarından dolayı değişebilirler[37] ve bunun yanında yapı ile yapanın karşılıklı öznelerarası sosyal etkileşimi sonucunda yapının kendisi de yeniden oluşur ve dönüşür.[38]

Konstrüktivizmde Kimlik ve Güvenlik

Konstrüktivist yaklaşımda kimliğe büyük önem verilmiş ve kimlik konstrüktivist analizlerin merkezine yerleştirilmiştir. Konstrüktivizme göre kimlik yapı tarafından dayatılmayıp karşılıklı öznelerarası etkileşim sonucu bir süreç içerisinde ortaya çıkmaktadır.[39] Kimlikler hem maddi hem de düşünsel yapılarca şekillendirildiklerinden, devletlerin ya da diğer yapanların kimlik ve çıkarlar bazındaki davranışları öznelerarasıdır. [40] Sosyal olarak inşa edilmiş olan kimlikler çıkarların belirleyicisidir. Sosyal yapıyı inşa eden insanın eylemleri kendisi için bir anlam ifade eden nesneye doğru gerçekleşeceğinden dolayı ne istediğimiz kim olduğumuza bağlıdır.[41] Bunun yanında Wendt'e göre, kimlik, yapanın kendini an-

---

[31] a.g.e., s. 360.

[32] Kenneth N. Waltz, Theory of International Politics, Addison-Wesley, Reading, 1979.

[33] John Gerrard Ruggie, "What Makes the World…, ss. 862-863.

[34] Öznelerarası kavramı insanlar arasındaki düşünsel paylaşımı ifade etmekte olup bu paylaşım bireyci değil kolektiftir.

[35] Alexander Wendt, Social Theory…, s. 136.

[36] Nilüfer Karacasulu, a.g.e., s.114.

[37] Richard Price-Christian Reus-Smith, "Dangerous Liasions? Critical International Theory and Constructivism", European Journal of International Relations, Cilt 4, No. 3, 1998, s. 265.

[38] Nilüfer Karacasulu, a.g.e. s.118; K. M. Fierke, a.g.e., ss.188-189.

[39] Yücel Bozdağlıoğlu, Turkish Foreign Policy and Turkish Identity: A Constructivist Approach, Routledge, New York 2003, s.152.

[40] Emanuel Adler, a.g.m., ss.322-323; Michael Barnett, a.g.e., s. 156; John Gerrard Ruggie, Constructing World Polity, s. 33.

[41] Alexander Wendt, "Anarchy is What States Make of It", International Organization, Cilt 46, No. 2, 1992, s.398.

lamasına bağlı olsa da yeterli değildir. İnsan eylemleri sürekli bir ben/öteki kavramsallaştırması üretmekte, kimliğin yapanla özdeşleşmesi için diğer yapanların ya da ötekinin bu kimlik anlayışını kabul etmesi gerekmektedir.[42]

Wendt'e göre toplumun yapanları insanlar ise uluslararası sistemin yapanları da devletler olup kimlik, istek, amaç ve inanç gibi insani özellikler taşımaktadırlar, hatta insandırlar.[43] Bu nedenle devletler de ne istediklerine karar vermeden önce kim olduklarını bilmelidirler. [44] Wendt'e göre neorealizmin anarşik olarak tanımladığı uluslararası sistemin yapısı da öznelerarası pratikler sonucu ortaya çıkan kolektif anlamlandırmalar ile belirlenmiştir. Devletler, sistemin yapısını kolektif olarak anarşi ile özdeşleştirdikleri için anarşi vardır ve kaçınılmaz olmayıp devletlerin yaptığı bir şeydir.[45] Devletleri güç rekabetine yönlendiren ana neden, uluslararası sistemde üst otoritenin yokluğu değil, devletlerin bu duruma yükledikleri anlamdır. Tehdit algıları, nesnel koşullardan çok devletin kendi kimliği ve diğer devletleri nasıl gördüğüne, yani anarşinin tehditkâr olarak yorumlanıp yorumlanmadığına göre belirlenir.[46] Yani bir devletin diğer devletler ile etkileşim sonucunda tanımladığı kimlik aynı zamanda dost ve düşman algısının da belirleyicisi olmaktadır. [47] Buna göre örneğin Küba, Kanada için bir tehlike oluşturmazken ABD'nin kimlik tanımlaması çerçevesinde tehdit unsuru haline gelmektedir.[48] Wendt'e göre üç farklı anarşi yapısı ve her kültürün kendine özgü baskın bir rol yapısı vardır: Hobbesçu yapıda düşman, Lockeçu yapıda rakip, Kantçı yapıda dost rol yapıları baskındır.[49] Sosyal etkileşim, kimlikler, kurallar ve normlardaki değişimler, devletlerin eski düşmanlarını yeni dost ya da rakip olarak algılamalarına neden olurken, düşmanlar anarşisinin dostlar anarşisine yönelmesi ihtimali olsa da yapısal değişim oldukça uzun ve zor bir süreçtir. Bu değişimin daha iyi bir uluslararası sistem yaratacağının garantisi de yoktur. Bunun yanında, tarihteki yapı değişiklikleri hep ilerleyen nitelikte olduğu için daha kötü bir sisteme dönülmesi ya da geriye gitmesi de daha az olasılıklıdır. Lockeçu kültürden Hobbesçu kültüre ve aynı şekilde Kantçı kültürden Lockeçu kültüre geri dönülmesi,

---

[42] Alexander Wendt, *Social Theory...*, s. 224.
[43] A.g.e., ss.150-151.
[44] Yücel Bozdağlıoğlu, *a.g.e.*, s. 133.
[45] Alexander Wendt, *Anarchy...*, s. 395.
[46] Alexander Wendt, *Social Theory...*, s. 257.
[47] Kader Özlem, *a.g.e.*, ss.28-29.
[48] Emanuel Adler, *a.g.m.*, s.322.
[49] Alexander Wendt, *Social Theory...*, s. 258.

hâkim kültürün zaman içerisinde içselleştirilmiş olmasından dolayı nere-deyse imkânsızdır.[50]

Konstrüktivizme göre güvenlik de sosyal bir oluşumdur. Farklılıkların şekillendirdiği, ben/öteki arasındaki sosyal etkileşim üzerine kurulan ve değişime açık olan kimlik, tehdit/çıkar ve dost/düşman algılarını da değiştirebildiği için güvenlik algısı ile karşılıklı etkileşim içindedir.[51] Katzenstein'ın belirttiği gibi farklılıklara ve ötekine göre tanımlanan kimlik ulusal çıkarları belirliyorsa aynı zamanda ulusal çıkarları tehdit eden unsurların belirlenmesinde de ön planda olacaktır. Tehditler ve çıkarlar ile doğal bir ilişki içerisinde olan güvenlikte olma ve olmama algısı da kimlik ve güvenlik arasındaki ilişkiyi ortaya koymaktadır.[52] Bunlara ek olarak Hopf'a göre kimlik devletlerin tercihleri, davranışları ve stratejileri üzerinde belirleyici olmanın yanında devletlerin davranışlarının ne yönde olabileceğinin önceden tahmin edilebilmesini sağlayarak belirsizliği ortadan kaldırabilir.[53] Konstrüktivizmin güvenlik yaklaşımının, açık-lamaktan ziyade "bu nasıl mümkün oldu" sorusu aracılığıyla devlet davranışlarını olası kılan anlamlandırmaları ve bir olayın hangi anlam-landırmalardan geçerek ulusal çıkarlar için tehdit olarak algılandığını ortaya koymak suretiyle, kimlik temeline dayandığı belirtilmelidir.[54] Her biri sosyal oluşum olan kimlikler, çıkarlar, güvenlik, düşman, tehdit gibi kavramlar zamana göre değişime uğrayabilmekte ve bu durum devlet-lerin belli dönemlerde farklı davranışlar ve tutumlar sergilemelerine neden olurken diğer devletlerle olan ilişkilerinin seyri de değişmektedir.

ABD-Küba İlişkilerinin Tarihi

Karayipler'deki en büyük ada olan Küba, İspanyol sömürgeciliğinin ulaştığı en son nokta ve en istikrarlı sömürge düzeninin kurulduğu yerdir. İspanya için güvenli bir liman ve istasyon görevi gören ada, 17. yüzyılın sonlarından itibaren tarım, hayvancılık ve orman ürünlerinin yanında sınırsız doğal kaynakları ve büyük taşıma kapasitesine sahip limanları ile önem arz etmiştir. ABD'nin Florida eyaletine bağlı adalar topluluğu Florida Keys'den sadece 140 km uzaklıkta olması dolayısıyla İspanyol

---

[50] *A.g.e.*, ss. 311-315.

[51] Fulya Ereker. *Dış Politika ve Kimlik: İnşacı Perspektiften Türk Dış Politikasının Analizi*, (Ankara Üniversitesi, Sosyal Bilimler Üniversitesi, Uluslararası İlişkiler Anabilim Dalı, Basılmamış Doktora Tezi), Ankara, 2010, s. 59

[52] P. J. Katzenstein, "Introduction: Alternative Perspectives on National Security" in *The Culture of National Security: Norms and Identity in World Politics*, P. J. Katzenstein (Ed.), New York, Columbia University Press, 1996, ss. 18-19.

[53] Ted Hopf, *a.g.m.* s.175.

[54] Bahar Rumelili, *a.g.e.*, s. 171.

sömürgesi olduğu dönemlerden itibaren ABD'nin ilgi alanında olmuştur. Özellikle ABD'nin bağımsızlık savaşı döneminde filizlenen iki ülke ticari ilişkileri, takip eden yüz yıllık süreçte büyük bir gelişme göstermiştir. Sömürge döneminde şeker endüstrisi için taşıdığı önem ve Latin Amerika'ya ulaşımdaki stratejik konumu[55], ABD'nin Küba'ya büyük miktarda yatırım yaparak güçlü ticari bağlar kurmasına neden olmuştur.[56] 1823 Monroe Doktrini[57] ile tüm Amerika Kıtasını etki alanına çeviren ABD[58], 19. yüzyılın sonlarına doğru toprak sahibi, zengin yönetici sınıfı aracılığıyla Küba ekonomisinin birçok sektörüne nüfuz etmiş ve adanın İspanya ile olan ticaretinden daha büyük bir ticaret hacmine ulaşmıştır.[59] Küba ekonomisinin ağırlıklı olarak ABD'ye bağımlı hale gelmesinin yanında İspanya'nın baskıcı sömürge yönetiminin adanın gelirlerinin beşte ikisini almak suretiyle ekonomiyi kendi ihtiyaçlarına göre biçimlendirerek Küba'nın yerleşik halkını yoksullaştırması, Küba'yı bağımsızlığa götüren en büyük halk ayaklanmasının 1895 yılında Jose Marti tarafından başlatılması ile sonuçlanmıştır. ABD ayaklanmanın ilk yıllarında tarafsızlığını korumaya çalışmış olsa da karışıklığın uzaması durumunda Küba'ya yatırılmış yaklaşık 50 milyon dolar Amerikan sermayesinin ve yılda 100 milyon dolarlık bir ticaretin tehlikeye girmesine ek olarak çatışmalarda Kübalıların yanında Amerikan vatandaşlarının da can ve mal kaybına uğraması sonucu 11 Nisan 1898 tarihinde, ABD halkının da desteğiyle, savaş kararını aldı.[60] İspanya'nın baskıcı yönetimine karşı bağımsızlık savaşı veren Küba halkına yardımın bir ahlaki sorumluluk ve misyon olduğu ve ancak ABD'nin müdahalesiyle adanın istikrara kavuşabileceği vurgulanarak ABD kamuoyu savaşa ikna edilmişti.[61] Kısa süren savaşın sonucunda 10 Aralık 1898'de imzalanan anlaşma ile Küba'nın tüm

---

[55] Küba, Kuzey ve Güney Amerika Kıtalarını birbirinden ayıran Panama Kanalı'nın 15 Ağustos 1914 tarihinde açılmasıyla daha da fazla önem kazanmıştır.

[56] Özgür Uyanık, *Latin Amerika'nın Devrimci Tarihi*, İstanbul, Kaynak Yayınları, 2014, s. 160.

[57] ABD başkanı James Monroe'nun İngiltere, Fransa, Rusya ve İspanya'dan oluşan Avrupalı güçlere yaptığı özünde savunmacı bir uyarıdır. Bu ülkelerin Batı yarımküredeki müdahalelerinin ABD'nin barış ve güvenliğine tehlike oluşturacağı ve ABD'nin böyle bir durumda her türlü karşılığı vermeye hakkı olduğu bildirilmiştir. Grace Livingstone, *America's Backyard*, Zed Books, New York, 2009, s. 9.

[58] Steven W. Hook, John Spanier, *Amerikan Dış Politikası: İkinci Dünya Savaşı'ndan Günümüze*, İnkılap, İstanbul, 2014, s. 83.

[59] Lana Wylie, *Perceptions of Cuba: Canadian and American Policies in Comparative Perspective*, Kobo E-book Edition, University of Toronto Press, Toronto, 2010, in Introduction, s.15, (20.08.2016).

[60] Allan Nevins, Henry Steele, *ABD Tarihi*, Çeviren: Halil İnalcık, DoğuBatı, 7. Basım, Ankara, 2015, ss. 432-435.

[61] Kürşat Turan, "ABD'nin Küba'ya Askeri Müdahaleleri: 1898-1902, 1906-1909, 1917-1933, 1962" in *ABD'nin Askeri Müdahaleleri: 1801'den Günümüze*, Haydar Çakmak (Ed.), Kaynak, İstanbul, 2013, s.326.

kontrolünü eline geçiren ABD[62], adayı kendi topraklarına dahil etmemiş olsa da 1902'de adayı terk etmeden önce yeni hazırlanan Küba anayasasına "Platt Düzenlemesi"[63] olarak da bilinen bir maddeyi ekleterek adanın hamiliğini üstlenip bölgedeki otoritesini resmi olarak garanti altına almıştır.[64] Bu düzenleme ile adanın bağımsızlığının korunması ve istikrarın sağlanması açısından kendi uygun göreceği durumlarda müdahale etme yetkisi[65] elde eden ABD'nin askeri varlığı meşruluk kazanmış; diğer ülkelerle anlaşmalar yapması sınırlandırılarak egemenlik hakları kısıtlanan Küba ise aynı zamanda ABD'ye deniz üssü[66] ve kömür deposu olarak kullanılmak üzere toprak da kiralamak zorunda kalmıştır.[67] ABD-Küba ilişkilerinin gelecekte alacağı şekli ortaya koyması açısından büyük önem taşıyan bu düzenleme 1934 yılında kaldırılana kadar hem siyasi hem de ekonomik anlamda ABD'nin ada üzerindeki etkisini artırıcı bir araç olmuştur.[68] Bu dönem içerisinde ada üzerindeki etkisini sürekli hale getirmek amacıyla üç kez[69] askeri müdahalede bulunan ABD'nin[70] birçok kez sol bir yönetimin başa gelmesini engellemek için Küba'daki seçimleri yönlendirmeye çalışması, atadığı valilerin finansal yönetimi elinde tutması ve ülke rejiminin kısa sürede yozlaşarak halkın en temel insani haklarını göz ardı etmeye başlaması, baskıcı dikta rejimlerine ve onları destekleyen ABD'ye karşı siyasi ve ekonomik değişimin gerekliliğini savunan muhalif görüşlerin taraftar bulmasına[71] ve direniş fikrinin toplumsallaşmasına yol açmıştır.[72] 1933'te ABD destekli Gerado Merchado[73] yönetimine üniversite öğrencileri, bazı ordu mensupları ve organize işçi

---

[62] Fatih Yaşlı, "ABD-Küba Çatışması: 44 Yıllık Mücadele" in *Dünya Çatışmaları: Çatışma Bölgeleri ve Konuları*, Kemal İnat, Burhanettin Duran ve Muhittin Ataman (Ed.), Nobel, Ankara, 2010, s. 908.

[63] "Platt Amendment" için bknz. https://www.ourdocuments.gov/doc.php?flash=true&doc=55 , (24.01.2017).

[64] Lana Wylie, *a.g.e.*, in Introduction, s. 15.

[65] Steven W. Hook, *a.g.e.*, s. 87.

[66] Guantanamo Körfezi'ndeki ABD deniz üssü.

[67] Kürşat Turan, *a.g.e.*, s. 327; Fatih Yaşlı, *a.g.e.*, s. 908.

[68] Lana Wylie, *a.g.e.*, in "Introduction", s. 16.

[69] 1906'dan 1909'a kadar süren birinci, 1912'deki ikinci ve 1917'den 1933'e kadar süren üçüncü müdahale.

[70] Kürşat Turan, *a.g.e.*, s. 325; Philip Brenner, "Establishing, Not Restoring, Normal Relations Between the United States and Cuba" in *A New Chapter in US-Cuba Relations: Social,Political and Economic Implications*, Eric Hershberg ve William LeoGrande (Ed.), Palgrave Macmillan, New York, 2016, s.16.

[71] Ethan Zawatsky, Ashley Gemma, *Diplomatic Normalization between the US and Cuba in Light of Recent Changes in US Foreign Policy More Generally*, Senior Honors Projects. Paper 427, University of Rhode Island, 2015, ss. 2-3, http://digitalcommons.uri.edu/srhonorsprog/427 (12.09.2016).

[72] Özgür Uyanık, *a.g.e.*, s. 161.

[73] 1925 yılından sonra ABD desteğiyle başa geçmiş ve kendisine halk tarafından "kasap" lakabı verilmiştir. İç karışıklıklar, baskılar, ekonomik krizler ile özdeşleşen Merchado döneminde ABD, Küba konusunun kendisine zarar verdiğini düşünerek Latin Amerika'daki tüm askeri müdahalelerine son vermiştir. Kürşat Turan, *a.g.e.*, s.330.

gruplarından oluşan ihtilalciler[74] tarafından son verilmiş, o dönemde orduda çavuş olan Flugencio Batista'nın yönettiği ve ABD'nin "komünist" karakterli olarak tanımladığı bu darbe sonrasında adada sol hükümetlerin kurulmasını engellemek isteyen Başkan Roosevelt 29 savaş gemisini Küba'ya göndererek güç gösterisinde bulunmuştur.[75]

1933'ten 1959 yılına kadar olan dönem Küba açısından "Batista Dönemi" olarak da adlandırılabilir. İki yıl gibi kısa bir sürede çavuşluktan generalliğe yükselen, elde ettiği siyasi güç sayesinde 1940 yılında Küba başkanı olan, 1944 yılında kendi desteklediği başkan adayı Carlos Saladrigas Zayas'ın seçimi Roman Grau'ya kaybetmesi sonucu bir süre Küba'yı kendi isteğiyle terk ettikten sonra 1949'da tekrar ülkesine dönen Batista özellikle 1952'den sonra ABD'nin de desteğini almak suretiyle Küba'nın en güçlü adamı haline gelmiştir.[76] Adaya herhangi bir askeri müdahaleyi gerektirecek gelişmelerin yaşanmadığı ve ABD'nin etkisini hissettirmeye devam ettiği 1948-1952 Carlos Prio Socarras'ın başkanlığı dönemi genç bir avukat olan Fidel Castro'nun[77] da üyesi olduğu Ortodoks Parti'nin seçimleri kazanması ile son bulmuş; seçimlerin hemen ardından 10 Mart 1952'de Flugencio Batista tarafından gerçekleştirilen darbe ile anayasa ortadan kaldırılmış, öğrencilerin ve şehirli orta sınıfın isyanı kısa sürede bastırılmış; bunun sonucunda 1959 yılına kadar devam edecek, hem siyasi hem de ekonomik olarak ABD'ye tam bağımlı bir süreç başlamıştır.[78] Batista'nın dikta rejimi döneminde ABD kaynaklı organize suç örgütlerinin global operasyonlarını yönettikleri ve kara para akladıkları bir merkez haline gelen Küba'da uyuşturucu ve kumarhaneler ekonomide şeker üretiminden daha önemli hale gelmiş, rüşvet yaygınlaşmış ve insan hakları ihlalleri en üst seviyeye ulaşmıştır.[79] Küba halkı bu süre içerisinde sadece Batista diktasına değil aynı zamanda ABD'ye bağımlı sisteme karşı da mücadele etmeye başlamış, Küba'nın tam bağımsızlığının ancak devrim ile gerçekleşeceğine olan inanç artmıştır.

---

[74] Flugencio Batista'nın da aralarında olduğu ve "Çavuşlar Devrimi" olarak bilinen asker-sivil ittifakıdır. Özgür Uyanık, *Aynı yer.*

[75] Jane Franklin, *Cuba and the United States: A Chronological History*, Ocean Press, Melbourne ve New York, 6. Baskı, 2006, s. 13.

[76] *A.g.e.*, s.14.

[77] Ortodoks Parti milletvekili adayı olan Fidel Castro 26 Temmuz 1953'te kardeşi Raul Castro ve Ernesto Che Guavera ile beraber öğrencilere liderlik yaptığı başarısız Moncada Kışlası Baskınından sonra iki yıl hapis yatmış, ardından Meksika'ya sürgüne gitmiş ve burada örgütlenerek güç kazanmaya başlamıştır. Özgür Uyanık, *a.g.e.*, s.162.

[78] Fatih Yaşlı, *a.g.e*, ss. 908-909.

[79] Özgür Uyanık, *a.g.e.*, s.163, Philip Brenner, *a.g.e.*, s. 17.

Ocak 1959'da Küba halkının da desteğini alan Fidel Castro ve Che Guavera yönetimindeki gerilla güçlerinin Batista diktasına son vermeleri ile birlikte Küba-ABD ilişkileri de kısa sürede tıkanma noktasına gelmiş ve 50 yıldan fazla sürecek karşılıklı korku ve güvensizlikten beslenen düşmanlık dönemi başlamıştır.[80] Castro'nun 1959'da başlattığı "Küba Devrimi" sonrası gerçekleşen "toprak reformu yasası" ile "latifundiaların"[81] dağıtılması en çok büyük çiftlik sahiplerini ve ABD'li şirketleri etkilemiş; mevcut devlet kurumlarının kapatılması, eski rejimin önde gelenlerinin yargılanması, kent reformu, eğitim reformu, sağlık reformu, telefon ve elektrik fiyatlarının ucuzlatılması gibi faaliyetler ise Soğuk Savaş'ın en şiddetli yaşandığı dönemde ABD tarafından Küba'nın komünizme doğru yönelmesi ve ABD ideolojisine meydan okuması şeklinde algılanmıştır.[82] ABD başkanı Eisenhower toprak reformu yasasına karşılık Küba'dan alınan şekerin kotasını düşürmüş ve adaya petrol sevkiyatını durdurmuştur. Şeker ticaretinde ABD'nin yerine SSCB ve Çin'i koyan, ABD'den alamadığı petrolü yine SSCB'den temin eden Castro, petrol şirketlerinin bu petrolü rafine etmemesi sonucu Ağustos 1960'da 26 adet yabancı şirketi[83] kamulaştırmış, Ekim 1960'da ABD buna ekonomik ambargo ile yanıt vermiştir.[84] 3 Ocak 1961'de ABD'nin Küba büyükelçiliği kapatılmış, ABD vatandaşlarının adaya tüm seyahatleri yasaklanmış ve iki ülke ilişkileri resmi olarak durmuştur.[85] SSCB ile bağları gittikçe güçlenen Castro rejimini devirmenin planlarını yapan ABD, devrim sonrası ABD'ye göç eden Castro ve devrim karşıtı Küba diasporası ile işbirliği yapmaya başlamış, Castro'nun 16 Nisan 1961'de Havana'da Küba'nın sosyalist bir ülke olduğunu açıklamasından bir gün sonra 17 Nisan 1961'de ABD tarafından silahlandırılmış Batista dönemi subayları tarafından gerçekleştirilen "Domuzlar Körfezi" çıkarması başarısızlıkla sonuçlanmıştır.[86] Küba üzerindeki baskıyı artırmak ve yalnızlığa itmek isteyen ABD 22 Ocak 1962'de Küba'nın "Amerikan Devletleri Örgütünden (OAS)" çıkarılmasını sağladıktan sonra 3 Şubat 1962'de başkan Kennedy tarafından devreye sokulan iki kanun ile ambargo daha da sıkılaştırılmıştır.[87]

---

[80] Philip Brenner, *Aynı yer.*
[81] Kökleri eski Roma'ya dayanan, asillere ya da toprak ağalarına ait ve yarı köle statüsünde çalışan ırgatlar ve çobanların iş gücüne dayanan ilkel tarım yöntemlerinin uygulandığı büyük çiftlikler.
[82] Lana Wylie, *a.g.e.*, in "Introduction", s. 16.
[83] Shell, Texaco, Standart Oil, ITT gibi şirketler ve şeker tekelleri.
[84] Lana Wylie, *a.g.e.*, Aynı yer.
[85] Ethan Zawatsky, *a.g.e.*, s. 4; Özgür Uyanık, *a.g.e.*, s. 165.
[86] Joaquin Roy, *The Cuban Revolution (1959-2009): Relations with Spain, The European Union and The United States*, Palgrave Macmillan, New York, 2009, ss. 36-37.
[87] *Aynı yer.*

Küba devriminin başlangıcından itibaren ABD'nin askeri müdahalesinden çekinen Küba'nın özellikle "Domuzlar Körfezi" olayından sonra SSCB ile askeri iş birliğini artırması ABD için tehlike olarak algılanmaya başlamışken Sovyet orta menzilli balistik füzelerinin adadaki varlığı kesinleşip ABD topraklarının Sovyet saldırısına açık olduğu anlaşılınca, 1962 yılının Ekim ayında on dört gün süren Ekim Füzeleri Bunalımı[88] yaşanmış, Soğuk Savaş dönemindeki Doğu-Batı kutuplaşmasının en tehlikeli mücadelesinin sonucunda tüm dünyayı tehdit eden nükleer bir savaşın eşiğinden dönülmüştür.[89] Bu olayın ardından başkan Kennedy tarafından başlatılan ekonomik ambargonun yanında Küba'yı diplomatik açıdan yalnızlığa itmek ABD'nin Küba politikasının başlıca unsurları haline gelmiş, bu politika ile devrimin ve Castro rejiminin sona erdirileceğine inanılmıştır.[90]

1977-1981 yılları arasındaki Jimmy Carter'ın başkanlık dönemine kadar iki ülke ilişkileri karşılıklı düşmanlıktan öteye geçememiş, ABD çeşitli defalar Castro'yu devirmeye çalışırken Küba'da 3 Ekim 1965'te Komünist Partisi kurulmuş [91] ve Castro tarafından Küba'nın komünist bir ülke olduğu ilan edilmiş, Küba diğer Latin Amerika ülkelerindeki devrimci hareketlere destek vermiştir. [92] Carter döneminde ilişkilerin normalleşmesi adına Havana ve Washington'da de facto diplomatik temsilcilikler açılsa da tüm bu çabalar Küba'nın "Afrika Boynuzu"[93] müdahalesi ve SSCB'nin Afganistan müdahalesine destek vermesi ile sonuçsuz kalmış, Demokrat başkan Carter'in dış politika tercihleri Cumhuriyetçiler tarafından eleştirilerek hayal kırıklığı olarak nitelendirilmiştir.[94]

Ronald Reagan'ın başkanlık döneminde Küba-ABD ilişkileri tekrar hareketlenmeye başlamış, Senato başkana Küba'nın Latin Amerika'daki etkisini ortadan kaldırmak için gerektiğinde güç kullanma yetkisi vermiştir. Bu dönemde Nikaragua, El Salvador, Granada ve Guatemala gibi Orta Amerika ülkelerinde yaşanan iç karışıklıkları değerlendirmek için kurulan Henry Kissinger'in başında olduğu "Orta Amerika Komisyonu",

---

[88] Bu olay Küba'da "Ekim Krizi", ABD'de "Küba Füze Krizi" ve Rusya'da ise "Karayipler Krizi" olarak adlandırılır.

[89] "Ekim Füzeleri Bunalımı" için bknz. Oral Sander, *Siyasi Tarih 1918-1994*, İmge Yayınları, 24. Baskı, 2014, ss. 322-329.

[90] "US-Cuba Relations", 07.09.2016, *Council on Foreign Relations CFR Backgrounders*, http://www.cfr.org/cuba/us-cuba-relations/p11113, (25.10.2016).

[91] Jane Franklin, *a.g.e.*, s.79.

[92] Dario Moreno, Maria Ilcheva, "The Obama Doctrine and Cuba" in *The Obama Doctrine in Americas*, Hanna S. Kassab ve Jonathan D. Rosen (Ed.), Lexington Books, Lanham, 2016, s. 30.

[93] Etiyopya, Cibuti, Somali ve Eritre'nin bulunduğu bölge.

[94] Henriette M. Rytz, *Ethnic Interest Groups in US Foreign Policy-Making: A Cuban-American Success Story and Failure*, Palgrave Macmillan, New York 2013, s. 56.

Batı yarımküredeki SSCB-Küba etkisinin dünya barışı için tehlikeli olduğunu, Nikaragua'da SSCB askeri üssünün açılmaması gerektiğini ve Orta Amerika'daki iç karışıklıkların nedeninin Doğu-Batı çekişmesi olduğunu açıklamış ve hemen ardından Küba'ya karşı anti-propaganda aracı olarak kullanılan ve bugün de Florida'da faaliyetlerine devam eden "Marti Radyo ve Televizyonu" yayınlarına başlamıştır."[95] Bu arada 1980 yılında gerçekleşen ikinci büyük Kübalı göçü 1984 yılında iki ülkeyi müzakereye zorlamış ve ikili bir anlaşmayla ABD her yıl 20.000 kişiye vize vermeyi kabul etmiş, bu sayı 1994 yılındaki tarihin en büyük Kübalı göçünden sonra minimum 20.000 kişi olarak revize edilmesinin yanında Amerikan toprağına ayak basan her Kübalının bu ayrıcalıktan yararlanmasına izin verilmiştir.[96]

George H. Bush ve Bill Clinton'ın başkanlık dönemlerinde Kennedy zamanında başlatılan ekonomik ambargo daha da sıkılaştırılmış, SSCB'nin dağılmasıyla en önemli ekonomik desteğini kaybeden Küba'yı ekonomik olarak bitirmek ve Küba'daki rejim muhaliflerinin sayısını artırmak suretiyle Castro rejimine sona vermek amaçlanmıştır.[97] 1992 yılında Amerikan Kongresi'nden geçen "Küba Demokrasi Yasası (Cuban Democracy Act)"[98] ya da "Toriçelli Yasası" ile Amerikan şirketlerinin yurt dışındaki ortaklarının ya da kollarının Küba ile ticaret yapmasını yasaklamasının yanında Küba ile ticaret yapan Latin Amerika ülkelerine de yaptırım uygulanacağı bildirilmiştir. ABD'de yaşayan Kübalıların Küba'daki ailelerine mali yardımda bulunmaları da yasaklanırken[99] Küba'daki Castro muhaliflerinin desteklenmesinin gerekliliği de vurgulanmıştır.[100] 1980'lerden itibaren ABD'nin Küba politikalarının daha ziyade Küba toplumuna etki etmek amacıyla formüle edilmeye başlandığı, ilk başlarda "demokrasiyi teşvik programları" olarak lanse edilen bu politikaların 1990'larla birlikte "insan haklarını teşvik etme programlarına" dönüştüğü görülmektedir.[101] Küba'ya uygulanan ekonomik ambargonun ve yalnızlaştırma politikasının etkisiz olduğuna inanan ancak ikinci dönem başkanlık seçimleri yaklaşırken Florida eyaletinde önemli bir seçmen gücü oluşturan Küba asıllı Amerikan vatandaşlarının

---

[95] Piotr Lacinski, "Normalization of US-Cuban Relations: Obama Doctrine and International Security in the Western Hemisphere", *Securitologia*, No.2, 2015, ss. 7-8, jml2012.indexcopernicus.com/fulltxt.php?ICID=1203722, (22.12.2016).
[96] Henriette M. Rytz, *a.g.e.*, s. 7.
[97] Fatih Yaşlı, *a.g.e.* s. 912.
[98] Bknz. https://www.treasury.gov/resource-center/sanctions/Documents/cda.pdf, (22.01.2017).
[99] Dario Moreno, Maria Ilcheva, *a.g.e.*, s. 30.
[100] Fatih Yaşlı, *Aynı yer*.
[101] Henriette M. Rytz, *a.g.e.*, s. 56.

oylarını kaybetmeyi göze alamayan Bill Clinton tarafından imzalanan[102] ve "Platt Düzenlemesi" ile başlamış olan ABD'nin kendi siyasi isteklerini zorla kabul ettirmeye çalıştığı davranış kalıbının son parçası [103] sayılabilecek Helms-Burton Yasası (Cuban Liberty and Democratic Solidarity Act)[104] Kongre tarafından onaylanarak bir anlamda ABD'nin resmi Küba politikası haline gelmiştir. Küba'ya uygulanan ekonomik ambargonun Küba'da demokratik seçimlerin yapılması ve seçilen yeni hükümetin Castro Kardeşlerin olmadığı bir hükümet olması durumunda kaldırılacağını belirten bu yasa[105] Küba'daki Castro rejiminin ABD için tehlike oluşturduğunu ve Küba'nın tüm sorunlarının kaynağında kötü Castro yönetiminin olduğuna işaret etmekte[106] bunun yanında başkanın ambargoyu tek başına kaldırma yetkisini elinden alıp bu yetkiyi sadece Kongre'ye vermektedir.[107]

George W. Bush ambargoyu güçlü bir şekilde desteklemesine rağmen 2001 yılının Kasım ayında meydana gelen "Michelle Kasırgası" sonrasında ABD'den gıda ihracatına izin vererek Küba hükümetine destek vermiştir. Başkanlığı döneminde Küba'ya seyahat konusundaki sınırlamaları artırmanın yanında düşmanca bir söylem de benimseyen Bush, Küba'nın demokrasiye sorunsuz geçişini araştırmak için 2003 yılında bir komisyon[108] kurmuştur. 2004 ve 2006 yıllarında komisyon tarafından hazırlanan raporlarda Küba halkını Castro rejimine karşı güçlendirmenin yollarından söz edilirken aynı zamanda yaptırımların sıkılaştırılmasının ve uluslararası toplumun baskısının artırılmasının önemi vurgulanmış olsa da 2006 yılında bir süreden beri sağlık sorunları yaşayan Fidel Castro'nun başkanlık görevini kardeşi Raul Castro'ya devredecek olması ile halkın rejime karşı olan muhalefetinin artacağı varsayımından hareket edilerek gerçekleştirilen bu faaliyetler sonuçsuz kalmıştır.[109] 1990 sonrasında Latin Amerika'daki ve üçüncü dünyadaki faaliyetlerinden ve muhalif tutumunu bir kenara bırakan Küba'nın Fidel Castro'nun rahatsızlığından

---

[102] Ethan Zawatsky, *a.g.e.*, s. 6.
[103] Arturo Lopez-Levi, "Cuba-Us: December 17 Agreement in the Rationale of Asymmetric Relations" in A *New Chapter in US-Cuba Relations: Social,Political and Economic Implications*, Eric Hershberg ve William LeoGrande (Ed.), Palgrave Macmillan, New York, 2016, s. 30.
[104] Helms-Burton Yasası için bknz. http://cuba-embargo.procon.org/sourcefiles/1996-Cuban-Liberty-and-Democratic-Solidarity-Act.pdf, (05.09.2016).
[105] Dario Moreno, Maria Ilcheva, *Aynı yer.*
[106] E Henriette M. Rytz, *a.g.e.*, s. 155.
[107] Marifeli Perez-Stable, "Cuban Exceptionalism" in A *New Chapter in US-Cuba Relations: Social, Political and Economic Implications*, Eric Hershberg ve William LeoGrande (Eds.), Palgrave Macmillan, New York, 2016, s. 105.
[108] Komisyonun tam adı "The Comission for Assistance to a Free Cuba".
[109] Dario Moreno, Maria Ilcheva, *a.g.e.*, s. 31.

sonra ekonomik reform, siyasi liberalleşme ve piyasa ekonomisine geçiş sürecini başlatarak kendini uluslararası sistemin prensiplerine uydurmaya başlamış olması diğer Latin Amerika ülkeleri tarafından olumlu karşılanmış, 2006'da Arjantin'de düzenlenen Amerika Ülkeleri Zirvesi'nde katılan ülkeler ABD'nin tüm muhalefetine rağmen bir sonraki zirveye Küba'nın da davet edilmesini talep etmişlerdir.[110]

Daha seçim kampanyasının başında uluslararası konularda George W. Bush'tan farklı politikalar izleyeceğinin sinyallerini veren ve Küba sorununa yaklaşımında ikili diplomatik ilişkileri, özgürlükleri ve demokratik değişimi vurgulayan Barack H. Obama, 2009 yılında başkanlık görevine başladıktan sonra Helms-Burton Yasası'nın izin verdiği ölçüde "başkanlık emri" hakkını kullanarak Mart 2009'da tarım ve sağlık ürünlerinin ticaretini serbest bırakırken aile üyelerinin Küba'ya ziyaretlerine kolaylıklar getirmiş, 2011 yılında da ABD'de yaşayan Kübalıların Küba'daki aile mensubu olmayan kişilere de para gönderebilmelerini sağlamıştır.[111] Obama'nın başkanlığının ikinci dönemi Küba politikasındaki değişimi de beraberinde getirmiştir. 18 ay süren gizli görüşmelerin sonunda 17 Aralık 2014'te Barack Obama ve Raul Castro ABD ve Küba arasındaki diplomatik ilişkilerin yeniden tesis edileceğini açıklamışlar ve bundan kısa bir süre sonra karşılıklı olarak tutuklular serbest bırakılmıştır. Küba, 11 Nisan 2015'te üç yılda bir gerçekleştirilen ve 7.si Panama'da düzenlenen Amerika Zirvesi'ne ilk defa katılmış; 1982 yılında girdiği ABD'nin "terörizmi destekleyen devletler" listesinden 29 Mayıs 2015'te çıkarılmış; 20 Temmuz 2015'te Washington ve Havana'da iki ülke büyükelçilikleri yeniden açılmış; 20 Mart 2016'da Obama, Calvin Coolidge'den 88 yıl sonra Küba'yı ziyaret eden görevdeki ilk başkan[112] olarak tarihe geçmiştir.[113] 2016 yılının Kasım ayında yapılan ABD başkanlık seçimlerini Cumhuriyetçi aday Donald J. Trump kazanmış ve ABD'nin 45. Başkanı olarak 20 Ocak 2017'de göreve başlamıştır. Bunun yanında 25 Kasım 2016'da Fidel Castro hayatını kaybetmiş, görev süresi 2018 yılında dolacak olan Raul Castro ise yeniden başkanlığa aday olmayacağını açıklamıştır.

---

[110] Arturo Lopez-Levi, *a.g.e.*, s. 34.
[111] Dario Moreno, Maria Ilcheva, *Aynı yer.*
[112] 1977-1981 yıllarında ABD başkanlığı yapan Jimmy Carter, Küba'yı 2002 yılında ziyaret etmiştir.
[113] "US-Cuba Relations", 07.09.2016, *Council on Foreign Relations*, http://www.cfr.org/cuba/us-cuba-relations/p11113, (25.10.2016).

ABD'nin Küba Politikasında Kimliğin Rolü

Soğuk Savaş'ın sona erdiği, SSCB ve komünizmin tehdit olmaktan çıktığı bir dünyada Rusya, Çin ve Vietnam gibi her zaman daha fazla tehdit oluşturabilecek ülkelerle ilişkilerini normalleştiren güçlü ABD için küçük, ekonomik krizlerle mücadele eden, ideolojik ve askeri olarak tehlike arz etmeyen Küba'nın neden hala problem olarak algılandığı, üzerinde tartışılması gereken bir konudur. Burada sorulması gereken soru yakın zamana kadar normal ilişkilerin kurulamamasının ve Küba'nın ABD için tarihin her döneminde tehlike olarak değerlendirilmesinin ne ile ilişkilendirileceğidir. Hopf'a göre, neorealizmin devletlerin dost/düşman tanımlamalarında önemli bir unsur olarak kabul ettiği askeri imkanları fazla ve coğrafi olarak yakın ülkelerin tehdit oluşturacağı düşüncesinde eksik olan şey devletlerin tehdit algılarını etkileyen kimlik tanımlamalarını göz ardı etmesidir.[114] Küba ABD'ye coğrafi olarak yakın olsa da Soğuk Savaş sonrasında askeri imkanları yok denecek kadar azdır. Oysa ki askeri tehdit olmamasına rağmen Soğuk Savaş döneminden yakın zamana kadar bazı değişikliklere uğrasa da ABD'nin Küba politikası özünde hep aynı kalmıştır. Nükleer silahları olmayan, ekonomik olarak güçsüz küçük bir ada devletinin sürekli düşman olarak görülmesinin nedeni tarihsel süreç içerisinde öznelerarası sosyal etkileşim ve sosyal pratikler ile şekillenen ve her iki ülkede içselleşen algılamalar ve anlamlandırmaların oluşturduğu bir sosyal yapı olmalıdır. Wendt bu sosyal yapıya anlamlandırma sistemlerinin oluşturduğu sosyal yapılar demektedir.[115] Konstrüktivizmin kimliğe atfettiği önem üzerinde daha önceki bölümde durulmuştu. Kimlik kim olduğumuzu ve neyi temsil ettiğimizi ortaya koyarak aynı zamanda neyi isteyeceğimizi de belirlemektedir. Wendt'e göre insanlar gibi devletlerin de birden fazla kimlikleri vardır. Karşılıklı sosyal etkileşimle oluşan bu kimliklere bağlılık değişebilir ancak devletler ben ve öteki tanımlamalarını bu kimlikler temelinde yaparak sosyal yapıları oluştururlar.[116] Buradan yola çıkarak farklı kimliklere sahip iki ülke arasındaki düşmanlık ve karşılıklı güvensizliğin geçmişteki yaşanmışlıklara dayanmakta olduğu, uyuşmayan kimliklerin bir ürünü olan algılar ve anlamlandırmaların normal ilişkilerin kurulmasına engel olduğu sonucu çıkarılabilir. Bu nedenle ABD'nin dış politika davranışlarını ve güvenlik algısını daha iyi anlayabilmek için öncelikle Amerikan kimliğine odaklanılması faydalı olacaktır.

---

[114] Ted Hopf, *a.g.m.*, ss. 186-187.
[115] Alexander Wendt, *Social Theory*…, s. 136.
[116] Alexander Wendt, *Anarchy*…, s. 398.

ABD'nin politikalarının şekillenmesinde önemli bir faktör olan Amerikan kimliğinin temeli, çıkış noktası ya da ABD'nin bir ulus haline gelmesini sağlayan en önemli unsur "Amerikan İstisnailiği" inancıdır. Smith'in belirttiği gibi ABD'nin kuruluş yıllarında bir ulus haline gelmesinde önemli rol oynayan, içerisinde dini, ekonomik ve sosyal unsurları barındıran, Amerikan halkının özel ve seçilmiş bir halk olduğu ve dünyada eşinin benzerinin bulunmadığı prensibine dayanan anlayıştır ve ABD'nin kültürel ve kimliksel kaynaklarının temelini oluşturmaktadır. [117] ABD dünyanın tüm diğer ülkelerinden farklı olarak yaratılmış ve gelişmiş istisnai bir ülkedir. Eşi benzeri olmayan Amerikan modelinin benimsediği değerler diğer ülkelerin değerlerinden üstün olduğu için tüm dünyaya yayılmalıdır. ABD dünya halklarının özgürlüklerini korumak için Tanrı tarafından seçilmiş olduğundan kendi değerlerini dünyaya yaymak kutsal bir misyondur. Kendi temsil ettiği değerlerin iyi ve bu değerlerle uyuşmayanların kötü olacağı algısıyla kendi değerlerinin doğal ve doğru olduğunu şiddetle savunan ABD, uluslararası politikada kendisine uymayanları ötekileştirmekte, ilişkilerini siyah/beyaz, iyi/kötü, ben/öteki şeklinde birbirine zıt kavramlarla yorumlamaktadır.[118] Wendt'e göre bir devletin dört kimliği vardır: "Bileşik, Tip, Rol ve Kolektif". Bunlardan bileşik kimliği uluslararası sistemde öteki ile ilişkisiz olduğu ve sosyal olmadığı için, tip kimliği ise sosyal olmasına rağmen ötekiyle ilişkisiz olduğu için analiz dışı bırakan Wendt, sosyal kimlikler olarak nitelediği ötekiyle ilişki sonucu oluşan rol kimlik ile kolektif kimliğe odaklanmıştır. [119] Bunun yanında Weldes, bileşik ya da ulusal kimliğin devletlerin sistem düzeyindeki etkileşimlerinden önceki ilk kaynak olduğu üzerinde dururken[120]; McSweeney devlet kimliğinin ya da kolektif kimliğin kaynağının sadece sistem düzeyinde öznelerarası etkileşim değil aynı zamanda içsel süreçlerce oluşan kimlik olduğunu belirterek çıkarları ve dış politika davranışlarını yönlendiren devlet kimliğinin oluşumunda ulusal kimliğin rolüne işaret etmiştir.[121] Bozdağlıoğlu'nun belirttiği gibi, kimliğin hem ulusal hem de sistem düzeyinde inşa edilmesi sürekli bir süreç olup bileşik ve sosyal kimlikler birbirleriyle etkileşirken ben ve ötekini sürekli olarak yeniden tanımlarlar.[122] Buna göre, Amerikan ulusal

---

[117] Anthony D. Smith, *National Identity*, University of Nevada Press, Las Vegas, 1991, ss. 149-150.
[118] Nur Çetinoğlu Harunoğlu, *Düzen-Adalet İkileminde Türkiye'nin Dış Politikası ve ABD ile İlişkiler*, Derin Yayınları, İstanbul, 2016, ss. 60-61.
[119] Alexander Wendt, *Social Theory...*, ss. 225-228.
[120] Jutta Weldes, "Constructing National Interest", *European Journal of International Relations*, Cilt 4, No. 3, 1996, s. 280.
[121] Bill McSweeney, *Security, Identity and Interests: A Sociology of International Relations*, Cambridge University Press, Cambridge, 1999, ss. 127-128.
[122] Yücel Bozdağlıoğlu, *a.g.e.* s. 31.

kimliğinin temelini "Amerikan İstisnailiği" inancı oluşturmakta ve sistem düzeyinde diğer devletlerle sosyal etkileşim sonucunda oluşan kolektif ya da devlet kimliğinin çıkış noktası da "Amerikan İstisnailiği" inancına dayanan ulusal kimlik olmaktadır.

Weldes'in belirttiği gibi kimlik ve farklılık birbirlerini karşılıklı olarak inşa ederler. Devletler kendi kimliklerini korumaya almak ve devamını sağlamak için diğer devletlerle olan farklılıklarının bir kısmını ötekileştirirlerken aynı zamanda farklılıkları öteki olarak tanımlamak suretiyle etiketlendirirler. ABD dünya lideri, özgürlük savunucusu ve iyi iken SSCB ve komünist blok, tehlikeli, saldırgan, iki yüzlüdür.[123] Bu nedenle istisnai kimliği ile ABD'nin Küba'yı kendinden farklı görmesi ve ötekileştirmesi aslında kendi kimliğinin devamını sağlama adına doğal bir durum olmanın yanında gereklidir de. Devrimci ve Komünist Küba'nın temsil ettikleri ABD'ninkilerle uyuşmamakta, Fidel Castro yönetiminde demokrasi ve özgürlüklerin önündeki engellerden biri olarak algılanan Küba'nın devlet olarak varlığını sürdürmesi ABD'nin istisnai kimliğini tehdit etmektedir.[124] Wendt'e göre devletler düşman olarak gördüklerine dost olarak gördüklerinden farklı davranışlarda bulunurlar. Düşmanlar bir tehdit unsuru oluştururken aynı durum dostlar için düşünülmez. Kolektif anlamlar ve beklentiler devletlerin dost ve düşmanlarını belirlemelerinde ya da diğer bir ifadeyle ben ve öteki tanımlamalarında önemli rol oynayarak devletlerin davranışlarını düzenleyen yapıları oluştururlar.[125] Buna göre, ABD'nin askeri üstünlüğü Küba için diğer ülkelerden farklı anlamlar taşımaktadır. Küba ve ABD, İspanya-ABD savaşından itibaren günümüze kadar süregelen ilişkilerinde birbirlerini düşman olarak tanımlamışlar, kendi kimlikleri ile farklılık oluşturan unsurları ötekileştirerek oluşturdukları ben ve öteki tanımlamalarında birbirlerine düşman rol kimliğini vermişlerdir. İlişkilerin başlangıcından beri Küba'yı Avrupa yayılmacılığından kurtarılmış bir kurban ve sürekli olarak korunmaya muhtaç, kendi kendine yetemeyecek bir "çocuk" olarak gören ABD, aynı zamanda bu küçük adayı Avrupa'yı dize getiren kendi dünya gücünün de sembolü haline getirmiştir.[126] 1902 Platt Düzenlemesinden 1996 Helms-Burton Yasasına kadar geçen uzun süreçte Küba'yı hem aşırı uçtaki öteki hem de Amerika ailesinin bir parçası olarak kabul etmiş ve kendi değerlerine uydurmaya çalışmış;

---

[123] Jutta Weldes, *Constructing National Interest: The United States and the Cuban Missile Crisis*, University of Minnesota Press, Minneapolis, 1999, s. 221.
[124] Lana Wylie, *a.g.e.*, in Chapter 2, ss. 5-6.
[125] Alexander Wendt, *Social Theory...*, s. 105.
[126] Steven W. Hook, *a.g.e.*, s. 87.

Küba'daki Castro yönetiminin Küba halkının özgürleşmesinin önündeki en büyük engel olduğu algısıyla bu konuyu ahlaki bir misyon haline getirmiş; Küba devriminin Küba halkını ABD'ye ihanete zorladığı düşüncesiyle çeşitli defalar Castro rejimini yıkmaya çalışmıştır.[127] Amerika kıtası ile ilgili tüm gelişmelere müdahale etme hakkını kendinde gören ve Küba'nın kendi etki alanında ve kendi ailesinin bir parçası olduğuna dair normu olan ABD Castro'nun milliyetçi ve Küba'nın bağımsızlığına vurgu yapan söylemi nedeniyle Küba üzerindeki baskıyı artırmaya çalışmış, Helms-Burton Yasasının Kongre tarafından kabul edilmesiyle Castro ailesinden başka birisi başa gelmediği sürece Küba'daki seçimleri tanımayacağını ilan etmiştir.[128] 1823 Monroe Doktrini ile Amerika kıtasını kıta dışı güçlere kapatan ve arka bahçesi olarak görmeye başlayan ABD, bu bölgedeki tüm müdahalelerini normal bir davranış ve hak olarak algılamıştır[129] ABD'nin askeri müdahaleleri ve Küba Füze Krizi'nde SSCB'yi Küba'daki nükleer füzeleri kaldırtmaya zorlaması aslında büyük güç olma ile ilişkili olan istisnai kimliğinin tekrar üretilmesi, onaylanması, üstünlüğünün kanıtlanmasıdır.[130] Devletler kim olduklarını ve neyi temsil ettiklerini yani kendi kimliklerini tanımlasalar bile diğer devletler için neyi ifade ettiklerini nasıl tanımlandıklarını kontrol edemezler.[131] SSCB'nin Küba'da konuşlandırdığı füzeleri Küba halkının özgürlüğüne tehdit olarak algılayan ABD, aslında Amerikan istisnailiği ve kutsal misyon temeline dayanan güçlü Amerikan kimliğinin tehdit altında olduğu düşüncesiyle hareket etmiş[132], kendi kimliğini bu şekilde kabul ettirip devamını sağlayacağına inanarak aslında onu yeniden üretmiştir.

Soğuk Savaş dönemi sosyal bir yapı olup ABD ve SSCB iki belirgin kimliği temsil etmektedirler. Bu kimlikler iki ülkenin güvenliğe ait dünya görüşlerinin temelinde yer almaktadır.[133] Weldes'e göre kimliklerin belirlediği sosyal bir oluşum olan ulusal çıkarların tehlike altında olması, devletlerin davranışlarına yön veren ana unsurdur. Devletlerin kurgulanmış güvenlik anlayışları bulunmakta olup bunlar diğer devletlerle sosyal etkileşim sonucu oluşan sosyal yapılar olarak ulusal çıkarları da

---

[127] Lana Wylie, *a.g.e.*, in Chapter 2, ss. 13-14.
[128] *A.g.e.*, in Chapter 2, ss. 18-20.
[129] *A.g.e.*, in Chapter 2, s. 3.
[130] Ted Hopf, *a.g.m.*, ss. 172-173.
[131] *A.g.e.*, s. 186-187
[132] Jutte Weldes, *Constructing National Interest: The United States and the Cuban Missile Crisis*, ss.222-223.
[133] Alexander Wendt, "Collective Identity Formation and the International State", *American Political Science Review*, Vol.88, No.2, 1994, s. 386.

şekillendirirler.[134] İkinci Dünya Savaşı'nın galibi olan ABD kendi güvenlik kurgusuna göre belirlediği ulusal çıkarlarına yönelik tehlikeleri yine kendisi inşa etmiş, dost ve düşmanı buna göre belirlemiştir. Dünya lideri kimliği ile saldırgan ve totaliter devletlerin, komünist blok ve SSCB, yayılmacılığının oluşturduğu tehlikeye karşı ulusal çıkarlarını belirlerken siyasi, askeri ve psikolojik olarak tehdit altında olduğu anlayışıyla hareket etmiş, komünizmin yayılmasını önleme konusunu kutsal bir görev olarak kabul ettiği için askeri güç kullanmaktan çekinmemiştir.[135] Bunun yanında Küba, Soğuk Savaş döneminde topraklarındaki SSCB askeri varlığı, komünist blokta bulunan ülkelerle yakın ilişkiler içinde bulunması ve Latin Amerika ülkelerinde yönetimi ele geçirmeye çalışan silahlı sol örgütlere devrim ihracı ile destek ve ilham verdiği için ABD tarafından kendi güvenliğine ve uluslararası güvenliğe tehdit olarak algılanmıştır.[136] Soğuk Savaş'ın bitimi ile komünizm ve SSCB tehdidi ortadan kalkmış, SSCB desteğinden yoksun Küba hem askeri gücünü kaybetmiş hem de ekonomik sıkıntılarla mücadeleye başlamış olmasına rağmen ABD'nin güvenlik kurgusuna göre şekillenen ulusal çıkarları için tehlike olmaya devam etmiş, yeniden ötekileştirilmiştir. Soğuk Savaş sonrası ABD algısında Küba, demokrasi prensiplerini ve insan haklarını ihlal etmekte, terör örgütlerini barındırmanın yanında terörü destekleyerek uluslararası güvenlik için önemli bir tehdit oluşturmaktadır.[137] ABD-Küba ilişkilerinin normalleşmesi konusunda aslında birçok fırsatlar ortaya çıkmış, ancak iki ülke arasında karşılıklı güven bir türlü inşa edilememiş, iki ülke ilişkileri hiçbir zaman Hobbesçu dönemden kurtulamamıştır. İlişkilerin ilk dönemlerinden itibaren ABD Küba'yı kendi değerlerine uydurmaya ve ulusal çıkarlarına göre yönlendirmeye çalışmış, Küba devriminden sonra kendi savunduğu değerleri ve istisnai kimliğini tehdit eden bir düşman olarak değerlendirmiştir. Küba için ise ABD, kendi egemenliğini tehdit eden, kendisini ekonomik ambargo ile olanaksızlaştırarak yalnızlığa iten, Küba devriminin getirdiği özgürlüğü elinden almak isteyen ve kendisini sürekli olarak bir müdahale korkusu içerisinde yaşamaya zorlayan büyük güç ve düşmandır. İki ülke ilişkilerinin Hobbesçu kültürü aşabilmeleri için karşılıklı algılarda değişimin yaşanması, "düşman ve tehlike" gibi kavramların yerini "geçiş sürecindeki ülke" ve "rakip" kavramlarının alması gereklidir.[138]

---

[134] Jutte Weldes, *Constructing National Interest: The United States and the Cuban Missile Crisis*, s. 10.
[135] *A.g.e.*, ss. 14-15.
[136] Piotr Lacinski, *a.g.e.*, s. 8.
[137] *Aynı yer.*
[138] Arturo Lopez-Levi, *a.g.e.*, s. 28.

Konstrüktivizm, devlet davranışlarının yalnızca rasyonel beklentiler doğrultusunda sonuç mantığına göre gerçekleşmeyeceğini belirterek devletin normlar ve kurallardan hangilerinin kendi kimliği ile uyumlu olacağına karar verip uygunluk mantığına göre hareket edeceğini savunmaktadır.[139] Normlar ve kurallar üzerine sistemik bir bakış açısı getiren[140] Kratochwil'e göre rasyonalistlerin öne sürdüğü gibi normlar sadece düzenleyici değil aynı zamanda kurucudurlar. Kuralların düzenleyici niteliği var olan eylemleri düzenleyip bizi belli bir eyleme yöneltirken, kurucu niteliği ise sözü edilen eylemin gerçekleşmesini olanaklı hale getirmektedir.[141] Kimliğe uygunluk mantığına göre benimsenen kurallar ve normlar sadece yapanlar arasındaki ilişkileri düzenlemezler, yapanları inşa da ederler. Aynı zamanda kurucu olan normlar ve kurallar devletlerin kimliğini[142] ve dolayısıyla çıkarlarını da belirleyerek davranışlarına yön verir.[143] ABD'nin Küba politikası kendi kimliğiyle uyuşmamakta, sahip olmakla övündüğü değerlere ters düşmektedir. Dünyada barışın ancak demokrasinin yayılması ile geleceği, ancak demokrasi ile haklar ve özgürlüklerin garanti altına alınacağı, sınırlı devlet, güçlü sivil toplum, serbest ticaretin yayılması, egemenliğe saygı ve güç kullanımının sınırlanması gibi Amerikan değerleri[144], ABD tarafından Küba söz konusu olduğunda göz ardı edilmiş, yalnızlaştırma politikası ile iki ülke arasında sosyal etkileşim gerçekleşmediği için düşman algısında yapısal değişim olmamıştır. Buna göre, Küba'daki hükümeti tanımayan, Helms-Burton Yasası ile ekonomik ambargonun kaldırılmasını ancak demokratik seçimlerin gerçekleşmesi ve Küba'daki yönetim sisteminin değişmesi şartına bağlayarak[145] Küba'nın egemenliğini kısıtlayan, tüm diyalog yollarını kapatmak suretiyle Küba'yı siyasi ve sosyal bir yalnızlığa iten, Küba rejiminin daha baskıcı olmasına ve bu baskıyı da ABD'nin tutumu ile ilişkilendirerek meşrulaştırmasına hizmet eden[146] yalnızlaştırma politikasının gözden geçirilmesi ve terk edilmesi gerekmektedir. Bunun yanında ABD'nin Küba politikası diğer Latin Amerika ülkelerinde de Amerikan karşıtlığını artırmış, devletlerin

---

[139] Michael Barnett, *a.g.e.*, s. 155.

[140] A.g.e., s. 152.

[141] Friedrich Kratochwil, *Rules, Norms, and Decisions: On the Conditions of Practical and Legal Reasoning in International Relations and Domestic Politics*, Cambridge University Press, Cambridge, 1989, ss. 26-27.

[142] John M. Hobson, *The State and International Relations*, Cambridge University Press, Cambridge, 2003, s. 147.

[143] Nilüfer Karacasulu, *a.g.e.*, ss.118-119.

[144] Nur Çetinoğlu Harunoğlu, *a.g.e.*, ss. 58-59.

[145] Philip Brenner, *a.g.e.*, s. 22.

[146] Dario Moreno, Maria Ilcheva, *a.g.e.*, s. 34.

barış içinde birlikte yaşamalarının temel prensibi olan her devletin kendi ekonomik, siyasi ve kültürel ve sosyal sistemini belirleyebilme hakkının ABD tarafından ihlal edilmekte olduğu Latin Amerika ülkeleri tarafından daha fazla dile getirilmeye başlanmıştır.[147] ABD'nin, kendisi için bir tehlike oluşturmayan, Raul Castro yönetiminde ekonomik ve siyasi reformlarla değişim sürecine giren ve kendisini uluslararası sistemin şartlarına ve prensiplerine adapte etmeye çalışan Küba'ya güvenlik garantisi vermesi bu reformların daha rahat bir ortamda gerçekleşmesine yol açabilir; yalnızlaştırma yerine diyalog, uzlaşma ve toplumlar arasında sosyal etkileşimin tesisi ile algılarda değişim gerçekleşebilir; Lockçu kültürün unsurları olan "liberal düzen, egemen eşitlik ve güç kullanımının yasaklanması" gibi prensiplerin benimsenmesi ile de iki ülke ilişkilerinde hakim Hobbesçu kültür değişebilir.[148] Barack Obama'nın benimsediği yeni angajman politikası iki ülke arasındaki algılar ve anlamlandırmaları değiştirecek özelliklere sahip olsa da konstrüktivizmin işaret ettiği gibi yapısal değişim zor ve uzun süreçlerde gerçekleşir.

Kübalı Amerikalıların Etkisi

ABD-Küba ilişkilerini inceleyen birçok araştırmacıya göre ABD'nin Küba politikasının belirlenmesine etki eden diğer önemli faktör Küba'dan ABD'ye göç etmiş olan Kübalı Amerikalılardır. 1959'da Castro'nun yönetimi ele geçirmesi ile başlayan Küba devrimi sırasında Küba'dan ABD'ye kaçan ilk göçmenler siyasi görüşleri nedeniyle yargılanmamak için ülkelerini terk etmişler, Küba'nın en zengin ailelerine mensup olmalarına rağmen neredeyse tüm mal varlıklarını Castro rejimine bırakmak zorunda kalmışlardır.[149] Kendilerini "Sürgünler (Exiles)" olarak tanımlayan bu grup dünyayı Küba devrimi öncesi dönemin şartlarıyla değerlendirmekte olup Küba'daki sosyal, kültürel, ekonomik ve siyasi alanda özellikle Raul Castro tarafından gerçekleştirilmeye başlanan reformlara ön yargılıdır.[150] Kendilerini alıştıkları yaşamdan ve ülkelerinden vaz geçmek zorunda bırakan Castro rejimine büyük bir kin besleyen "Sürgünler" yeni ülkelerinde Küba'daki rejimi sonlandırmak için büyük çaba sarf etmektedirler.[151] ABD'nin Soğuk Savaş dönemi algısında "arka bahçedeki düşman" olarak görülen komünist Küba'dan ve Castro rejiminden kaçan sürgünler ABD tarafından "özgürlük savaşçısı, sürgün

---

[147] *A.g.e.*, s. 34.
[148] Arturo Lopez-Levi, *a.g.e.*, ss. 30-31.
[149] Lana Wylie, *a.g.e.*, in Chapter 2, ss. 28-29.
[150] Susan Eva Eckstein, *The Immigrant Divide: How Cuban Americans Changed the Us and Their Homeland*, Routledge, New York, 2009, s. 38.
[151] Susan Eva Eckstein, *a.g.e.*, ss. 2-3

ve siyasi mülteci" olarak algılanmışlar, Castro karşıtı görüşlerinin ABD ile uyuşmasından dolayı özel muamele görerek diğer göçmenlerden farklı olarak kolayca vatandaşlık kazanmışlar ve kısa süre içerisinde siyasi olarak güçlenmişlerdir.[152] Yeni ülkelerindeki siyasi, ekonomik, kültürel ve sosyal şartlara kolayca uyum sağlayan ve yeni ülkelerinin temsil ettiği değerleri benimseyerek asimile olmuşlar ve Küba ile olan tüm bağlarını koparmışlardır.[153] Özellikle Cumhuriyetçi Parti'nin kendilerine verdiği büyük destek ve sunduğu siyasi fırsatları iyi kullanarak zaman içerisinde bürokrasiyi ele geçirmişler ve ABD'nin Florida eyaletindeki seçimleri etkileyen bir güç haline gelmişlerdir.[154] Cumhuriyetçi başkan Ronald Reagan'ın başkanlığı döneminde bu grup tarafından kurulan "Kübalı Amerikalılar Ulusal Derneği (Cuban American National Foundation – CANF)" ile güçleri oldukça artmış ve Küba lobisi ABD'deki en etkili lobi haline gelmiştir.[155] Kuruluşundan itibaren Küba sorununun uzmanı olarak kabul edilen ve güçlü Küba lobisinin desteğini de arkasına alan dernek, ABD'nin Küba politikasının belirlenmesinde etkili bir pozisyondadır.[156] ABD'de yaşayan Kübalıların Küba ile olan tüm bağlarını koparmasını savunarak yalnızlaştırma politikasına destek veren "Sürgünler"[157] 1992 Küba Demokrasi Yasası ve 1996 Helms-Burton Yasasının kabul edilmesinde önemli rol oynayarak Küba ve ABD arasında diyaloğa dayalı politikaların hayata geçirilmesini zorlaştırmışlardır.[158]

Kübalı Amerikalıların diğer önemli grubunu Eckstein'ın "Yeni Kübalılar (New Cubans)" olarak tanımladığı, 1994 sonrasında ABD'ye gelen göçmenler oluşturmaktadır.[159] SSCB'nin dağılmasından sonra ekonomik olarak sıkıntılar yaşamaya başlayan Küba'dan siyasi nedenlerden ziyade maddi imkansızlıklar nedeniyle ayrılmış olan bu topluluk devrim sonrasını ve SSCB dönemini kendi ülkelerinde geçirmelerinden dolayı "Sürgünlerden" farklı olarak Castro ve devrime karşı ılımlı bir tutum sergilemektedirler.[160] ABD tarafından desteklendikleri için kısa sürede asimile olan ve Küba ile her türlü bağlarını koparıp sosyal etkileşime kapalı oldukları için algılarında değişim olmayan ilk göçmenlere karşılık, siyasi olmadıkları için ABD yönetiminden aynı muameleyi görmeyen ve

---

[152] Lana Wylie, a.g.e., in Chapter 2, s. 30.
[153] Susan Eva Eckstein, a.g.e., ss. 38-39.
[154] A.g.e., s. 126.
[155] Henriette M. Rytz, a.g.e., ss. 92-93.
[156] Lana Wylie, a.g.e., in Chapter 2, s. 31.
[157] Susan Eva Eckstein, Aynı yer.
[158] Henriette M. Rytz, Aynı yer.
[159] Susan Eva Eckstein, a.g.e., s. 3.
[160] Lana Wylie, a.g.e., in Chapter 2, s. 29.

aynı imkanlardan yararlanamayan "Yeni Kübalıların" adaptasyonu daha az olmuş ve asimile olmadıkları için Küba ile olan bağları hiçbir zaman kopmamıştır.[161] ABD'nin Küba politikasının oluşumundaki etkileri sürgünlerden daha az olmuş olsa da[162] kendi ülkeleri ile olan ilişkilerini koparmamanın yanında ekonomik kazanımlarının bir bölümünü Küba'ya göndermeleri nedeniyle iki toplum arasındaki sosyal bağların canlı tutulup zaman içerisinde güçlenmesine ve en önemlisi hem Küba'daki hem de ABD'deki algıların değişmesine neden olmuşlardır.[163] "Sürgünlerin" savunduğu her türlü sosyal etkileşimi reddederek tüm ilişkilerin sonlandırılmasına dayanan "yalnızlaştırma" politikasına karşı "Yeni Kübalılar" diyaloğa ve uzlaşmaya dayalı, iki toplum arasındaki karşılıklı sosyal etkileşimin artırılmasını teşvik eden "angajman" (engagement) politikasına destek olmaktadırlar. Barack Obama dönemine kadar ABD'nin Küba politikası "sürgünlerin" kontrolündeki Küba Lobisinin siyasi görüşleriyle uyum gösterse de sonuçta bunun nedeninin dış politika yapıcılarıyla aynı fikir ve algıları paylaşmaları olduğu da unutulmamalıdır.[164] Obama döneminde ilişkileri normalleştirme yönünde atılan adımlar ve benimsenen angajman politikasının dış politika yapıcılarının ve iki toplumun algılarındaki değişimin tetikleyicisi olacağı sonucuna varılabilir.

Sonuç Yerine: Diplomatik İlişkilerde Normalleşme ve Geleceği

Diplomatik ilişkiler açısından normalleşme her iki tarafın birbirlerine karşı sergiledikleri düşmanca tutumun getirisinden çok götürüsünün olduğu konusunda uzlaşmaları ve güçlü olan devletin zayıf devlete üstünlük sağlayamayacağının ya da bugüne kadar izlenen politikaların başarısızlığının idrak edilmesi anlamına gelmektedir.[165]

ABD-Küba ilişkilerinin tarihine bakıldığında hiçbir dönemde normal ilişkilerin kurulamadığı görülmektedir. Brenner'in belirttiği gibi iki ülke arasında yakın zamanda yaşanan normalleşme süreci de ilişkilerin yeniden tesis edilmesi olarak kabul edilmemelidir. İki ülke ilişkileri tarihin hiçbir döneminde normal olmamıştır ve belki de ilk defa inşa edilmektedir.[166] ABD-Küba arasında diplomatik ilişkilerin 17 Aralık 2014'te tesis edilmesi ve 2015 Temmuz ayında iki ülke büyükelçiliklerinin her iki

---

[161] Susan Eva Eckstein, *a.g.e.*, ss. 38-39.
[162] Lana Wylie, *a.g.e.*, in Chapter 2, s. 30.
[163] Susan Eva Eckstein, *a.g.e*, ss. 204-205.
[164] Lana Wylie, *a.g.e.*, in Chapter 2, s. 39.
[165] Arturo Lopez-Levi, *a.g.e.*, s. 28.
[166] Philip Brenner, *a.g.e.*, s. 15.

ülke başkentinde açılması, ilişkiler için olumlu bir adım olarak kabul edilmelidir. Ancak normalleşmenin uzun ve zor bir süreç olarak yorumlanmasının daha doğru olacağı, [167] geçmişteki yaşanmışlıklardan beslenmiş iki ülke ilişkilerinde hâkim olan Hobbesçu kültürün ve iki ülkenin birbirlerine atfettiği düşman kimliklerinin kısa sürede değişime ve dönüşüme uğramasının zorluğu göz önünde bulundurulursa, bu olumlu havanın bir anda tersine dönebileceği de ileri sürülebilir.

İki ülke arasındaki normalleşme sürecinin başarıya ulaşması için karşılıklı güvenin tesis edilmesi, korkunun ve belirsizliğin ortadan kaldırılması gerekmektedir. İki ülke ilişkilerinin geçmişinden gelen algılar ve anlamlandırmaların bir anda değişmesi mümkün olmasa da[168] zaman içerisinde ABD ve Küba arasındaki sosyal etkileşimin artmasıyla değişim yönünde bir umut doğabilir. Daha önce de belirtildiği gibi konstrüktivizme göre tehdit ve dost/düşman algılarını yaratanlar diğer devletler ile etkileşim sonucunda tanımladıkları kimlikleri doğrultusunda yine devletlerin kendisidir. Algıları değiştirmek zor bir süreç olsa da sosyal etkileşim ile yapısal değişimler gerçekleşebilir.

Aslında Obama'nın Küba'yı yalnızlaştırmak yerine angajman politikasını benimseyerek iki ülke arasındaki uzlaşma, karşılıklı etkileşim ve diyaloğu artırmaya çalışması "Obama Doktrini" ana prensipleriyle uyumludur. Buna göre birbirlerini düşman olarak gören iki ülke uzlaşmaya çalışarak karşılıklı diyaloğa dayalı bir etkileşime girmeliler ve eğer mümkünse ortak haline gelmelidirler. Obama'nın Küba konusunda yalnızlaştırma politikasını terk ederek angajman politikasını tercih etmesinin ana nedeni budur. Obama'ya göre ABD için tehdit oluşturamayacak bir ülke olan Küba konusunda bugüne kadar etkisiz olmuş yaptırımların ve yalnızlaştırma politikasının terk edilerek angajman politikasının denenmesi gereklidir.[169] Obama'ya ilişkileri normalleştirme fırsatını veren ve iki ülke arasındaki buzların kırılmasına yol açarak 17 Aralık 2014 sürecini hazırlayan bazı unsurlar bulunmaktadır. Son yıllarda Latin Amerika ülkelerinin Küba algısındaki değişim nedeniyle ABD'nin Küba ile olan sorunları sözü edilen ülkelerle verimli ilişkiler kurulmasını engellemektedir. Küba'da Raul Castro ile gelen ekonomik reformlar ve rejim muhaliflerinin serbest bırakılması Obama'nın normalleşme yönünde adımlar atmasını kolaylaştırmıştır. Son yıllarda yapılan kamuoyu yoklamalarında özellikle Kübalı Amerikalıların eski uzlaşmaz tutumlarının

---

[167] Arturo Lopez-Levi, *Aynı yer.*
[168] Philip Brenner, *a.g.e.*, s. 19.
[169] Dario Moreno, Maria Ilcheva, *a.g.e.*, s. 27-28.

değişmeye başladığı ve genel olarak Amerikan halkında ilişkilerin normalleşmesi yönünde bir eğilim olduğu gözlemlenmiştir.[170] Kamuoyu Araştırmaları Enstitüsünün (Institute of Public Opinion Research) kamuoyu yoklamalarına göre iki ülke arasında diyaloğun kurulmasını, seyahat engellerinin kaldırılmasını ve Küba'ya ilaç ve yiyecek ihracatının serbest bırakılmasını isteyenlerin oranı %65 iken katılanların %75'i ambargonun etkisiz olduğuna inanmaktadır. Bunun yanında ambargonun devam etmesini isteyenlerin oranı da düşmüş ve 1991 yılında %78 iken 2007 yılında %57,5 olmuştur.[171] 17-21 Aralık 2014'te ABC News'in yaptığı kamuoyu yoklamasında ise ABD'nin Küba ile diplomatik ilişkilerini yeniden tesis etmesini isteyenlerin oranı %65 iken ekonomik ambargonun sona erdirilmesini isteyenlerin oranı %68 olmuştur. Seyahat kısıtlamalarının kaldırılması gerektiğine inananların oranı ise %78'dir.[172]

17 Aralık 2014'de Barack Obama ve Raul Castro'nun elli yılı aşan diyalogsuz dönemden sonra iki ülke arasındaki diplomatik ilişkileri yeniden başlatacaklarını açıklamalarından daha fazla önem atfedilebilecek olay Barack Obama'nın Mart 2016'daki Küba ziyaretidir. Obama 22 Mart 2016'da Havana'daki Gran Teatro'da yaptığı konuşmasında iki ülkeyi uzun süredir birbirlerinden ayrı düşmüş iki kardeşe benzeterek Amerikan Emperyalizmi, Küba Devrimi ve Soğuk Savaş döneminin iki toplumu birbirinden ayırdığını, ABD'nin kendi ekonomik ve siyasi prensiplerini zorla dayatma gibi bir amacının olamadığını vurgulayarak, bundan sonra Küba'nın ABD'den çekinmesi için bir neden olmadığını belirtmiştir. İki ülke ilişkileri üzerinden geçmişin gölgesini kaldırmayı amaçladıklarını, geçmişin ideolojik çekişmelerine son vermek istediklerini, ancak iki ülke arasındaki diyaloğun gelişmesinin ve angajman politikasının başarılı olmasının ekonomik ve siyasi alanlardaki reformların tamamlanmasına yani değişimin devamına bağlı olduğunu sözlerine eklemiştir.[173] Obama, Raul Castro ile yaptığı görüşmede de Küba'nın kaderine ABD'nin karar vermeyeceğini, Küba'nın egemen ve gururlu bir ülke olduğunu ve Küba'nın geleceğine sadece Kübalıların karar vereceğinin garantisini verdiğini vurgulayarak Küba'nın ekonomik gelişiminin ve Küba halkının daha iyi yaşam şartlarına kavuşmasının önündeki en büyük engel olan ekonomik ambargonun da kaldırılmasını

---

[170] A.g.e., ss. 32-33.

[171] http://www2.fiu.edu/~ipor/cuba8/CubaComp.htm, (20.01.2017)

[172] "Public Backs Engagement with Cuba", The Washington Post, 23.12.2014, https://www.washingtonpost.com/page/2010-2019/WashingtonPost/2014/12/23/National-Politics/Polling/release_380.xml, (20.06.2016).

[173] "Obama, in Havana Speech, Says Cuba Has Nothing to Fear from U.S.", NYTimes, 22.03.2016, https://www.nytimes.com/2016/03/23/world/americas/obama-cuba.html, (25.10.2016).

istediğini belirtmiştir. [174] Obama'nın açıklamaları ABD'nin Küba politikasındaki değişimi kanıtlar niteliği ile geçmişteki resmi söylemlerden çok farklı bir dil ve üslupta olup inşacı unsurlar içermektedir. İki toplumda içselleşmiş, geçmişin mirası algılar ve anlamlandırmaların değişime uğraması için diyaloğa, uzlaşmaya, korkulardan arınmış karşılıklı güvene, etkileşime ve değişimin devamlılığına vurgu yapmaktadır. Obama'nın iki ülkeyi birbirlerinden ayrı düşmüş iki kardeşe benzetmesi iki ülkenin ortak tarihine ve ortak paylaşımlarına işaret ederken geçmişte yaşanan olumsuzluklara rağmen iki toplum arasındaki bağın tıpkı iki kardeş arasındaki doğal bağ gibi hiçbir zaman kopmadığına işaret etmektedir. İlişkilerde güveni tesis etmek ve Küba halkındaki güvensizlik ve korkuya dayanan ABD algısını değiştirmek amacıyla bundan sonra ABD'den çekinmeleri için bir neden olmadığının garantisini vermektedir. Küba'nın geleceğinin Kübalılar tarafından belirleneceği ve ABD'nin herhangi bir dayatmasının olmayacağını belirtmesi ise ABD'nin Küba'nın egemenliğine ve Küba halkının iradesine saygı gösterdiğinin bir ifadesi olarak yorumlanabilir.

Barack Obama'nın başkanlık dönemi iki ülke ilişkilerindeki değişimin başlangıcı olarak kabul edilse de sözü edilen normalleşmenin geleceği konusunda yorumda bulunmak için oldukça erkendir. Lopez-Levi'nin belirttiği gibi, dış politika yapımında söz sahibi olanların algılarındaki değişim veya sözü edilen kişilerin yerini farklı değerler, algılar ve çıkarları temsil eden yeni karar vericilerin alması, uzlaşma ortamının yerini tekrar düşmanlığa bırakmasına yol açabilir. [175] Helms-Burton Yasasının iki ülke ilişkilerinin normalleşmesinin önündeki en büyük engel olduğu bir gerçektir. Ekonomik ambargoyu kaldırma yetkisini başkanın elinden alarak sadece Kongre'ye veren bu yasa nedeniyle Barack Obama, Küba konusunda verdiği kararlarda "başkanlık emri" (executive order) yetkisine başvurmuştur. Bu nedenle ABD'nin 45. Başkanı olarak 20 Ocak 2017 tarihinde yemin ederek göreve başlayan ve henüz Küba politikası netleşmemiş olan Donald J. Trump'ın, Obama'nın verdiği kararları yine "başkanlık emri" yetkisini kullanarak tersine çevirme iradesi bulunmaktadır. Bunun yanında 2018 yılında başkanlık süresi dolacak olan ve yeniden başkanlığa aday olmayacağını açıklayan Raul Castro'nun yerini kimin alacağı da merak konusudur. Normalleşme sürecinin ve dolayısıyla

---

[174] "Cuba Meeting Between Obama and Castro Exposes Old Grievances", The New York Times, 21.03.2016, https://www.nytimes.com/2016/03/22/world/americas/obama-and-raul-castro-to-meet-in-pivotal-moment-for-us-cuba-thaw.html, (25.10.2016).

[175] Arturo Lopez-Levi, a.g.m., s. 28.

iki ülke ilişkilerinin geleceğini yeni yönetimlerin benimseyecekleri politikalar belirleyecektir.

KAYNAKÇA

Adler, Emanuel, "Seazing the Middle Ground: Constructivism in World Politics", European Journal of International Relations, Cilt 3, No. 3, 1997, ss. 319-363.

Barnett, Michael, "Social Constructivism" in The Globalization of World Politics: An Introduction to International Relations, (Ed.) John Baylis, Steve Smith ve Patricia Owens, Fifth Edition, Oxford University Press, Oxford, 2014, ss. 148-165.

Bozdağlıoğlu, Yücel, Turkish Foreign Policy and Turkish Identity: A Constructivist Approach, Routledge, New York 2003.

Checkel, Jeffrey T., "The Constructivist Turn' in International Relations Theory, World Politics, Cilt 50, No. 2, 1998, ss. 324-348.

"Cuba Meeting Between Obama and Castro Exposes Old Grievances", The New York Times, 21.03.2016, https://www.nytimes.com/2016/03/22/world/americas/ obama-and-raul-castro-to-meet-in-pivotal-moment-for-us-cuba-thaw.html, (25.10.2016).

Eckstein, Susan Eva, The Immigrant Divide: How Cuban Americans Changed the Us and Their Homeland, Routledge, New York, 2009.

Ereker, Fulya, Dış Politika ve Kimlik: İnşacı Perspektiften Türk Dış Politikasının Analizi, (Ankara Üniversitesi, Sosyal Bilimler Üniversitesi, Uluslararası İlişkiler Anabilim Dalı, Basılmamış Doktora Tezi), Ankara, 2010.

Fierke, K. M., "Constructivism", International Relations Theories: Discipline and Diversity, Tim Dunne, Milja Kurki and Steve Smith (Ed.), Third Edition, Oxford University Press, Oxford, 2013, ss. 187-204.

Franklin, Jane, Cuba and the United States: A Chronological History, Ocean Press, Melbourne-New York, 6. Baskı, 2006.

Goldstein, Joshua S.; Pevehouse, Jon C., Uluslararası İlişkiler, Çeviren: Haluk Özdemir, BB101, Ankara, 2015.

Guzzini, Stefano, Power, Realism and Contructivism, Routledge, London, 2013.

Harunoğlu, Nur Çetinoğlu, Düzen-Adalet İkileminde Türkiye'nin Dış Politikası ve ABD ile İlişkiler, Derin Yayınları, İstanbul, 2016.

Heywood, Andrew, Küresel Siyaset, Çevirenler: Nasuh Uslu ve Haluk Özdemir, Ankara, Adres Yayınları, 2013.

Hobson, John M., The State and International Relations, Cambridge 2003.

Hook, Steven W.; Spanier, John, Amerikan Dış Politikası: İkinci Dünya Savaşı'ndan Günümüze, İnkılap, İstanbul, 2014.

Hopf, Ted, "The Promise of Constructivism in International Theory", International Security, Cilt 23, No. 1, 1998, ss. 171-200.

Jackson, Robert; Sorensen, Georg, Introduction to International Relations Theories and Approaches, Fifth Edition, Oxford University Press, Oxford, 2013.

Karacasulu, Nilüfer, "Uluslararası İlişkilerde İnşacılık Yaklaşımları", Postmodern Uluslararası İlişkiler Teorileri: Uluslararası İlişkilerde Eleştirel Yaklaşımlar, Der: Tayyar Arı, Dora, Bursa, 2015, ss. 105-123.

Katzenstein, P.J., "Introduction: Alternative Perspectives on National Security", The Culture of National Security: Norms and Identity in World Politics, P. J. Katzenstein (Ed.), Columbia University Press, New York, 1996, ss. 1-32.

Köroğlu, Nergiz Özkural, "Konstrüktivist Yaklaşım Bağlamında Avrupa Komşuluk Politikası Örnek Olayının Analizi", Uluslararası İlişkilerde Teoriden Pratiğe Güncel Yaklaşımlar, Sibel Turan ve Nergiz Özkural Köroğlu (Ed.), Dora Basım, Bursa, 2015, ss. 69-104.

Kratochwil, Friedrich, Rules, Norms, and Decisions: On the Conditions of Practical and Legal Reasoning in International Relations and Domestic Politics, Cambridge University Press, Cambridge, 1989.

Lacinski, Piotr, "Normalization of US-Cuban Relations: Obama Doctrine and International Security in the Western Hemisphere", Securitologia, No.2, 2015, ss. 5-16, jml2012.indexcopernicus.com/fulltxt.php? ICID=1203722 (PDF), (22.12.2016).

Livingstone, Grace, America's Backyard, Zed Books, New York, 2009.

Lopez-Levi, Arturo, "Cuba-Us: December 17 Agreement in the Rationale of Asymmetric Relations", A New Chapter in US-Cuba Relations: Social,Political and Economic Implications, Eric Hershberg ve William LeoGrande (Ed.), Palgrave Macmillan, New York, 2016, ss. 27-40.

McSweeney, Bill, Security, Identity and Interests: A Sociology of International Relations, Cambridge University Press, Cambridge 1999.

Moreno, Dario; Ilcheva, Maria, "The Obama Doctrine and Cuba", The Obama Doctrine in Americas, Hanna S. Kassab ve Jonathan D. Rosen (Ed.), Lexington Books, Lanham, 2016, ss. 27-51.

Nevins, Allan; Commager, Henry Steele, ABD Tarihi, Çeviren: Halil İnalcık DoğuBatı, Ankara, 2015.

"Obama, in Havana Speech, Says Cuba Has Nothing to Fear from U.S.", The New York Times, 22.03.2016, https://www.nytimes.com/2016/03/23/world/americas/ obama-cuba.html, (25.10.2016)

Onuf, Nicholas, World of Our Making: Rules and Rule in Social Theory and International Relations, University of South Carolina Press, Columbia, 1989.

Özlem, Kader, Türkiye'nin Balkan Türkleri Politikası (1991-2014), Dora Basım, Bursa, 2016.

Perez-Stable, Marifeli, "Cuban Exceptionalism", A New Chapter in US-Cuba Relations: Social,Political and Economic Implications, Eric Hershberg ve William LeoGrande (Eds.), Palgrave Macmillan, New York, 2016, ss. 101-113.

Pompa, Vico L., Selected Writings, Binghamton Press, Cambridge 1982.

Price, Richard; Reus-Smith, Christian, "Dangerous Liasions? Critical International Theory and Constructivism", European Journal of International Relations, Cilt 4, No. 3, 1998, ss. 259-294.

"Public Backs Engagement with Cuba", The Washington Post, 23.12.2014, https://www.washingtonpost.com/page/2010-2019/WashingtonPost/2014/ 12/23/National-Politics/Polling/release_380.xml, (20.06.2016).

Reus-Smith, Christian, "Constructivism", Theories of International Relations, 3rd Edition, Scott Burchill... [et al.], Palgrave Macmillan, New York, 2005, ss. 188-212.

Ruggie, John Gerrard, Constructing World Polity: Essays on International Institutionalization, Routledge, New York 1998.

Ruggie, John Gerrard, "What Makes the World Hang Together? Neo-Utilitarianizm and the Social Constructivist Challenge", International Organization, Cilt 36, No. 4, 1998, ss. 855-885.

Rumelili, Bahar, "İnşacılık/Konstrüktivizm", Küresel Siyasete Giriş: Uluslararası İlişkilerde Kavramlar, Teoriler, Süreçler, Evren Balta (Ed.), İletişim, İstanbul, 2014, ss. 151-173.

Rytz, Henriette M., Ethnic Interest Groups in US Foreign Policy-Making: A Cuban-American Success Story and Failure, Palgrave Macmillan, New York, 2013.

Sander, Oral, Siyasi Tarih 1918-1994, İmge, Ankara, 2014.

Smith, Anthony D., National Identity, University of Nevada Press, Las Vegas-Reno, 1991.

Smith, Steve, "Positivism and Beyond", International Theory: Positivism and Beyond, Steve Smith, Ken Booth ve Marysia Zalevski (Ed.), Cambridge University Press, Cambridge, 1996, ss. 11-44.

Turan, Kürşat, "ABD'nin Küba'ya Askeri Müdahaleler: 1898-1902, 1906-1909, 1917-1933, 1962", ABD'nin Askeri Müdahaleleri: 1801'den Günümüze, Haydar Çakmak (Ed.), Kaynak, İstanbul, 2013, ss. 325-333.

Uyanık, Özgür, Latin Amerika'nın Devrimci Tarihi, Kaynak, İstanbul, 2014.

"US-Cuba Relations", 07.09.2016, Council on Foreign Relations, http://www.cfr.org/ cuba/us-cuba-relations/p11113, (25.10.2016).

Walt, Stephen, "International Relations: One World, Many Theories", Foreign Policy, No.110, 1998, ss. 29-46.

Waltz, Kenneth N., Theory of International Politics, Addison-Wesley, Reading, 1979.

Weldes, Jutta, "Constructing National Interest", European Journal of International Relations, Cilt 4, No. 3, 1996, ss. 275-318.

Weldes Jutta, Constructing National Interest: The United States and the Cuban Missile Crisis, University of Minnesota Press, Minneapolis, 1999.

Wendt, Alexander, "Anarchy is What States Make of It: The Social Construction of Power Politics", International Organization, Cilt 46, No. 2, 1992, ss. 391-425.

Wendt, Alexander, "Collective Identity Formation and the International State", American Political Science Review, Vol.88, No.2, 1994, ss. 384-396.

Wendt, Alexander, "Constructing International Politics", International Security, Vol. 20, No. 1, 1995, ss. 71-81.

Wendt, Alexander, Social Theory of International Relations, Cambridge University Press, Cambridge 1999.

Wendt, Alexander, "The Agent-Structure Problem in International Relations Theory", International Organization, Vol. 41, No. 3, 1987, ss. 335-370.

Wylie, Lana, Perceptions of Cuba: Canadian and American Policies in Comparative Perspective, Kobo E-book Edition, University of Toronto Press, Toronto, 2010, (20.08.2016).

Yaşlı, Fatih, "ABD-Küba Çatışması: 44 Yıllık Mücadele", Dünya Çatışmaları: Çatışma Bölgeleri ve Konuları, Kemal İnat, Burhanettin Duran ve Muhittin Ataman (Ed.), Nobel, Ankara, 2010, ss. 907-915.

Yalvaç, Faruk, "Uluslararası İlişkilerde Teori Kavramı ve Temel Teorik Tartışmalar", Uluslararası İlişkiler Teorileri, Der: Ramazan Gözen, İletişim, İstanbul, 2014, ss. 31-65.

Zawatsky, Ethan; Gemma, Ashley, Diplomatic Normalization between the US and Cuba in Light of Recent Changes in US Foreign Policy More Generally, Senior Honors Projects. Paper 427, University of Rhode Island, 2015, http://digitalcommons.uri. edu/srhonorsprog/427 (12.09.2016).

http://cuba-embargo.procon.org/sourcefiles/1996-Cuban-Liberty-and-Democratic-Solidarity-Act.pdf, (05.09.2016).

http://www2.fiu.edu/~ipor/cuba8/CubaComp.htm, (20.01.2017).

https://www.ourdocuments.gov/doc.php?flash=true&doc=55, (24.01.2017).

https://www.treasury.gov/resource-center/sanctions/Documents/cda.pdf, (22.01.2017).

AVRUPA'DA İSLAM'IN GÜVENLİKLEŞTİRİLMESİ

Sinem YÜKSEL ÇENDEK

Giriş

Bu çalışmanın amacı, Kopenhag Okulu'nun güvenlikleştirme yaklaşımı çerçevesinde Avrupa'da İslam'ın nasıl güvenlikleştirildiğini ve söz konusu sürecin politik bir karar olup olmadığını incelemektir. Bu inceleme doğrultusunda çalışmanın temel argümanı, İslam'ın Avrupa'da güvenlikleştirilmesinin gerçek varoluşsal tehditlere dayanmadığı, İslam'ın teröre eşitlenerek toplumda bir tehdit algısı yaratıldığı ve bunun da politik kaygılarla kullanıldığıdır.

Kopenhag Okulu'nun güvenlikleştirme yaklaşımı, çok sektörlü güvenlik anlayışı ve söz eylemle genel çerçevesi çizilen çalışmada öncelikle geleneksel güvenlik anlayışı ve bunun temel argümanlarına değinilmiş, daha sonra da uluslararası konjonktürün etkisiyle güvenliğin değişen doğası açıklanmıştır. 1980'lerle birlikte ortaya çıkan yeni güvenlik alanları, özellikle Soğuk Savaş'ın sona ermesinden itibaren eleştirilere maruz kalan geleneksel güvenlik yaklaşımlarının yanında disiplinde yerini almaya başlamıştır. Güvenliğe yeni yaklaşımlarla birlikte, güvenliğe konu olan unsurların da çeşitlenmesi söz konusu olmuştur. Kopenhag Okulu tarafından çok sektörlü güvenlik yaklaşımıyla güvenlik çevreden politikaya, toplumdan ekonomiye kadar geniş bir yelpazede ele alınmıştır. Kopenhag Okulu'nun güvenliği ele aldığı sektörlerden birisi olan toplumsal güvenlik, Avrupa'da İslam'ın güvenlikleştirilmesi hususunda en uygun alan olduğu için detaylı bir şekilde incelenmiştir. Bununla birlikte, çalışmanın kuramsal altyapısını oluşturan güvenlikleştirme yaklaşımı ilk önce genel olarak incelenmiştir. Varoluşsal tehdide, bu tehdidin yönelmiş olduğu referans objelerine, güvenliğe konu olan olguların aktörlerce söz eylemlerle tehdit olarak ifade edilmesine, söz eylemlerin muhatabı olan kitlelere ve sürecin sonunda alınan olağanüstü önlemlere değinilmiş ve başarılı bir güvenlikleştirmenin ancak hitap

254

edilen kitlece kabul edilmesi gerekliliği vurgulanmıştır. Daha sonra güvelikleştirmenin toplumsal güvenlik alanında nasıl gerçekleştiği detaylandırılmıştır. Toplumsal güvenlik alanındaki tehdit algılamaları – göç, küreselleşme, uluslararasılaşma, bütünleşme gibi – bu tehditlerin yönelmiş olduğu referans objeleri – ulus, toplum ve kimlik gibi – ve toplumsal güvenlik alanında güvenlikleştirme soncu alınan olağanüstü önlemler – temel hak ve hürriyetlerin sınırlandırılması gibi – incelenmiştir. Toplumsal güvenliğin kimlikle olan yakın bağlantısı nedeniyle aynı zamanda kimlik güvenliği olarak da adlandırıldığından bahsedilmiştir.

Çalışmanın ana gövdesini oluşturan İslam'ın güvenlikleştirilmesi hususunda öncelikle İslam'ın Avrupa'daki varlığının kökenlerine bakılmış; Emevilerle gelen ilk Müslümanlar, Osmanlı Devleti'nin Balkanları alması ve Avrupa'nın içlerine kadar ilerlemesiyle buralara yerleşen Müslümanlar ve İkinci Dünya Savaşı'ndan sonra da göç yoluyla gelen Müslümanların Avrupa'daki Müslüman varlığını oluşturduğu ifade edilmiştir. Bu süreçte Müslümanların topluma uyumu ile ilgili endişelerin varlığı, daha sonra da 11 Eylül saldırılarıyla birlikte, Avrupa'da İslam'ın algılanış şeklindeki köklü değişiklik ele alınmıştır. Terörün İslam'la eşitlendiği bu süreçte alınan olağanüstü önlemlerin hem Müslüman göçünü sınırlandırmak için düzenlenen sıkı kontrol ve gözetim mekanizmalarıyla hem de hâlihazırda Avrupa'da yerleşik durumda olan Müslümanların hak ve özgürlüklerini kısıtlayan düzenlemelerle şekillendirildiği gösterilmeye çalışılmıştır. Bununla birlikte, Avrupa'da aşırı sağ kanattaki partilerin seçimlerdeki başarıları ve onları bu başarıya taşıyan liderlerinin söylemlerine değinilmiştir. 11 Eylül sonrası dönemde partilerin seçim başarılarının arkasında göç ve İslam karşıtı – daha sonra da ekonomik kriz ile ilgili – ifadelerin söylemlerde sıklıkla yer almasının bulunduğu ve bunun da Avrupa'da İslam'ın güvenlikleştirildiğinin bir kanıtı olduğu ifade edilmiştir.

Geleneksel Güvenlik Anlayışı

Güvenliğe ilişkin her yaklaşımın kendine özgü tanımı vardır. Dolayısıyla 'güvenlik nedir?' sorusuna verilen cevaplar da çeşitlilik arz etmektedir. Arnold Wolfers'ın ifade ettiği gibi, anlamı kişiden kişiye değişen güvenliğin tanımı da açık değildir; yani güvenlik *"muğlak bir semboldür."*[1] Bununla birlikte, Wolfers'ın en çok kabul gören güvenlik tanımı şöyledir:

---

[1] Arnold Wolfers, "'National Security' as an Ambiguous Symbol", *Political Science Quarterly*, Volume 67, No 4, 1952, s.481.

güvenlik, objektif anlamda elde edilen değerlere yönelik tehditlerin yokluğunu; sübjektif olarak ise, bu değerlere saldırabilecek korkunun yokluğunu ölçer.[2] Diğer yandan, Walter Lipmann'a göre bir ulus daha önce elde ettiği değerlerini feda etme tehlikesi içinde olmadığında güvendedir.[3]

Güvenliğin tanımında homojenlik olmamasının iki temel nedeni vardır. Birincisi her devletin, güvenlik tanımını etkileyen ve şekillendiren kendi geçmiş deneyimlerinin olmasıdır. İkincisi ise, her devletin aynı derecede tehlikeyle karşı karşıya gelmiyor olmasıdır.[4] Ole Wæver'a göre, her ulusun korkularının temeli benzersizdir ve korkular her ulusun kendi algılarına ve tarihsel deneyimlerine dayanır.[5] Bundan dolayı, güvenlik farklı insan toplulukları için farklı anlamlara sahiptir.[6] Öte yandan, güvenlikle ilgili ortak olan noktalar; korku, tehlike, tehdit ve çıkar gibi çekirdek kavramlardır.

Güvenlik; günlük hayatta temel bir ihtiyaçken, güvenlikle ilgili yaklaşımların literatüre girmesi, uluslararası ilişkilerin Birinci Dünya Savaşından sonra bir disiplin olarak ortaya çıkması ile gerçekleşmiştir. Güvenlik hayatta kalma ile ilgili ve yaşamsal olduğu için uluslararası ilişkilerin birinci öncelikli alanı olarak kabul edilmektedir.[7] Uluslararası ilişkiler disiplininde farklı kuramsal yaklaşımlar, güvenliği kendi bakış açılarından tanımlarken disiplinin ortaya çıktığı zaman dilimi düşünüldüğünde, güvenliğin tanımının geleneksel olarak devlet temelli olduğu ve 'her şey devlet içindir' ve 'devlet ve onun ulusu için güvenlik' anlayışlarının hâkim olduğu görülmekteydi.

Geleneksel güvenlik anlayışı ve tanımları 1980'lere kadar yani güvenliğin alanının genişlemesine kadar askeri tehdidi ve bu tehdidin yöneldiği devleti temel almıştır. Bu bağlamda, geleneksel güvenlik anlayışına göre, güvenlik devletin hayatta kalmasına karşı herhangi bir askeri tehdidin

---

[2] Aynı eser, s.485.

[3] Walter Lippmann, *U.S. Foreign Policy*, Boston, 1943, s.51, aktaran Wolfers, aynı eser, s.484.

[4] Wolfers, a.g.e., s.486.

[5] Ole Wæver, "Conflicts of Vision: Visions of Conflicts", in (eds.) Ole Wæver, Pierre Lamaitre, and Elzbieta Tromer, *European Polyphony: Perspectives Beyond East-West Confrontation*, New York, St. Martin's Press, 1989, s.302.

[6] Ole Wæver, "Security, the Speech Act Analysing the Politics of a Word", (2nd draft), *Centre of Peace and Conflict Research*, Paper presented at the Research Training Seminar, Sostrup Manor, June, 1989, Revised Jerusalem/Tel Aviv, June 25-26, 1989, s.46.

[7] Czeslaw Mesjasz, "Security As An Analytical Concept" (draft version), Paper presented at the 5th Pan-European conference on International Relations, Hague, 9-11 September 2004, s.5, http://www.afes-press.de/pdf/Hague/Mesjasz_Security_concept.pdf, (14.12.2011).

olmayışı şeklinde tanımlanmıştır.[8] Güvenliğin askeri özelliklerine yapılan vurgular, öncelikle geleneksel devlet görünümüne ve onun temel iki bileşeni olan güç ve çıkara dayanmaktaydı. Barry Buzan'a göre, 1980'lerin sonuna kadar güvenlik üzerindeki tartışmalar hala askeri temelliydi.[9] Ancak dar kapsamı bağlamında, güvenliğin geleneksel devlet-merkezli görünümüne karşı eleştiriler de mevcuttu. Buzan gibi Richard Ashley, Leonard Beaton, Stanley Hoffmann ve Hedley Bull da sınırlı, aktör-yönelimli ve dar odaklı güvenlik analizi yaklaşımlarını eleştirmişler ve daha geniş ve daha kapsamlı olan güvenlik analizlerinin gerekliliğini vurgulamışlardır.[10]

Söz konusu görüşler önemlidir; çünkü güvenlikle ilgili askeri konular ve devlet-merkezli görüşler, Soğuk Savaş'ın sona ermesiyle birlikte güvenlik kavramını açıklamak için yetersiz hale gelmiştir. Soğuk Savaş boyunca iki blok arasındaki gerilimle şekillenen devletlerin tehdit algılamaları söz konusu süreçte değişmiş ve genişlemiştir. Sovyetler Birliği'nin ve iki kutuplu dünya düzeninin çökmesiyle birlikte geleneksel devlet-merkezli güvenlik görüşü üzerine tartışmalar başlamıştır. Komünist rejimin yayılmasını içeren tehdit algılamaları terörizm, organize suçlar, uyuşturucu kaçakçılığı, göç ve nükleer silahların yaygınlaşması gibi alanlara dönüşmüştür.[11]

Kopenhag Okulu'na Göre Güvenlik ve Güvenlikleştirme

1980'lerde güvenliğin, sadece geleneksel güvenlik yaklaşımdaki askeri araçlarla sağlanamayacağı ve güvenliğin sadece askeri alanda değil, diğer alanlarda da geçerli ve gerekli olduğu görüşü Kopenhag Okulunun güvenlik yaklaşımını etkilemiştir. Kopenhag Okulu, devlet ile güvenlik arasındaki güçlü bağı reddetmez; ancak geleneksel yaklaşımın güvenliğe ait tanımlarının darlığını reddeder. Kopenhag Okulu, güvenlik çalışmalarının temelinin savaş ve güce dayandığı ve sadece savaş ve güce dayanan şeylerin güvenlik çalışmalarına uygun olduğu görüşüne karşıdır.[12]

---

[8] Vladimir Sulovic, "Meaning of Security and Theory of Securitization", *Belgrade Centre for Security Policy*, 5 October 2010, s.2, http://www.bezbednost.org/upload/document/ sulovic_ (2010)_ meaning_of_secu.pdf, (21.11.2011).

[9] Barry Buzan, *People, States & Fear: An Agenda for International Security Studies in the Post-Cold War Era*, 2nd ed., Colchester, ECPR, 2007, s.27.

[10] Aynı eser, s.28.

[11] Philippe Marchesin, "Yeni Tehditler Karşısında Avrupa", içinde (der.) Beril Dedeoğlu, *Dünden Bugüne Avrupa Birliği*, , Boyut Kitapları, İstanbul, Ekim 2003, s.422.

[12] Barry Buzan, Ole Wæver and Jaap de Wilde, *Security: A New Framework for Analysis*, Lynne Rienner Publishers Inc., Boulder and London, 1998, s.4.

Kopenhag Okulu, güvenlik kavramını üç şekilde kavramsallaştırmaktadır. Öncelikle, Buzan güvenliğin "esasen tartışmalı bir kavram"[13] olduğunu ifade etmektedir. İkinci olarak güvenlik, "bir konuyu ele almanın özel bir yolu"[14] ve son olarak da "söz eylem"[15] şeklinde ele alınmaktadır. Öte yandan Wæver, Kopenhag Okulunun güvenlik yaklaşımını "güvenlikleştirme", "sektörler" ve "bölgesel güvenlik kompleksleri" olarak üç şekilde sınıflandırmaktadır.[16] Kopenhag Okulu güvenliği kısa bir şekilde şöyle tanımlar: "Güvenlik, politikayı oyunun kurulu kurallarının ötesine taşıyan ve konuyu ya politikanın özel bir şekli olarak ya da politikanın üzerinde çerçeveleyen harekettir."[17]

Kopenhag Okulu, "uluslararası ilişkilerde hangi niteliklerin bir şeyleri güvenlik konusu haline getirdiği"[18] temel sorusuna cevap bulmaya çalışır. Onlar güvenliğin hayatta kalma ile ilgili olduğunu, eğer belirlenmiş bir referans nesnesine karşı varoluşsal bir tehdit varsa orada bir güvenlik sorunu da olduğunu ve bu sorunla başa çıkabilmek için olağanüstü önlemlerin kullanılması gerektiğini iddia ederler.[19] Ancak bu noktada, varoluşsal tehdidin ne olduğu ve olağanüstü önlemlere karar verenin kim olduğu önemlidir; çünkü insanların gözünde herkes aynı etkileyiciliğe sahip değildir; dolayısıyla, bu kişilerin devlet elitleri ya da temsilcileri olması gerekmektedir.[20] Bu da bir söz eylem sonucu güvenlikleştirmenin nasıl ortaya çıktığını göstermesi açısından önem arz etmektedir.

Güvenlikleştirme, Kopenhag Okulunun güvenliğe yaklaşımının üç ayağından birini oluşturmaktadır.[21] Güvenlikleştirmenin dört bileşeni bulunmaktadır: varoluşsal tehdit, belirlenmiş referans nesnesi, olağanüstü önlemler ve devlet elit veya temsilcileri.[22] Devlet temsilcileri ya da elitler, yani güvenlikleştirici aktörler (securitizing actors), devlete veya devletin temel değerlerine karşı varoluşsal bir tehdit olduğuna işaret ederse, bu

---

[13] Buzan, *People, States & Fear: An Agenda for International Security Studies in the Post-Cold War Era*, s.29.
[14] Ole Wæver, "European Security Identities", *Journal of Common Market Studies*, Volume 34, No 1, March 1996, s.106.
[15] Ole Wæver, "Securitization and Desecuritization", in (ed.) Ronnie D. Lipschutz, *On Security*, Columbia University Press, New York, 1995, s.55.
[16] Ole Wæver, "Aberystwyth, Paris, Copenhagen New 'Schools' in Security Theory and their Origins between Core and Periphery", Paper presented at the annual meeting of the International Studies Association, Montreal, March 17-20, 2004, s.7.
[17] Buzan, Wæver and de Wilde, a.g.e., s.23.
[18] Aynı yerde.
[19] Aynı yerde.
[20] Michael C. Williams, "Words, Images, Enemies: Securitization and International Politics", *International Studies Quarterly*, No 4, 2003, s.514.
[21] Diğer ikisi, güvenlik sektörleri ve bölgesel güvenlik kompleksleridir.
[22] Buzan, Wæver and de Wilde, a.g.e., s.21.

konunun üstesinden gelebilmek için olağanüstü önlemlerin alınması zorunludur.

Güvenlikleştirme, bir şeylerin güvenlik sorunu olarak algılanmasını sağlayan bir yaklaşımdır; yani, bir şeyleri güvenlik konusu yapmak güvenlikleştirmedir.[23] Herhangi bir şey güvenlik konusu olarak ortaya konulduğunda, önemli olan nokta varoluşsal tehdittir; çünkü tehdit varoluşsal olarak tanımlandığında burada, olağanüstü önlemlerin kullanılmasını gerekli kılacak mutlak önceliklerin olması gerekir. Öte yandan, güvenlikleştirici aktör, güvenlikleştirmeyi herhangi bir konu üzerinde kontrol elde etmek için de kullanabilir. Bu nedenle güvenlikleştirme gerçek varoluşsal tehditlere değil, algılanan tehditlere de dayandırılabilir.[24] Bununla birlikte, söz eylem güvenlikleştirmenin temelinde yer almaktadır; çünkü güvenlikleştirme süreci bir şeylerin güvenlik konusu olduğunu söylemekle ve bir şeyleri güvenlik sorununa çevirmekle başlamaktadır. Burada dikkat edilmesi gereken husus, başarılı bir güvenlikleştirmenin, güvenlikleştirici aktörün hitap ettiği kişilerce (audience) kabul görmesini gerektirdiğidir.[25] Herhangi bir konunun tehdit olarak kabulünü sağlamak için, kitlelerin mobilize olmasında önemli bir etkisi olan "ulusal güvenlik" kavramı kullanılabilmektedir. Dahası, *"ulusal güvenlik elbisesi"*[26] aktörler tarafından herhangi bir şey üzerinde kontrol elde edebilmek için de kullanılabilmektedir. 'Güvenlik' kelimesinin kullanılması önceliği ve tehlikeyi göstermek için kendi başına da yeterlidir. Fakat güvenlik etiketi bazen ortada bir sorun olmadığında da kullanılmaktadır. Bu da bir şeyleri güvenlik konusu olarak ifade etmenin sadece politik bir seçim olduğunu göstermektedir.[27]

Güvenlikleştirme sürecinde söz eylem önemlidir. Daha önce de bahsedildiği gibi güvenlikleştirme, bir şeylerin tehdit olarak deklare edilmesi ve böylece de bir şeylerin güvenlik sorunu haline getirilmesiyle başlar. Dahası Kopenhag Okulu güvenlikleştirme süreciyle söz eylemi *"Güvenlikleştirme süreci dil teorisinde söz eylem olarak adlandırılan şeydir"*[28] diyerek birbirine eşitlemektedir. Dolayısıyla, bir aktörün — yetkililer, uzmanlar, STK'lar, siyasi liderler, bürokratlar, hükümetler, lobiciler ve baskı grupları olabilir — herhangi bir şeyi tehdit olarak

---

[23] Aynı yerde.
[24] Wæver, "Securitization and Desecuritization", s.54.
[25] Buzan, Wæver and de Wilde, a.g.e., s.25.
[26] Wæver, "Securitization and Desecuritization", s.57.
[27] Aynı eser, s.65.
[28] Buzan, Wæver and de Wilde, a.g.e, s.26.

tanımlaması veya güvenlikle ilgili konuşması söz konusu şeyin doğasını değiştirmekte ve onu normal politika alanının dışına çıkararak güvenlik kaygısı haline getirmektedir.

Bununla birlikte, Kopenhag Okulu güvenliği tehditlerin sosyal olarak inşa edildiği bir süreç olarak nitelendirmektedir.[29] Güvenlikleştirme süreci yani bir aktörün herhangi bir konuyu tehdit veya güvenliğe tehlike olarak deklare etmesiyle bunun hitap edilen kitle tarafından kabulü veya reddedilmesi özneler arası (inter-subjective) bir sürece işaret etmektedir. Dolayısıyla söz konusu süreç özneler arası etkileşimle inşa edilmiş olmaktadır.[30] Diğer yandan, hitap edilen kitlenin varoluşsal bir tehdidin var olduğunu kabul etmesi, acil harekete geçilmesi ve olağanüstü önlemlerin alınması gerekliliğini ortaya koymaktadır. Söz konusu tehdidin bertaraf edilmesi için gerekli olan olağanüstü önlemler, normal politik kuralların kırılmasından temel hakların sınırlandırılmasına kadar uzanan geniş bir yelpazede sunulmaktadır.[31] Öte yandan, güvenlikleştirmenin başarılı olabilmesi, aktör tarafından deklare edilenlerin hitap edilen kitle tarafından kabul edilmesine bağlıdır. Bu bağlamda, güvenlikleştirici aktörün bu doğrultudaki kararı yani söz eylemi sadece bir güvenlikleştirici hamledir; ancak bu söz eylem, bir kez hitap edilen kitle tarafından kabul edildiğinde güvenlikleştirme meydana gelmiş olur.[32]

Kopenhag Okulu, güvenlikleştirmenin, güvenlik adına olağanüstü önlemlerin kullanılmasını olanaklı kılan, siyasallaşmanın aşırı bir versiyonu olduğunu iddia etmektedir.[33] Onlara göre güvenlikleştirme, bir olayı ele almanın ve çerçevelemenin bir yoludur.[34] Bu bağlamda, güvenlikleştirmenin politik bir seçim olduğu iddia edilebilmektedir.

Kopenhag Okulunun güvenlik yaklaşımının bir diğer ayağını çok sektörlü güvenlik anlayışı oluşturmaktadır. Kopenhag Okulu güvenliği beş sektöre ayırmıştır:[35] askeri güvenlik, siyasi güvenlik, toplumsal güvenlik, ekonomik güvenlik ve çevre güvenliği. Buna göre, askeri güvenlik, devletlerin silahlı saldırı ve savunma kapasitelerinin etkileşimi ve devletlerin diğerlerinin niyetlerini algılamalarıyla; siyasi güvenlik, devletlerin kurumsal istikrarı, hükümet sistemleri ve kendilerine meşruluk sağlayan ide-

---

[29] Aynı eser, s.34 ve s.203.
[30] Aynı eser, s.30-31.
[31] Wæver, "European Security Identities", ss.106-107.
[32] Buzan, Wæver, and de Wilde, a.g.e., s.25.
[33] Aynı eser, s.23.
[34] Wæver, "European Security Identities", s.106.
[35] Aynı eser, s.107.

olojilerle; ekonomik güvenlik, devletlerin gücünü ve refahını sürdürebilmesi için gerekli olan kaynaklara, mali durumlara ve piyasalara erişimle; toplumsal güvenlik, dilin geleneksel modellerinin, kültürün, dinsel ve ulusal kimliğin ve göreneklerin gelişiminin sürdürülebilirliğiyle ve çevre güvenliği ise, yerel ve gezegenle ilgili çevre konuları ve tüm diğer insan faaliyetleri ile ilgilenir.[36]

Güvenlik sektörlerinin belirlenmesi, devletlerle sınırlandırılamayacak kadar çok referans nesnesi olduğunu göstermesi açısından önemlidir. Öte yandan, farklı sektörlerde güvenliğe atıfta bulunulması güvenlik gibi tartışmalı olan bir kavramın daha tutarlı bir şekilde açıklanmasını da sağlamaktadır.

Toplumsal Güvenlik Alanı ve Güvenlikleştirme

Güvenlik algılamaları İkinci Dünya Savaşının sonundan Soğuk Savaşın sonuna kadar iki blok arasındaki mücadele ve gerilimlerle şekillenmiş ve mevcut durumun korunması güvenlik politikalarının merkezine yerleştirilmiştir. İki blok arasında var olan güç dengesi, askeri güvenliğin ön planda olduğu Soğuk Savaş boyunca korunmuş ve iki taraf da bu dengenin diğeri lehine bozulmasına karşı mücadele etmiştir.

Soğuk Savaş sonrasında güvenlik gündemi çok boyutlu hale gelmiş ve toplum, çevre ve ekonomi gibi alanlardaki bazı gelişmeler tehdit olarak algılanmaya başlanmıştır. Bunun başlıca nedenini, Sovyetler Birliği'nin çökmesi sonucu büyük bir askeri tehdidin ortadan kalkmasıyla devletlerin güvenlik politikalarını dayandırabilecekleri yeni tehditleri tanımlamaya başlamaları oluşturmuştur. Bu yeni tehditler, çok sektörlü güvenlik yaklaşımıyla Kopenhag Okulu tarafından detaylı bir şekilde incelenmiştir. Kopenhag Okulu, daha önce de bahsedildiği gibi, güvenliği farklı tehdit türlerine göre askeri, politik, toplumsal, ekonomik ve çevresel güvenlik olarak beşe ayırmıştır.[37]

Toplumsal güvenlik, hayatta kalmayı özellikle kendi kimliklerini idame ettirmeye dayandıran insan topluluklarının tehdit algıları ve güvenlik pratikleriyle ilgili olan bir sektördür. Bireyler toplumun birer parçasıdır; ancak toplum kendisini oluşturan parçaların toplamından daha fazlasıdır ve toplum biz duygusuyla ve bireylerin kendilerini belirli bir grubun üyesi olarak tanımladıkları kimlikle ilgilidir.[38]

---

[36] Buzan, *People, States & Fear: An Agenda for International Security Studies in the Post-Cold War Era*, s.38.
[37] Aynı yerde.
[38] Buzan, Wæver, and de Wilde, a.g.e., s.119.

Kimlik, önemli bir değer olarak toplumsal güvenlik analizinin merkezinde yer almaktadır. Bir anlamda, toplumsal güvenlik *"kimlik güvenliği"* olarak da adlandırılabilmektedir.[39] Ancak insanlar yalnızca tek bir sabit kimliğe sahip değillerdir. İnsanların kendilerini dini inanışlarına, uluslarına veya etnik kökenlerine göre tanımlayabildikleri birden çok kimlikleri vardır. Bu birden çok kimlik birden çok korku ve düşmanlık türüne ve sonunda da toplumsal güvensizliğe neden olabilmektedir. Wæver'a göre toplumsal güvenlik, toplumların kimlik bağlamında bir tehdit algıladıklarındaki koşullarla ilgilidir.[40] Aynı zamanda, toplumsal güvenlik kolektif kimliğe yönelen tehditlere bir tepki olarak alınan tedbirlerle de ilgilidir.

Topluma yönelen tehditler, uluslararasılaşmadan göçe ve birbirine rakip kimliklere kadar geniş bir yelpazede ele alınmaktadır. Dünya üzerinde çok sayıda ulus vardır ve bunlardan ekonomik ve teknolojik olarak güçlü olanlar diğerlerine, uluslararasılaşma ya da küreselleşme anlamında bir tehdit olarak ortaya çıkabilmektedir.[41] Diğer yandan, uluslararasılaşma ve küreselleşme, kültürel emperyalizmle ilgili endişeye sebep olan, Amerikanlaşma ya da Avrupalılaşma şeklinde de algılanabilmektedir. Bununla birlikte, uluslararasılaşma ve küreselleşme göç hareketlerini yoğunlaştıran daha fazla hareket özgürlüğüne de neden olmaktadır. Bundan dolayı da göç, uzun zamandan beri toplum ve onun kimliğine karşı olan ana tehditlerden biri olarak algılanmaktadır.

Göç bağlamında, *"toplumun kabul ve adapte etme kapasitesi"*[42] göç dalgalarının bir tehdit oluşturup oluşturmadığı ile ilgili karar verirken önemlidir. Örneğin, göçü kabul eden toplum muhafazakâr ise, söz konusu toplum yeni gelenleri kabul etmeye daha az istekli olacaktır. Bununla birlikte, göçmenlerin kültürel, ekonomik ve sosyal profilleri onların topluma tehdit oluşturup oluşturmadığına karar verilirken eşit derecede önemlidir. Göçmenler, kendi profillerine bağlı olarak gittikleri toplum içinde tamamen kabul edilebilecekleri, gittikleri yerde bir orta yol arayabilecekleri ya da kültürel bir getto içinde kendilerini koruyabilecekleri üç yoldan birini seçebilirler.[43] Sonuç olarak, göçmenleri kabul eden ülke açısından son iki yolu seçenler bir tehdit oluşturabilirler.

---

[39] Aynı eser, s.120.

[40] Ole Wæver, "Societal Security: The Concept", in (eds.) Ole Wæver, Barry Buzan, Morten Kelstrup and Pierre Lemaitre, *Identity, Migration and The New Security Agenda in Europe,* London, Pinter Publishers, 1993, s.21.

[41] Barry Buzan, "Societal Security, State Security and Internationalisation", in (eds.) Ole Wæver, Barry Buzan, Morten Kelstrup and Pierre Lemaitre *Identity, Migration and The New Security Agenda in Europe,* London, Pinter Publishers, 1993, s.42.

[42] Aynı eser, s.45.

[43] Aynı yerde.

Çünkü bu son iki yolu seçenler ev sahibi topluma iyi uyum sağlayamayabilirler.

Topluma yönelen önemli bir tehdit de *"birbirini dışlayan kimlikler"*[44] olarak tanımlanan rakip (birbiri ile çatışan) kimliklerden gelmektedir. Kişilerin kendilerini dinlerine, etnik kökenlerine vs. göre tanımladıkları birden fazla kimlikleri bulunmaktadır; ancak bu kimliklerin rakip kimlikler olması mümkün değildir. Yani bir kişi hem Müslüman hem de Hıristiyan kimliğe aynı anda sahip olamaz. Bundan dolayı da bir kimlik diğerine göre daha baskın olduğunda, diğerini tehdit etme kapasitesine sahip olabilir. Buzan'ın ifade ettiği gibi, radikal İslamcılar Batı fikirlerinin, uygulamalarının ve modasının kendi toplumlarına nüfuz etmesine karşı hassasken, Avrupalılar da Müslüman göçmenlerin güçlü ve yabancı kültürlerini uyum açısından bir tehdit gibi görebilmekte bu nedenle de göçü bir istila gibi niteleyebilmektedirler.[45]

Sonuç olarak, toplumlar uluslararasılaşma, göç ve rakip kimlikler bağlamında kendi kimliklerine pek çok tehdit algılayabilmektedirler. Önemli olan ise bunların gerçek tehdit mi yoksa yaratılan bir algı sonucu oluşturulan bir tehdit mi olduğudur. Bu noktada da kitleleri harekete geçirmek için önemli bir araç olan güvenlikleştirme ön plana çıkmaktadır.

Avrupa'da İslam'ın Güvenlikleştirilmesi

Güvenlikleştirme, yukarıda da ifade edildiği gibi, bir konunun güvenlikleştirici aktörler yani devlet temsilcileri veya elitleri tarafından varoluşsal bir tehdit olarak sunulması, bunun hitap edilen kitle tarafından kabul edilmesi ve sonuçta da olağanüstü önlemlerin alınması süreci olarak tanımlanmaktadır. Avrupa'da İslam'ın güvenlikleştirilmesi, bu sürecin nasıl işlediğini göstermesi açısından önemli bir örnek teşkil etmektedir.

Tarih boyunca farklı dini gruplar arasında kimi zaman savaşa varan birtakım gerilimlerin olduğu, İslamiyet ile Hıristiyanlığın da bu minvalde 7. yüzyıldan itibaren karşı karşıya geldiği bilinmektedir.[46] İslam'ın Avrupa'da bir tehdit olarak algılanması ve bunun güvenlikleştirmeye varan seyri, özellikle Soğuk Savaş'ın sona erip komünist tehdidin Avrupa için ortadan kalkmasıyla açığa çıkmıştır. Aslında İslamiyet, Soğuk Savaş'ın

---

[44] Aynı eser, s.44.
[45] Aynı yerde.
[46] Andrew Wheatcroft, *Infields: A History of the Conflict between Christendom and Islam*, Random House, New York, 2003, s.39.

sona ermesinden itibaren politize edilmiş; 11 Eylül 2001'deki terör saldırılarıyla da güvenlikleştirilmeye başlanmıştır.

Avrupa'da İslam'ın güvenlikleştirilmesinin arka planına bakıldığında, bugünkü politikaların daha iyi anlaşılabilmesi için, ilk önce Avrupa'daki Müslüman nüfusun buraya gelişinin tarihi seyrinin incelenmesi gerekmektedir. Avrupa'daki ilk Müslüman varlığının kökenleri Emevilerin Avrupa'nın güneyini (İspanya) ele geçirmelerine dayanmaktadır. Bundan sonraki süreçte, Osmanlı Devleti'nin Balkanları alması ve Avrupa'nın içlerine doğru ilerlemesiyle Avrupa'daki Müslüman varlığının kökenleri oluşturulmuştur. Ancak Avrupa'da bugünkü Müslüman nüfusun varlığı, İkinci Dünya Savaşı'ndan sonra Avrupalı devletlerin Avrupa'nın yeniden inşası ve ekonomik olarak kalkınmasını sağlamak amacıyla uygulamış olduğu göç politikaları sonucu oluşmuştur. İkinci Dünya Savaşı'ndan sonra ortaya çıkan ekonomik temelli bu göçle Avrupalı devletler eski sömürgelerinden gelen göçmenleri ülkelerinde göçmen işçi olarak istihdam etmişlerdir. [47] Fas, Tunus, Cezayir, Hindistan, Bangladeş ve Pakistan gibi eski sömürgelerden gelen Müslüman göçmenlerle birlikte, Avrupa'da uyum sorunları ön plana çıkmaya başlamıştır. Bununla birlikte, 1950 ve 1960'larda gelen göçmenlerin geçici olarak Avrupa'ya geldiği ve kendilerine ihtiyaç kalmadığında ülkelerine geri gidecekleri düşüncesi 1970 ve 1980'lerdeki aile birleşimleriyle ortadan kalkmıştır. Göçmen işçilerin ailelerini de yanlarına almaları onların geçici değil kalıcı oldukları gerçeğini ve bu da kültürel ve uyumla ilgili sorunları ortaya çıkarmıştır. 1980 ve 1990'larda uluslararası ortamın bir getirisi olarak Avrupa, kendisine yabancı Müslüman göçmenlerin sığınma talepleriyle karşı karşıya kalmış ve Lübnan, Irak, İran ve Afganistan gibi ülkelerden Avrupa'ya gelen Müslüman nüfus Avrupalıların gözünde sorun teşkil etmeye başlamıştır. Yani, 11 Eylül saldırılarından önce de Müslümanların ev sahibi topluma uyumu konusunda endişeler ve bununla birlikte de Müslümanlara karşı ayrımcılık bulunmaktaydı. Ancak daha önce de bahsedildiği gibi, 11 Eylül saldırılarına kadar politize edilen İslam bu tarihten itibaren ayrımcı politikaların, kanunların ve uygulamaların yoğunlaştığı, yani kendisine karşı olağanüstü önlemlerin alındığı güvenlikleştirme sürecine dâhil edilmiştir.

Birçok Avrupa ülkesinde ve bir bütün olarak Avrupa Birliği'nde 2001'den sonra göç ile ilgili yeni ve sınırlayıcı düzenlemelerin yapılması ve bunların daha çok Müslüman ülkelerden Avrupa'ya yönelen göçmen ve sı-

---

[47] "Avrupa'da Yükselen Ayrımcılık, Nefret, İslamafobi ve Irkçılık", Uluslararası Hak İhlalleri İzleme Merkezi, İstanbul, Mayıs 2015, s.9.

ğınmacıları hedef alması İslam'ın güvenlikleştirilmesi sürecinde ortaya çıkan olağanüstü önlemler olarak ön plana çıkmaktadır. Dahası İslam üzerinde daha fazla kontrol ve incelemeye dayanan politikalar Müslümanların hak ve özgürlüklerini kısıtlarken, Müslümanlarla ilgili konular artık göç ve uyum sorunun ötesine geçerek güvenlik sorunu olarak ortaya atılmakta bu da yeni terör karşıtı yasalarla desteklenmektedir.[48] Kısacası, İslam'ın güvenlikleştirilmesi, bir yandan ülkelerindeki olumsuz koşullardan kaçıp Avrupa'ya yönelen Müslümanları, göçe getirilen kısıtlamalar ve yeni kontrol ve gözetim mekanizmalarıyla; diğer yandan da hâlihazırda Avrupa'da yaşayan Müslümanları, inanç ve ibadet özgürlüğüne getirilen kısıtlamalar ve ayrımcılıkla etkilemektedir. Burada dikkat edilmesi gereken önemli bir husus, Avrupa'da İslam karşıtlığının göçmen karşıtlığı ve yabancı düşmanlığı kavramlarıyla çakıştığı yani bu kavramların birbiri yerine kullanıldığıdır. Yani Avrupa'da göçe karşı alınan önlemler de aslında Müslümanları hedef almaktadır.

11 Eylül terör saldırılarının arkasında El-Kaide terör örgütünün yer aldığının ifade edilmesi ve söz konusu örgütün İslam'a ait dini motivasyonlarla hareket ediyor olması Avrupa'daki tüm Müslümanları zan altında bırakmış; İslam'ın terörizmle birlikte anılmasına neden olmuş ve *"çoğu Müslüman'ın terörist ya da çoğu teröristin Müslüman olduğu"*[49] gibi görüşler ortaya çıkmıştır. Bu süreçte dinsel ayrımcılık genel olarak artarken Müslümanlara yönelik ayrımcılık ise orantısız olarak artmıştır.[50] Sözlü ve fiziksel şiddete maruz kalan Müslümanlar, medya raporlarında sıklıkla yabancı ya da düşman gibi ifadelerle itham edilmiştir.[51] Hatta İslam'ı terörizme eşitleyen görüşler ortaya çıkmıştır. Almanya'da yapılan bir ankette Almanların %83'ünün İslam'la terörizmi birbirine eşitlediği görülmüştür.[52]

Avrupa'da 11 Eylül sonrasında, İslam'ın ulusal güvenliğe varoluşsal bir tehdit olarak sunulması aşamasında güvenlikleştirici aktör olan devlet temsilcileri ve yönetici seçkinlerin söz eylemleri ön plana çıkmaktadır. Bu

---

[48] Jonathan Fox ve Yasemin Akbaba, "Securitization of Islam and Religious Discrimination: Religious Minorities in Western Democracies, 1990-2008", *Comperative European Politics*, 13 May 2013, s.4.

[49] Fred Halliday, "'Islamaphobia' Reconsidered", *Ethnic and Racial Studies*, Volume 22, No 5, 1999, s.892.

[50] Fox ve Akbaba, a.g.e., s.2.

[51] Zuhal Yeşilyurt Gündüz, "Europe and Islam: No Securitization Please!", *International Policy Analysis*, October 2007, http://library.fes.de/pdf-files/id/04966.pdf, s.2, (22.11.2011).

[52] "Intolerance and Discrimination against Muslims in the EU: Developments since September 11", International Helsinki Federation for Human Rights, *IHF Report*, March 2004, p.76, http://www.art1.nl/nprd/factsheets/Intolerance%20against%20muslims%20in%20the%20EU%20032005.pdf, (28.07.2012).

süreçte, hitap edilen kitlenin söz konusu söz eylemlerle ortaya konulan varoluşsal tehdidi kabul etmesinin ve İslam'ın güvenlikleştirildiğinin en önemli kanıtlarından biri, Jocelyne Cesari'nin de ifade ettiği gibi Avrupa'da İslam ve göçmen karşıtı söylemleriyle ön plana çıkan aşırı sağ siyasi partilerin seçimlerde başarı kazanmalarıdır.[53] 2002'de Fransız Ulusal Cephesi'nin, 2010'da Hollanda'da Özgürlük Partisi'nin ve yine 2010'da İsveç Demokratlarının seçimlerde kazanmış olduğu başarıların arkasında İslam ve göçmen karşıtlığı söylemlerinin etkisi olduğunu söylemek mümkündür. Bununla birlikte, 2014 Avrupa Parlamentosu seçimlerinde de aşırı sağın yükselişinin arkasında ekonomik krizin yanı sıra artan göçmen ve yabancı karşıtlığının bulunduğu bilinmektedir.

İslam'ın güvenlikleştirilmesi hususunda Avrupa'daki bazı siyasi partiler ön plana çıkmaktadır. Söz konusu partilerin Müslümanlarla ilgili görüşleri onlara karşı ayrımcılığı göstermesi ve onların birer tehdit gibi sunulması açısından önem arz etmektedir. Örneğin, Belçika'daki Vlaams Blok partisi ile Avusturya'daki Özgürlük Partisinin (Freedom Party) Müslümanlarla ilgili söylemleri olumsuz olmakla kalmayıp Müslümanları güvenliğe tehdit olarak itham etmektedirler.[54] Sağ kanattan olan Alman Cumhuriyetçi Parti lideri Franz Schöhuber'in *"İslamiyet'in yeşil bayrağı Almanya üzerinde hiçbir zaman dalgalanmayacak"* demesi, Fransız Ulusal Cephesi'nin lideri Jean-Marie Le Pen'in *"Fransa'nın İslamlaştırılmasının durdurulması"* için çağrıda bulunması ve Danimarka İlerici Partisi'nin seçim kampanyasında kendisine *"Müslümansız Danimarka"* sloganını seçmesi,[55] devlet temsilcileri ve yönetici elitlerin kullanmış oldukları açık birer güvenlikleştirme eylemidir (securitizing act). Bununla birlikte, Hollandalı politikacı Geert Wilders Avrupa'nın değerlerini ve çıkarlarını İslam tehdidinden korumak için Uluslararası Özgürlük İttifakı'nı kurmuştur.[56] Hollanda'nın İslamlaştırılmasına karşı mücadele ettiklerini her fırsatta dile getiren Wilders, 2010'daki seçimlerden sonra da kazandığı başarıyı ifade ederken Hollanda'nın daha fazla güvenlik,

---

[53] Jocelyne Cesari, "Securitization of Islam in Europe", in (ed.) Jocelyne Cesari, *Muslims in the West after 9/11: Religion, Politics and Law*, Routledge Taylor and Francis Group, London and New York, 2010, s.13.

[54] "Intolerance and Discrimination against Muslims in the EU: Developments since September 11", s.116.

[55] Enes Karić, "Is 'Euro-Islam' a Myth, Challenge or a Real Opportunity for Muslims and Europe?", *Journal of Muslim Minority Affairs*, Volume 22, No 2, 2002, s.438.

[56] "Wilders Sets up International Alliance Against Islam", https://www.rnw.org/archive/wilders-sets-international-alliance-against-islam, 16.07.2010, (20.05.2012).

daha az suç, daha az göç ve daha az İslam'ı seçtiğini söylemiştir.[57] Bu konuşmasında Wilders; güvenlik, suç, göç ve İslam arasında açıkça bir ilişki kurmuştur. İsveç Demokratları Partisi Başkanı Jimmie Akesson, İsveç'in önemli günlük gazetelerinden Aftonbladet'e yazmış olduğu makalesinde Müslümanları İkinci Dünya Savaşı'ndan beri kendilerine en büyük tehdit olarak gördüklerini ifade etmiş ve seçimlere gittiklerinde bunun değişmesi için her şeyi yapacağının sözünü vermiştir.[58]

Tehditlerin sosyal olarak inşa edildiği güvenlikleştirme yaklaşımının anahtar unsuru söylemdir. Zira güvenlikleştirme süreci devlet temsilcisi veya elitlerinin söz eylemleriyle başlamaktadır. Dolayısıyla, Avrupa'da siyasi parti temsilcilerinin söylemleri birer söz eylem olarak güvenlikleştirme sürecine hizmet etmektedirler. Yukarıda sözü geçen ifadeler de açık birer söz eylem hatta güvenlikleştirme eylemi örneği oluşturmaktadır. Bununla birlikte, Avrupa'da İslamiyet'in güvenlikleştirilmesi parti liderlerince politik çıkarlarına hizmet etmesi açısından da kullanılmaktadır. Özellikle seçim dönemlerinde bu konudaki söylemlerin artması bunun açık bir göstergesidir. Aynı zamanda Avrupa'da aşırı sağın yükselmeye başlaması da güvenlikleştirmenin başarılı olduğunun bir kanıtı niteliğindedir.

Güvenlikleştirme yaklaşımı incelenirken dikkat edilmesi gereken unsurlar varoluşsal tehdit, bu tehdidin yöneldiği referans objesi, tehdidi dile getiren aktör, tehdidi kabul eden kitle ve bu süreçte alınan olağanüstü önlemlerdir. Bu bağlamda, Avrupa'da İslam'ın güvenlikleştirilmesi ele alındığında, aktör tarafından sunulan varoluşsal tehdit İslam'dır. İslam'ın yöneldiği referans objesi Avrupa ulusları; İslam'ı tehdit olarak dile getiren aktörler Avrupalı politikacılar ve devlet yöneticileri; hitap edilen kitle Avrupa halklarıdır. Bu süreçte alınan olağanüstü önlemlerse Müslüman göçü önlemek için yapılan yeni düzenleme ve yasalar ile mevcut Müslümanlara yönelik hak ve özgürlükleri kısıtlayıcı düzenlemelerdir.

Sonuç

Kopenhag Okulu'nun güvenlikleştirme yaklaşımı ile kuramsal çerçevesi oluşturulan bu çalışmada Avrupa'da İslam'ın nasıl güvenlikleştirildiği incelenmiştir. Buna göre, İslam'ın güvenlikleştirilme sürecinde önemli rol

---

[57] "Dutch Election: Liberals Take One-Seat Lead as Far Right Party Grows in Influence", http://www.telegraph.co.uk/news/worldnews/europe/netherlands/7816382/Dutch-election-Liberals-takeone-seat-lead-as-far-right-party-grows-in-influence.html, 10.06.2010, (20.05.2012).
[58] Helena Spongenberg, "Populism on the Rise in the Nordic Region", http://euobserver.com/news/30797, 16.09.2010, (20.05.2012).

oynayan söz eylemlere bakılmış ve güvenlikleştirici aktör olan devlet temsilcileri ve yönetici elitlerin özellikle seçim dönemlerinde İslam'ın bir tehdit olduğu yönündeki ifadeleri ile seçim başarıları arasında bir paralellik olduğu tespit edilmiştir.

Avrupa'da İslam'ın ve Müslümanların algılanış şeklinin tarihsel olarak çok da olumlu olmadığı; ancak bunun özellikle 11 Eylül terör saldırıları sonrası terör eylemlerini düzenleyenlerin dini motivasyonlarla hareket ettikleri gerçeğiyle ele alındığında daha da olumsuz bir hale büründüğü gösterilmeye çalışılmıştır. Önceleri Müslümanların Avrupa toplumuna uyumu konusunda var olan endişelerin yerini Müslümanların tehdit olarak ele alındığı ve İslam ile terörizmin eşitlendiği bir seyre doğru evirildiği bir sürecin aldığı gözlemlenmiş; bunun da İslam'ın güven-likleştirilmesi hususunda itici bir güç olduğu ortaya konulmuştur. Bununla birlikte, başarılı bir güvenlikleştirmenin varoluşsal tehdit olarak sunulan olgunun hitap edilen kitle tarafından kabul edilmesine bağlı olduğundan hareketle, İslam'ın güvenlikleştirilmesinin de Avrupa'da göç ve İslam karşıtı aşırı sağ partilerin seçim başarılarıyla taçlandırıldığı yani "başarılı" olduğu sonucuna varılmıştır.

Bununla birlikte, İslam'ın güvenlikleştirilmesi sürecinde alınan ola-ğanüstü önlemlerin temel olarak iki şekilde ortaya çıktığı tespit edil-miştir. Bunlardan ilkini Avrupa'ya yönelen Müslüman göçünü önlemek ve/veya sınırlandırmak için alınan, sıkı kontrol ve gözetleme meka-nizmalarını içeren düzenlemelerin; diğerini de Avrupa'da yaşayan ve yerleşik olan Müslümanların inanç ve ibadet özgürlüklerini yani temel hak ve hürriyetlerini kısıtlayan düzenlemelerin oluşturduğu ortaya konulmuştur. Bu süreçte de İslam karşıtlığı ile göç karşıtlığı ve yabancı düşmanlığı kavramlarının çakışan kavramlar olduğu anlaşılmıştır.

Sonuç olarak, 11 Eylül terör saldırılarıyla birlikte, saldırıları üstlenen terör örgütünün inandığı dinin İslamiyet olması, Avrupa'da İslam karşıtlığının yükselmesine, İslamiyet'in sıklıkla terör ile birlikte anılmasına neden olmuştur. Müslümanlara da potansiyel terörist gözüyle bakılmaya baş-lanmıştır. Bu bağlamda, Kopenhag Okulunun güvenlikleştirme yaklaşımı ön plana çıkmış; politik liderler, söz eylemleriyle İslamiyet'in güvenliğe, ulusal kimliğe ve Avrupa değerlerine bir tehdit olduğunu ifade et-mişlerdir. Ancak burada dikkatle üzerinde durulması gereken husus, İslam ile terörizmi eşitleyen bir yaklaşım olan İslam'ın güvenlik-leştirilmesinin daha büyük sorunlara gebe olduğu ve aslında güvenlikleştirmeye konu olan motifin İslam değil terör olması gerektiğidir. Yani terörist eylemleri düzenleyenlerin motivasyonunu İslam dininden almaları söz konusu süreçte bir odak kaymasına neden olmakta, Avrupa'da kendilerine yabancı olan ve kendilerinin de yabancı olduğu İslam'a karşı olumsuz tavır devam etmektedir.

KAYNAKÇA

"Avrupa'da Yükselen Ayrımcılık, Nefret, İslamafobi ve Irkçılık", Uluslararası Hak İhlalleri İzleme Merkezi, İstanbul, Mayıs 2015.

Buzan, Barry, *People, States & Fear: An Agenda for International Security Studies in the Post-Cold War Era*, 2nd ed., Colchester, ECPR, 2007.

Buzan, Barry, "Societal Security, State Security and Internationalisation", in (eds.) Ole Wæver, Barry Buzan, Morten Kelstrup and Pierre Lemaitre, *Identity, Migration and The New Security Agenda in Europe*, London, Pinter Publishers, 1993.

Buzan, Barry, Ole Wæver and Jaap de Wilde, *Security: A New Framework for Analysis*, Lynne Rienner Publishers Inc., Boulder and London, 1998.

Cesari, Jocelyne, "Securitization of Islam in Europe", in (ed.) Jocelyne Cesari, *Muslims in the West after 9/11: Religion, Politics and Law*, Routledge Taylor and Francis Group, London and New York, 2010.

"Dutch Election: Liberals Take One-Seat Lead as Far Right Party Grows in Influence", http://www.telegraph.co.uk/news/worldnews/europe/netherlands/7816382/Dutch-election-Liberals-takeone-seat-lead-as-far-right-party-grows-in-influence.html, 10.06.2010, (20.05.2012).

Fox, Jonathan ve Yasemin Akbaba, "Securitization of Islam and Religious Discrimination: Religious Minorities in Western Democracies, 1990-2008", *Comperative European Politics*, 13 May 2013.

Gündüz, Zuhal Yeşilyurt, "Europe and Islam: No Securitization Please!", *International Policy Analysis*, October 2007, http://library.fes.de/pdf-files/id/04966.pdf, (22.11.2011).

Halliday, Fred, "'Islamaphobia' Reconsidered", *Ethnic and Racial Studies*, Volume 22, No 5, 1999.

"Intolerance and Discrimination against Muslims in the EU: Developments since September 11", International Helsinki Federation for Human Rights, *IHF Report*, March 2004, http://www.art1.nl/nprd/factsheets/Intolerance%20against%20 muslims%20in%20the%20EU%20032005.pdf, (28.07.2012).

Karić, Enes, "Is 'Euro-Islam' a Myth, Challenge or a Real Opportunity for Muslims and Europe?", *Journal of Muslim Minority Affairs*, Volume 22, No 2, 2002.

Lippmann, Walter, *U.S. Foreign Policy*, Boston, 1943.

Marchesin, Philippe, "Yeni Tehditler Karşısında Avrupa", içinde (der.) Beril Dedeoğlu *Dünden Bugüne Avrupa Birliği*, Boyut Kitapları, İstanbul, Ekim 2003.

Mesjasz, Czeslaw, "Security As An Analytical Concept" (draft version), Paper presented at the 5th Pan-European conference on International Relations, Hague, 9-11 September 2004, http://www.afespress.de/pdf/Hague/Mesjasz_Security_concept .pdf, (14.12.2011.)

Spongenberg, Helena, "Populism on the Rise in the Nordic Region", http://euobserver.com/news/30797, 16.09.2010, (20.05.2012).

Sulovic, Vladimir, "Meaning of Security and Theory of Securitization", *Belgrade Centre for Security Policy*, 5 October 2010, http://www.bezbednost.org/ upload/document/sulovic_(2010)_meaning_of_secu.pdf, (21.11.2011).

Wæver, Ole, "Aberystwyth, Paris, Copenhagen New 'Schools' in Security Theory and their Origins between Core and Periphery", Paper presented at the annual meeting of the International Studies Association, Montreal, March 17-20, 2004.

Wæver, Ole, "European Security Identities", *Journal of Common Market Studies*, Volume 34, No1, March 1996.

Wæver, Ole, "Securitization and Desecuritization", in (ed.) Ronnie D. Lipschutz, *On Security*, Columbia University Press, New York, 1995.

Wæver, Ole, "Societal Security: The Concept", in (eds.) Ole Wæver, Barry Buzan, Morten Kelstrup and Pierre Lemaitre, *Identity, Migration and The New Security Agenda in Europe*. London, Pinter Publishers, 1993.

Wæver, Ole, "Conflicts of Vision: Visions of Conflicts", in (eds.) Ole Wæver, Pierre Lamaitre, and Elzbieta Tromer, *European Polyphony: Perspectives Beyond East-West Confrontation*, New York, St. Martin's Press, 1989.

Wæver, Ole, "Security, the Speech Act Analysing the Politics of a Word", (2nd draft), *Centre of Peace and Conflict Research*, Paper presented at the Research Training Seminar. Sostrup Manor, June, 1989, Revised Jerusalem/Tel Aviv, June 25-26, 1989.

Wheatcroft, Andrew, *Infields: A History of the Conflict between Christendom and Islam*. Random House: New York, 2003.

"Wilders Sets up International Alliance Against Islam", https://www.rnw.org/archive/ wilders-sets-international-alliance-against-islam, 16.07.2010, (20.05.2012).

Williams, Michael C, "Words, Images, Enemies: Securitization and International Politics", *International Studies Quarterly*, No 4, 2003.

Wolfers, Arnold, "'National Security' as an Ambiguous Symbol", *Political Science Quarterly*, Volume 67, No 4, 1952.

Dizin

271

İndex

www.ingramcontent.com/pod-product-compliance
Lightning Source LLC
Chambersburg PA
CBHW071734270326
41928CB00013B/2669

9 781910 781692